金融危機と革新

歴史から現代へ

伊藤正直
靎見誠良 【編著】
浅井良夫

日本経済評論社

はしがき

　1990年代に入って中小金融機関の連続的破綻から顕在化したわが国の金融システム危機は、1997年11月の北海道拓殖銀行、山一證券の破綻、翌98年秋の日本債券信用銀行、日本長期信用銀行の事実上の破綻によって、その中核部分にまで達していることが明らかとなった。1990年代半ば以降、不良資産処理のスキームは徐々に整備されたが、中小金融機関の破綻は現在も続き、大手金融機関における大規模再編も進行している。この間、巨額の不良債権処理が進められたにもかかわらず不良債権残高は逆に増大している。わが国の金融システムは、現在でもなお危機を脱出していないといわざるをえない。

　この金融システム危機については、すでにかなりの検討が加えられてきた。すなわち、金融危機がバブル崩壊の過程で表面化したため、バブルの形成・崩壊と金融システムとの因果連関について、さまざまな角度から論及された。また、この過程で一連の金融・証券不祥事が露呈したため、個別金融機関の経営分析や銀行行動の検討も行われた。さらに、危機対策のプロセスで「金融ビッグバン」が提示されたことから、危機に対する直接的な政策的対応の当否だけでなく、システム改革の当否も検討されるようになった。

　こうした検討が進むなかで、危機は日本型金融システムが限界に突き当たったために勃発したという見解が多くの論者から提示されるようになった。日本型金融システムは、メインバンク、相対取引、規制（長短・業務分野・内外）、護送船団型・裁量型金融行政などの非市場的枠組みによって特徴付けられており、こうした金融システムのあり方こそが危機の根本原因であり、危機深化の要因であったというのである。

　だが、国際的・歴史的に視野を広げれば、1990年代にわが国を襲った金融システム危機と類似の現象は、これまで繰り返し登場してきた。1930年代の大恐

慌期、第2次大戦直後の戦後改革期はいうまでもなく、1980年代に遡っただけでも、金融不安、金融危機は、80年代の中南米のみならず、「市場による規律付け」の存在した筈のアメリカ、ヨーロッパ諸国でこそ、大きな問題となっていた。金融システムが「アングロサクソン型」とは異なったものであっても、そのことがただちにシステム危機に帰結するかどうかについては、論理的かつ実証的な検証が必要であろう。また、個別金融機関の破綻は必ず流動性危機から生ずる以上、この危機が決済システム全体の危機や信用秩序の危機につながるものであるのかどうか、また、危機が「構造的」なものであるとしても、構造のいかなる部分が「システム改革」を要請しているのかは、構造の理解の仕方によって大きく異なってくるであろう。

　本書は、金融危機の発現およびその克服の過程を歴史的に解明することを通じて、この問題にアプローチすることを試みており、金融危機をめぐる制度と政策と市場の交錯をときほぐすことに分析の重点を置いている。その際、金融危機を、いわゆるバンクラン＝金融機関の集中的・連続的破綻として狭義にとらえるのではなく、広義の信用秩序の不安定化（為替暴落、激しいインフレ、決済システムの不安定化、流動性危機、支払不能危機など）、金融機関におけるバランスシートの急激な悪化とそれから派生する諸現象（いわゆるクレジット・クランチや個別金融機関のリストラなど）も含め広くとらえ、検討の対象時期や対象領域を抽出している。具体的には、特定の歴史的時点での金融危機の検出（第2章、第3章、第6章、第8章）、短期金融市場の動態（第3章、第9章、第10章）、金融危機と公的役割（第4章、第7章）、金融制度と規制の変遷（第1章、第5章、第7章）、金融媒介機関の成長（第8章、第9章）、金融危機の国際比較（第7章、第8章、第10章、第11章）などである。以下、本書の内容について簡単に触れておきたい。

　第1章は、銀行経営にルールを与え、金融危機を事前に回避するものとして金融法制をとらえ、第一次大戦以前の日本において、こうした考え方がどのように受容されていったのかを、銀行条例・貯蓄銀行条例の制定・改正に対する政府・民間両者の対応の分析から検討している。第2章は、日露戦後恐慌前後

における公債政策の展開を、国内金融市場との関連からとらえなおし、内債償還、外資導入などにより、公債政策が国内金融市場の緩和を直接・間接に担ったことを明らかにしようと試みている。第3章は、従来の研究では金融危機におけるインターバンク市場の役割が十分には明らかにされてこなかったという問題関心から、日清戦後、1920年代の2時点を選んで、インターバンク市場の動態とその変貌のあり方を検討している。

続く第4章は、1920年代の金融危機に対応して行われた日本の公的資金導入の展開過程を、その内容分析に比べて不充分であったと考えられる政策形成・実施過程、政策目的に着目して検討したものである。第5章は、同じく1920年代を出発点とした分析で、27年の銀行法、戦時銀行規制、戦後のバランスシート規制を順次検討し、日本の金融セイフティ・ネットは、1920年代から50年代前半まで段階的に形成されたと主張している。第6章は、1940年から45年にかけての戦時銀行合同を、国家の統合構想と市中銀行側の主体的対応の両者のせめぎあいから把握しようとしている。第7章では、第2次大戦後労働党政権下で実施されたイングランド銀行国有化を中核とするイギリス「金融改革」構想の形成過程を、1930年代大恐慌下のロンドン金融市場の動向との関連から検討している。

第8章は、第二次大戦後のフランスにおいて破綻を示した繰延信用会社を対象に、戦後フランスの貯蓄対策や貯蓄観の推転を検討し、フランス金融システム革新の一端を解明することを試みている。第9章は、1965年の日本の証券不況を「封じられた金融危機」という視角からとらえ直し、政策担当者、当事者の側からの危機認識、金融危機の「予想」の妥当性を検討している。第10章は、戦後アメリカにおける金融システムの変容を、銀行間決済・インターバンク市場、オープンマーケットの歴史的展開との関連から検討し、それが決済システムの効率化と資産選択行動の活発化に帰結していった過程を解明している。最後の、第11章は、金融システム危機の展開過程を、1980年代のアメリカ、1990年代初頭の北欧、1997年以降のアジアの3者を比較することから検討し、危機が顕在化してくる構造とその歴史的性格を検出することを試みている。

本書は、現代金融研究会による共同研究の成果である。本研究会は、1986年、当時、主として東京大学大学院経済学研究科に属していた日本金融史、外国金融史を研究対象とする院生達の呼びかけによって発足した。発足のきっかけは、まず、靎見誠良が、ついで伊藤正直が、経済学研究科の大学院「自主研究」の非常勤講師となったことにあった。当時の院生の希望によって浅井良夫がメンバーに加わり、以後、新メンバーの補充、研究領域の変化による退会など若干の異動はあったものの、現在まで研究会はほぼ定期的に開催されている。研究領域も、当初の金融史から、金融史を軸としつつ、金融理論や金融政策、財政史や経済政策に広がりつつある。

　なお、本研究に対して、東京大学経済学部付属産業経済研究施設からの研究助成（プロジェクト名：日本金融システムの再検討、1995～1997年度）、麗澤大学経済研究センターからの研究助成（プロジェクト名：金融危機と革新に関する史的研究、1998～2000年度）を受けた。記して謝意を表したい。

2000年5月　編者

目次

はしがき　i

第1章　金融制度の形成と銀行条例・貯蓄銀行条例
……………………………………………………………粕谷　誠　1

第1節　銀行条例・貯蓄銀行条例の制定　3
1　銀行条例の制定　3
2　貯蓄銀行条例の制定　5

第2節　1895年改正　8
1　東京銀行集会所の修正要求　8
2　1895年改正の経過　10
3　修正実現の背景　11

第3節　その後の改正の動き　14
1　1899年11月の「貯蓄銀行ノ預金運用ニ関スル法律案」　14
2　1900年から1902年にかけての両条例改正論議　16
3　1904年から1906年にかけての両条例改正論議　21
4　1908年から1910年の貯蓄銀行条例改正論議　26

第4節　1915年貯蓄銀行条例改正と1916年銀行条例改正　28
1　1915年貯蓄銀行条例改正　28
2　1916年銀行条例改正　29

第2章　日露戦後恐慌と公債政策
……………………………………………………………神山恒雄　37

第1節　戦後経営と国内金融市場　38
1　過大な公債発行計画　38
2　公債発行の難航　40

3　恐慌の発生と公債政策　47
　　第2節　公債政策の転換　48
　　　　1　政策転換の模索　48
　　　　2　緊縮財政の徹底　53

第3章　戦前期における金融危機とインターバンク市場の変貌
　　　　………………………………………………………… 靎見誠良　67
　　第1節　金融危機と短期金融市場　68
　　第2節　日清戦後における金融危機とコール市場の形成　70
　　　　1　日清戦後の金融危機と預金取付け　71
　　　　2　1896年金融危機と手形取引所　73
　　　　3　1901年金融危機とインターバンク市場　74
　　第3節　1920年代金融危機とインターバンク市場改革　83
　　　　1　1920年代の金融危機とインターバンク市場　84
　　　　2　1920年代金融恐慌と増田ビルブローカー銀行　86
　　　　3　1920年代の金融危機とインターバンク市場　95

第4章　金融危機と公的資金導入
　　　　──1920年代の金融危機への対応── ……………… 永廣　顕　109
　　第1節　1920年恐慌と公的資金導入　110
　　第2節　1923年関東大震災と公的資金導入　114
　　第3節　1927年金融恐慌と公的資金導入　119
　　　　1　金融恐慌の経過　119
　　　　2　日銀特別融通補償法の制定　122
　　　　3　日銀補償法特別融通と「休業銀行の預金者保護」　125

第5章　1927年銀行法から戦後金融制度改革へ
　　　　………………………………………………………… 浅井良夫　139
　　第1節　1927年銀行法──未完成のセイフティ・ネット──　140
　　　　1　放任から規制へ　140

　　　　2　1920年代の金融制度改革論　142
　　　　3　銀行法の制定とその特徴　146
　　第2節　戦時金融統制と金融制度——組織化と逸脱——　150
　　　　1　信用の組織化　150
　　　　2　リスクの国家保証とセイフティ・ネットの崩壊　152
　　第3節　戦後復興期の金融制度改革
　　　　　　——セイフティ・ネットの完成——　155
　　　　1　占領政策と金融制度改革　155
　　　　2　日本側の政策構想　158
　　　　3　中小金融機関の創設と保護　160
　　　　4　セイフティ・ネットの補強　163

第6章　日本銀行の銀行統合構想（1940〜45年）
　　　　　………………………………………………………………佐藤政則　177

　　第1節　銀行合同という政策手段　179
　　第2節　1940年の統合構想　181
　　第3節　日銀企画委員会の検討と答申　185
　　第4節　1943年「全国銀行統合並店舗整理案」　192

第7章　1930年代におけるイギリス労働党の「金融改革」構想
　　　　とロンドン金融市場………………………………吉田正広　211

　　第1節　研究史と課題　211
　　第2節　労働党の「社会主義的」金融改革構想の変遷　213
　　第3節　1930年代労働党の金融改革論
　　　　　　——ドールトンの金融改革構想——　223
　　第4節　労働党金融改革構想に対するロンドン金融
　　　　　市場の反応　235

第8章　第二次大戦後のフランスにおける貯蓄対策と
　　　　貯蓄観——全国貯蓄運動と繰延信用会社——……………矢後和彦　249

　　第1節　戦後インフレ期の貯蓄対策（1945～49年）
　　　　　　——全国貯蓄運動の創設と繰延信用会社への批判——　251
　　　　1　全国貯蓄運動の創設——「回路」への期待——　252
　　　　2　繰延信用会社への批判
　　　　　　——フィガロ紙のキャンペーン——　256
　　第2節　貯蓄対策の動揺と貯蓄観の変化（1950～54年）
　　　　　　——全国貯蓄運動の変質と繰延信用会社への規制——　259
　　　　1　全国貯蓄運動の変質
　　　　　　——スキャンダルへの対応と政策提言——　260
　　　　2　繰延信用会社への規制——1952年法——　265
　　第3節　経済成長期の貯蓄観（1955～59年）
　　　　　　——全国貯蓄運動の消滅と繰延信用会社の再編——　268
　　　　1　全国貯蓄運動の消滅——新しい貯蓄観——　269
　　　　2　繰延信用会社の再編——「回路」の改変——　273

第9章　1965年の証券危機
　　　　——封じられた「金融危機」の構図——……………杉浦勢之　289

　　第1節　高度成長期の産業金融　292
　　　　1　設備投資の拡大と産業資金供給体制　292
　　　　2　増資の拡大　297
　　第2節　投資信託の低迷と証券経営の悪化　299
　　　　1　公社債投信の発足と躓き　299
　　　　2　株式投信の暗転と証券危機　306
　　第3節　金融市場への影響経路　310
　　　　1　長期信用銀行への打撃　310
　　　　2　短期金融市場の混乱　316

第10章　戦後アメリカにおける決済システムと資産選択運動
　　　　　　　　　　　　　　　　　　　　　　　　　　野下保利　337

　第1節　資産選択運動と決済システム　337
　第2節　戦後銀行間決済システムと
　　　　　フェデラルファンド市場　339
　　　　1　銀行間決済システムと準備調節　339
　　　　2　フェデラルファンド市場のナショナルマーケット化　342
　　　　3　負債管理と民間クリアリング組織の成長　347
　第3節　オープンマネーマーケットと決済システム　351
　　　　1　キャッシュマネージメントサービスの展開　351
　　　　2　オープンマネーマーケットの成長と多様化　354
　第4節　資産選択運動と金融不安定性　360

第11章　1990年代の金融システム危機
　　　──国際比較からの論点提示──　　　　　　伊藤正直　393

　第1節　1980年代のアメリカ　397
　　　　1　1980年代の金融システム危機　397
　　　　2　マネーセンター・バンク危機　398
　　　　3　商業銀行の連続的倒産　400
　　　　4　S&L危機　402
　第2節　1990年代初頭のヨーロッパ　404
　　　　1　ヨーロッパにおけるバブルとバブル崩壊　404
　　　　2　北欧金融危機の経過　405
　第3節　1997年のアジア　409
　　　　1　通貨・金融危機の経過　409
　　　　2　危機把握の対立　412
　　　　3　危機の根本原因　414

第1章　金融制度の形成と銀行条例・貯蓄銀行条例

粕谷　誠

　銀行経営にルールを与え、その経営を健全に保ち、金融危機を事前に回避するものとして、金融法制が存在するが、こうした考え方は、銀行発生の当初から受け入れられていたわけではない。第一次世界大戦前の日本において、規制はいかに受け入れられていたのか、またたびたび起こる銀行動揺を受けて、規制法制への考え方はいかに変化していったのか、を考察することが本章の課題である。具体的には、明治後期から大正初期における銀行家を中心とする民間および政府の銀行条例・貯蓄銀行条例の制定と改正についての考え方とその変化を跡づけることを課題としたい。普通銀行が日本の銀行の中心であったことは明らかであるが、銀行条例の制定・改正が貯蓄銀行条例のそれと密接な関係を持って進んでいたことから、両条例をあわせて検討することとする。

　すでに銀行条例の制定・改正については、1890年公布の銀行条例には、1口の貸出額を資本金の10分の1に制限する大口融資規制が盛り込まれていたが、銀行業者などの反対によって、1895年の改正で撤廃されたこと、これは「機関銀行」（産業銀行）的な日本の銀行の実状に条例が合致していなかったためであること[1]、および1901年から02年にかけて政府に銀行条例改正の動きがあったが、有楽会メンバーをはじめとするブルジョアジーや銀行業者が自己の利害を貫徹して実現を阻止したこと[2]、その後も政府が改正を企図したが失敗し、1916年に改正が実現したこと[3]、などが明らかにされている。

　貯蓄銀行条例については、1890年公布の貯蓄銀行条例は、資金運用を厳格に制限する規定をもっていたが、銀行業者の反対によって、1895年の改正で撤廃

されたこと、これは零細貯蓄の保護のため貯蓄銀行の健全化を求める政府が、銀行業者の現実的な要求に妥協したものであること[4]、1900年代以降何回か改正の動きがあり、1921年公布の貯蓄銀行法の前提となっていたこと[5]、その間に公益機関主義から漸次営利機関主義へと政府の法案が変化していったこと[6]、1895年の改正以降、貯蓄銀行の公益主義と分業主義を強めようとする政府に対し、民間は貯蓄銀行条例の廃止を要求する貯蓄銀行、分業主義による小口当座預金の規制強化に反対する普通銀行、貯蓄銀行国営論・慈善事業論を唱える財閥系ブルジョアジーなどさまざまな構想主体があったこと[7]、などが明らかにされている。

　本稿は両条例について政府の考え方と民間の考え方がいかに変化していくのか、そこにはいかなる相互交流があったのか、について、実現しなかった改正案も含めて両条例の制定から1916年の銀行条例の改正まで、考察することとする。本稿で特に重視したいのは、以下の2点である。第一は、1895年の両条例改正についてである。1895年の改正は、条例の性格の根幹にかかわる改正であったが、これまでの研究が指摘するとおり、政府は改正にあえて反対はしないという態度をとった。これまでの研究は銀行の実情に政府が妥協した、という要因をあげているが、それ以外に政府がこうした態度をとった要因が存在したのではないか、ということを考察したい。第二は、1895年の改正以降の両条例をめぐる政府による改正の動きと民間の対応の相互関係を、両条例を視野に入れて考察し、中心論点がいかに推移していくのかを跡づけたい。そして1915年の貯蓄銀行条例改正、1916年の銀行条例改正がそれまでの議論をいかなる意味で継承して実施され、1920年代の貯蓄銀行法・銀行法制定に連なっていくのかを考察することとしたい。

第1節　銀行条例・貯蓄銀行条例の制定

1　銀行条例の制定

　私立銀行は1876年設立の三井銀行を嚆矢として、国立銀行の設立が締め切られた1879年以降増加していった。私立銀行に関する法規制定は、1875年に紙幣頭得能良介によって、1877年には銀行課長岩崎小次郎によって提起されていたが、いずれも見送られていた。1884年大蔵省は内規をもうけ、銀行設立の許否を決定した(8)。

　1890年5月大蔵大臣松方正義は、旧商法の公布を受けて、「銀行条例制定ノ議」を閣議に提出した。松方は特に銀行条例をもうける理由として、次のように述べている。銀行は広く公衆から預り金をなし、巨額の資本を運転し、金融を「開導」する機関であり、株主・債権者に影響するのみでなく、市場一般の信用に影響し、一つの銀行が破綻すると、人民に疑惑が生じ、確実な銀行までも営業上不測の困難をきたすことがあるので、銀行事業は一国経済に大きな関係を持っているが、現実にはいろいろな事業を兼営し、株主・債権者に悪影響を及ぼしている。そこで事業の性格を明らかにし、役員の資格・資本金・貸付金の制限・諸帳簿報告表の規定を設けて、「制裁」を加えなくてはならないが、商法だけではそれを実施できないので、「私立銀行法」を発布しなければならない。そして松方は貯蓄銀行についても、同法中に1章をもうけて規定するとしていた(9)。

　「私立銀行法」は(10)、6章52条からなっており、かなり詳細なものであった。第1章総則では、私立銀行の営む業務として、①為替、荷為替、貸付、②為替手形、約束手形その他諸証券の割引・代金取立、③諸預り、④公債・地金銀の売買・両替、⑤金銀貨、貴金属、諸証券の保護預り、⑥貯蓄預り、をあげており（第1条）、①～⑤にいずれか従事する私立銀行は、⑥の事業を行うことができない、としている（第2条）。私立銀行は合名銀行、合資銀行、株式銀行

のいずれか、とされ（第3条）、主務大臣の認可を必要とする（第4条）。店舗の設置・廃止・移転、定款等の変更は主務大臣に届け出る必要があった（第8、9条）。そして業務の規制として、兼業の禁止（第14条）、営業上必要のない動産・不動産の所有禁止（第15条）、主務大臣の認可がなければ他行・他社の社員・株主となれないこと（第17条）などが定められていた。備えておくべき帳簿や提出すべき報告書も規定された（第18〜20条）。主務大臣はいつでも検査を行うことができ（第21条）、資本金払込高の半額以上の損失が発生したとき、負債をすべて支払うことができないという証拠があるとき、商法・本法に違反したときには、営業の差し止めや解散処分が行えるとされていた（第22条）。

第2章合名銀行では、銀行という名称を用いることや社員の変更は主務大臣に届け出ることなどが、第23〜25条で規定されていた。第3章合資銀行でも、合名銀行とほぼ同様のことが定められ、さらに、資本金の増減は主務大臣に届け出ること（第28条）、1人または1会社に資本金払込額の10分の1を超過する金額を貸し付けてはならないこと（第30条）が規定されていた。第4章株式銀行でも名称等について合名・合資銀行とほぼ同じように規定され、さらに資本金5万円以上であること（第33条）、大口融資規制については合資銀行と同様であること（第40条）などが定められていた。第5章貯蓄銀行については後述する。第6章（原文では第7章となっている）は付則で、既存銀行の猶予規定が設けられた。

私立銀行法は、銀行の業務範囲を規定し、兼業（貯蓄・普通銀行業務を含めた）を禁止し、株式所有を禁止していること、銀行営業の差し止めや解散処分について規定していること、有限責任の銀行については大口融資を規制し、株式銀行については最低資本金を規定していることなど、かなり規制が厳しく、政府は私立銀行を国立銀行並の規制下に置くことを意図していた。

閣議においては、貯蓄銀行については、別の法律を作るべきであるとされ、この方針に沿って、7月には銀行条例案が閣議決定され、元老院の議を経て、8月銀行条例として公布された[11]。銀行条例は全11条からなり、銀行を「公ニ開キタル店舗ニ於テ営業トシテ証券ノ割引ヲ為シ又ハ為替事業ヲ為シ又ハ諸

預リ及貸付ヲ併セ為スモノハ何等ノ名称ヲ用ヰルニ拘ハラス総テ銀行トス」（第1条）と定義し、大蔵大臣の認可を必要とすること（第2条）、半年ごとに営業報告書を大蔵大臣に送付し（第3条）、財産目録・貸借対照表を公告すること（第4条）、さらに営業時間や休日も規定された（第6、7条）。また銀行は1人または1会社に対し払い込み資本金の10分の1を超える金額を貸し付けまたは割引として貸し出すことができないこと（第5条）、さらに大蔵大臣はいつでも検査を行うことができること（第8条）、とされた。無認可営業、報告・広告への虚偽記載の罰則（第9、10条）や条例の適用範囲（第11条）も規定されている。

　私立銀行法と比べると、普通銀行に関する規定は条文数で約4分の1に整理され、会社組織別の規定は統一され、個人銀行も認められている。さらに銀行業務範囲の制限と兼業禁止、株式保有禁止、株式会社の最低資本金制限、大臣による営業の差し止め・解散処分の権限などが削除され（検査に関する規定は残された）、わずかに大口融資規制だけが、個人銀行・合名会社も含める形で残されたのであった。結局銀行条例は、大口融資規制を除けば、設立を認可制とし、営業報告書の提出と貸借対照表の公告を義務づけ、営業時間・休日を規定する（検査と罰則でその正確さを担保する）という銀行制度の大枠を規定したにとどまった。こうした大幅な「規制緩和」が行われた理由は、明らかではない。

2　貯蓄銀行条例の制定[12]

　第十国立銀行が貯蓄預金業務を最初に営んだのは1878年であり、最初の専業貯蓄銀行である東京貯蔵銀行は1880年に設立されたが、松方が「財政議」（1881年9月）のなかで、駅逓局預金を運用する官立の貯蓄銀行を構想し、また1883年の調査で貯蓄銀行の内容が良くないことが判明したことから、1884年以降大蔵省は貯蓄銀行の設立と普通銀行の貯蓄銀行業務兼業を許可しない方針を取った。しかし貯蓄銀行の設立希望が相次いだため、大蔵省は1890年3月「貯蓄取扱内規並取扱手続」を制定した。ここでは、貯蓄預金を取り扱う私立

銀行・銀行類似会社は、株主・社員5名以上で無限責任、資本金5万円以上であること、公債・確実な株券等で資本金の5分の1以上を保証品として預け入れ、預金がこれを超過するときは、超過額の3分の1以上の保証品を預けること、支払準備として預金の5分の1以上を通貨で保有すること、貯金利子は大蔵大臣の認可を受けること、大蔵大臣は検査をしうること、規定違反の場合は処分をなすこと、などが規定された。

私立銀行法の第5章貯蓄銀行では、貯蓄銀行は「貯蓄金ヲ預リ預ケ主ノ為メニ之ヲ利殖スルモノ」とされている（第41条）。貯蓄銀行は資本金5万円以上で、株式銀行に関する規定を適用されるが（第42条）、資本金の2倍の保証有限責任を負うものとされた（第43条）。そして資本金の半額以上は利付国債を購入し、供託所に預け（第44条）、さらに前半期の預り金の平均残高の5分の1以上を利付国債に運用し、やはり供託所に預けるものとされた（第45条）。また資金運用の対象は、公債を質とする6カ月以内の貸付、2名以上の裏書きのある為替手形・約束手形、国債・地方債に限定され、質物価格の決定にも主務大臣の認可が必要とされた（第47～49条）。貯金利子の決定に主務大臣の認可が必要とされている（第46条）。

さきの「手続」に比べて、株主の責任が重くなり、資金運用の規制が厳しくなった。支払準備は国債への運用が認められたが、預金支払いの保証のための供託が公債に限定された。このように厳しい規制が課せられることとされていたが、貯蓄銀行の定義については、貯蓄預金を預る、というきわめて漠然としたものしか与えられていなかった。

先に述べたように、貯蓄銀行条例を銀行条例と別に定めるように政府の方針が転換され、1890年6月松方正義は閣議に「貯蓄銀行条例制定ノ議」を提出した。そこでは貯蓄銀行は、人民に節約勤勉の習慣を養成し、生計の安全を保持させる要具であるから、単なる営利を目的とする事業ではなく、その特質にかかわる条項を設けて管理を厳格にし、預金者が迷惑を蒙るといった従来の弊害を防止するために法律をもうける必要がある、とされている。人民の節約・生計の安全を図るのが貯蓄銀行の主たる目的であり、単なる営利機関であっては

ならない、という主張は以後一貫していく大蔵省の主張となる。安全な貯蓄機関が第一の狙いであり、それには松方の当初の構想のとおり駅逓局貯金があれば本来は十分であり、こうした貯蓄銀行観からは、資金運用にかかわる制限などについて厳格に規定しようという発想はでてくるが、普通銀行との業務分野を細かく規定しようという発想はでにくいものであった。

「貯蓄銀行条例制定ノ議」には法律案が付されていたが、7月、8月と2度にわたり修正を受け、8月貯蓄銀行条例として公布された。貯蓄銀行条例は、「複利ノ方法ヲ以テ公衆ノ為ニ預金ノ事業ヲ営ム者ヲ貯蓄銀行」と定義し、さらに「銀行ニ於テ新ニ一口五円未満ノ金額ヲ定期預リ若ハ当座預リトシテ引受ルトキハ貯蓄銀行ノ業ヲ営ム者ト為シ此条例ニ依ラシム」と普通銀行との兼業を認めたが（第1条）、貯蓄銀行業務を行いうるものを資本金3万円以上の株式会社に限定した（第2条）。また第3条で貯蓄銀行の取締役は銀行の義務につき連帯無限の責任を負うものとされ（ただし退任後1年で消滅）、第4条で払込資本金の半額以上の金額を国債で供託するものとされた。さらに資金運用については、公債を質とする6カ月以内の貸付、2名以上の裏書きのある手形の割引、公債の買入に限定された（第5、6条）。定款を変更するとき（第7条）、また銀行が貯蓄銀行業務を兼業するとき（第8条）は、大蔵大臣の認可が必要とされた。第9条では罰則が定められ、第10条では貯蓄銀行にも銀行条例が適用される、としている。

最低資本金が引き下げられ、保証責任が解除されたこと、預金額に対する供託の規定が削除されたこと、普通銀行の貯蓄業務兼業を認めたこと、貯金利子・質物価格の決定に主務大臣の認可が不要となったことが緩和の側面をなすが、自己資本に対する供託の割合と資金運用の規定は緩和されておらず、さらに取締役の連帯無限責任の規定が新たに加えられた。銀行条例が、大幅な「規制緩和」となったのと比べると、貯蓄銀行条例に対する態度は厳しかったといえる。また第1条で初めて貯蓄銀行が定義されたが、松方の理念通り普通銀行が商業銀行として存在し、無利息の当座預金と有期利付の定期預金を資金源としていれば、複利の規定も意味があったであろうが、普通銀行は小口当座預金

業務を行っており、しかも普通銀行利子の振替入金が認められたため、事実上業務を特定する規定とならず、新たに1口5円未満の預金を預かることだけが貯蓄銀行の独占業務となった。このほか決済業務を普通銀行のみに認めるという方法もありえたであろうが、当座預金が分化しきっていない当時の状況を考えれば、それは特典といえるものではなかったし、何よりも政策当局にそういう発想がなかったのである。

第2節　1895年改正[13]

1　東京銀行集会所の修正要求

　東京銀行集会所は1891年6月銀行条例の修正案を、同年11月貯蓄銀行条例の修正案を可決し、松方正義大蔵大臣に提出した。銀行条例の修正案は、新たに銀行の業務範囲を条例に規定された証券の割引、為替、諸預り・貸付のほかに、諸債券・外国貨幣・地金の売買、保護預り、両替に限定したこと（修正案第2条）、最低資本金を20万円としたこと（人口により低減可。同第3条）、商号には銀行という文字を必ず付けるようにしたこと（同第4条）、大口融資規制の対象から割引手形を除き、資本金と積立金の合計額の10分の1を越えないと改めたこと（同第8条）などを内容としていた。

　業務範囲を限定した理由は、銀行条例第1条では狭隘にすぎ、兼業を自由に認めるのでは弊害がある、というものであり、最低資本金を規定した理由は、小規模な銀行が信用を失って破綻すると一般銀行の信用に影響し、国家の経済を攪乱するので、制限が必要であるというもので、双方とも国立銀行条例を参考に決定した。大口融資規制については、積立金は資本金と変わりなく、割引手形は再割引が可能で、流動性が高く、また支払人・裏書人の最低2人の信用があるので、貸付に比べてリスクが低い、としている[14]。国立銀行主体の東京銀行集会所の構成を反映して、国立銀行条例との釣り合いをとったという色彩が濃いものであった。大蔵省は修正案が一部の修正にとどまり、修正する価

値はなく、また公布された条例で障害になる点はない、としてこの提案を採用しなかった。

　1890年9月から10月にかけて、『東京経済雑誌』（以下『東経誌』と略記）上で、半醒子と大蔵省の阪谷芳郎が貯蓄銀行条例について論争した。半醒子が貯蓄銀行条例が厳格で、貯蓄銀行の営業が困難となり、民業が衰退し、官業である郵便局が発達する、と批判したのに対し、阪谷は貯蓄銀行は本来営利事業とすべきではなく、慈恵主義で行って、人民の貯蓄を保護しなければならず、危険な貯蓄銀行ならない方がよい、と主張した。東京銀行集会所の修正要求は半醒子の批判とほぼ同じ趣旨であり、役員の連帯無限責任や資金運用の制約を規定した第3、5、6条を削除し、貯蓄払戻の保証のための供託を定めた第4条を預金額の3分の1以上を国債・地方債で供託する、と改めるものであった。貯蓄銀行は5円未満の預り金を受け入れることができ、小規模で設立できる代わりに、公債による供託を行い、定款の変更についても大蔵大臣の認可を必要とするという規制を受け入れる、というものであった。東京銀行集会所は、銀行条例については規制を強化する一方で、貯蓄銀行条例については規制を緩和し、両者のバランスをとりつつ、それなりに現実的な両者の線引きを行おうとしたのである。しかし大蔵省は「修正ニアラスシテ寧ロ該条例ノ廃止ヲ望ム」[15]もの、として修正を拒否した。大蔵省としては条例の根幹をなす条項を削除するという要求を受け入れることはできなかったのである。

　東京銀行集会所は、衆議院議員山中隣之助に託して自ら作成した銀行条例修正案を1891年12月帝国議会に提出したが、議会解散のため議場に上らなかった。翌92年6月には原善三郎ほか3名の提出によって、ほぼ同じ修正案が衆議院に提出された。その提案理由は、先の修正理由とほとんど同じであるが[16]、銀行業の特殊性として、1行が破綻すると社会にその害が及ぶので、事前に検束を加えておく必要があることが強調されていた。しかし審議の過程では、既存銀行で最低資本金を満たしていない銀行があること、資本金が大きい銀行が確実であるとはいえないこと、銀行も他の商業・工業と変わりはなく、資本金を制限するのは不都合であること、最低資本金の導入は一部の大資本家・大銀行

家に利益を独占させるものであること、などの反対が相次ぎ、廃案となった。

1893年2月、貯蓄銀行条例廃止法律案が小阪善之助らによって衆議院に提出された。提案理由は、貯蓄銀行条例の資金運用に関する制約が厳しく、地方では公債を保有しているものが少なく、証券の割引も普及していないため貯蓄銀行は公債を保有するしかないが、それでは利益が上がらず、結果として貯蓄銀行が発展せず、駅逓局貯金に資金が流れてしまう、というものであった。政府委員田尻稲次郎は、全く廃止となると特別な規定がなくなってしまうので、「此廃止案ハ成立タヌコトヲ希望致シマス」と明確に述べたが、2月25日法案は可決された。続いて貴族院においても田尻は[17]、「斯ウ云フ工合ニ之ヲ修正シタラ宜カラウト云フコトナラバ政府ノ方デモ又考」えるが、全く廃止するということには、「同意ガ出来ナイ」と明確に反対の意向を表明した。貴族院は細民の貯蓄を保護することは必要である、として2月28日この法案を否決した。

銀行条例・貯蓄銀行条例の改正は実現せず、1893年7月1日より施行された。

2　1895年改正の経過

1893年10月の関東銀行会第1回会議は、東京銀行集会所同盟銀行の提出にかかわる銀行条例第5条削除の提案と貯蓄銀行条例廃止案を可決し、議員に託して帝国議会へ提出することとしたが、まもなく銀行条例第6条も修正すること、貯蓄銀行条例も修正することに方針を転換した。貯蓄銀行条例改正の内容は、貯蓄銀行条例第4条を、貯蓄預金払戻の担保として預金額の4分の1以上を公債で供託し、その額が資本金の半額を越えるときは、商業手形、確実な会社の社債、株式を用いることができる、と改正すること、第5条を、供託金額は前期末の預金額を基準に決めると改正すること、さらに第6条を、預金者は供託証券に優先権を有する、と改正することであった。1891年12月の東京銀行集会所の修正要求と比較すると、資金運用に関する規制を撤廃する点で共通しており、役員の連帯無限責任の規定を残すかわりに、供託について緩和していた。

銀行条例の修正案は、1893年12月、94年5月に衆議院に提出され、可決されたが、貴族院審議中に解散、不成立となった。そして1895年1月に提出され、

衆貴両院を通過し、成立した。貯蓄銀行条例の修正案も93年12月、94年5月に衆議院に提出されたが、解散のため可決されなかった。95年1月衆議院に提出され、第3条の取締役が連帯無限責任を負う期間が、退任後1年から2年に延長されるという修正を受けたうえで衆貴両院を通過し、成立した[18]。

銀行条例修正の提案理由は、大口融資規制が番頭や手代の名義を借りるという事態をもたらし、かえって危険を増している、というものであった[19]。これについては1行の破綻が銀行・会社の不信用をもたらすので、残しておいた方がいいのではないか、との意見もあったが、提案者でもある松田源五郎は、大口融資規制は欧米ではアメリカにしかなく、アメリカも紙幣発行と結びついているものであり、紙幣発行を行わない銀行にこのような規制を行うのは、民業への不当な検束であるとし、さらに大口融資規制が現実には実行不可能であり、かえって名義貸しで害をなす、と反論している[20]。貯蓄銀行条例の提案理由は、資金運用の規制が厳しく、地方では貯蓄銀行が営業できないこと、および資本金の半額では預金が多い貯蓄銀行の場合預金払戻の保証とならないこと、であった[21]。

3　修正実現の背景

これらの修正が実現した理由としては、普通銀行を商業銀行化する、貯蓄銀行を慈恵的に運営する、といった大蔵省の規制意図が、当時の現実にそぐわなかったことや銀行資本の力量が重視されてきている。しかしここでは、規制にかかわる問題をもう少し掘り下げて考察することとしたい。

大口融資規制については、1行の破綻が他に波及することが危惧され、規制を残すべきだとの説もあったが、欧米でもアメリカが銀行券の信用を維持するために規制を行っているにすぎない、との反論には対抗できなかった。当時の日本の規制は世界的にみても厳しい規制であったといえるが、銀行の預金が通貨と認識されておらず、銀行券にかかわる規制と截然と分けて理解されていたことを示すものともいえよう。松方らに貯蓄銀行に決済業務を与えないことで業務分野を規制する、という考え方が全くなかったのもこうした認識を前提と

していたのであろう。また大口融資規制は名義の分割によって規制が尻抜けになりやすく、現実にそれによってかえって危険な状態となっているとされており、大蔵省もその現実を認めざるをえなかったのであろう。当時は大蔵省に専任の銀行検査官が置かれておらず、検査が不十分であったことも影響していた[22]。また貯蓄銀行について松方は、人民に節約勤勉の良習を養成し、生活を安定させるものとしてとらえて、そのために規制が必要としていたため、金融危機の波及ということは強く意識されていなかった。

　しかし以上の要因だけでは、政府が銀行条例・貯蓄銀行条例の修正に反対しなかった理由としては乏しいと考えられる。銀行条例第5条について政府は、1891年の東京銀行集会所の控えめな修正要求を拒否したにもかかわらず、大口融資規制を撤廃するというドラスティックな法案について政府委員田尻稲次郎は、「是レハ政府ニ於テ強テ削除ヲ望ムト云フコトデハナイデアリマスケレドモ……強テ之ヲ拒ムダケノ理由モナイ」と表明した[23]。また大蔵省は、1891年の東京銀行集会所の貯蓄銀行条例修正要求を、実質的に条例を廃棄するものとしていたのに対し、成立した修正案について政府委員添田寿一は、「此位ノ修正ハ大体ニ於テ強テ反対スルニモ及ブマイト云フ考」えであると表明した[24]。

　こうした政府の方針変化については、国立銀行満期処分との関連を考察する必要があると考えられる。ここで国立銀行満期処分に関する動きを振り返っておこう。1883年の国立銀行条例の改正によって、1896年には営業満期となる国立銀行が出現することとなり、その処分は金融上の大きな問題となっていたが、政府の立法作業は遅れた。渋沢栄一は1893年10月の関東銀行会第1回会議では、第5議会に継続法案が提出されるのを期待し、延期論を抑えていたが[25]、結局法案は提出されなかった。第6議会では政府提出の営業満期国立銀行処分法案（継続法案）が衆議院を通過したが、貴族院で審議中に議会が解散となった。やがて第十五国立銀行や九州をはじめとする地方の国立銀行は延期法案を支持し、議会に働きかけたため、政府提出の継続法案は95年1月衆議院で否決され、議員提出による延期法案が衆議院を通過した。だが延期法案も貴族院で否決さ

れ、結局第8議会では両法案とも成立しなかった。ところが1895年9月には国立銀行13行が継続を請願し、全国の国立銀行に働きかけ(26)、前回は延期を支持した九州同盟銀行の多くも継続を支持し、総計81行の賛同を得るなど(27)、延期法案は力を失い、第9議会では延期法案は衆議院で否決され、政府提出の継続法案が衆貴両院を通過、成立した。

　銀行条例・貯蓄銀行条例の改正は、国立銀行処分問題とほぼ同じ時期に進行していた。政府は幣制統一を実現するとの立場から、国立銀行の延期に反対していた。処分法案がほとんど反対を受けず衆議院を通過した第6議会では、議論はほとんどなかったが、延期法案と伯仲する事態となっていた第8議会においては、政府委員は、国立銀行が条例上の制約が多いのに対して、普通銀行には制約がないため、発展していくことができるとし、発券を徐々に減少させていく国立銀行は時勢の進歩に沿わないものである、という趣旨の主張を以下のとおり繰り返し行った。

　　（国立銀行は）非常ナ検束ガアル、……国立銀行ニ取ッテハ必ズ面白クナイ結果ニナラウト思フ(28)
　　時勢ノ進歩ト云フモノニ此国立銀行条例ト云フ様ナモノガ副ハヌ……此一口ノ貸付ハ十分ノ一ト云フ数ハナラヌ……是レ抔ト云フモノハ昨日デアリマシタカ一昨日デアリマシタカ……銀行条例改正法案、是レデ此五条ノ削除ニナリマシタアノ点ト同ジ……制限モアルノデゴザイマス……片ッ方ノ私立銀行ト云フモノヲ見マスルト斯ウ云フコトハナクテズンズン進歩ガ出来ル……(29)

　検査についても、「検査モ宜シイガ営業ノ真ン中ニ検査ニ来ラレルト随分迷惑ノモノデアル」(30)が、条例が厳格な国立銀行はそれも受けなければならない、と発言していた。

　政府は国立銀行の処分にあたり、継続法のインセンティブとして、普通銀行の規制が緩いことを強調しており、「営業の自由」を要求する銀行条例・貯蓄

銀行条例修正には、論理上反対しにくかったといえる。しかも東京・大阪の継続を主張する国立銀行は、普通銀行には営業の制約が少なく有利であることを延期に反対する論拠としてあげていた(31)。政府としては地方の延期論を抑えている都市の有力国立銀行も主張する両条例の修正に、反対することはできなかったのであろう。政府はいまだ英仏でも実現していない通貨の統一を優先し、アメリカ以外実施されておらず、実効ある規制を行うのが困難な大口融資規制の撤廃にはあえて反対しなかったのである。そして慈恵主義をとるべきであると強く考えていた貯蓄銀行についても、「営業の自由」の釣り合いのもと、大幅な規制緩和に反対しなかったと考えられるのである。

第3節 その後の改正の動き

1895年の銀行条例・貯蓄銀行条例改正ののちは、1899年3月と1900年1月に銀行条例が改正されたが(32)、これらは技術的な修正であった。この改正ののちは、1915年の貯蓄銀行条例改正、1916年の銀行条例改正まで両条例の改正は実現しなかったが、その間も政府は両条例の改正を検討し、その概要を発表して、理解を求めたことから、活発に議論が行われた。特に議論が活発となったのは、1899年の資金貯蓄銀行の運用に関する法案についての論議、1900年から1902年にかけての両条例改正論議、1904年から1906年にかけての両条例改正論議、1908年から1910年の貯蓄銀行条例改正論議、の四つであった。このうち1899年と1906年には政府によって法案が帝国議会に提出されている。

1　1899年11月の「貯蓄銀行ノ預金運用ニ関スル法律案」

貯蓄銀行条例については、その有効性に疑問が呈されていた。宮川鉄次郎（日本貯蓄銀行）は、普通銀行が小口当座の名目で複利預金を扱っており、貯蓄銀行と普通銀行の境界が不明確であり、また資本金制限も銀行の確実性を表すものではなく、供託も銀行破産のときには債務支払に不足するので意味がないとし、貯蓄銀行条例の撤廃を主張し、取締役の連帯無限責任は銀行条例に盛

るべきであるとした⁽³³⁾。森川鎰太郎（三菱合資）は、銀行条例の規制が緩やかで、貯蓄銀行は競争困難なので、1回ごとに5円未満の預金は貯蓄銀行でしか扱えないようにすべきである、と提案した⁽³⁴⁾。1890年代の貯蓄銀行条例に関する論議が規制が厳しく貯蓄銀行の経営が成り立たないことを主張していたのに対し、95年改正による営利機関としての貯蓄銀行の定着を前提に、論点が分業間の業務調整に移行したといえよう。そして分野調整を貯蓄銀行の廃止で解決するか、貯蓄銀行の独自業務を拡大していくことで解決するか、という二つの方法が示されたのである。

1899年11月政府は、「貯蓄銀行ノ預金運用ニ関スル法律案」を貴族院に提出した。その内容は、預金の運用を①公債を質とする6カ月以内の貸付、②確実なる2人以上の裏書きのある手形の割引、③預金高の4分の1以内での確実な銀行への預け入れ、④公債の買い入れ、に限定する（第1条）、貯金証書等には印紙税を課さない（第2条）、運用制限の違反は貯蓄銀行条例第9条で罰する（第3条）、とするものであった⁽³⁵⁾。

政府委員松尾臣善は提案理由として、現行の貯蓄銀行条例の運用法に不備があり、現実の貯蓄銀行の運用には随分危険の要素もあるが、貯蓄預金は「労働社会ノ人ガ老後又ハ疾病等ノ準備」のために蓄積したものであり、万一貯蓄銀行が破綻すると労働者に非常な惨状を与え、「国家ノ秩序安寧ニモ関係」するので、その救済を図る必要があるとしている⁽³⁶⁾。運用の規制は、預け金を許しているほかは1895年に削除されたものと同じであり、政府は95年改正以前に問題を戻すことを主張したのである。

この法案については、大阪貯蓄銀行などの貯蓄銀行業者が反対の動きをはじめ、さらに愛媛県の貯蓄銀行業者は12月に「貯蓄銀行預金運用ニ関スル法律案ノ儀ニ付請願」を発表した。そこでは法案の資金運用の制限が過重に失し、公債や優良手形の少ない地方では貯蓄銀行が廃業せざるをえず、貯蓄奨励にもマイナスであることが強調されていたが⁽³⁷⁾、この論点もまた1895年に貯蓄銀行条例を改正した理由と同じであった。『東経誌』は、貯蓄銀行の営業に苦痛を与えるが、預金者を保護するのは国家の責任であり、法律の制定はやむをえな

い、としていたが⁽³⁸⁾、『新報』は、大蔵省の主張の精神は同意できるが、普通銀行が貯蓄預金と類似する小口当座預金についてほとんど制約を受けていない現状では、貯蓄銀行を苦況に陥らせるだけで、細民貯蓄の保護には効果がない、と意見が別れた⁽³⁹⁾。『新報』と同様の主張は、大阪の貯蓄銀行業者も展開していた。

この法案は委員会に付されたが、議会が閉会となり、廃案となった。

2　1900年から1902年にかけての両条例改正論議

「貯蓄銀行ノ預金運用ニ関スル法律案」とほぼ時期を同じくして、政府は銀行法案、貯蓄銀行法案を準備し、内部で修正を行っていた。現在のところ、1900年7月1日施行予定の銀行法案（松方家文書第50号-18、以下プランAと略記）、1900年2月6日閣議提出貯蓄銀行法案（『沿革』61～70頁、以下プランBと略記）、1900年12月18日閣議提出貯蓄銀行法案（『沿革』71～77頁、以下プランCと略記）、1902年7月1日施行予定の貯蓄銀行法案（曽弥家文書第2号-38、以下プランDと略記）が確認できる。

プランAは、9章と付則からなり、全32条で構成されていたが、銀行取引を手形等の証券の割引・買い入れ、諸手形・信用状等の発行、手形等の取り立て、預り金・当座貸越・定期貸、保護預り、と定め、兼業可能な業務として、両替、地金銀・有価証券の売買、公社債の応募・引受、代理可能な事務として、公共団体等の出納事務、他銀行業務をあげて、これ以外の兼業を禁止したこと（第1、2、4条）、営業以外の不動産所有を禁止したこと（第3条）、最低資本金を株式会社50万円、その他5万円と定めたこと（第5条）、定款の制定・改訂に大蔵大臣の認可が必要としたこと（第7条）、検査の結果資本金の4分の1以上の欠損が認められた場合は、3カ月以内の業務停止を大蔵大臣が命じうるとしていること（第21条）、などを特徴としており、業務範囲・兼業を中心に規制強化が計画されていた。認可の取消も明示されている。プランAは1900年12月に始まる金融恐慌の前に作成されており、政府は恐慌を経験して条例改正を意図したわけではない。

プランBは7章と付則からなり全45条、プランCは4章と付則からなり全32条、プランDは全41条であるが、後のプランは前のプランを加除修正していったものと考えられ、基本的な性格に大きな変化はない。ここではプランDを中心に考察していきたい。プランDは、貯蓄銀行を「公衆ノ為複利ノ方法ニ依リ貯金ヲ預リ之ヲ運用利殖スルヲ以テ其ノ営業ヲ為ス」ものとしていた（第1条）。業務範囲は、①元本払込に対して有期年金または定時定額金支払の契約をすること、②貯蓄切手の発行、③両替・保護預り、④営利を目的としない法人の委託による金銭取り立て、出納保管であり、これ以外の業務の兼業は禁止された（第2、3条）。貯蓄銀行は資本金10万円以上の株式会社とされ、プランDからは半額以上払込とされた（第5条）。定款の制定・変更は大蔵大臣の認可が必要であった（第8、9条）。貯蓄預金はプランDから1人5,000円までと制限された（第16条）。貯蓄銀行の資金運用先としては、①公社債・全額払い込み済みの株式（配当率に制限あり）を質とする6カ月以内の貸付、②公社債の応募・買い入れ、③3カ月以内に支払われる証券の割引、④耕地・宅地を第一抵当とする1年以内の貸付（ただし貯蓄預金の1割以内）に限定され（第19条）、貯蓄預金の4分の1を限度に、他の銀行に当座預金をなしうる（預け先銀行の払込資本金・積立金の4分の1以内）ものとされた（第20条）。しかも1人もしくは1会社には、払込資本金・貯蓄預金の20分の1までに貸出を制限された（第21条）。取締役は連帯無限の責任を負った（第22条）。また資本金と同額まで利益金の10分の1以上を準備金として留保することとされた（第23条）。主務大臣は貯蓄銀行が命令に違反したときは、事業の停止・役員の改選・設立認可の取消しを命じることができた（第30条）。

　最低資本金が引き上げられ、株式や土地を担保とする貸付を認めているものの資金運用に関する規制は厳しく、準備金による自己資本の充実が求められ、大臣による営業停止・認可取消しまで認められるなど、規制が大幅に強化されているにもかかわらず、貯蓄銀行の独自性が曖昧で、保護にかかわる規定はほとんどなかった。政府は慈恵主義を前面に打ち出し、営利主義を前提とする分野調整をも無視していた。

こうした修正案は、銀行業者などの知るところとなり、種々の意見が寄せられた。有楽会は1900年10月、銀行の最低資本金制限の導入に反対の意見を表明した。反対の理由として、銀行破綻が資本金の寡小によってではなく、資金運用が悪いために起こっていること、小資本の既存銀行を増資・合併させることは困難なこと、をあげ、適当な救済策として、銀行重役の兼職と銀行に債務を負うことの禁止、公私監督の強化、大銀行が小銀行と慎重に取引を開始すること、をあげた(40)。有楽会は1901年2月にも両条例改正についての意見を表明したが、そこでは普通銀行と貯蓄銀行の兼営を許可すべきこと、銀行と専務重役との取引禁止には賛成なこと、大蔵大臣に銀行救済のための必要な命令権を与えるのも賛成なこと、貯蓄預金には預け高に限度をもうけるべきこと、貯蓄銀行の資金運用制限についてもおおむね賛成なこと、が盛られていた(41)。このように有楽会は政府案にかなり理解を示したが、東京銀行集会所は、銀行条例について、銀行の定義・業目についての規定は除くこと、役員・使用人との取引を禁止する規定は除くこと、大臣による取引停止は除くこと、を総会で決議した(42)。業務範囲の限定には消極的だったのである。

貯蓄銀行条例については、田口卯吉は貯蓄銀行と普通銀行の兼営を認め、貯蓄銀行は大規模な普通銀行に預け金を行って運用を任せるべきであるとした(43)。宮川久次郎（横浜正金銀行）は、複利か否かで普通銀行と貯蓄銀行の区別をするのは無意味であり、貯蓄預金の最高額と普通預金の最低額を設け、前者は通帳で、後者は小切手を使用させるべきであるとした(44)。龍窟「銀行法案に就て」は、普通銀行と貯蓄銀行の兼営を禁止し、普通銀行は一定金額まで預金を無利息とすべきである、としている(45)。末延道成（東京海上保険）は普通銀行が小口当座の名目で貯金を吸収している現状では、貯蓄銀行が独立営業することは不可能であり、貯蓄銀行条例は全廃すべきであるとし、役員と銀行との取引制限は商法の規定で十分であり、さらに大蔵省は十分な検査を行えないだろう、と主張した(46)。末延を除く論者は、営業としての貯蓄銀行の存在を認め、普通銀行と貯蓄銀行の分野調整を主張しており、1899年改正案に先立つ論議とほぼ同じパターンをとっているが、一定額までの無利息などによ

って、大口と小口を分けようという発想や決済性預金と貯蓄性預金を分離しようという発想がでてきているのは注目される(47)。

　こうした批判のなか政府は、会期の切迫した第15議会への提出を見合わせたが、続いて第16議会への法案の提出を目指した。阪谷芳郎大蔵省総務長官は、1901年11月26日銀行倶楽部晩餐会において演説し、政府の考えと銀行家の考えがほぼ一致したと考えている、と改正への期待を示し、検査・監督の厳格化、不良銀行への制裁、貯蓄銀行の資金運用制限など法案の骨子を明らかにした(48)。

　『新報』は改正の内容を、銀行条例について、①最低資本金50万円、②30円未満の預金への付利禁止、③兼業禁止、④資本金は金銭で払い込む、⑤大蔵大臣は一定の準備金を積むことを命じうる、⑥臨時休業禁止、⑦大蔵大臣は、認可取消し、役員改選、営業停止を命じうる、貯蓄銀行条例については、①最低資本金10万円、半額払込、②貯蓄預金の限度5,000円、③払戻供託を廃止、と報道している(49)。『東経誌』は、銀行条例について、『新報』の①〜⑤の内容を伝え、貯蓄銀行条例については、①〜③の内容のほかに、④資本金は金銭で払い込む、⑤300円以上の預金には払戻に猶予期間をもうけうる、⑥預金利子以外の贈与禁止、⑦資金運用規制、と伝えている(50)。貯蓄銀行条例については、両雑誌の内容を合わせてみるとプランDの内容と一致していることから（資金運用規制の内容も含めて）、銀行条例の内容もほぼ正確に伝えているものと思われる。

　両条例案は先に民間の紹介した意見をかなり取り込んだものであり、貯蓄銀行の独占業務（1口30円未満付利禁止）が盛り込まれたことは画期的な変化であった。政府は普通銀行＝大口、貯蓄銀行＝小口による分野調整を図ったのである。また機関銀行の弊害を除くうえでは、大口融資規制よりも脱法行為が困難で、有効性も高いと考えられる役員・使用人の取引制限や役員の兼職規制は含まれていなかった。当時の銀行の実情から実現は困難と判断されたのであろう。それでも貯蓄・普通銀行の兼業禁止は解かれなかった。

　ところが政府にとって意外なことに、条例改正案の骨格が伝えられると、銀

行家はいっせいに条例改正反対を唱えた。東京銀行集会所は、現行銀行条例を改正する必要なし、と決議し、大阪銀行集会所は、銀行条例については、資本金制限は必要なし、他業兼業禁止も脱法行為が可能で効果なし、30円未満付利禁止は不当、大蔵大臣の権限過大、貯蓄銀行条例については、条例が漠然としており、預金者保護とならない、との決議を行い、政府に提出した。神戸銀行集会所も銀行法案に反対の趣意書を政府に提出した(51)。渋沢栄一は、曽弥蔵相に面会して、一部銀行業者の意見として、銀行の業務規定、資本金制限、兼業禁止、大蔵大臣の営業停止権限を銀行条例から削除するよう申し入れた。これらは改正の主眼の削除を求めるもので、事実上の拒否を示したものといえよう。これに対して有楽会は、資本金制限に反対であるが、銀行重役の兼業禁止、銀行重役が銀行に債務を負うことの禁止、銀行への制裁の範囲の拡大、少額預金への付利禁止、を求めており、銀行条例改正にやはり前向きで、政府案に理解を示した(52)。

『東経誌』は、1115号（1902年1月18日）から1121号（3月1日）にかけて、銀行条例改正案に関する多数の意見を掲載し、また1月に経済学協会で行われた銀行条例に関する多数の演説も掲載した。ここでの意見は非常にバリエーションに富んでいた。大銀行業者は、資本金制限については、銀行の良否は資本金額でははかれないこと、地方の実状に合わないこと、などの理由から反対であった。30円未満の付利禁止については、実態に大きな影響を受けないが（すでに実施済みの銀行もあった）、法律で規定することに消極的な見解が多かった。兼業禁止については、法定しても監督困難で意味がないとする意見や反対が多かった。これらの意見の底流には、銀行の規律をもたらすには市場の監視、取引を行う者の鑑別力が必要で、効果があり、規制は有効ではない、といった考え方が流れていたように思われる。銀行業者でないものも資本金制限にはおおむね反対であったが、他については意見が割れた。30円制限や兼業禁止に賛成するものもあった。

阪谷芳郎は経済学協会での演説のなかで、「近頃になりますと銀行家は改正を希望せぬといふ様なことが段々方々に現」れてきたと、情勢の変化に戸惑い

つつ、悪い銀行のため良い銀行まで信用を落とし、貯蓄心が悪影響を受けるようでは、銀行にとっても経済全体にとってもマイナスなので、銀行条例を改正し、銀行の信用を高めねばならないが、それには資本金制限、兼業禁止、休業禁止などを盛り込むべきである、と主張した。しかし反対が相次ぐ状況のなか政府は、法案を議会に提案しなかった。銀行家が自己資本の充実についてふれないのは意外な感もするが、いまだ自己資本の比率が高く、預金が多い大銀行が安全と考えられていた当時の状況では、運用こそ問題であるとされるのは、当然であろう。

3　1904年から1906年にかけての両条例改正論議

1902年の両条例改正の失敗ののちも政府は、貯蓄奨励の立場から国立貯蓄銀行を構想し、さらには第18議会に貯蓄銀行条例の改正案を提出することも考慮し[53]、1903年10月には貯蓄銀行法案を閣議に提出したが、議会に提出されないまま終わった。次に政府が両条例の改正を本格的に模索するのは1904年7月頃である[54]。百三十銀行が1904年6月に支払を停止したことを契機としていた。

阪谷芳郎は1905年5月20日経済学協会において、「銀行法の改正」という演説を行い、①資本金の制限、②兼業の禁止（もしくは兼業事業までも検査しうるようにする）、③監督の結果を効力あらしむるため営業停止・認可取消しを行えるようにする、という3点について改正する必要があることを明らかにした[55]。この演説については、『東京日々新聞』は①②に反対、③に賛成、『東経誌』は①に反対、②③に賛成、『都新聞』は③に反対、池田謙三（第百銀行）は、①③に反対、②に賛成、と態度が割れた[56]。資本金制限に反対する理由は、すでに出ていた論点と同じであり、兼業の禁止に反対する理由は、重役兼任を禁止しなければ効果がない、とするものであり、兼業禁止そのものには反対しえなかった。監督強化に反対する理由は、検査官に人を得ないので、効果が上がらない、とするものであった。その後阪谷は銀行倶楽部晩餐会でも「銀行法改正に就て」と題する演説を行ったが[57]、「我々監督の任に当つて居

る者が考へて居る所と諸君が銀行法の改正と云ふ事に付て解釈して居らる、ところとは余程違つて居ると考」えると慎重な態度をとり、演説の内容も監督権を強化する必要を訴えるにとどまった。

　改正の内容は、改正要点として1905年7月には伝えられた。その改正法案と考えられるのが「銀行条例中改正法律案」（曽弥家文書第2号-32、以下プランEと略記）であり、銀行条例を改正するスタイルを取っている。プランEは、第1条に銀行以外は商号に銀行を用いられないとする項を加えること、第2条に大蔵大臣の認可から1年以内に開業しない場合は失効するとする項を加えること、第8条に銀行が兼業している場合は、大蔵大臣は兼業事業の検査を行える、3カ月以上の休業・営業不能の状態・虚偽の登記があった場合・営業主の失踪や刑事被告人となった場合・正当な理由なく営業所や商号を変更した場合には、営業認可を取り消しうる、払込資本の半額以上の損失がある場合・帳簿に不正記入等があった場合・銀行内部が紊乱している場合・役員の失踪や刑事被告人となった場合・役員使用人が投機事業を行った場合・役員使用人が無担保もしくは不相当に多額の債務を銀行に負った場合には、営業の停止・役員の改選を命じうる、認可の取消し・失効で解散する、という項を加えること、第10条の罰則を強化すること、を内容としていた[58]。営業停止、認可取消しの要件を明確に規定し、これらが発動しやすいようになっている点、休業銀行、役員の投機への関与、役員への放漫な貸出などに対応できるようになっている点、資本金の制限にふれていない点などが特徴といえる。

　プランEの内容は、営業認可取消し、営業停止の条件については、正確に伝わっていたが、全体像特に資本金制限については明らかでなかったようである。『新報』は「銀行法改正の無用」と題する社説で[59]、資本金の制限については、銀行の確実さは資本金の大小依存しないので反対、兼業禁止については、有名無実に流れやすく、三井・三菱・住友のように兼業していても確実な銀行があるので反対、監督権の拡張については、検査官が銀行の良否を見極められず、害が大きいので反対、といずれも反対し、「公衆の社会的制裁に放任すべき」であると結んだ。

波多野承五郎（三井銀行）は、公衆に銀行の選択力がなく、確実でない銀行も生存の余地があるので、預金者を改良しなければならないし、外国も優勝劣敗で銀行が発達してきていること、大蔵省の役人が銀行経営を理解できないので、検査の実績が上がらないこと、むしろ慈善心にもとづく貯蓄機関を作るべきで、貯蓄銀行の運用を制限するか、郵便貯金を拡充すべきであるとしている[60]。荘田平五郎（三菱）は、預金者は銀行の営業を判断しえないので、いかに法律を整備して、監督を厳しくしても無駄であるとし、貯蓄銀行を慈善心によるものとすべきであるが、官営・民営いずれも一利一害があるので、自然の発達に任せるべきである、とした[61]。

大銀行の経営者は、今回の改正論議が、百三十銀行という大銀行が支払停止し、銀行動揺が広がるのを政府の救済で防いだ、という事態から起こっている、ということを無視し、監督官の体制が不備であることを理由に、システムの問題として規制を受け入れるという考え方を拒否したといえる。特に預金者に判断力がないので、規制が無駄で、自然の淘汰に任せるしかない、という考え方は、現在の規制に対する考え方と正反対であり、自らの経営能力に対する自信の表明であり（悪い銀行へインターバンク資金など流さないので、リスクは波及しない）、階層化した資金市場と自己責任を前提としていたともいえる。それでも少額預金者は保護すべきであると考え、貯蓄機関を確実なものとすべきである、という主張になるのであろう。

結局政府は銀行条例の改正案を議会に提出することなく終わるが[62]、問題は貯蓄銀行条例へと移っていった。政府は1906年3月貯蓄銀行法案を貴族院へ提出した。このほか1903年10月閣議提出貯蓄銀行法案（『沿革』78〜88頁、以下プランFと略記）、貯蓄銀行法案（水町家文書第7号-44、以下プランGと略記）、が確認できる。これらは議会へ提出された法案（以下提出法案と略記）の前身であるが、プランF、Gの前後関係は確認できない。ここでは提出法案の内容を中心に検討しよう。

提出法案は貯蓄銀行を、「公衆ノ為複利ノ方法ニ依リ貯金ヲ預ル」ものとし（第1条）、その業務として、①元本の払い込みに対する有期年金または一時金

給付の契約、②貯金切手の発行、③両替・送金為替、④保護預り、⑤金銭の取立ておよび出納保管、をあげている（第2条）。兼業は禁止された（第5条）。資金運用については、①公社債・株式を質とする6カ月以内の貸付、②公社債の応募・買い入れ、③3カ月以内に支払われる証券の割引、④公共団体への貸付、⑤耕地・宅地を第一抵当とする1年以内の貸付、であり、大蔵大臣は必要な制限をもうけることができるとされた。プランDに④が加えられ、株式の配当率制限などは削除されたが、大蔵大臣が制限をおけるという但し書きが加わった。預け金は大蔵省預金部にも行えるようになった（第4条）。貯蓄銀行以外は30円（プランFでは50円）未満の預金に付利できないこととされた（第7条）。最低資本金は20万円に引き上げられている。またプランDでは資本金同額まで準備金を積み立てるとしていたが、貯蓄預金額および第2条①の払込額の4分の1に達するまで毎期利益金の10分の1以上を特別準備金として商法の準備金のほかに積み立てる、現金・有価証券で供託するとされ、預金者等はそれに優先権を持つとされた（第21、30条）。プランDにあった貯蓄預金額の上限は、プランF、Gでは3,000円に引き下げられ、提出法案では削除された。大口融資規制、取締役の連帯無限責任はプランF、Gですでに削除されている。

　提出法案はプランDと基本的に変化はないが、業務範囲・資金運用範囲が若干拡大され、貯蓄預金の上限・大口融資規制・役員連帯無限責任などが撤廃される一方で、最低資本金が引き上げられた。また供託の基準が変更された。銀行条例改正案の提出が見送られたため、30円未満の預金に対する付利の特権が貯蓄銀行法に盛り込まれたのであろう。

　阪谷芳郎大蔵大臣による提案理由の説明では[63]、貯蓄奨励には貯蓄銀行の組織を完全にすることが必要であるため本法案を提出したとし、重役の連帯無限責任を廃止したのは、重役に適格な人材が得られなくなっているためであり、運用の制限を設け、政府の監督を厳しくした、としている。

　貴族院の委員会は法案に修正を加えた[64]。まず第7条を、貯蓄銀行以外は新たに1口5円未満の預金は預かれない、と改めた。また取締役の連帯無限責任（第19条）、貯蓄預金・第2条①の払込金の通帳で1円未満のものへの印紙

税の免除（第22条）を加えた。さらに第21条の特別準備金の代わりに、預金総額の4分の1以上を国債で供託することに改め、供託国債に預金者の優先権を認めた（第32条）。貯蓄銀行にとっては、30円未満預金への付利の特権を奪われ、連帯無限責任が復活し、供託物が国債に限定されたわけで、見返りに与えられた印紙税免税の特権はあまりに小さかったといえよう。修正を行った理由は、1口30円未満を付利禁止とすると、「普通銀行ガ勢ヒ貯蓄銀行ト兼業シナケレバナラヌ、若シ兼業スルコトトナレバ単ニ貯蓄銀行者ト云フモノハ余ホド困難感ジル」ので、保護のつもりが保護にならないし、同様に役員の連帯無限責任をはずすと、「普通銀行ガ続々貯蓄銀行ヲ兼業スル、サウスレバ貯蓄銀行ガ却ッテ鞏固ニナラナ」いので、はずさないほうがよい、というものであった。また供託については、信用に関係することであるから、預金額の4分の1の方がよいとしている。法案は委員会修正通り可決され、衆議院へ送られたが、議会が閉会となり、廃案となった。

　連帯無限責任・供託の復活は、安全性を強化する、という点から理解できるが、1口30円未満の預金に関する議論は理解しにくい。これまでも30円未満の預金に普銀・貯銀ともに利子を付けて競争していたのであるから、1口30円未満の規制をもうけて一部の普銀が貯銀の兼業を開始しても競争条件は変わらないはずであり、貴族院の修正理由は奇妙である。30円未満の預金に利子を付けていた普銀が、貯銀を兼営する形で既存の預金を守ろうとすると運用が規制される、という点への反発が、1口30円未満の規制を撤廃した底流にあったのではなかろうか。大蔵省の分野調整は拒否されたのである。

　貯蓄銀行法については、貴族院に提出される前はほとんど議論がみられず[65]、提出後も大きな議論とならなかった。『時事新報』は貯蓄銀行に営業の確実を求めるのは必要であるが、土地担保貸出に規制をもうけると営業に打撃であり、預け金の規制などは親銀行の信用が十分であれば無用であり、1口30円未満付利禁止の規制をもうけると小普通銀行が困難をきたす、と反対の姿勢であった[66]。『東経誌』は、1口30円未満の規制について貴族院の修正に賛成したが、連帯無限責任については、取締役に就任するのを避ける人が出るだろ

うと反対し、供託については、支払準備を国債で供託しては緊急の支払に間に合わないので、ない方がよいと反対した[67]。

　1口30円未満の付利禁止という政府原案は支持されなかったのであるが、既存銀行業者の利害というレベルでしか議論されておらず、細民貯蓄の保護と貯蓄・普通銀行の分野いう理念がいかにあるべきか、という観点からの議論は行われなかった。そして普通銀行の利害にかかわるところは削除され、貯蓄銀行には細民貯蓄の保護というあまり現実的ではない理念が押しつけられた。また『通信録』・『大阪通信録』はともに貴族院の修正を、原案の骨子を没却するものであるとしており[68]、運用規制、預け金規制については、当然のこととして全く問題としていなかったことも注目される。

4　1908年から1910年の貯蓄銀行条例改正論議

　貯蓄銀行条例の改正論議は1908年に再開される。松方正義は1908年4月の交換所連合会晩餐会の演説において、日露戦後恐慌のなかで貯蓄銀行等が恐慌をきたし、多数の町民が困難をきたしたとして、本来貯蓄銀行は慈善主義で公益のために経営されねばならないが、貯蓄銀行「条例は甚だ懸念に堪へられぬ一向感服せぬ条例であ」り、条例の規制が緩いために弊害が大きくなっている、と指摘した[69]。恐慌の経験とこの演説を契機に、貯蓄銀行条例改正に関する議論は活発となった。

　町田忠治（山口銀行）は、1906年の政府提出案を評価し、貯蓄銀行は慈善主義でなければならないとし、官営でも民営でもよいが、国債価格が下落している今日、運用を国債に限定するのがよい、とした[70]。田中源太郎（京都商工銀行・商工貯金銀行）は、普通銀行と貯蓄銀行の区別が曖昧で、1口5円以下を新たに、という貯蓄銀行の預かり可能な預金の規定を50円に引き上げても、全く実効がなく、普通銀行の発達を阻害するし、また供託も取付けへの対応が不可能であり、さらに政府の監督を厳しくしても改良は困難であるとし、結局不良銀行が出てくるのはやむをえないから、少数の不良者のために大多数の貯蓄銀行の検束を厳格にするのは良策ではなく、自然の淘汰に任せるべきであり、

むしろ破綻後の整理についての条規を充実すべきである、とした⁽⁷¹⁾。中橋和之（日本貯金銀行）は、貯蓄銀行業務を営利機関が行うことに限界があるが、それはおくとしても、現在のように普通銀行が貯蓄銀行をもうけて貯金を集めている現状では、法律を改正して規制を厳密にしても効果は期待できない、としている⁽⁷²⁾。本城彦清（東京貯蓄銀行）は、少額預金者が銀行を鑑別するのは不可能だから、適当な検束を加える必要があるが、あまり厳しい規制は小口当座預金との釣り合い上不適当であり、政府の監督を充実することが必要であるとした⁽⁷³⁾。池田謙三は、貯蓄銀行を規制するために小口当座を規制すると普通銀行の発達を阻害するので現実的ではく、監督をいくら強化しても不良銀行は発生するので、多数の銀行の検束を厳しくするのはコストもかかり効果も上がらないとし、拙劣無謀な政策は自由競争の結果発達してきた私立銀行の発展を阻害する、と結んだ⁽⁷⁴⁾。

　これらの銀行家の意見は、少額預金者の保護のために貯蓄銀行を規制しようとすると、普通銀行の小口当座預金を規制せざるをえないが、それは非現実的なので、貯蓄銀行の規制はできないとし、銀行破綻は銀行の規律維持のうえで必要である、といった意見に傾いていった。細民貯蓄の保護と分野調整はセットで理解されるようになったのである。しかし経営の悪い少数の銀行のために多数の銀行が制約を受けるのは迷惑である、といった本音が覗いていた。ここには規制による破綻の防止によるシステムリスクの回避は射程に入っていない。

　『東経誌』は、銀行営業には役員に適当の人材を得て株主・預金者が常に監視する必要があるが、貯蓄預金者の鑑別力には期待できないので、政府が監督する必要があること、営業種類・資金運用法・預金払戻担保などの適度な規制は必要だが、連帯無限責任は適当な経営者を得られなくしているので、不必要であること、などを主張した⁽⁷⁵⁾。1906年の政府提出案に近いものといえる。

　改正の要点は、供託証券を公債・大蔵省証券に限定することであると伝えられていたが⁽⁷⁶⁾、ついに議案が提出されることなく終わった。

　このほか1910年12月にも大蔵省は、「貯蓄銀行条例中改正法律案」（勝田家文書第60号-13）を作成していた。この法案は、新たに1口10円未満の預金を受

け入れるものを貯蓄銀行と改め、貯蓄預金は記名式の通帳を用い、1,000円を限度とすること（第1条修正）、貯蓄預金額の10分の1まで特別準備金を積み立て（毎期利益の20分の1以上）、公債で保有すること（第2条修正）、大蔵大臣が業務停止権を持つこと（第8条修正）、などを内容としていた。1906年法案の失敗によって、大蔵省は業務分野を調整しつつ運用を規制する法案の成立を断念し、貯蓄銀行条例を改正して、貯蓄銀行の独占業務を若干拡大し、決済業務を禁止して分野調整を行う一方で、規制も若干強化しようとしたといえる。貯蓄銀行と普通銀行を分離するかなり現実的なプランであったが、この法案も公にならずに終わった。

第4節　1915年貯蓄銀行条例改正と1916年銀行条例改正

1　1915年貯蓄銀行条例改正

　明治末期から「下層金融機関」に関する立法が検討され、1915年の無尽業法の成立と貯蓄銀行条例の改正がその一つの帰結点であることは、周知のことである[77]。1900年頃発生したといわれる据置貯金・定期積金、営業無尽が急速に発達しており、その取り締まりの必要性が認識されていたところ、1913年の大審院判決によって、営業無尽を銀行条例によって取り締まれないこととなり、立法が必要となったのであった。細民の貯蓄機関とされてきた貯蓄銀行ではあったが、新たな金融商品とそれを取り扱う金融機関の出現・発展により、「下層金融機関」問題の焦点はそちらに移った。据置貯金・定期積金、営業無尽がその商品性のゆえに発展したことは間違いないが、1908年6月頃、大蔵省が貯蓄銀行の新設についても最低資本金を50万円に制限する旨の通牒を発したこと（普通銀行は1901年8月に通牒済み）もこれらを取り扱う金融機関の発展に影響していたであろう。普通銀行・貯蓄銀行の設立を規制すると営業無尽等が増加していたのであり、小規模な機関が零細な資金を集めて、運用に失敗して問題となるという構図が続いていたのである。若槻礼次郎大蔵大臣は、1914年12

月の議会答弁で、据置預金等を取り締まるための貯蓄銀行条例改正法案を提出する予定であることを明らかにしていたが、議会解散のため実現せず、翌15年4月の関西銀行大会懇親会において、人口10万人以上の都市での貯蓄銀行新設の最低資本金を100万円に引き上げること、据置貯金等は貯蓄銀行条例を改正して規制すること、あわせて貯蓄銀行の営業停止・役員改選命令・認可の取消しを可能とするように貯蓄銀行条例を改正すること、を明らかにした[78]。

貯蓄銀行条例中改正法律案は1915年5月衆議院に提出された。主要な改正点は、据置貯金、定期積金を貯蓄銀行の業務としたこと（第1条修正）、定款・業務の種類および方法の変更と代理店の設置に大蔵大臣の認可を必要としたこと、大蔵大臣は債権者の利益を保護するため事業の停止を命じることができ、また法令に違反するなどしたときは役員の改選を命じ、さらに認可を取り消すことができること（第7条修正）、などであった。

若槻大蔵大臣は、据置貯金・定期積金を貯蓄銀行でなければ扱えないようにするのが相当なこと、営業認可の取消しなどを規定して、貯蓄銀行全般の監督を周到にし、貯蓄銀行に貯蓄機関としての職責を全うさせようとしたことを提案理由としてあげた[79]。今回は法案の根幹にかかわるような意見は提起されず、政府原案通り可決された。政府は無尽業法を同時に成立させて、その資金運用を規制することに成功する一方で、据置貯金・定期積金を貯蓄銀行の独占業務として取り込むことで、貯蓄銀行の業務分野を明確にした。

経済雑誌でも貯蓄銀行法改正についての賛否はほとんど表明されなかった。政府は1915年8月に専任の銀行監督官を置き、検査態勢を強化しはじめたが、これについても評論はほとんどなかった。政府の考え方はおおむね支持されるようになったのである。

2　1916年銀行条例改正

政府は1916年2月銀行条例中改正法律案を衆議院に提出した。主要な改正点は、銀行を設立しようとするものは、商号、資本金、本店所在地につき大蔵大臣の許可が必要であり、兼営事業を行うとき、支店を設置するときも大蔵大臣

の許可が必要であること、これらを変更するときも同様とすること（第2条修正）、大蔵大臣は債権者の利益を保護するため事業の停止を命じることができ、また法令に違反するなどしたときは役員の改選を命じ、さらに認可を取り消すことができること（第8条修正）、などであった。

　武富時敏大蔵大臣は、銀行営業権の自由売買を取り締まる必要があること、認可の取消権が認可当局にないのは首尾一貫しないし、保険業法・貯蓄銀行条例・無尽業法との権衡を得る必要もあるので、第8条の監督権を強化した、と提案理由を説明した(80)。

　衆議院特別委員会では、兼業事業の規制のみでは不十分で、銀行と銀行重役の取引について制限すべきではないか、との質問が寄せられたが、商法上監査役の承諾を必要としているので、それで対処できるし、問題が大きければ事業停止などで対処する、と政府は答弁した(81)。

　これ以外ほとんど議論はなく、銀行条例改正案は衆貴両院を通過、成立した。この改正について『大阪通信録』は、「当局者の従来の方針主として銀行新設の方面に存し、既設銀行に就ては其取締猶ほ間然する所ありて、其弊害の大なりし……、今回の改正は即ち主として既設銀行の整理に在るは勿論にして昨年公（布、脱か——引用者）の新貯蓄銀行条例および無尽業法と相俟て我金融機関の整備漸次其緒に就くに至」(82)るであろう、と評価した。

　今回の銀行条例改正について、規制強化に反対する意見はなかった。しかも1905年7月の改正プランが営業認可取消、営業停止などの命令を発しうる条件を細かく規定していたにもかかわらず、民間は反対していたが、今回の改正は、大蔵大臣の裁量をかなり広範に認めており、政府もいろいろな状況に柔軟に対応できるものとして説明していたにもかかわらず、議会・民間銀行業者はさしたる抵抗なく受け入れた。民間の銀行条例に対する考え方は、大きく変化していたのである。

　銀行条例は、大蔵省の当初の計画よりも大幅に規制が緩和されて、設立認可

やディスクロージャーなどを定めたにとどまったが、貯蓄銀行条例は松方正義の貯蓄銀行観にもとづいて厳しい規制を課されていた。もともと松方は駅逓局貯金を運用する官立の貯蓄銀行を構想しており、民営貯蓄銀行には消極的であったのである。しかし実効ある規制を実行することが困難であったことに加えて、早期の幣制統一を念願していたことから、政府は国立銀行からの転換を促進するために、民間銀行業者の要求する規制緩和を容認した。

　この妥協が本意ではない政府は、両条例改正の直後から、1901年の金融恐慌を経験する前に、業務範囲や認可取消などの規制の再強化を企図した。しかし規制の強化には民間が激しく反対した。政府は1902年の両条例改正の失敗を受けて、当初の構想をストレートに実現することをあきらめ、銀行条例については、一定の条件にしたがって営業停止・認可取消しを行う、貯蓄銀行条例については、営利主義の原則を認めたうえで、貯蓄銀行の業務分野を画して、運用を規制する、という方針に転換した。しかし前者については、政府の銀行検査態勢の不備による検査結果への不信という根拠から自然淘汰が選好され、後者については、小口当座預金業務を奪われると普通銀行の発展を阻害するという反対にあって、ともに実現しなかった。ただし貯蓄銀行条例については、徐々に範囲が広げられていたが、資金運用の範囲を限定することについては目立った反論はなされなくなっていた。銀行家は、貯蓄銀行の独占業務を広げて、普通銀行の業務を縮小することに神経質であった。

　1915年の貯蓄銀行条例の改正は、それまでの改正の脈絡とは異なり、新たに勃興してきた下層金融機関との分野調整が課題となった。細民貯蓄の保護の焦点となっていた営業無尽については、無尽業法によって資金運用が規制される一方、貯蓄銀行法の改正で据置貯金・定期積金が貯蓄銀行の独自分野として取り込まれたことから、貯蓄銀行と普通銀行の分野調整について、一つの解決のきっかけが与えられた。すでに資金運用範囲の制限については大きな問題とはならなくなっており、営業無尽では実現していたから、独占業務を与えて規制を強化するという方向は定まっており、この改正は資金運用の制限をともなう貯蓄銀行法の成立に対する前提をなしていた、ということができる。1916年の

銀行条例の改正は、営業停止・認可取消権を大蔵大臣に与えるものであった。1905年の改正案では、一定の条件を付してでもこうした権限を大蔵大臣に与えることに強い反発が示されていたのに対し、今回の改正ではほとんど反対はなかった。大銀行も含めた普通銀行業者の態度は、営業の自由によって経営の内容に干渉することを断固拒否し、自然淘汰を当然のものとする、というものではなくなっていた。もちろん銀行法で実現する役員の兼職制限・銀行の兼業禁止など多くの点が全く問題になっていないが、1916年の銀行条例改正は、銀行経営の健全化を実現するために政府が銀行の営業に干渉することが容認されたという意味では、銀行法への道を開くものであったといえよう。

注

（1） 加藤俊彦「銀行条例について——本邦普通銀行の性格と関連して——」（東京大学『経済学論集』第17巻第3号、1948年12月）、後藤新一『普通銀行の理念と現実』東洋経済新報社、1977年。
（2） 山下直登「日清・日露戦間期における財閥ブルジョアジーの政策志向——有楽会の動向を中心に——」（『歴史学研究』第450号、1977年11月）。
（3） 後藤新一『本邦銀行合同史』金融財政事情研究会、1968年。
（4） 加藤俊彦「貯蓄銀行条例をめぐる諸問題」（東京大学『経済学論集』第26巻第1・2号、1959年3月）、進藤寛「明治時代の貯蓄銀行」（金融経済研究所編『日本の銀行制度確立史』同所、1966年）。
（5） 協和銀行『本邦貯蓄銀行史』同行、1969年。
（6） 大蔵省銀行局『本邦貯蓄銀行制度ノ沿革』同局、1920年。以下『沿革』と略記。『沿革』の利用にあたっては迎由理男氏に大変お世話になった。
（7） 迎由理男「貯蓄銀行」（加藤俊彦編『日本金融論の史的研究』東京大学出版会、1983年）。
（8） 明治財政史編纂会編『明治財政史』第12巻、1905年、537-588頁。
（9） 同上書589-590頁。
（10） 松方家文書第50冊19号所収。この文書に作成日は記されていないが、商法を引用していることと、貯蓄銀行について1章をもうけていることから、1890年5月に松方が提起した私立銀行法（またはその原案）と推定した。
（11） 前掲『明治財政史』第12巻、594-595頁。
（12） 貯蓄銀行条例については、同上書881-890頁による。

第1章　金融制度の形成と銀行条例・貯蓄銀行条例　33

(13) 以下特に断らない限り、本節の記述は、前掲加藤「銀行条例について」、同「貯蓄銀行条例をめぐる諸問題」、前掲後藤『普通銀行の理念と現実』による。
(14) 前掲『明治財政史』第12巻、597-602頁。
(15) 日本銀行調査局編『日本金融史資料　明治大正編』第12巻、1959年、267頁。
(16) 「第三回帝国議会衆議院議事速記録　第二十二号」1892年6月8日。
(17) 「第四回帝国議会貴族院議事速記録　第四十号」1893年2月27日。
(18) 貯蓄銀行は非貯蓄預金に対しては供託義務を免れた（杉山和雄「貯蓄銀行の普通銀行化傾向」『地方金融史研究』創刊号、1968年7月）。
(19) 「第五回帝国議会衆議院議事速記録　第十一号」1893年12月11日。
(20) 同上第十七号、1893年12月18日。
(21) 「第六回帝国議会衆議院議事速記録　第十一号」1894年5月28日。
(22) 国立銀行は1887年から93年の7年間の平均で年間49回もの検査が行われており、3年に1回の割合で検査を受けていたことになる。普通銀行は、専任の検査官が置かれた翌年の1916年から20年の5年間の平均でも検査は年間27回にすぎなかった（大蔵省編『明治大正財政史』第14巻、1937年、79頁）。
(23) 「第八回帝国議会貴族院議事速記録　第九号」1895年1月21日。
(24) 同上第二十五号、1895年2月15日。
(25) 『銀行通信録』第96号（1893年11月）40-43頁。以下『通信録』と略記。
(26) 同上誌第118号（1895年9月）21-26頁。
(27) 同上誌第120号（1895年11月）25頁。
(28) 「第八回帝国議会衆議院議事速記録　第八号」1895年1月15日。
(29) 「第八回帝国議会貴族院議事速記録　第十五号」1895年2月1日。
(30) 「第八回帝国議会衆議院議事速記録　第八号」1895年1月15日。
(31) 1894年6月の全国国立銀行交渉委員会における第百国立銀行池田謙三の発言（『通信録』第103号、1894年6月、33頁）および「国立銀行満期後処分方按ニ対スル関西銀行会意見要領」（『銀行報告誌』第60号、1894年12月、35頁）。
(32) 大蔵省編『明治大正財政史』第16巻、1938年、597-598頁。
(33) 「貯蓄銀行条例を廃せよ」（『東洋経済新報』第81号、1898年2月25日。以下『新報』と略記）。
(34) 「貯蓄銀行条例中修正を要すべき箇所」（『東経誌』第966号、1899年2月18日）。
(35) 前掲『明治財政史』第12巻、914頁。
(36) 「第十四回帝国議会貴族院議事速記録　第三号」1899年11月29日。
(37) 前掲『明治財政史』第12巻、915-916頁。
(38) 「貯蓄銀行の預金運用に関する制限」（『東経誌』第1007号、1899年12月2日）。

(39) 「貯蓄銀行預金運用法案に就て」『新報』第144号（1899年12月5日）。
(40) ただし特別委員会の報告であり、有楽会の決議は見送られた。同上誌第176、177号、1900年11月5日、15日。
(41) ただし有楽会内の委員会の意見である。『通信録』第184号、1901年3月。
(42) 『通信録』第185号、1901年4月。
(43) 「貯蓄銀行は普通銀行と連絡すべきものなり」（『通信録』第185号、1901年4月）。
(44) 「貯蓄銀行条例改正に関する私見」（同上誌同上号）。
(45) 『東経誌』第1072号、1901年3月16日。
(46) 「銀行条例及貯蓄銀行条例改正に関する私見」（『通信録』第185号）。
(47) 渋沢栄一と外山脩造は1901年大蔵省にプランCへの意見書を提出した（『沿革』31-37頁）。渋沢と外山は、貯蓄銀行に独自業務を認め、かつ資金運用の範囲を広げるという点でほぼ共通していた。
(48) 『通信録』第194号、1901年12月。『東経誌』第1109号、1901年11月30日。社説は、政府の干渉が煩雑であり、貯蓄銀行と普通銀行の境界が明瞭でなく、貯蓄銀行の資金運用を制約すれば破滅に追いやる、と批判した。
(49) 『新報』第217号、1901年12月25日。
(50) 『東経誌』第1110号、1901年12月7日。
(51) 『通信録』第196号、1902年2月。
(52) 『東経誌』第1116号、1902年1月25日。
(53) 『新報』第268号、1903年5月15日。最低資本金10万円、兼業禁止、資金運用の範囲の限定、監督の強化などを内容としていたという。
(54) 『通信録』第226号、1904年8月。
(55) 『東経誌』第1288号、1905年6月3日。
(56) 『通信録』第236号、1905年6月。転載記事。
(57) 同上誌第237号、1905年7月。
(58) プランEには作成日が記されていないが、当時伝えられた改正内容と第8条の改正内容が一致することから、1905年7月頃作成されたものと思われる（『新報』第347号、1905年7月25日）。
(59) 同上誌第348号、1905年8月5日。
(60) 「銀行法の改正に就て」（同上誌同上号）。
(61) 「銀行法の改正に就て」（同上誌第350号、1905年8月25日）。
(62) このほか「銀行条例中改正法律案」（水町家文書第7号-37）が存在している。休業禁止、6カ月以上休業の場合は認可取消可能、同一個人・会社に直接・間接

に資本金・積立金の10分の1を越える貸出を行っている場合は是正命令可能、役員の合意がなければ役員は銀行と取り引きしえず、また役員が役員を勤める他会社と取引を開始しえず、この取引は株主総会に報告、とする（第7条修正）、兼営事業も検査可能、債権者保護のため事業の停止等を命令可能、営業認可の取消しでも銀行は解散とする（第8条修正）、などを主な内容としていた。

(63) 「第二十二回帝国議会貴族院議事速記録　第十二号」1906年3月6日。
(64) 同上第16号、1906年3月19日。
(65) 田辺貞吉（前住友銀行理事）は、波多野・荘田の貯蓄銀行に関する論調とほぼ同じ意見であった（「貯蓄機関の改善を望む」『通信録』第234号、1905年4月）。
(66) 『大阪銀行通信録』第102号、1906年3月。転載記事。以下『大阪通信録』と略記。
(67) 『東経誌』第1329号、1906年3月24日。
(68) 『通信録』第246号、1906年4月、『大阪通信録』第103号、1906年4月。
(69) 『大阪通信録』第127号、1908年4月。
(70) 「貯蓄銀行条例改正の必要（未定稿）」（同上誌第130号、1908年7月）。
(71) 「貯蓄銀行条例の改正に就て　其壱」（同上誌第134号、1908年11月）。
(72) 「同上　其弐」（同上誌同上号）。
(73) 「貯蓄銀行改善問題　其壱」（『東経誌』第1460号、1908年10月10日）。
(74) 「同上　其弐」（同上誌同上号）。
(75) 「貯蓄銀行の改善如何」（『東経誌』第1458号、1908年9月26日）。
(76) 『新報』第463号、1908年10月5日。
(77) 前掲『本邦貯蓄銀行史』、麻島昭一「無尽業法の成立事情――日本金融立法史の一環として――」（『信託』復刊第90号、1972年4月）、渋谷隆一「無尽関係取締法令の制定過程」（同編著『明治期日本特殊金融立法史』早稲田大学出版部、1977年）。
(78) 『大阪通信録』208号、1915年1月、同誌第211号、1915年4月。
(79) 「第三十六回帝国議会衆議院議事速記録　第六号」1915年5月30日。
(80) 「第三十七回帝国議会衆議院議事速記録　第十九号」1915年2月2日。
(81) 「第三十七回帝国議会衆議院銀行条例中改正法律案外一件委員会議録　第二回」1915年2月4日。
(82) 『大阪通信録』第221号、1916年2月。

第2章　日露戦後恐慌と公債政策

神山　恒雄

　本章では日露戦後恐慌前後における公債政策（公債〈＝長期国債〉・借入金・政府短期証券に関する政策）の展開を、国内金融市場との関係を中心に検討する。

　日露戦争の戦費調達で公債が累積していたにもかかわらず、戦争直後に積極財政方針をとっていた政府は戦後経営と戦費追加のために巨額の公債発行を計画していた。しかし実際の公債発行が難航する中で、日露戦後恐慌が発生して財政膨張が民間経済を圧迫しているという批判が高まったため、政府は戦後経営と民間経済の調和を図るため緊縮財政方針を採用し、その一環として公債政策を転換した。確かに戦後恐慌の主因は世界恐慌の発生と国内民間経済の急拡大にあったが[1]、恐慌前の公債政策が国内金融市場に悪影響を与え恐慌という金融危機の一因になったことは間違いない。また公債政策の転換は、日銀が従来の制度的枠組みの範囲内で恐慌に対応する中で、国内金融市場の緩和策として大きな役割を果たしており金融政策における一種の革新といえるだろう。それに対し中里裕司氏は公債政策の転換と民間経済界の要求との関連を考察しており[2]、靎見誠良氏・粕谷誠氏は日露戦後期の公債累積・大蔵省証券の発行が日銀の金融政策や預金銀行の支払準備に与えた影響などを分析している[3]。しかし、公債政策と国内金融市場との具体的な関係はほとんど検討されていない。そこで本章では恐慌前後の公債政策の展開を分析することで、戦後恐慌の発生や恐慌後の金融緩和策における公債政策の意義を考察する。

　その際に、政策構想における外資導入の位置づけに着目する必要がある。す

でに日清戦後期から外資導入は正貨補充に加え、民間経済を圧迫せずに財政資金を調達して財政と民間経済の調和を図る手段になっていた。特に日露戦後期には、外債を継続的に発行する客観的基盤が成熟する中で、従来よりも政策構想における外資導入の位置づけが上昇しており、戦後恐慌を契機とする公債政策の転換でも外資導入の促進を重視していた。かつて筆者は戦後恐慌から第一次大戦直前まで実質的に積極的正貨政策・緊縮財政が継続したことが、外資導入による経済成長を促進したと主張した[4]が、公債政策の転換はその起点となるものだった。つまり内債償還などで国内金融市場を直接的に緩和しただけでなく、対外信用を維持することで外資導入を円滑にして、正貨補充に加え間接的に国内金融緩和に貢献したのである。

第1節　戦後経営と国内金融市場

1　過大な公債発行計画

日露戦争には莫大な戦費が必要となり、講和後に追加した分を含め19億8,600万円の予算が成立した[5]。そのうち陸海軍の軍事行動にともなう費用＝臨時軍事費17億4,600万円は、臨時軍事費特別会計を設置して一会計年度として処理し、それ以外の経費は臨時事件予備費として一般会計に計上した。その財源としては、戦争終結後に廃止を予定していた非常特別税1億1,600万円をはじめ大幅な増税を行う一方、多額の公債を発行した。つまり1904〜05（明治37〜38）年に国内で5回・4億8,000万円の国庫債券を、海外では5回・10億4,500万円の戦時外債（講和成立後に内債償還のために発行した第二回四分利付英貨公債を含む）を募集したのである。こうして公債残高は03年末の5億6,100万円から05年末の21億500万円に、特に外債は1億9,100万円から12億3,500万円に急増した（表2-1）。また欧米で日本外債の評価が上昇する中で、内債の海外流出（外国人が内債公募に応募するなど内債を購入すること）も盛んになり、その残高は04年末の1,200万円から05年末の1億6,000万円に増加し

た。このように戦費調達では、外資が大きな比重を占めていたのである。

こうした公債累積に加え賠償金が得られなかったにもかかわらず、日露戦争直後に第一次桂・第一次西園寺内閣は積極的正貨政策のもとで1907年度まで積極的に財政規模を拡大した。つまり戦費関係では臨時軍事費特別会計と一般会計臨時事件予備費を06年度まで継続して、撤退・軍備復旧・一時賜金など6億

表2-1　公債年末現在高
(単位：百万円)

	合計	内債	外債
1903年	561	370	191
1905年	2,105	870	1,235
1906年	2,217	978	1,239
1907年	2,266	1,007	1,259
1908年	2,237	978	1,259
1909年	2,608	1,349	1,259
1914年	2,583	1,058	1,525

出所：『国債沿革略』1917～18年版、第1巻。
注：内債には紙幣消却借入金、外債には裏書内債と英貨鉄道証券・債券を含む。

2,800万円を追加する一方、戦後経営に着手し総額6億円を超える新規継続費を成立させた。しかも国債費をはじめ経常費も増加したため、戦前には3億円未満だった一般会計予算は07年度に6億円を超過したのである。

その財源のため非常特別税を恒久化する一方、多額の公債発行を計画していた。まず戦費追加については、戦争中に発行した公債の募集金残額などに加え、新たに4億2,600万円の公債を発行する必要があった（臨時軍事費特別会計3億6,300万円・1906年度一般会計6,300万円）。また鉄道建設・改良費、製鉄所創立費、電話交換拡張費の財源は、原則として三公債＝鉄道・事業・北海道鉄道公債（年利5％・5年据置後50年償還）[6]で調達することになり、既定計画を含め2億円近くの継続費支出を予定していた。さらに06年に鉄道国有化を決定したため、買収した私鉄の代価として4億円以上の鉄道買収公債を交付することに加え、買収会社から引き継ぐ4,000万円程度の社債・借入金を整理する必要が生じた。このように戦後も、主要なものだけで10億円以上の公債を発行する計画だったのである。確かに鉄道買収公債や一時賜金の交付など新たに資金を調達する必要がないものも多かったが、5億円程度の新規財源を調達する必要があったうえに、交付公債でも公債残高が増加すれば公債価格の下落を招く恐れがあった。

そこで大蔵省は、公債償還の方針を定めて内外の公債価格を維持するため、1906年に公債の元利支払を担当する国債整理基金特別会計を設置した。特に日

露戦争戦費のために発行した公債の整理を重視しており、同会計法にはその元利償還のため一般会計から毎年度最低1億1,000万円を繰り入れることを明記していた。これは戦費関係の公債は外債の比重が高かったうえに、戦費など資金を消費するのみで元利支払資金を別途に調達しなければならない不生産的公債の累積は、鉄道など政府の生産的事業に必要な資金を調達しその事業の収益で元利支払ができる生産的公債よりも、財政への信用を損なうと考えていたからである。その他の公債の元利償還に関する法規はなかったが、鉄道国有化関係は鉄道益金の一部を、それ以外は戦前の計画を踏襲して年間4,000万円程度を、一般会計などから繰り入れる予定だった。ただ元金償還は当面「年々約三千万円」しか予定しておらず[7]、しかも実際に国債整理基金に繰り入れた元金償還資金＝予算償還はそれを下回り、1906年度が2,700万円、07年度が1,800万円にすぎなかったのである。

また大蔵省は、戦時公債の借替を推進していた。まず年利6％という高利の内外債4億1,500万円については、講和直後から年利4％の外債で借り替える交渉を開始した。しかし国際金融市場の繁忙などのため第一・二回六分利付英貨公債2,200万ポンド（2億1,500万円）の借替は先送りして、第四・五回国庫債券2億円を借り替えるため、1905年11月に第二回四分利付英貨公債2,500万ポンド（2億4,400万円）を発行した。ただ六分利付英貨公債の借替は、1911年に償還期限を迎えるうえに、正貨節約のためにも早急に実現する必要があった。また年利5％の第一～三回国庫債券は、第一回9,700万円の償還期限が1908年末、第二回9,900万円が10年末、第三回7,800万円が11年末であり、予算償還では期限までに全額を償還できないため期限直前に借り替える予定だった[8]。このように高利あるいは償還期限が迫っている戦時内外債を借り替えるためにも、公債発行が必要だったのである。

2　公債発行の難航

このように戦費追加・戦後経営・戦時内外債借替のため多額の公債計画があったが、その発行は難航した。まず1906（明治39）年3月に、臨時軍事費特別

図2-1　内債相場

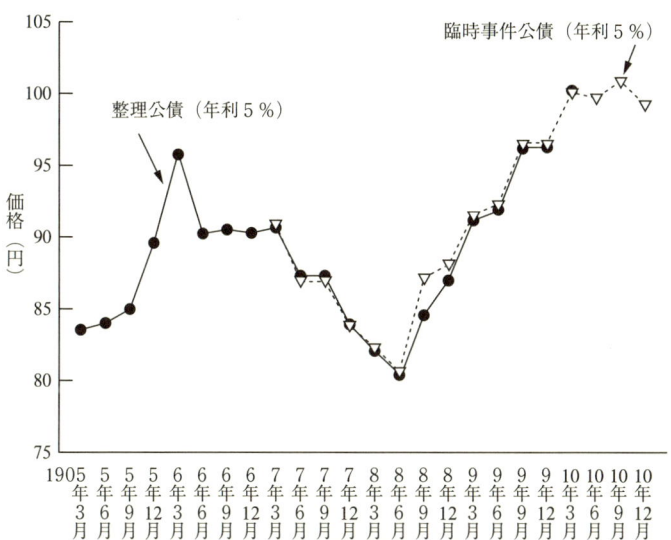

出所：『大蔵省年報』、『銀行及担保付社債信託事業報告』。

会計の資金を調達するため、国内で臨時事件公債（年利5％・5年据置後25年償還）・額面2億円を発行価格95円で公募した。講和が成立してから内債価格が上昇していたため（図2-1）、発行価格に対する利回り5.27％は、05年に発行した第四・五回国庫債券の6.67％よりもかなり低下しており、償還期限も5〜7年の第一〜五回国庫債券よりも長くなった。そしてこの公募では国庫債券と同様に「協議会」方式を採用したが、これは東京・大阪・名古屋・京都・横浜の民間有力銀行を招集して協議会を開催し発行条件を決定したうえで、各地の銀行団体が加盟銀行に対し応募額を割り当てるというものだった。つまり内債公募では金融機関による引受（応募額が発行額に達しなかった場合に残額を引き取る契約）が確立していなかったので、各銀行に義務的な応募を行わせることで、手数料なしで実質的に引受の責任を負わせたのである。ただ戦争中という特殊事情があった国庫債券には、一般国民からも旺盛な応募があり各回の応募総額が発行額の3〜5倍に達したのに対し、平時に発行した臨時事件公債

には戦時のような熱気はなく、後述のように日銀が多額の応募をしたにもかかわらず応募総額は募集額の２倍に満たなかった。賠償金が得られなかったこともあって、1906年上期まで民間経済界が沈滞していて資金需要は少なかったが、戦費調達による公債累積に戦後の過大な公債発行計画が加わり応募の意欲を減退させたのであろう。

また臨時事件公債の公募は、外債による第四・五回国庫債券償還で生じた金融緩和を利用していた(9)。ただ内債の海外流出が盛んになる中で、高利の第四・五回国庫債券は１億3,000万円が流出していたため、国内への償還は7,000万円にすぎなかった。それに対しこの公募にも「外国資本家は争ふて之に応募」すると予想していたにもかかわらず(10)、臨時事件公債は1907年11月に海外で800万円しか流通していなかった(11)。実は第四・五回国庫債券を外債で借り替えた目的には国内金融市場の緩和もあったが、臨時事件公債の公募のため公債政策全体では国内金融市場から差引き１億円以上の揚超となったのである。結局臨時事件公債の応募不振から、大蔵省は平時では「協議会」方式による公募は困難と判断した。しかも東京市外債の成立や満鉄の株式募集を契機に1906年下期から戦後好況が始まり民間資金需要が増加する中で、発行時に95円を上回っていた年利５％の内債価格が90円前後に低下したため（図２-１）、内債公募を中断したのである。

一方外債については、六分利付英貨公債借替のため1906年８月に高橋是清日本銀行副総裁を欧米に派遣したが、その際に高橋の要求で交渉を円滑にするため財政政策の方針を確定することになった。財政規模が拡大し膨大な公債発行を計画する中で、財源確保に不安があると日本の財政に対する海外の信用が低下して、借替交渉が難航すると考えたのである(12)。そこで西園寺内閣は、臨時軍事費特別会計・06年度一般会計のために公債で新たに財源を調達する必要がある１億3,200万円は、「内外公衆募集ヲ避ケ」て預金部・日銀などと協議して処理することにした。ただ預金部・日銀はすでに多額の公債を所有しているので、「持ツモノハ之ヲ時機ヲ見テ外国ニ発売スルノ外ナカルベシ」と考えていた。おそらく借替外債成立後に預金部・日銀が所有公債を海外に売り出して

図 2-2 外債相場(ロンドン)

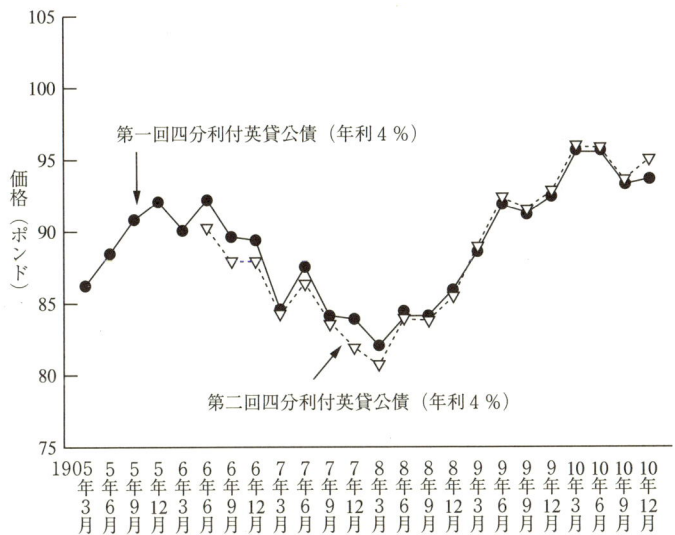

出所:『国債統計年報』、『銀行及担保付社債信託事業報告』。

資金を調達したうえで、預金部・日銀引受で公債の特別発行(特定の金融機関が全額を購入して発行)を実施する計画だったのであろう。また07年度以降は、公債発行は鉄道・電話・製鉄所など生産的事業に限定し、それ以外は増税・公債増発をしないことにした[13]。しかし欧米金融市場の逼迫で外債価格が低下したため(図2-2)借替交渉は難航し、ようやく1907年3月に英仏で五分利付英貨公債(年利5%・15年据置後25年償還)2,300万ポンド(2億2,500万円)を発行したが、金利を予定の4%から引き上げざるをえなかった。しかも仏国発行分の発行銀行であるパリ・ロスチャイルドは、高橋に「日本ノ信用ハ其ノ萌芽ヲ発シタルモノナルカ故ニ之ヲ保護シ発育」するため2年間は公債発行・増税をしないように要望していた[14]。したがって預金部・日銀所有公債の売却を含め、新規の財源を外債で調達することも困難だったのである。

このような状況の中で、大蔵省・日銀は1906年秋〜07年春にかけて内債の発行を模索していた[15]。まず公募については、「戦時中一時ノ変態」である「協議会」方式は平時では困難と判断し、日本興業銀行と民間有力銀行で国債引受

シンジケートを結成する計画を立案していた。つまり3,000万円～1億円の公債を発行して、シンジケートが全額を買い受けたうえで「更ニ広ク之ヲ公衆ヨリ募集」しようとしたのである。発行条件は利子が5％だったが、償還期限は1年半に短縮することも考えていた。ただ日銀はシンジケートを結成しても国内での公募は困難なため、サミュエル商会など外商がシンジケートから再引受をしてロンドンなどで売り出す可能性が高く、それでは外商が利益を独占するうえに外債価格に悪影響を与え「国ノ信用ヲ落ス」ことを懸念していた。そのためもあって、この方法は採用されなかったのである。

　一方特別発行については、預金部には資金の余裕がなかった。確かに郵便貯金が急増する中で、戦争中に4,000万円前後で停滞していた預金部の内債所有高は1906年度から増加し07年度末に1億円を超えたが、これは06～08年に一時賜金として1億1,000万円の臨時事件公債を交付する際に生じたものだった。つまり賜金用の公債は預金部が保管して受給者には通帳のみを交付し、受給者が現金化を希望した時に預金部が購入したが、その購入額は1910年度までに額面で6,600万円（うち1907年度までに5,800万円）に達したのである。しかも、国有化で受け継いだ私鉄債務の整理にも預金部を利用していたので(16)、新規財源を預金部で調達する余地は乏しかった。結局1907年7月に発行した満鉄外債3,900万円の半分以上が預金部に預け入れられる中で(17)、ようやく10月に06年度分の三公債1,700万円の特別発行が実現したのである(18)。

　そこで1907年3月に若槻礼次郎大蔵次官は松尾臣善日銀総裁に、臨時事件公債1億3,000万円の特別発行を発行価格95円で引き受けるように打診した。ただ日銀が公債の特別発行を引き受けた前例がなかったうえに、戦争中の戦費調達にともなう兌換券の制限外発行が恒常化しているという問題があった。つまり公債・増税などの収入を得るまでに財政支出が必要になり一時的な歳入不足が発生すると、日銀一時借入金や大蔵省証券で補填していたが、戦争中には兌換券増発に直結する日銀借入金は9,000万円を超えることもあった。また大蔵省証券の発行も、1905年2月に一般入札公募から日銀引受（日銀がいったん全額を購入してから市中に売却する方式）に変更したため、市中で消化できずに

日銀が所有する分は一時借入金と同様に兌換券の増発を招くことになった。確かに日銀が1904年から大蔵省証券の再割引金利を商業手形割引日歩に引き下げたこともあって市中消化はおおむね良好だったが、大蔵省証券の発行額が1億円を超える中で年末など資金需要期には日銀所有高が6,000万円を超えていた。このように日銀は、政府貸付・大蔵省証券所有による一時的歳入不足補填のため兌換券を増発したが、その返済のために政府が日銀に引き渡した外債募集金＝在外正貨は、日銀がそのまま正貨準備や保証準備に繰り入れたため、兌換券は回収されなかった。その結果、1903年に2億円程度だった兌換券の月末発行高は04年末から2億5,000万円以上になり、制限外発行は8,000万円前後に達することもあった。実は戦争中の内債・大蔵省証券の市中消化が円滑だった背景には、日銀資金で戦費散布を先行させ国内金融市場を緩和していたことがあったが、その際にも外債募集金が重要な役割を果たしていたのである。

　そして戦後も兌換券の増発が続き、1906年末から月末発行高はほぼ恒常的に3億円を超えるようになった。これは1907年4月まで1億円前後の大蔵省証券発行が続くなど、公債発行の難航により巨額の一時的歳入不足が継続していたためである。確かに日銀の政府貸付・大蔵省証券所有は減少していたが、政府が国内支払の一時的不足を補うため在外正貨を日銀に売却して兌換券を増発させたのである。さらに1905年まで帳簿価格で5,000万円前後だった日銀の年末公債所有額も、戦時国庫債券・臨時事件公債を中心に06〜08年に8,000万円前後に増加していた。特に臨時事件公債は公募に多額の応募をした結果、06〜08年に額面で4,300〜4,400万円（公募額の20％以上）・帳簿価格で3,500〜3,900万円（戦時国庫債券所有額の約3倍）を所有していた。そのため後述のように国内民間貸出が停滞していたにもかかわらず、財政資金調達の関係で高水準の制限外発行が継続していたのである。

　このような状況の中で、松尾総裁は日銀が1億3,000万円の公債を引き受けるには、保証準備発行制限額を1億2,000万円から1億7,000万円に、資本金3,000万円を6,000万円に増加する必要があると回答した。制限外発行では5％以上の発行税を支払わなければならないため、年利5％の臨時事件公債を所有

することは収益面で困難だったのである。なお松尾はこの措置を実施すれば第一〜三回国庫債券の借替にも利用できると考えていたので、引き受けた臨時事件公債は時機を見て内外市場に売却する予定だったと思われる。ただ制限額拡張・増資には法令の改正が必要なこともあって、日銀は大蔵省の日銀引受案に消極的だった。

　むしろこのころ松尾総裁は、内債公募により兌換券を回収して金融調節を図るべきだと判断していた。当時日銀は積極的正貨政策の一環として生産的事業資金を積極的に供給する方針をとっていたが、同時に巨額の戦費散布や兌換券増発が景気を過熱させて金融逼迫を招くことを警戒していたのである。そこで1906年3〜7月に、公定歩合（特に断らない限り本店当所商業手形割引日歩）を日露戦争中の2.2銭から1.8銭に引き下げたうえで、本支店・出張所の公定歩合を統一するなど全国金利の平準化・低下を図る一方、高率適用制度を導入した。つまり定期貸・保証品付手形割引の利率は、当所商業手形割引よりも0.1〜0.2銭高く設定していたが、貸出限度額を超過したり用途に問題がある場合にはさらに高率の利子を適用することで、資金固定化や投機などによる資金浪費を回避して生産的事業に効率的に低利資金を供給しようとしたのである。ただ公債を抵当とする場合は、当所商業手形割引日歩を適用したうえに、1911年まで高率適用制度の対象にもならなかった。これは日露戦争中の公債発行を円滑にするため戦時国庫債券に認めていた金利優遇措置を公債一般に拡大・制度化したものだったが、公債政策のために高率適用制度の効果は限定されていたのである。

　このように日銀は景気過熱を警戒しながら生産的事業に積極的に資金供給を図っていたが、1906年末の国内民間貸出残高（定期貸・当座貸・手形割引）は4,400万円にすぎず、日清戦後好況から第二次恐慌までの半分程度だった。しかもこれには日露戦争中に破綻した百三十銀行への特別融資800万円を含んでいたため、不況で国内民間貸出が3,300万円に縮小していた03年と比較しても実質的にほとんど増加していなかった。つまり日露戦後期には、外債による資金流入などを基盤に民間有力銀行が預金銀行化を進める中で、国内金融市場に

おける日銀の地位は低下していたのである。確かに資金逼迫時には、有力銀行も借入金に加え預金支払準備として所有する大蔵省証券の再割引により日銀から資金供給を受けていたが、通常は日銀が国内民間貸出を調節して兌換券を伸縮することは困難だった。そこで松尾総裁は内債公募で国内金融市場から資金を回収したうえで、政府がその資金で一時的歳入不足を補填し在外正貨を日銀から買い戻すことで、財政関係で膨張した兌換券を収縮しようとしたのである。実際には松尾総裁も内債公募は成功の見込みがないと考えていたが、景気過熱を懸念していた日銀は、大蔵省の日銀引受案がさらに兌換券発行高を膨張させることを恐れて消極的な態度を取ったのであろう。結局日銀引受は実現せず、新規財源を調達する公債のうち戦費残額や07年度分三公債など1億5,000万円程度が、発行の見込みのないまま未募集公債として残ったのである。

3 恐慌の発生と公債政策

1906（明治39）年下期に始まった戦後好況は過熱し、投機により株価が高騰する中で、06年11月～07年2月には事業計画資本高が月平均2億円近くに達した。1907年1月下旬に株価が大暴落したのを契機に同年上期に中小地方銀行に取付け・支払停止が生じたが、金融逼迫は部分的なものであり、企業熱も一時よりは衰えたものの継続していた。しかし07年10月に発生した世界恐慌を契機に、日露戦後恐慌が発生した。紡績業のような主要産業において資本蓄積の進展により賃金上昇・貿易入超増加など恐慌の要因が成熟しつつある中で、世界恐慌にともない貿易収支が急速に悪化して正貨流出・金融逼迫が生じたため、ほとんどの産業を巻き込んだ全般的な恐慌となったのである[19]。

このように日露戦後恐慌の主因は世界恐慌の発生と国内民間経済の急拡大にあったが、公債政策も国内金融市場に悪影響を与えていた。戦費調達・戦後経営により財政規模が拡大する中で、一時的歳入不足の補填などにより財政関係の兌換券が膨張し制限外発行が恒常化したため、日銀の金融政策は機動性を失っていた。また戦時国庫債券・臨時事件公債の公募と大蔵省証券の市中売却は、非常特別税をはじめとする増税とともに民間経済を圧迫した。通貨膨張の中で

戦後好況が過熱していたが、公債政策で国内金融市場から多額の財政資金を調達したことは、金融逼迫を助長して民間企業が調達できる資金の天井を低くしたと思われる。

しかも、外資導入による民間資金調達・国内金融緩和も困難だった。日露戦後期には日本外債への信用が上昇し地方外債・外貨社債の発行が増加したが、そのほとんどは大都市と政府関連企業に限られていた。確かに1906年1～3月に2件の私鉄外貨社債が成立したが、主要私鉄が国有化されて有力な投資対象がなくなると、政府と無関係な民間企業による外債発行はほとんど不可能になったのである。特に1907年には、満鉄外貨社債4,000万円の発行が不調に終わるなど、地方外債・政府保証付外貨社債の発行も困難になっていた。また内債の海外流出も1906～08年末に5,000万円前後で停滞しており、前述のように外債による第四・五回国庫債券償還も、臨時事件公債の公募に対する外国人応募の不振で1億円以上の揚超になった。実はこの時期に外資導入が不振だったのは、世界恐慌前の欧米金融市場が繁忙に向かっていたことに加え、海外の投資家が過大な公債発行計画など財政膨張に不安を持ち、日本への投資に消極的になっていたことが影響していた[20]。こうして公債政策は、兌換券膨張・金融逼迫・外資導入不振などを助長することで戦後恐慌の一因となったのである。

第2節　公債政策の転換

1　政策転換の模索

このように財政規模が拡大する中で公債政策が国内金融市場に悪影響を与えていたため、1907年上期に経済状況が悪化しはじめると、国内金融を緩和する救済策として、民間経済界から日銀貸出の抵当品拡張などに加え公債償還など緊縮財政を求める声が高まった。そこで大蔵省は、1907年5～6月に3,750万円の大蔵省証券を現金で償還した。これは、「政府財政と民間経済の調和を保ち今春来の財界変調を順適ならしむるには暫く新大蔵証券の発行を掣肘するの

要あり」という判断から、日銀に政府所有在外正貨を売却して一時的歳入不足を補填することで[21]、大蔵省証券の発行残高を6,000万円に縮小し11月までおおむねその水準で維持したのである。ただすでに1906年末に民間資金需要の増大で5,000万円に減少していた大蔵省証券の市中売却高は、07年3〜11月もほぼ4,000万円前後で変化がなかったので、金融緩和の効果はあまりなかったと思われる。

　また6月に日銀は、大蔵省の指示にもとづき買収鉄道の株式を定期貸抵当品・手形割引保証品に編入した。国有化の対象となった18社の私鉄は1906年7月〜07年10月に順次買収していたが、買収価格算定の難航に加え公債価格が低迷していたため、いつ鉄道買収公債を交付できるか目処がついていなかった[22]。そこで民間経済界の要求もあって、炭坑・汽船部門などが存続する北海道炭礦汽船を除く17社の株式を「公債ト看做シ」て編入したのである。確かに17社のうち日本鉄道など8社は以前から手形割引保証品として認められていたが、この措置により対象会社が増加しただけでなく、手形割引保証品となっていた株式の抵当価格も15〜60％上昇した[23]。しかも公債抵当と同様の金利優遇を受けるようになった結果、定期貸抵当品・手形割引保証品は公債と買収鉄道株式に集中するようになったため、高率適用制度の効果はほとんどなくなった。

　買収鉄道株式の日銀抵当品編入は、5月に決まった買収鉄道会社への公債利子概算払い[24]とともに金融緩和策の一環であった。しかし日銀は、民間経済界が求める電鉄・電力会社株式など抵当品拡張には消極的だった。つまり価格が不安定な株式は日銀の抵当品には適していない、1890年恐慌の際に鉄道株式などを抵当品に編入したのも、民間保有の公債・手形が少なかったためであり「適当ノ時期ニ廃止スル方針」である、現在は手形流通も盛んになり日露戦争から公債が大幅に増加しているので、日銀貸出のための「適当ナル保証品ニ窮スル」ことはない、と考えていたのである。したがって買収鉄道株式の編入は、公債交付を前提とした例外的措置だった。実は日銀は1907年上期の金融逼迫を「諸株式ノ過度ニ暴騰ヲナシタルコトノ反動的影響」であり、「余リ永続スヘキ

性質ヲ有スルモノト認ムルコト能ハス」と判断しており、むしろ3月には前述のように内債公募による資金回収を主張していた。そして取付けを受けた銀行に対しても、正規の担保品・手形を提供するか「責任ヲ以テ」援助する金融機関を経由しない限り融資しなかった[25]。そのため日銀の国内民間貸出残高は、増加したとはいえ5,000万円前後にすぎなかった。阪谷芳郎蔵相も「一時の発作的病症」と考えていたため[26]、この時点の金融緩和策は限定されたものだったのである。

　しかし恐慌が発生して金融逼迫が激化すると、その対策も本格化した。日銀は1907年12月に市中金利の上昇に追随して公定歩合を2銭に引き上げたが、その一方で「今や我が経済界に生じつつある困難は広く各方面に亘れる性質のものとなる」という認識にもとづき[27]、1907年末～08年上期に国内民間貸出を7,000～9,000万円に拡大した。ただやはり抵当品は拡張しておらず、公債・買収鉄道株式抵当金融が中心だったのである。

　また第一次西園寺内閣は、元老や桂太郎前首相の強い要求もあって1908年度予算編成から緊縮財政に転換した。確かに恐慌後も大蔵省・日銀は積極的正貨政策を維持していたが、1906年に若干の黒字だった貿易収支が恐慌の影響で1907・08年に5,000万円以上の赤字となる中で、数年で正貨収支が均衡するという恐慌前の楽観的な予想を修正せざるをえず、正貨節約のために緊縮財政を要求するようになった。しかも、内外金融市場の逼迫により公債発行がますます困難になったうえに、国内金融緩和策を強化する必要が生じたため、公債政策の転換が不可欠になったのである。

　まず1908年度予算編成では原則として新規計画を認めず、臨時軍事費を除く一般経費の既定計画のうち1908～13年度の年割額から1億400万円を11～15年度に繰り延べた。その結果、一般会計予算は追加予算を含め6億2,700万円とほぼ前年度なみに抑制した。また臨時軍事費は特別会計の閉鎖にともない、一般会計に歳出未済額1億3,700万円と剰余金2億1,300万円を繰り越した。そして歳出未済分は1907～10年度に支出する予定だったが、その年限を1915年度まで延長して1908・09年度から2,200万円を繰り延べた[28]。

それにもかかわらず、財源不足は深刻だった。確かに予算編成時には、使用可能な剰余金は浮虜収容費償還金4,700万円（日露戦争中のロシア人捕虜収容費用をロシア政府が賠償したもの）・臨時軍事費特別会計剰余金4,900万円など1億900万円と予想していたが、それでも1908〜10年度の財源不足を補填できなかった。そこで剰余金のうち7,200万円を1908年度当初予算、残額を07・08年度追加予算や09年度の財源にする一方、1907年12月に実施した煙草専売価格引上げによる600万円に加え、酒税・砂糖消費税の増徴と石油消費税の新設により初年度500万円、平年度2,000万円の増税を行ったのである(29)。

また公債政策については緊縮財政への転換にともない1908年度予算償還を3,800万円に増額する一方、事業繰延により未募集公債のうち1906年度臨時事件予備費の実際支出分5,100万円が発行不要になった。しかし1907年度三公債3,100万円に加え、臨時軍事費7,300万円の発行が必要だった。実は臨時軍事費特別会計の剰余金は、臨時軍事費以外の一般経費の財源不足を補填するため07年度一般会計に1億円・08年度に4,900万円を繰り入れたので、臨時軍事費に使用できるのは6,400万円にすぎず、07年度支出予定6,700万円よりも少なかった。そのため07年度不足分に加え08年度3,300万円など以後の臨時軍事費は、公債で財源を調達しなければならなかった。このように繰延で当面の発行必要額が減少したとはいえ、多額の未募集公債が残っていたのである。しかも三公債については事業繰延がなかったうえに、鉄道建設・改良費に1908年度から6年計画3,200万円を追加した(30)。その結果、三公債は1908〜18年度に1億6,500万円（08年度3,900万円）を発行することになった。また台湾総督府特別会計でも鉄道など16年計画3,900万円の新規計画を台湾事業公債で実施する計画が成立したが、08年度分200万円は借入金で調達する予定だった(31)。

このように1908年度予算編成では、新規計画抑制・既定計画繰延・増税により財政収支の均衡と公債発行額の縮小を図っていた。しかし井上馨・松方正義・山県有朋が内外債募集に反対していたにもかかわらず、公債政策の転換は不十分だった。結局1907・08年度分のみで臨時軍事費繰越を含め1億円以上の公債発行が必要なうえに、08年末に第一回国庫債券9,700万円の償還期限を迎

えるため、公債政策の遂行は困難だったのである。

　こうした状況の中で大蔵省は、日本銀行の改革を提案した(32)。具体的には「戦後経済機関ノ拡張」と「公債募集其他財政運用」のため、日本銀行保証準備発行制限額を1億2,000万円から1億7,000万円に、資本金を3,000万円から「相当ニ」増加する計画だった(33)。そしてその見返りに新たな日銀の義務として、正貨準備1億5,000万円の維持・外国為替手形再割引の拡大・満韓経営資金の供給・残高2,000万円までの政府一時借入金を無利子にすることなどを考えていた。同時に兌換券発行税の代わりに納付金制度の採用を予定していたが、これは市場金利の動向と無関係に一定の税率を賦課する兌換券発行税では、税率と公定歩合が「相容レサル」ために日銀が「中央金融機関タル任務ノ遂行ニ躊躇」する可能性があったからである(34)。特に制限外発行の場合に問題があったと思われるが、日銀の利益額に応じて政府に納付金を納入する制度に転換しようとしたのである。

　つまり本来この改革は、日露戦後の経済発展・財政拡大に対応して日本銀行の資力を拡大することにあったが、原敬内相は当面の目的を「明年一億万円の公債借替の遣繰に過ぎざる」と考えていた(35)。前述のように1907年3月に大蔵省・日銀が日銀引受による公債発行を検討していたが、今回は第一回国庫債券を借り替える公債を日銀引受で発行しようとしたのであろう。納付金制度の採用も、年利5％（日歩1.37銭）と当時の公定歩合よりも利率が低い公債の引受を容易にするためだったと思われる。しかしこの改革には井上・松方・山県の三元老、「就中松方大に反対した」うえ、原敬内相も「此案は窮策にて妙案にはあらず」と考えていたため立ち消えになった(36)。元老の反対理由は明確ではないが、日露戦争中から財政資金供給を中心に兌換券が膨張していたうえに、恐慌対策として国内民間貸出の増加が必要になる中で、日銀引受による公債発行が兌換券膨張に拍車をかけることを警戒したのであろう。ただ改革が実現しなかった結果、第一回国庫債券償還も困難になったのである。

2　緊縮財政の徹底

　日露戦後恐慌が発生してから、金融緩和策として公債・大蔵省証券の償還を求める声が強まった。そこで大蔵省は、後述のように1907（明治40）年度に予想外の自然増収が生じる中で、07年12月～08年6月に4,100万円の大蔵省証券を償還した。その結果、発行残高は1908年3月から、市中売却高は07年12月から2,000万円前後に減少した。また1907年末に3億7,000万円近くに達した兌換券発行高も、高水準の国内民間貸出が継続していたにもかかわらず、08年2月から3億円前後に低下したのである。

　また1908年3月には、第一回国庫債券の償還方法を決定した(37)。その内容は償還期日を12月25日としたうえで、期日に全額を償還すると金融市場に混乱を招く恐れがあるため、償還借替（5月までに申し出た希望者に年利5％・償還期限5年の国庫債券整理公債と交換）とともに、期日前に数回に分割して割引償還（額面金額に1908年中の利子を加算した金額から、実際償還日と償還期日の間の利子を割り引いて償還）(38)による現金償還を実施するというものだった。実際の償還状況を見ると、償還借替は高利回り(39)を保証したため予想を上回る申込があり、国庫債券2,700万円を国庫債券整理公債3,100万円と交換した。それに対し額面通りの償還が受けられない割引償還は人気がなく、4～7月に四回に分けてそれぞれ2,000～3,000万円の割引償還を募集したが、申込は全体で額面2,300万円、特に第3回は400万円・第4回は200万円にすぎなかった(40)。このように償還期日前に国庫債券の一部を現金で償還して金融緩和を図ったものの、効果は限られていた。その原因は償還に必要な現金を節減するため割引償還や高利回りの償還借替を実施したことにあったので、従来と同様に抽選償還による額面通りの償還を希望するなど、民間経済界では西園寺内閣の公債政策に対する不信が高まったのである(41)。

　こうした現金償還を節減する償還方法を採用したのは、世界恐慌と日露戦後恐慌で内外とも公債募集がますます困難になる中で、1908年度予算の実行が困難になったためだった。公債価格は1908年3月に年利5％の内債が80円、ロン

ドンの第一回四分利付英貨公債が80ポンドに低下しており（図2－1、図2－2）、特に国内経済は1908年下期から09年が「最モ苦況ニ沈ム時代」と考えていたのである。そこで1908年4月に大蔵省は07・08年度分の公債については、郵便貯金増加を予想して預金部引受特別発行を計画する一方、07年度における5,000万円前後の予想外の自然増収と1908年度予算における支出不要の発生を見込んでいたが、全額を補填する目処がついていなかった[42]。このような状況の中で、第一回国庫債券の償還も国債整理基金から利用できる金額は1907～08年度予算償還など約7,000万円だったため、償還借替と割引償還で現金償還額の節減を図る必要があったのである。

しかも井上馨は、大蔵省の財源確保策には郵便貯金増加・支出不要の予想など不確実なものが多いと批判していた。また1909年度以降についても、大蔵省の長期計画が公債発行と自然増収を財源としているため実施が困難になると考えていた。そこで井上は緊縮財政を強化し、事業繰延の追加・公債発行中止・公債償還増額に加え、帝国鉄道特別会計の改革や民業を圧迫し財政膨張を助長する官業の整理を要求したのである。

こうした井上の要求の背景には、民間経済界の強い緊縮財政要求や正貨危機・公債価格下落への懸念があったが、特に対外信用の低下を問題にしていた。確かに欧米金融市場が回復に向かい他国が公債・社債の発行を再開する中で、日本も1908年6月に満鉄外貨社債2,000万円を発行した。しかし日本の外貨国債価格が、敗戦国ロシアの外債価格を下回るなど他国の外債と比べて回復が遅れていたため、償還期限3年という短期で当面必要な資金を調達しただけだった。それに対し井上は、「財政上ノ信用墜チ之カ為財政計画ノ実行困難」になったことが、「企業熱ノ反動ト内外経済界ニ於ケル自然的現象ノ併発」を主因とする国内経済の「禍根」＝恐慌を深化させたうえに、外資導入の「途絶」を招いたと考えていた。そのため緊縮財政により公債償還額を毎年度8,000万円以上に増額することで、「財政上ノ信用茲ニ恢復シ内ハ経済界ノ人気一変シ外ハ外資利用ノ好望ヲ生ス」と主張したのである[43]。つまり井上が緊縮財政の徹底を要求したのは、民間経済への圧迫を軽減するだけでなく、外資導入を円

滑にするためだった。

　そこで西園寺内閣も緊縮財政を強化するため、6月までに以下の方針を決定した。まず1908年度予算については公債募集が可能になるまで、(1)年度内に使用できずに07年度年割額から08年度に繰り越した1,700万円は使用を見合わせる、(2)08年度年割額の一般経費から2,800万円・臨時軍事費から900万円を繰り延べることが決まった。また1909年度予算編成に関しては、新規要求を原則として認めず既定計画もできるだけ節減する、公債発行を打ち切り従来の公債支弁事業は一般歳入支弁とする、公債償還額を毎年度4,000万円に増額する、ことにしたのである。

　また帝国鉄道特別会計は、一般財政の影響を受けずに鉄道建設・改良を実施するため一般会計から完全に独立することになった[44]。実は同会計は鉄道国有化にともない1907年度に設置したが、鉄道益金を一般会計に繰り入れる代わりに建設・改良費も一般会計から受け入れていた。そこで一般会計との資金出入を停止したうえで、建設・改良費の財源は益金と公債で調達する一方、過去・将来の鉄道建設・改良費や国有化関係など鉄道関係の公債の元利償還はすべて同会計が負担することにしたのである。こうした改革は民間経済界や衆議院が要求していたが、3月に西園寺内閣は「先年余（＝原敬内相兼逓相――引用者）の主張せし如く鉄道の建設改良費は鉄道の収入を以て之に充つる事、又鉄道の為め特別公債を発行する」方針で調査を始めた[45]。そして大蔵省が井上馨と協議するなど具体化を進め、6～7月に関係省庁の官僚で構成する調査委員会で協議して「要領」を決定した。

　この改革の目的は、今後の鉄道建設・改良費の調達を容易にすることにあった。鉄道会計の独立により鉄道に関係する公債の元利償還は他の公債と分離して鉄道益金で行うことを明確にすれば、一般財政の影響を受けずに公債を募集できると考えたのである。しかも調査委員会の論議では海外投資家の反応を重視しており、外債発行を計画していたと思われる。また民間経済界は鉄道買収公債の早期交付に加え、交付後の価格維持策として外国人による購入を容易にするため買収公債に外貨との交換レートを裏書きすることなどを要求してい

た⁽⁴⁶⁾。しかしその実現は困難だったので、買収公債の価格維持・海外流出促進のためにも鉄道会計の独立が必要だった。井上が八幡製鉄所を払い下げたうえで、清の銅官山とともに「日英清三国共同出資ノ事業」にすることを考える⁽⁴⁷⁾など、官営事業を利用した外資導入への期待は大きかったのである。

このように西園寺内閣は緊縮財政の徹底を図っていたが、公債償還額など井上の意見とは隔たりがあるうえ、1908年度予算の繰延は年度割変更をともなわない「一時的ノ繰延」⁽⁴⁸⁾にすぎず、1909年度以降の大幅な繰延はこれから各省との折衝が必要だった。結局西園寺内閣は1907年7月に総辞職したが、松方が「(西園寺内閣に──引用者) 財政上忠告するも無益なりとて会合も断る」⁽⁴⁹⁾など財政政策の行詰りがその大きな原因となったのである。

そこで1908年7月14日に成立した第二次桂内閣では、桂首相が蔵相を兼任して緊縮財政を徹底することにした。そして8月には事業繰延・非募債・公債償還額増加・鉄道会計独立など基本方針を発表したうえで、1909年度予算編成の際に「財政十一年計画」を作成したのである。まず1908年度の事業繰延は、一般経費500万円と臨時軍事費1,900万円⁽⁵⁰⁾を追加し総額6,100万円に増額した（うち臨時軍事費2,800万円）。そして不用分を減額したうえで一般経費は1915年度までに、臨時軍事費は09〜15年度の使用予定額からの繰延1,400万円とともに1919年度までに支出することにした。さらに1909〜15年度の一般経費既定継続費から1億700万円（うち特別会計400万円）を減額・繰延して、1919年度までの11年計画に変更したのである。

公債政策については、1907・08年度の未募集公債全額に加え、1909年度以降も鉄道建設・改良費と台湾事業費以外の公債発行を中止した。しかも鉄道建設・改良費については、西園寺内閣時代に決まった「要領」を基本的に継承して1909年度から帝国鉄道特別会計の改革を実施したが、当面は益金と預金部などからの借入金で調達する予定だった（補注参照）。したがって「年々の所要高少く、且（台湾銀行による──引用者）特別引受の途定まる」台湾事業公債⁽⁵¹⁾を除き、新規財源となる公債＝長期国債を当面発行しないという意味で非募債主義を取ったのである（借替・交付・承継の公債、政府短期証券の発行

は可能)。そして鉄道建設・改良費は数年後に借入金を外債で借り替えることで、非募債主義の範囲内で外資を導入することを考えていた[52]。一方償還については、第一回国庫債券は抽選償還に変更し1908年9月に2,000万円、12月に残額2,600万円全部を現金で額面通りに償還する一方、1909年度から予算償還を毎年度5,000万円以上に増額したのである。

こうして1909年度一般会計予算は追加予算を含めても5億2,000万円に減少し、前年度よりも大幅に縮小した。ただそれでも、非募債主義・公債償還額増加により1909～11年度に歳入不足が発生する計算だったが、1909年度以降に利用可能な剰余金7,600万円で補填可能だった。しかもこの計算には、自然増収は歳出の自然増加に対応するものとして計上していなかった。つまり、原則として公債に依存せずに財政収支均衡を達成したのである。

この公債政策の転換を契機に、公債をめぐる状況は好転した。国内金融市場は1908年下期から緩和に向かい、日銀国内民間貸出の月末残高は08年下期には4,000～6,000万円、09年には1,000～3,000万円に減少し、公定歩合も1909年5月から4回引き下げて10年3月には1.3銭という未曾有の低水準となった。こうした国内金融の緩和には、公債発行を停止したうえで、第一回国庫債券の現金償還7,000万円に加え、09年度予算償還5,000万円・10年度6,100万円をすべて内債償還に使用したことが直接的に影響していた。確かに大蔵省証券の発行残高は08年下期から増加したが、10年度まではおおむね2,000～6,000万円に抑制していたので、公債政策全体では後述の四分利借替を考慮しなくても散超になっていた。こうして年利5％の内債価格は08年下期から上昇し、09年上期には90円、10年上期には額面を超えたのである（図2-1）。

一方内債の海外流出が盛んになり内債価格上昇の一因となるなど、外国人も公債政策の転換を歓迎していた[53]。そのため他国と比較して低迷していた外債価格も上昇し、第二回四分利付英貨公債のロンドン価格は09年上期に90ポンド、10年上期に95ポンドに達した（図2-2）。こうして1908年下期から1909年上期に内債・買収鉄道株式4,000万円が海外に流出する一方[54]、1908年12月～1909年7月に約1億円の地方外債・政府保証付外貨社債が成立した。つまり公

債政策の転換は外資導入を円滑にすることで、正貨補充はもちろん間接的に国内金融市場の緩和に貢献したのである。

　このような状況の中で、桂内閣は非募債主義の範囲内で公債を発行した。まず鉄道買収公債は1908年3月から交付を始めていたが、西園寺内閣は公債価格に悪影響を与えることを恐れて、法定交付期限が1908年6月だった京釜鉄道など特殊事情があるもののみを交付する方針をとっていたため、1908年の交付額は5,400万円にすぎなかった。そこで公債価格が回復すると、桂内閣は1909年3～7月に残額4億2,200万円を交付したのである。

　また「金利革命」と呼ばれる低金利状態となった1910年には、五分利内債の四分利借替に着手した。その目的は国庫負担の軽減に加え、産業育成のため内国債の標準金利を4％に引き下げて低金利を定着させることにあった。具体的には借替予定分のうち、裏書内債（日清戦後に預金部所有内国債に一定の相場で英貨に換算して元利償還を行うと裏書きしてロンドンに売り出したもの）と海外流出分は外債で借り替え、それ以外は四分利公債（10年据置後50年償還）を国内で発行して償還する方針だった。そこで大蔵省は国債引受シンジケートを結成して日銀とともに引受を行わせたが、2回の内債公募2億円は一般応募だけでは発行額に達せず、日銀とシンジケートが発行額の20％程度を引き取ることになった(55)。そのため外債を2億8,200万円に増額して1億円程度を国内流通分の現金償還に利用することで、予定していた借替を終了した。さらに年利5％の内債を償還する際に、希望者には現金の代わりに四分利公債と交換する償還借替を実施したところ、1910年度の交換額は7,600万円に達しており、節約した現金は他の内債償還に利用していた。結局四分利借替により、年間300万円の国庫負担軽減に加え外債による国内金融緩和が実現したのである。しかも第二・三回国庫債券も、予算償還に加え償還借替など四分利借替を利用することで、1911年5月までに全額を償還した。こうして桂内閣は、公債政策に関する当面の懸案を解決したのである。

　ところで大蔵省は1911年度以降も、非募債主義と予算償還5,000万円（外債1,000万円と内債4,000万円）を続けていた。確かに国内では「中間景気」、海

外では第一次大戦前の国際関係緊張にともなう金利上昇で内外債価格が下落し、内国債の標準金利変更にも失敗した(56)。しかし明治末期から大蔵省・日銀内部に消極的正貨政策が台頭したものの徹底せず、結果的に積極的正貨政策の構想に近い政策が継続する中で外資導入は継続していた。それには公債政策転換の基本的内容を継続していたことが、外資導入に必要な対外信用の維持に役立っていたに違いない。特に1913～1914（大正2～3）年には、鉄道外債を発行して預金部借入金や政府短期証券で調達した鉄道建設・改良費を借り替えることで、鉄道会計改革による外資導入も実現した。このように戦後恐慌後は外貨国債で財政資金を調達しながら内債償還を継続するなど(57)、外資導入により国内金融市場を緩和することで、戦後経営と民間経済の調和を図っていたのである。つまり第一次西園寺内閣末期から第二次桂内閣期の公債政策の転換は、外資導入による経済成長の持続を可能にしたといえよう。

　日露戦争の戦費調達で公債が累積していたにもかかわらず、戦争直後の大蔵省は積極的正貨政策・積極財政のもとで、戦後も戦費追加・戦後経営のために巨額の公債発行を計画していた。確かに公債価格を維持するため国債整理基金の設置など公債整理を重視していたが、当面の予算償還が年間2,000～3,000万円にすぎなかったうえに、高利あるいは償還期限が迫っている戦時内外債を整理するために借替公債の発行を計画していたのである。
　しかし実際には、公債発行は困難な状況にあった。臨時事件公債の公募は外債による内債償還で生じた金融緩和を利用したにもかかわらず、平時では協議会方式が有効に機能しなかったうえに、期待していた外国人応募が不振で大幅な揚超となった。また欧米金融市場が逼迫し六分利付英貨公債の借替が難航する中では、外債による新規財源の調達は難しかった。特別発行も預金部に資金的な余裕がなく、日銀改革による日銀引受も実現しなかった。こうした公債発行難の背景には、過大な公債発行計画をはじめ財政膨張に対する民間経済界や海外投資家の不安があったのである。

このように公債発行が難航する中で、一時的歳入不足補填など財政関係で兌換券が膨張し制限外発行が恒常化したため、日銀の金融政策は機動性を失っていた。また戦時国庫債券・臨時事件公債の公募と大蔵省証券の市中売却は、非常特別税をはじめとする増税とともに民間経済を圧迫した。通貨膨張の中で戦後好況が過熱していたが、公債政策で国内金融市場から多額の財政資金を調達したことは、金融逼迫を助長して民間企業が国内で調達できる資金の天井を低くしたと思われる。しかも財政膨張に対する海外の投資家の不安は、内債の海外流出など外資導入も困難にしていた。確かに日露戦後恐慌の主因は世界恐慌の発生と国内民間経済の急拡大にあったが、公債政策も国内金融市場に悪影響を与えており恐慌の一因となったのである。

そのため1907年1月に株式価格が下落してから、国内金融を緩和する救済策として、民間経済界では日銀抵当品拡張に加え緊縮財政を求める声が高まった。それに対し大蔵省・日銀は、5～6月に大蔵省証券償還・買収鉄道株式の日銀抵当品編入などを実施した。ただ日銀が景気加熱を抑制するため内債公募による資金回収を主張するなど、大蔵省・日銀は金融逼迫を一時的な現象と考えていたため、救済策は限定的なものだったのである。しかし10月に日露戦後恐慌が発生すると、国内金融緩和策も本格化した。日銀が国内民間貸出を拡大する一方、第一次西園寺内閣は積極的正貨政策を維持しながら緊縮財政に転換することで、戦後経営の遂行と民間経済成長の両立を図ったのである。ただ1908年度予算編成では事業繰延などにより未募集公債の縮小を図ったものの、公債計画の追加など緊縮財政が不徹底だったため実施が困難になった。また金融緩和策として第一回国庫債券は借替希望者を除き現金で償還する方針を取ったが、割引償還が不人気で効果は限定されていた。そこで西園寺内閣は緊縮財政の強化を協議していたが、財政政策の行詰りが総辞職の一因となったのである。そのため第二次桂内閣は緊縮財政を強化し、その一環として非募債主義・毎年度5,000万円以上の公債償還など公債政策を転換する一方、西園寺内閣期から検討していた帝国鉄道特別会計を改組した。その結果、内債償還により直接的に国内金融市場を緩和させただけでなく、海外投資家の日本財政に対する信用を

回復させ外資導入を円滑にすることで、正貨補充に加え間接的に国内金融緩和に貢献したのである。

ところで日露戦後恐慌前後の金融緩和策において、日銀は基本的に従来の制度的枠組みの範囲内で対応していた。確かに日銀は恐慌後に国内民間貸出を拡大したが、民間経済界からの抵当品拡張要求に対しては、原則として公債に限定する方針を維持しており、恐慌前に買収鉄道株式を抵当品に編入したのも公債交付を前提とした例外的措置だった。また保証準備制限額の拡大や増資を検討していたのも公債政策を遂行するためであり、しかも兌換券が膨張する中で日銀の消極的態度や元老の反対で実現しなかった。そのため日銀の対応は当面の金融逼迫解消に貢献したものの、国内民間貸出の増加は短期的なものだったのである[58]。それに対し転換後の公債政策はその基本内容を長期的に継続することで、多額の内債償還と外資導入に必要な対外信用の維持により国内金融緩和策として大きな役割を果たしていた。つまり公債政策の転換は、日露戦後期の金融政策における大きな革新だったといえよう。そして公債政策の転換をはじめとする積極的正貨政策・緊縮財政が実質的に継続したことが、日露戦後期の外資導入による経済成長を促進したのである。

注
（1）　日露戦後恐慌については、長岡新吉『明治恐慌史序説』東京大学出版会、1971年、第3章、高村直助『日本資本主義史論』ミネルヴァ書房、1980年、第7章を参照。
（2）　中里裕司「第二次桂内閣と商工業者」（小笠原長和編『東国の社会と文化』梓出版社、1985年）。
（3）　靎見誠良「成立期日本信用機構の論理と構造」（『経済志林』第45巻第4号～第47巻第4号、1977年12月～79年12月）、粕谷誠「日本における預金銀行の形成過程」（『社会科学研究』第43巻第3～4号、1991年10～12月）。
（4）　神山恒雄『明治経済政策史の研究』塙書房、1995年、第5章。明治期の財政・金融政策では、兌換制度の創設・維持をめぐり経済政策の基調に関する対立が見られたが、日露戦後期には外債累積により経済政策における正貨問題の比重が高まる中で、経済政策の基調に関する対立も正貨政策という形で現れた。つまり積

極的正貨政策が経済拡大によって将来の経常収支均衡を目指す積極基調の立場から、低金利政策をとりながら当面の入超補填に必要な正貨と生産的事業資金を確保するために外資導入を図っていたのに対し、消極基調の政策構想である消極的正貨政策は、外債による国際収支決済が不健全な経済拡大を招き正貨危機を助長しているので、外債非募債・金利引上などでいったん経済規模を縮小する必要があると主張していた。

(5) 本章の記述は特に断らない限り、前掲『明治経済政策史の研究』、神山恒雄「国債引受シンジケートの成立」(高村直助編『日露戦後の日本経済』塙書房、1988年)、同「戦費とその調達」(奥村房夫監修『近代日本戦争史』第 1 編、同台経済懇話会、1995年)、同「海軍力充実と財政・政治」(海軍歴史保存会編『日本海軍史』第 2 巻、第一法規出版、1995年)、大蔵省編『明治大正財政史』第 3 〜 5・11・12巻、財政経済学会、1936〜38年、同『明治三十七八年戦時財政始末報告』(刊行年不明)、同『明治三十七八年役戦後財政整理報告』(1911年)、同『金融事項参考書』各年版、同『銀行及担保付社債信託事業報告』各次、日本銀行『日本銀行百年史』第 2 巻、1983年、に依拠した。

(6) 特に断らない限り、日露戦後の内債の金利・償還期限は三公債と同じである。

(7) 「財政代理人ニ対スル訓示要旨決定ノ為大蔵大臣ヨリ総理大臣ヘノ稟議」1906年 8 月 (原敬関係文書研究会編『原敬関係文書』第 7 巻、日本放送出版協会、1987年)。

(8) 大蔵省所蔵『勝田家文書』第26冊88、1906年、『日本銀行保有資料』。

(9) 第四・五回国庫債券は1906年 3 〜 8 月に分割して償還したが、臨時事件公債の募集金も 3 〜 8 月に分割払込を実施した。

(10) 「五分利付内国債二億円の募集」(『東京経済雑誌』第1324号、1906年 2 月17日)。

(11) 大蔵省所蔵『議会参考書』第24議会。

(12) 非常特別税継続に対する反対運動が外債価格の低下を招いたことがあった (外交史料館所蔵『外務省記録』3.4.4.29)。

(13) 前掲「財政代理人ニ対スル訓示要旨決定ノ為大蔵大臣ヨリ総理大臣ヘノ稟議」、『日本銀行保有資料』。引用は後者。

(14) 「財政ニ関スル井上侯質問要領」(国会図書館憲政資料室所蔵『斉藤実関係文書』書類33-9、1908年 4 月)、国立公文書館所蔵『公文類聚』第1077冊 4、1909年 3 月。引用は前者。

(15) この時期のシンジケート方式を含む公募と日銀引受特別発行による内債発行計画については、『日本銀行保有資料』に依拠。

(16) 私鉄から承継した社債・借入金は、外貨社債1,400万円を除き原則として旧鉄

第 2 章　日露戦後恐慌と公債政策　63

　　　　道会社債務整理公債で借り替えることになり1909年度までに2,800万円を特別発
　　　　行したが、預金部が1,800万円を引き受けた。
(17)　前掲『明治大正財政史』第17巻、679-681頁、大蔵省所蔵『水町家文書』第 8
　　　冊13、1908年 1 月。
(18)　なお預金部は1905年 2 月～06年11月に三公債300万円と台湾事業公債700万円の
　　　特別発行を引き受けたが、これは04年度の財源を確保するためだった。
(19)　前掲『明治恐慌史序説』第 3 章、前掲『日本資本主義史論』第 7 章。
(20)　内債の海外販売など外資輸入業務をしていたセール・フレーザー商会の社員・
　　　中村桂次郎は、内債の海外流出拡大には財政整理により「諸外国の人民に安心を
　　　與ふる」必要があると主張していた（「外資輸入の頓挫」『東京経済雑誌』第1339
　　　号、1906年 6 月 2 日）。
(21)　「在外正貨の処分」（『東洋経済新報』第421号、1907年 8 月 5 日）。
(22)　逓信省『鉄道国有始末一斑』（野田正穂ほか編『大正期鉄道史資料』第 I 期第
　　　2 集第 3 巻、日本経済評論社、1983年）、大蔵省臨時国債整理局第一課『鉄道国
　　　有ニ伴フ国債事歴』1909年。
(23)　日本銀行沿革史編纂委員会『日本銀行沿革史　第一集』第 2 巻、日本経済評論
　　　社復刻版、1976年、第二部第二編第二章付表、383頁。
(24)　鉄道国有法では鉄道買収公債を交付するまで、買収価格の 5 ％の利子を買収会
　　　社に交付することになっていたが、買収価格が未定で交付できないため、とりあ
　　　えず見積り価格を基準に概算で支払うことになった（前掲『鉄道国有始末一斑』
　　　842頁）。
(25)　『日本銀行保有資料』。
(26)　「経済界救済に関する大蔵大臣の談話」（『銀行通信録』第261号、1907年 7 月）。
(27)　「第六回全国交換所聯合会」（同上誌第271号、1908年 6 月）。
(28)　なお1907年度以降の臨時軍事費支出にかかわる歳入・歳出は、各年度一般会計
　　　予算には計上していない。
(29)　なお同時に200万円の減税となる非常特別税整理案を提案したが、財政に余裕
　　　がない中で減税を行うのは「得策ニ非ズ」という政友会の方針で否決された（政
　　　友会「第24議会報告書」『政友』第96号、1908年 4 月）。
(30)　前掲「第24議会報告書」、『鉄道会議議事速記録』第18回第 2 号（野田正穂ほか
　　　編『明治期鉄道史資料』第 II 期第 2 集第11巻、日本経済評論社、1988年）68-71
　　　頁。1907年度も追加予算で350万円増額したが、財源は買収鉄道からの引継金だ
　　　った。実は逓信省は08年度予算編成の際に総額 1 億円以上の追加を要求していた
　　　が、緊縮財政方針に反するため元老や桂が削除を要求して紛糾した。結局規模を

縮小することで妥結したが、その過程で阪谷蔵相と山県伊三郎逓相が辞職し、蔵相は松田正久法相が兼任した（1908年3月から専任）（山本四郎「1908年度予算編成経緯」『ヒストリア』第83〜84号、1979年6〜9月、柴崎力栄「明治41年1月の政変について」『日本歴史』第380号、1980年1月を参照）。

(31) 大蔵省「予算綱要」1908年度（『政友』第93号、1908年1月）。
(32) 前掲『明治大正財政史』第14巻、553-557頁、前掲『水町家文書』第1冊16（1907年10月）、大蔵省所蔵『勝田家文書』第53冊1〜10・12、第54冊1（1907年下期）。
(33) 前掲『水町家文書』第1冊16。
(34) 前掲『勝田家文書』第53冊1。
(35) 原奎一郎編『原敬日記』第3巻、乾元社、1951年。1907年11月29日付。
(36) 同上、1907年11月26・29日付。
(37) そのほかに3月に額面2,000万円の公債を買入償還したが、これは1906年に設置してから国債整理基金が資金運用のために購入した公債に対し、一括して償還手続をとったものだった（「公債証書の償却」『中外商業新報』1908年3月31日）。
(38) 希望者は最低歩合（年利5％）以上の割引利率で申し込み、申込額が償還予定額を上回る場合は割引利率の高い申込を優先することになっていた。
(39) 交換比率は国庫債券90に対し国庫債券整理公債105だったので、利回りは利子のみで5.8％、元金増加分を考慮すると8.9％だった（「国庫債券整理規定説明」『東洋経済新報』第446号、1908年4月15日）。
(40) 「国債償還の成績」（同上誌第457号、1908年8月5日）など。
(41) 全国商業会議所連合会「財界不振の原因並にその対策」1908年6月、全国手形交換所連合会「国債に関する建議案」同年8月（高橋亀吉編『財政経済二十五年誌』第4巻、実業之世界社、1932年）。
(42) 前掲「財政ニ関スル井上侯質問要領」。
(43) 井上馨「財政整理並ニ鉄道経営ニ関スル件」（国会図書館憲政資料室所蔵『桂太郎関係文書』79-2、1908年7月）。
(44) 特に断らない限り、前掲『公文類聚』第1077冊4、前掲「財政整理並ニ鉄道経営ニ関スル件」、前掲『勝田家文書』第7冊10（1908年3月）、荘田平五郎「国有鉄道の経営方針」（『東洋経済新報』第440号、1908年2月15日）、志村源太郎「財政と国債市価」（同上誌第441号、1908年2月25日）、「鉄道独立案可決」（『中外商業新報』1908年3月20日）。
(45) 前掲『原敬日記』第3巻、1908年3月13日付。原をはじめ政友会は、日露戦前から鉄道益金を建設・改良費の財源とするように主張しており、帝国鉄道特別会

計を設置する際にも法案に盛り込もうとしたが、一般会計の財源として鉄道益金を重視していた大蔵省の反対で実現しなかった（小林道彦「桂園時代の鉄道政策と鉄道国有」『年報近代日本研究』第10号、1988年11月、松下孝昭「第一次桂内閣期の鉄道政策」『神女大史学』第13号、1997年9月）。

(46) 「鉄債委員会見」（『中外商業新報』1908年5月14日）、「鉄道公債協議」（同前、1908年6月4日）など。なお裏書案は、もともと高橋日銀副総裁が提案したものだった（1907年5月28日付阪谷芳郎蔵相宛て勝田主計大蔵省理財局長書簡、前掲『勝田家文書』第53冊12所収）。

(47) 前掲「財政整理並ニ鉄道経営ニ関スル件」。

(48) 前掲『明治三十七八年役戦後財政整理報告』74頁。

(49) 前掲『原敬日記』第3巻、1908年6月29日付。

(50) これは1907年度使用予定額から08年度に繰り越した3,100万円の一部を繰り延べたものである。そのため臨時軍事費は1907年度に3,100万円、08年度に3,200万円を支出することになり、臨時軍事費剰余金残余6,400万円で支出可能になった。

(51) 徳富蘇峰『公爵桂太郎伝』坤巻、故桂公爵記念事業会、1917年、736頁。実際には台湾銀行からの借入金で調達したため、台湾事業公債は発行しなかった。

(52) 前掲『勝田家文書』第86冊13、1909年9月。借入金・政府短期証券で調達した資金をのちに公債で借り替えることは、論理的には非募債主義を逸脱すると考えられる。しかし借入金・短期証券による資金調達とその公債による借替は、ともにその時点では新規財源となる公債の発行に形式的には該当せず、当時は非募債主義の範囲内とされていた。

(53) 「公債の海外輸出」（『東京経済雑誌』第1458号、1908年9月26日）。

(54) 「国債の償還と外資の輸入」（同上誌第1491号、1909年5月22日）。そのため1909年末の内債の海外流出残高は、9,000万円近くに増加した。

(55) 日銀は1909年に戦時国庫債券・臨時軍事公債を中心に、公債所有高を大幅に減らしていた。おそらく公債価格が上昇する中で売却したものと思われるが、09～14年の年末所有高は帳簿価格で4,000～6,000万円だった。

(56) 四分利公債との償還借替は1912年度まで継続したが、四分利公債の価格低落のため11年度以降の交換額は100万円未満だった。

(57) 公債残高は鉄道買収公債の交付が終了した1909年に26億円を超えその後も横這いだったが、09～14年に内債が2億9,100円減少したのに対し、外債が2億6,600万円増加していた（表2-1）。なお四分利借替から第一次大戦勃発まで内債公募は、1913年5月の朝鮮事業費国庫債券3,000万円（年利5％・償還期限4年半、朝鮮事業費に使用した預金部などからの借入金の借替）のみだった。しかも鉄道

外債による政府短期証券6,500万円の償還で生じた金融緩和を利用していたので、公債政策全体では散超だった。
(58) 中間景気の発生にともない1911年下期から日銀の月末国内民間貸出が増加しはじめ、年末には7,000万円を超えることもあったが、通常はピークに達した1913年でも4,000～5,000万円だった。

[補注] 本章脱稿後、松下孝昭「日露戦後期の鉄道財源問題——1908年の帝国鉄道会計法改正論議を中心に——」(『神女大史学』第16号、1999年9月)が刊行された。松下氏は帝国鉄道特別会計の独立問題を検討して、第一次西園寺内閣期の調査委員会が決定した「要領」と第二次桂内閣が実施した改革との差異を強調している。特に鉄道建設・改良費の財源については、桂内閣は調査委員会が認めた一般会計からの借入金を否定する一方、「桂内閣において初めて登場する」預金部からの借入金という方式により「新たな財源として大蔵省預金部資金を活用」したと指摘している。確かに一般会計からの借入金はのちに第二次大隈内閣が公債に代わる財源調達手段として採用することになったが、調査委員会では提案した逓信省も「場合ニ於テハ（一般会計より—引用者）貸与スルコトアルベシトノ意ヲ附加」するように主張しており、第二次大隈内閣とは異なりあくまでも公債が募集できない場合の例外的手段として位置づけていた。また預金部資金については、日清戦後期から行っている三公債の預金部引受特別発行を1907年に実施していること、調査委員会では大蔵省が預金部引受特別発行に、逓信省が「預金部郵便貯金等繰替」に言及していたことから考えて、すでに調査委員会の段階で預金部資金の利用が考慮されており、桂内閣は非募集主義に抵触しない手段として借入金という方式を採用したのみだったと思われる（調査委員会の議論は前掲『公文類聚』第1077冊4に依拠）。したがって、桂内閣の改革は基本的に「要領」を踏襲したものであり、差異を過度に強調することは問題があろう。

第3章 戦前期における金融危機とインターバンク市場の変貌

靎見　誠良

　1997年秋われわれは、金融不安の風説に浮き足立ち、危ない銀行の窓口に取付に走るという光景を久しぶりに眼にした。金融不安に対する反応は、こうした一般顧客の行動よりもインターバンク市場において先行して現れる。健全性を疑われた銀行から、コールなどインターバンク資金がいっせいに回収され、インターバンク市場は一挙に収縮する。市場が収縮するなかで日々の流動性の調整コストが異常に高まり、不健全銀行のみならず多くの銀行が流動性危機にさらされた。日銀が流動性を十分に供給しなければ、一挙に金融パニックに至ったであろう。こうしたインターバンク取引は通常、銀行窓口の背後に隠れ、金融の専門家でない限り注意を払う人はほとんどいない。

　インターバンク市場が金融システムの危機においてどのような役割を果たすか、これまで十分に検討されてこなかった。それは、ここ半世紀のあいだ危機らしい危機を見なかったこと、学界においてそもそも危機論という暗いテーマに関心をもたないか、あるいは危機論に興味をもっても経済危機における金融の役割を独自なものと認めない思潮が強かったためであろう。金融パニックをめぐって近年ようやく研究が始まりつつある[1]。

　なぜ銀行パニックが生じるのか、焦点は銀行取付けにある。銀行取付けは、一般公衆による預金取付けとインターバンク市場における資金取付けの両面からなる。これまでの研究は、一般公衆による預金取付けにようやくメスが入れられたにすぎない。金融危機におけるインターバンク市場の役割、また二つの取付けのあいだにどのような関係があるのか、十分に明らかにされてはいない。

金融危機においてインターバンク市場が果たす役割は、時代によってその様相を異にする。両者の関係は、相互に影響しあいながら段階的に変化を遂げ、動態的である。インターバンク市場のありようによって金融危機の現れは異なり、またインターバンク市場は金融危機をバネに革新される。金融システムの形成、発展という制度形成史において、金融危機は重要な役割を果たす。日本においては、日清戦後の金融危機と1920年代の金融危機がそれにあたる。日清戦後の金融危機は預金銀行システムへの転換、また1920年代の金融危機は金融セイフティ・ネットの形成を促した。こうしたシステム転換は、インターバンク市場においては取引所取引からブローカー制へ、さらにビルブローカー銀行から短資会社へという転換をともなっている。本章は、「金融危機と革新」の観点から、こうした日本におけるインターバンク市場の構造変化を浮き彫りにする。

第1節　金融危機と短期金融市場

　金融危機と短期金融市場（あるいはインターバンク市場）[2]、両者にはいかなる関係があろうか。両者は、短期的にも長期的にも互いに依存し規定しあう、密接かつダイナミックな関係にある。以下、簡単にその論点を整理しておこう。
　第一に、金融危機の発生と展開は、短期金融市場の構造と機能のありようによって、その様相を異にする。金融危機の発現において短期金融市場の役割は、パニックが勃発するか否か、危機の最終局面にかかわる。
　金融危機を惹き起す原因についてはさまざまな要因がありうるが、危機の核心は銀行システムの動揺、崩壊にあり、その引き金は預金の取付け（run）にある。銀行経営に対する不信が個別銀行にとどまらず銀行界に広がったとき、預金取付けの嵐が吹き荒れる。こうした信認（confidence）の崩壊は、個別的なアクシデントだけでは生じない。通常は、熱狂的なブームが崩壊し、銀行が広く貸出の焦げ付きを抱えるような事態のなかで生じる。貸出の回収が滞るや銀行の資金繰りは苦しくなり、流動性危機に直面する。こうした多くの銀行に

おける資金繰りの悪化は、銀行相互に短期資金を融通しあう短期金融市場を一挙に逼迫に追い込む。銀行は通常、手形交換尻など日々の流動性の調整をインターバンク市場において行っている。流動性危機のなかで、市場への流動性需要は急増し、逆に供給は激減する。短期金融市場の急激な収縮は、不健全な銀行のみならず、健全な銀行をも流動性危機に巻き込む。こうした銀行間の資金融通が梗塞しはじめると、その不安は預金者にも波及し、預金の取付けが始まる。

　金融危機への過程で、いくつかの銀行で貸出の返済が滞るか、あるいは預金払出が急増すると、短期金融市場は引き締まり、短期金利は急上昇する。短期金融市場の引き締まりが著しければ、その影響はその他の銀行にも波及し、預金取付けの波が銀行パニックを惹き起す。もし短期金融市場の懐が深ければ、その影響は市場によって吸収され、銀行パニックの発現には至らない。短期金融市場は危機に対してクッションの役割を果たしている。その影響に対して短期金融市場の緩衝機能が耐え切れなくなったとき、銀行パニックが勃発する。金融危機が発現するか否か、またどのような形をとるか、その様相は短期金融市場の構造、効率性、弾力性に大きく依存する。

　第二に、銀行パニックが勃発するか否かは、もう一つ、中央銀行の「最後の貸し手」機能にも依存する。中央銀行が「最後の貸し手」機能をどのように果たすかは、インターバンク市場と密接な関係がある。預金取付けによる流動性の不足に対し、中央銀行はミクロレベルで個別銀行に対して救援の手を差し伸べながら、マクロレベルの流動性を補給する。銀行危機下で流動性不足がどのように現れるかは、インターバンク市場の構造によって異なり、それによって中央銀行による流動性供給の態様も異なる。その対応を誤ると過剰あるいは不必要な救済に手をだし、モラルハザードを誘発することになる。

　第三に、一国の金融システムの発展に対し、短期金融市場が十分に発達しないと、危機に対する緩衝機能は十分に働かず、そのために金融危機は激化する。危機が終息したあと、危機予防の試みとして、短期金融市場の改革が強く求められ、短期金融市場の革新が始まる。新しい短期金融市場の枠組みのもとで、

システムは弾力性を増し、再び安定的となる。中期的、制度的には、金融危機と短期金融市場のあいだには、このような弁証法的なダイナミックな関係がある。

第四に、短期金融市場の革新は、単に市場内部の革新にとどまらず、市場に対する中央銀行の介入様式の革新を迫る。市場内部の革新としては、たとえばBA、CP、TB、CD、ユーロカレンシーなど新しい短期金融市場商品の創出、またブローカー、ディーラーなど取引システムをめぐる改革がある。同時に短期金融市場の構造は、中央銀行の介入様式にも依存するところが大きい。中央銀行は、金融政策の有効性を確保するために、短期金融市場に対し影響力を及ぼすが、その制度化が市場の構造を固定化する。中央銀行の介入様式が固定化するにつれて、市場のもつ緩衝機能は低下し、金融危機が再現するようになる。危機克服のために、短期金融市場に対する中央銀行の介入様式も変更を迫られる。金融危機は、短期金融市場改革を介して、金融セイフティ・ネットの形成を促す。

以上、金融危機と短期金融市場の相互の関係は、短期的な危機論と長期的な制度論の二つのレヴェルの影響関係が重なって作用している。ここでは日清戦後と1920年代の二つの金融危機を取り上げ、短期金融市場における「危機と革新」の一端を明らかにする。

第2節　日清戦後における金融危機とコール市場の形成

日本の短期金融市場史において最初の革新は、1901年の金融危機を機にして起こった。通説では、このとき欧米を範としてコール市場が成立し、これをもって日本において本格的な短期金融市場が形成されたと評価されている。こうした通説は誤りである。1901年に至る四半世紀、日本に多数の銀行が活動していたにもかかわらず、銀行相互に資金を融通し合う場がなかったとは考えられない。少なくとも東京、大阪、京都の三都に手形取引所の形態で「時借」市場が存在していたことがすでにわかっている。それゆえこの時期の問題は、初め

てコール市場が成立したことではなく、なぜ、どのようにして「時借」市場はコール市場へ転換したのか、この点にある。それは、日本銀行が預金銀行システム確立に際し、インターバンク市場を自己の影響力のもとに置くべく銀行集会所と鎬を削っていたことと、深い関係がある(3)。その転換において、転轍器あるいは触媒の役割を果たしたのが日清戦後の1896年と1901年の金融危機であった。この世紀転換期における金融危機とインターバンク市場の転換とのあいだには、どのような関係があったのであろうか。

1 日清戦後の金融危機と預金取付け

日清戦後の金融危機の最大の特徴は、初めて預金取付けによる大規模な銀行パニックが生じたところにある。この金融危機が何ゆえ生じたのか、そのプロセスを簡単に要約しておこう。

第一に、戦後ブームに沸いた紡績業を中心とする実物経済が行き詰まり、不況局面に入った。当時景気循環をリードしていたのは紡績業であった。紡績業は日清戦後拡張を続け、その反動が1897年と1900年の二回の不況として現れた(4)。

第二に、戦後企業勃興ブームを支えてきた株式市場が行き詰り、株価の崩落により資産デフレに陥った。日清戦後の好況は第二次企業勃興ブームとして始まり、株式投機ブームをともなうものであったから、実物経済の行詰りとともに株価も暴落を余儀なくされた。

第三に、実物経済が不況に転じ、資産デフレが進行するとともに、銀行は貸出回収の滞り、資産の減価により、債務超過に陥るものが多発し、銀行危機を惹き起した。当時の銀行は商品（綿糸、米など）ならびに株式を裏付け（担保）にして貸出を行っていたから、実物価格ならびに資産価格の急落はストレートに銀行貸出の質の悪化を惹き起し、銀行経営は行き詰まった。また戦後ブームから銀行危機の中で、銀行は預金獲得のために争って預金金利を引き上げたから、銀行収益の源である預貸の利鞘は大きく縮小し、銀行経営はその点からも圧迫された(5)。

第四に、銀行経営が全般的に悪化するにともない、不安に駆られた預金者が取付けに殺到し、多くの銀行が支払不能に陥り、激しい銀行パニックを惹き起した。

　明治期、銀行の「破綻」は、(1)大蔵省による解散命令、(2)民間債権者による裁判所への仮差押え、破産申請、(3)預金の取付けによる支払不能の三つの形態で行われた。明治10年代から20年代にかけては主に大蔵省ルート、続いて20年代に入り裁判所ルートが見られるようになり、預金取付けルートが本格的に見られるようになったのは預金銀行化が進んだ20年代末に至ってからである[6]。それ以前の金融危機（1890年）においては、株価が暴落し銀行システムがメルトダウンすることはあっても、預金取付けによって銀行が流動性危機に巻き込まれることはほとんどなかった。一般顧客による預金取付けの嚆矢は、1891（明治24）年5月徳島の久次米銀行のケースであろう[7]。預金取付けが一般化しパニックに至ったのは日清戦後のことである[8]。

　第五に、パニックを惹き起す原因として、一般顧客が窓口に殺到する預金取付けに先んじて、あるいは並んで、銀行間取引を介した静かな資金取付けがある。一般顧客ルートが預金銀行化にともなって現れるのに対して、銀行間ルートは預金銀行化する以前でも多数の銀行の間に頻繁な取引があれば起こる。1890年の金融危機においては、銀行間ルートの圧力が強く、一般顧客ルートは表に現れなかった。日清戦後の預金銀行化にともなって、銀行取付けはインターバンク取付けと一般顧客による預金取付けが絡み合って現れるようになる。

　第六に、日清戦後の金融危機はインターバンク市場改革と密接に関連している。この時期インターバンク市場は日本銀行の政策とあいまって大きく変化した。それは次のように三つの時期に分けられる。(1)1896年11月大阪の手形取引所が解散されるまでの時期、(2)1896年11月から1902年5月まで、フォーマルなインターバンク市場を欠いた時期、(3)コール市場が開始した1902年5月以降の時期である。整理していえば、1896年の金融危機は手形取引所の廃止と、1901年春の金融危機はコール市場の創設と結びついている。日清戦後の十年は、文字どおりインターバンク市場の危機と革新の時代であった。

以下、預金銀行システム確立期における二つの金融危機とインターバンク市場とのあいだの関係を明らかにする。

2 1896年金融危機と手形取引所

日清戦後における最初の金融危機は、手形取引所形態の自生的なインターバンク市場の行詰りに発する。

日清戦後、紡績会社の経営が行き詰るや、1896年初春株価が暴落、7月には大阪木綿商恐慌が勃発し、10月ついに大阪同盟貯蓄銀行に対して激しい預金取付けの波が襲い、続いて大阪の中小銀行におよびはじめた。信用不安により人心が浮き足立つなかで銀行パニックが蔓延するか否かは、逸見銀行の行方にかかっていた。第一に、逸身銀行は当時大阪本店銀行の中では預金高第4位を占め、徳川期両替商以来の「暖簾」を誇る大銀行であった。第二に、大阪の自生的なインターバンク市場である手形取引所取引において、逸見銀行は巨額の取引所借入を抱え、その破綻は手形取引所加盟銀行全体へ波及しパニックを惹き起す、いわゆるシステミック・リスクの恐れを抱えていた[9]。

大阪の手形取引所は、1879年手形交換所の開設とともに組織され、それ以降大阪における自生的なインターバンク市場として機能しつづけた。メンバーは大阪同盟銀行の加盟銀行からなり、1896年現在大阪の本店銀行16行、支店銀行16行が名を連ねている。その取引残高は1890年代、日銀大阪支店の再割引残高の半ばからそれに匹敵する規模を誇っていた。通常は短期流動性を調節する場として機能していたが、日清戦後、取引はいくつかの銀行に固定化し、身動きが取れない状態に陥りつつあった。大口の借入銀行は、逸身、四十二、近江、五十八、二十二、共立の6行であった。これに対し貸出の大手は、百三十、住友、三十四、第一支店の4行であった。逸身をはじめとする大口の借入銀行6行の多くは、(払込資本金＋預金)／(貸出＋証券) 比率が著しく悪化しており、手形取引所からの借入なくしては立ちいかなくなっていた。もし百三十など大口の貸出銀行の1行が取引所、インターバンク市場から資金を引き上げると、取付けの嵐は逸身にとどまらず四十二、近江など多くの銀行にも波及したであ

ろう。また逸身あるいは四十二が破綻すると、その影響は百三十、三十四、住友など大手の貸手銀行への直接的な影響にとどまらない。取引所取引のようなマルティラテラルな集中取引決済システムにおいては、システミック・リスク、すなわち1行の破綻が網状に広がった取引を介して加盟銀行全体に即座に連鎖する恐れがあった。銀行パニックの発生を防止するためには、取引所危機をソフトランディングする必要があった。1896年の6月から11月にかけて逸身、大阪明治はじめ第七十三、第百三十六、近江など中小銀行において預金の減少が始まっていた[10]。パニックを抑えるには、一般顧客による預金取付けが顕在化するまえに、インターバンク市場における資金取引の行詰りを解除する必要があった。

　こうした手形取引所を舞台とするシステミック・リスクを回避するために、大阪同盟銀行集会所は急遽日銀に対し逸身銀行向け緊急融資を求めた。日銀大阪支店長の川上佐七郎は9月18日本店の承諾なしに独断で、同盟銀行全体の連帯保証のもとに逸身銀行に対し300万円の緊急融資を認めた。この果断な対応によって預金の取付けの嵐、銀行パニックは間一髪のところで阻止された。日銀の救済融資は、300万円のうちわずかが引き出されたにすぎなかった。日銀はこの救済融資と引き換えに、大阪の自立的な銀行群を日銀の影響下に収め、手形取引所を廃止に追い込んだ。救済を受けた逸身銀行は、その後も無傷のまま営業を続けたが、4年後の1901年春今度は預金取付けの標的にされ、再び銀行パニックの焦点となる。このことは、96年の逸身救済措置が適切でなかったことを示している。逸身救済は、それによって銀行パニックが阻止されたと評価されるとしても、救済時の逸身銀行整理の点では不十分であった。求められていたのは救済しつつ整理することであったが、当時の銀行集会所「仲間」あるいは彼らに対して影響力をもたない日本銀行にとって、救済はできても、整理を求めるのは難しかったのであろう。

3　1901年金融危機とインターバンク市場

　日清戦後インターバンク市場における第二の転回は、1901年金融恐慌に発す

る。

日清戦後ブームの反動に発する信用不安は、1896年日銀救済によってひとまずその顕在化を阻止されたが、その後も数年にわたり燻り続け、1901年ついに激しい金融恐慌として爆発した。口火は1900年12月熊本第九銀行の支払停止によって切

表3-1　1901年4月大阪銀行預金の移動

(単位：千円)

		16日	17日	18日	19日	20日	合計
受入	公衆	3,641	3,008	3,360	2,700	3,305	16,014
	銀行	468	383	375	339	297	1,863
払出	公衆	3,603	3,824	5,001	3,042	3,160	18,630
	銀行	426	961	875	289	347	2,898
差引超過		81	−1,394	−2,140	−293	96	−3,651
預金残高		62,705	61,311	59,208	58,882	58,988	
払出超行数		38	56	54	41	31	220
5万円以下		36	45	40	35	29	185
5万円以上		2	8	7	3	0	20
10万円以上		0	2	3	2	2	9
20万円以上		0	1	4	1	0	6
増加行数		26	11	13	25	35	110

出所：「大阪金融界動揺ノ顛末」『大阪銀行通信録』第43号付録、1901年5月、6頁より。
注：大阪本支店103行についての預金変動調査。

られ、翌年その炎は九州にとどまらず、東京、横浜へ、さらに4月から5月にかけて大阪、京都、神戸、奈良、福井に波及し、西日本を中心に猛威を奮った。

それは、預金銀行システム転換への過渡期に生じた空隙を突いた金融危機であった。第一に、預金取付けの普及は日本において預金銀行システムが確立しつつあることを物語る。まさしく預金取付けを動因とする全国的な銀行パニックの始まりを告げる事件であった。第二に、信用安定のための制度システムがいまだ整備されていなかったために、危機は激烈なものとなった。この危機を契機に、中央銀行とインターバンク市場による流動性調整機構が整えられていく。

まずはじめに、当時の預金取付けがどのようなものであったか、簡単に見ておこう。

1901年4月中旬大阪市内の銀行預金取付けの大まかな状況、特に銀行取付けにおけるインターバンクと一般顧客の役割がわかる（表3-1）[11]。ピークは4月の16日から20日で、18日には実に56行が預金の取付けにあっている。その多くは資本金5万円以下の小銀行（45行）であった。5日間における預金払出

図3-1　1901年大阪本店銀行における預金高の変動

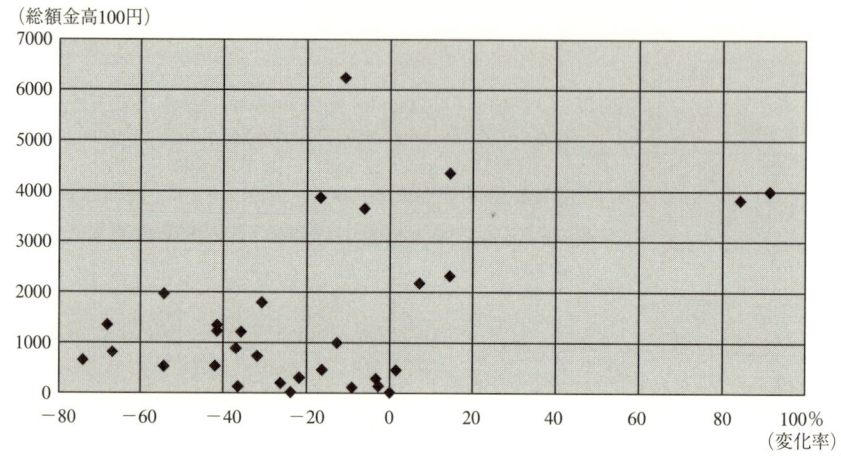

（総額金高100円）

出所：『大阪銀行通信録』、第39、45号、1901年1月、7月。
注：(1)大阪組合加盟銀行の1900年12月から1901年6月末における総預金の変動率。
　　(2)1901年6月加盟銀行38行のうちデータのそろう31行を対象とする。

総額は2,153万円にのぼった。16日現在の預金残高6,271万円のほぼ3分の1が引き出されたことになる。そのうちの8割に相当する1,787万円が同期間に（再）預金されており、それを差し引いた純流出分は372万円で、預金残高の6％にすぎない。このことは取付けの主動機が、小銀行から預金を引き出し、安全と思われる銀行へ預け替えるところにあったことを物語っている（図3-1によれば、分岐線は預金高200万円にあったことがうかがえる）。

さらに内訳をみると、一般顧客による分は1,863万円、86％を占め、銀行間の取付けは290万円、14％であった。そのうち（再）預金された分は、それぞれの86％、64％であった。その結果（再）預金されずに手元に残された分は、一般顧客分が262万円、銀行分は103万円で、銀行のウエイトはグロスのときに比べ倍に高まっている。このことは、パニックの中で一般顧客は安全な銀行へ預け替えに走り、これに対し銀行は他銀行に預けていた流動性準備を取り崩し、手持ちの現金準備を厚くして対応したことを示している。このことから銀行間の取付けが一般顧客による取付けの影響を増幅する副次的な役割をはたしてい

たといえよう[12]。

　この時期のインターバンク市場は、1896年手形取引所の廃止から1906年コール市場の形成へ、再編の渦中にあり、それが銀行危機の展開に大きな影響を与えた。

　日銀は先の1896年の逸身銀行救済に際し、危機の原因を手形取引所のインターバンク取引に求め、手形取引所が属する手形交換所の廃絶を求めた。1879年以来日銀から自立した活動を続けてきた大阪手形交換所は1896年11月ついに解散に追い込まれ、新たに日銀取引先によって組織された手形交換所に取って代わられた。大阪のみならず東京、いずれにおいても取引所形態のインターバンク市場は廃止され、わずかに個別相対取引によるインフォーマルな取引が行われるに至った。もちろん取引所が廃止された空白は、銀行間の「仲間取引」によって一部代位されたが、その影響は免れなかった。

　第一の影響は、金融市場の動向を示す標準金利が消失したことである。それまで手形取引所の金利が大阪金融市場の標準金利として機能していたのであるが、取引所の廃止によって金融市場の動向がつかめなくなった。それを補うため1898年初、大阪手形交換所加盟銀行は毎日正午に予想金利をもちより、その平均を「標準金利」として大蔵省に伝えるに至った。また旧大阪銀行同盟集会所に参加していた有志銀行が取引所取引に代わって「相対」の仲間取引を始め、その気配値がインフォーマルに伝えられた。これに対し東京ではインターバンク市場の発展が弱く、こうした試みは見られなかった。日々の金利動向はこれらの金利指標によって判断されたが、危機の渦中、市中流動性の動向を的確に把握するには不十分であった。

　第二に、銀行は日々の流動性調整において円滑さを欠くに至った。手形取引所廃止後、フォーマルなインターバンク市場は消滅し、代わって流動性調整はいくつかの金融系統に沿ってインフォーマルに行われるようになった。その結果「異系統の銀行者間にはいまだかつて金融疎通の方法備はらざる」という流動性の偏在、非効率が見られるに至った[13]。こうした弱点は、中小銀行とくに地方の銀行の流動性調整に強く現れた。地方の銀行が流動性を調整するルー

トとしては、大阪に支店を開設し、手形取引所に加盟しまた日銀と取引を開くか、あるいはこれら大都市に店をもつ大銀行とコルレス関係を介して資金取引を行うか、二つの方途があった。中国、四国、九州の日銀取引の機会がない多くの銀行にとって流動性の調整は、近隣の銀行と相対ベースで行うか、大都市銀行とのコルレス取引に頼るしか方策がなく、いずれにせよ円滑な調整は難しかった。1901年春の流動性の危機には、大阪と九州など隔地間で流動性の奪い合いが起こり、それによって両地での銀行パニックは増幅されるに至った[14]。

　第三に、こうした民間における流動性調整機構の不完全は、個別の銀行経営から弾力性を奪い、その結果銀行パニックに対する抵抗力は大きく低下した。個々の銀行が預金取付けに対し十分な流動性を円滑に準備できなければ、一般顧客の不安は余計高まり、預金取付けはますます激化する。

　第四に、こうした民間における非弾力性な流動性調整は、システムの頂点に立つ日本銀行によって補完され代行された。手形取引所取引を廃止に追い込んだ日銀は、民間銀行に対し積極的に取引先を増やし、流動性調整機能を引き受けざるをえなかった。日銀大阪支店は、1894年から1899年にかけて再割引先を39から59へ、貸越極度総額を79万円から363万円へと飛躍的に拡大した。その結果、日銀信用は大きく膨み、民間銀行は過度に日銀信用に依存することとなった[15]。

　こうした状況下で流動性が逼迫したとき個別銀行が存続しうるか否かは、流動性危機に対して十分な日銀信用を受けられるか否か、そのアヴェイラビリティにかかっていた。日銀は1901年春の預金取付けから発する銀行危機に対して、積極的に流動性を供給し、さらに第九、逸身、第五十八などいくつかの銀行に対して、臨時の救済融資を断行し、銀行パニックの防止に努めた。

　ここで検討されるべき問題は、こうした日銀の流動性供給が的確なものであったか、中央銀行の「最後の貸し手」機能に関してである。

　第一の論点は、銀行危機下日銀の貨幣供給をめぐってである。公衆によって大量に預金が引き出されたとき、流動性の収縮に直面した銀行は貸出を削減せざるをえない。もしここで日銀が十分な貨幣を供給しなければ、いずれかの銀

行で流動性不足が起こり、それが他に波及し銀行パニックを誘発する恐れがあった。1901年春の預金取付けの嵐のなかで日銀はいかに対応したであろうか。ここで大阪組合銀行の預金残高（月間1日平均、『銀行通信録』より）を見てみると、1900年11月の6,101万円から1901年3月に6,479万円、4月6,084万円へと変動している。4月中旬の預金取付けによって1カ月の間ほぼ400万円減少した。このとき日銀大阪支店は貸出残高（三旬平均）を1,590万円から1,945万円へ355万円増加している。このことは、日銀が預金純流出分にほぼ相当する貨幣を供給し、市中に対し弾力的に対応したことがうかがわれる。

　第二の論点は、日銀による個別銀行救済の是非に関してである。1901年春多くの銀行が激しい預金取付けから支払停止に追い込まれたなかで、日銀大阪支店は逸身と第五十八の二行に対して救済の手を差し伸べた[16]。二行に対する日銀の救済は4月と5月の二度行われた。日銀は何ゆえ逸身銀行を救済したのであろうか。またこの救済は銀行パニックの防止にどれほどの効果をもったであろうか。

　この救済の際立った特徴は、日銀主導ではなく、大阪銀行集会所の共同行動として行われた点にあり、それが預金取付けの波及蔓延を防ぐうえで効果を発揮した。

　1901年4月16日大阪ではそれまで燻っていた信用不安が突如預金取付けの嵐となって、七十九、百五十二、逸身、難波、前島など大阪の中小銀行を襲った。窮した逸身銀行は、大阪銀行集会所へ救済方を求めた。集会所は慌てて4月18日、日銀を巻き込み緊急措置をまとめた。(1)逸身銀行に対して日銀は限度50万円の救済を、集会所委員銀行を中心とする有志8行（浪速、帝国商業、山口、住友、三十四、鴻池、北浜、百三十）[17]の連帯保証を見返りに認める。(2)逸身銀行は同行資産をすべて担保に提供して「八銀行監督ノ下ニ営業」する[18]。(3)逸身以外の新たな救済要請に対しては拡大有志連帯保証団（委員銀行10行に新たに7行を追加[19]）を介し日銀が救済融資を供給する。(4)日銀は「平素信用を維持し業務に忠実なる銀行は飽くまでも之を救助する」方針を明確にした。この緊急スキームのもと、4月18日逸身銀行に続いて4月19日には第五十八銀

行に対し限度20万円（有志13行の連帯保証）の救済融資が発動された。この二つの日銀救済を境に、さしもの預金取付けの嵐も、20日には沈静化に向かった。

　この救済スキームは、銀行集会所が救済すべき銀行を選別し連帯保証を与え、そのうえ日銀融資を与えるという二重の行為から成り立っている。それは、信用不安で浮き足立つ一般公衆に対して救うべき銀行とそうでない銀行に関する選別情報シグナルを与え、預金取付けを抑えるのに十分な効果を発揮した。たとえば逸身、第五十八が救われたのとは対照的に、経営陣が株投機に深入りしすぎた七十八、難波銀行のケースでは預金取付けの嵐のなか放置され、一気に破綻に至った。こうした集会所による選別シグナルが効果を発揮したことは、日銀融資の実行額が限度を下回ったことにも現れている。逸身銀行は限度50万円に対し40万円、第五十八銀行は限度20万円に対し5万円を引き出したにとどまった。

　逸身銀行の救済に際し集会所はいかなる基準によって選別したのであろうか、そこでは二つの条件が考慮されていた。第一は資産と負債のバランス。第二に、逸身銀行の破綻が他行に波及し、大阪一円を銀行パニックに巻き込む恐れがあるか否かである。

　第一の条件は、銀行財務の健全性をめぐってである。有志銀行団は日銀に対して財務事情を示すデータを提出している。有志銀行団が日銀救済融資に保証を与えたのは、「内部ヲ調査シタルニ資産確実ト信シ」てである[20]。逸身のケースでは債権債務を評価する際に、銀行のバランスシートの範囲を超えて経営陣の提供資産を加味している。それは一方で逸身が合資形態であったためであるが[21]、他方銀行団の関心が家産を含め保証債務に十分な担保があるか否か、この点に向けられたためであった。結局のところ、このとき銀行経営の健全性について行われた吟味は表面的なものにすぎなかったのである。

　その不備が預金取付けの再来を招いた。5月中旬、逸身銀行に対して再び預金取付けが殺到し、これに対し有志銀行団は小刻みに支払準備を貸与する弥縫策で応じた。しかし取付けは収まらず、また当の逸身が「優柔」で「愈安ヲ貪ル」態度であったため、銀行団は激論の末「同行ヲ整理セシムル」方針に転換

した。信用情勢は4月のときの激しさに比べ「余程趣ヲ異ニスル」ものであった。20日から27日まで1週間の休業とし、そのあいだに救済銀行団は再度逸身銀行の資産負債を調査し、整理方針を探った。逸身家の資産を含めれば預金全額70万円を支払うことができるという計画を立てたうえで、再び日銀から救済38万円を得、整理開業に踏み切ったのである[22]。

表3-2 逸身銀行借入金一覧（1896年）
（単位：千円）

	借入金額	組織形態
有魚銀行	54.0	合資
百三十銀行	44.0	
三十四銀行	42.2	
谷村銀行	34.3	合名
住友銀行	27.9	個人
第一銀行支店	20.0	
積善同盟銀行	20.0	株式―大阪貯蓄銀行系
虎屋銀行	15.0	合名
津山銀行支店	13.5	
大阪貯蓄銀行	4.0	
合計	281.9	

出所：日本銀行大阪支店『逸身銀行救済ニ関スル書類』（自明治34年4月至37年10月）。

　この一連の事実は、第一次の救済策が安易であったことを示している。その後逸身銀行の整理が円滑に進まなかった点から見ても、4月の時点ですでに「負債超過」にあったと想定される。少なくとも銀行団ならびに日銀は、選別効果の前提、資産負債バランスを的確に調査する点で欠けるところがあったと言わざるをえない。第一次救済において無条件救済とする根拠はすこぶる薄弱であった。1896年、1901年4月の二度にわたる無条件救済は逸身銀行の経営規律を弱めた（moral hazard）だけに終わった。休業すべきか整理開業とすべきか、救済条件については、次の論点である連鎖の可能性いかんによる。

　第二の条件は銀行パニックの可能性についてであるが、これについては集会所も日銀も「一般金融市場ニ大恐慌ヲ来スノ虞有之」[23]という一般的な説明しか与えていない。そこでまず、インターバンク市場を介する波及の可能性の有無を検討しておこう。今回の銀行危機においては、1896年銀行危機におけるような取引所形態でのインターバンク取引につきもののシステミック・リスクの恐れはない。あるとすれば銀行間の「相対」取引を介した波及である。逸身銀行の銀行間の借入は28万2,000円で、10行から株式担保つきで借り入れている。借入先は二つの柱からなる（表3-2）。一つは、百三十、三十四、住友、第一

銀行の大手4行で総額のほぼ半分を占める。もう一つが、有魚、谷村、虎屋など大阪の非株式形態（合資、合名）の中小3行で、あわせて10万円余に及ぶ。逸身、有魚、谷村、虎屋など非株式形態の中小銀行間に親密な関係がうかがわれ、もし逸身が支払停止に至れば、その影響はこれらの銀行に及ぶ恐れが大きかった。預金の取付けは、中小銀行を中心に拡大し、北浜、近江、大阪実業、天満、旭なども大銀行の救済によってようやく息をつく状態にあったから、もし破綻が逸身から有魚、谷村、虎屋へ波及すると、銀行パニックは大阪の中小銀行全体さらに大銀行へ及ぶ恐れがあった。なかでも百三十銀行はその経営状態について噂が絶えなかった[24]。

　5月、第二次の預金取付けによって逸身銀行が休業に追い込まれたとき、取付けの波は虎屋、木原、谷村、日本貯金、大阪貯蓄銀行に波及している。しかし預金取付けの火は、日銀の再度の救済もあって、大きなパニックにならずに沈静化した。この例をもって、4月の危機においても逸身の破綻は広い範囲の連鎖波及を惹き起こさなかったと推測することも可能である。しかし4月の信用不安が5月のときに比べ遥かに切羽詰まったものであったことを考慮すれば、無条件救済案、休業案ともに現実的ではなく、預金払い戻し（pay off）のための整理開業が最適策であったと思われる。もっとも我が国で最初の預金取付けの嵐を眼前にして、的確な判断を下すのは誰にとっても至難なことであったろう。

　1901年金融危機は、普通銀行が過度のオーバーローンにあり、預金取付けに対し脆弱であったことを白日の下に曝した。そこで日銀信用に依存しない民間の支払準備システムの導入が強く求められた。それは、1896年以前の取引所形態の市場に代わる、新しいインターバンク市場でなければならなかった。危機後、普通銀行が日銀依存から脱却し預金銀行化するにともない、新しい市場開設の気運が高まった。ロンドンから帰った土方久徴、井上準之助らは、ビルブローカーによるコール市場の導入を説いた。こうした気運を受けて日露戦争直前、東京の諸井時三郎、大阪の藤本清兵衛がそれぞれビルブローカーを設立し、東西両都でコール取引が開始された[25]。新しい市場は、ブローカーが銀行間

を仲介するコール市場であった。このブローカー制によるコール市場は、現在まで形を変えて続いている。

　日本のインターバンク市場は日清戦後の金融危機をバネとして、取引所制度からビルブローカー制度へと革新を遂げた。その特徴は、(1)民間銀行によって自生的に組織されたシステムから日銀指導のシステムへ、(2)徳川期に根ざす伝統的再編システムからロンドンに範をおく移植システムへ、(3)大都市内の取引システムから全国取引が可能なシステムへ、(4)無担保、月週単位の資金融通システムから担保付き、日時単位の取引が可能なシステムへの転換にある。革新の意義は、地方の銀行にとって為替勘定以外により安全な短期の取引が可能となったことにある。これによって全国の銀行の流動性調整がより円滑になったといえよう。ただ日銀は、コール市場創設を指導しながら、その後市場の成長にまかせたために、何度もビルブローカー銀行の破綻というしっぺがえしを食らうことになる[26]。

第3節　1920年代金融危機とインターバンク市場改革

　1901年金融危機以来、預金銀行システムにおける流動性調整の中心は、コール市場にあった。銀行相互の流動性の貸借を、取引所に集中するのではなく、ブローカーが仲介する制度が採られた。日本のコール市場はその後現在に至るまで大枠はブローカー制を続けてきたが、その構造は1927年金融恐慌を境に大きく変化した。第一次大戦期以降、日本のビルブローカーは、金融市場の飛躍的な拡大にともない、銀行業を兼ね、さらにディスカウント・ハウスあるいはボンド・ハウスへ向けて、多角化を推し進めた。その頂点に藤本、増田の両ビルブローカー銀行があった。こうしたビルブローカー銀行の多面的な経営拡大は、1920年の反動によって終止符を打たれ、1927年その息の根を止められた。

　1920年代は金融危機の時代であった。日本経済は強いデフレ圧力にさらされ、1920年恐慌から1930年恐慌へ至る10年余のあいだ、銀行パニックに脅えつづけた。「慢性的」な不況のなかで、預金取付けが頻発し、何度か銀行危機に襲わ

れた。打ち続く信用不安のなかでインターバンク市場は極度の緊張を強いられたが、日銀信用の支援によって辛うじて破綻を免れた。しかし1927年ついに重圧に耐えきれずに崩壊、「昭和金融恐慌」を惹き起こすに至った。インターバンク市場は金融梗塞のなかで発展の起動力を失い、ついに銀行システムにおいて安定的な位置を築くことができなかったのである。不安定性はコール市場におけるビルブローカー銀行と特殊銀行に集中的に現れた。これまでの研究は、特殊銀行とコール市場の関係について焦点が当てられ[27]、ビルブローカー銀行を視野に含めて論じてこなかった。1920年代の金融危機は植民地特殊銀行の危機であると同時にビルブローカー銀行の危機でもあった。1927年金融恐慌を境にインターバンク市場は、自由なビルブローカー銀行から日銀にコントロールされた短資会社へ、その担い手を再編することで新たな関係へ変革していく。

ここでは、1920年増田ビルブルーカー銀行の破綻とその後の20年代金融危機におけるインターバンク市場の行き詰まりに光をあて、より統制されたインターバンク市場への再編の道筋を明らかにする。

1　1920年代の金融危機とインターバンク市場

1920年代の金融危機がなぜ発生したのか、またそこにおけるインターバンク市場はいかなる困難に直面していたのか、以下簡単に概観する。

第一に、第一次大戦期日本の好況ブームは、重化学工業化を軸とする飛躍的な成長をもたらしたが、通常の景気循環を大きく超える特殊なものであった。それは、欧米資本がアジア市場から撤収するという戦時の「空白」に乗じたものであった。そのためにブームからの反動も大きく、実物経済の調整も大幅かつ長時間を要するものとなった。貿易収支は大幅な出超から入超へ逆転し、投資・生産・消費はいずれも大きく減退し、物価・賃金に下降圧力がかかり、強いデフレ局面に入った[28]。

第二に、大戦期の好況ブームは、品不足とマネーサプライの増加によって、強度のインフレーションを招いた。おまけに休戦後、バブル経済化し、株・不動産など資産価格は急上昇し、資産インフレ化した。その反動は1920年春に株

式市場の大崩落によって口火が切られ、以降長いデフレ過程に入った。金本位制への復帰努力さらに1923年の関東大震災は、このデフレ過程をさらに強化し、長引かせることになった。物価水準が戦前レベルに戻るまで、インフレ再調整過程は10余年を要した。

　第三に、こうした長期にわたるデフレ圧力は、資産価格の減価、貸出回収の困難の両サイドから銀行に資産の劣化を強いた。資産価格の暴落は貸出担保の減価となり、過剰投資に苦しむ企業、商人は追担保の要求に応えられず、貸出の焦げ付きは急増した。こうした銀行資産の劣化は、銀行に対する一般の信用不安をかきたて、預金取付けが不良銀行のみならず健全な銀行まで襲い、間欠的に激しい銀行パニックを惹き起こした。1918年以降預金金利協定が銀行の収益性を確保するために各地で行われたが、銀行資産の劣化には焼け石に水であった。

　第四に、大戦期に日本のインターバンク市場は、外国為替市場、コール市場、手形割引市場が飛躍的に拡大し、さらに社債市場、株式市場ともつながり、互いに資金交流しながら相乗的に発展を遂げた。こうした発展をバックに、市場を仲介するブローカーも多角的なビルブローカー銀行へ成長を遂げた。コール市場は、ランニングブローカー群のうえに藤本、増田両ビルブローカー銀行が連なる二重の構造へ変貌した。それは、ブローカーと銀行を兼業し、自己計算でコールマネー、預金を吸収し、それをコールのみならず手形さらに公社債へ投資する、既成の概念を超えた金融機関であった[29]。こうした長短金融市場を自由に結ぶ金融機関が抱える難点は、期間のミスマッチにあった。大戦後市場が反動局面に入ると、ビルブローカー銀行はこの難点に苦しむことになる。

　第五に、もう一つの焦点は、外国為替関連の特殊銀行（横浜正金、台湾、朝鮮銀行）にあった。これら特殊銀行は、大戦期飛躍的に拡大した貿易金融を積極的に担い、膨大な必要円為替資金をインターバンク市場から調達した。また特銀はブローカーを利用しつつも、大銀行とのあいだでブローカーを介さず直接コールを取り入れるルートを拡大した。こうした特殊銀行のコール需要は、確立期コール市場にとって大きな重荷、撹乱要因となった。

第六に、大戦期とその後のインフレとデフレの激しい転換は、インターバンク市場に過大な重圧を課すことになった。焦点は市場の編成軸ともいうべきビルブローカー銀行と特殊銀行の対抗と協調にあった。1920年代に入って金融市場発展の起動力が失われるにつれて、コール市場の二極構造は次第に弾力性を喪失し、軋みが目立ちはじめた。市場の行詰りは、まず市場の転轍器たるビルブローカー銀行に集中的に現れ、最後に特殊銀行を襲う。

第七に、二極構造が孕むインターバンク市場の亀裂は、日銀によって補修され続けた。日銀は大戦来、横浜正金、台銀、朝銀など特殊銀行の金融を支えることで、インターバンク市場の拡大を促し、またその行詰りを救ってきた。信用不安が高まるなかで銀行パニックの暴発を防ぐためには、日銀はビルブローカー銀行と特殊銀行が求める資金需要に弾力的に応じざるをえなかった。日銀の支援が限界に達したとき、インターバンク市場は機能不全に陥り、銀行パニックに至る。

以下、まず1920年恐慌の発端を開いた増田ビルブローカー銀行の破綻に光をあてる。

2　1920年金融恐慌と増田ビルブローカー銀行

1920年恐慌の展開は、二つの銀行破綻によって画される。第一は1920年4月5日増田ビルブローカー銀行の破綻、第二は5月24日横浜七十四銀行の破綻である。増田の破綻によって1920年恐慌はその火ぶたが切られ、続く七十四銀行の破綻によって恐慌は一段と深刻化した。ここでは恐慌の口火を切った増田ビルブローカー銀行の破綻と救済に焦点をあてることによって、銀行危機とインターバンク市場のかかわりを探る。

休戦後バブルと化した熱狂的なブームは、1920年3月15日株価の暴落により、行詰りの兆候を見せはじめた。しかし4月15日増田ビルブローカー銀行（以下、増田BBと略す）が手形交換尻の決済不能に陥るまでは、パニックの暴発はなかった。増田の破綻を機に、株価は再度暴落し、激しい銀行預金の取付けが始まり、1920年世界恐慌の口火が切られたのである。

増田BBの資金繰りは1919年末頃より苦しくなっており、日銀は増田に対して1920年初来「警告」を発したという。増田は資金繰りのためにいくつかの銀行に対して借り入れ要請をしている。3月には三十四銀行から約100万円を借り入れたが、野村銀行は（住友銀行、大阪株式取引所両株を担保とする）借り入れの申し込みに応じなかった。こうしたなかで増田の資金繰りは追い込まれ、4月5日には交換尻決済を遅延する事態に至った。増田は6日、日銀とシンジケート銀行7行に救援を求めた。7日交換尻決済（279万円）の資金繰りの手当てがつかず、手形交換所は「繰り戻し」の準備さえ始めた。ここで日銀とシンジケート銀行7行は、共同して増田BBを救済することを決断、交換尻決済不能を免れた。銀行団は当初、鴻池、住友、山口、加島、三十四、近江、浪速の大銀行7行によりスタートし、15日に新たに姻戚関係から野村銀行が加わり、計8行によって組織された。

　日銀と銀行団の協調による増田BB銀行に対する救済融資の概要は次のとおりである[30]。

(1) 日銀は銀行団の連帯保証により増田BBに対し880万円限度、日歩2銭で救済融資する。
(2) 銀行団は増田BBを管理下におき、日歩2銭2厘の低利で880万円を融資する。
(3) 店を閉めずに整理する。新規貸出はせず、無条件コールは回収し、期限前返済はしない。
(4) 千円以下の預金は原則払出に応じない。債務支払は延期し利息を引き下げる。無担保債権者は3割を切り捨てる。証券取引を担ってきた信託部は廃止する。
(5) 取締役は整理のために続投する。重役は整理のために私財を提供する。
(6) 8行は増田に対し市場金利でコールを放出し、月末には各行30万円以上を担保付き、日歩2銭5厘以内で貸し出す。

　大戦前から1920年代への銀行救済のなかで、増田BBの救済はどのように位

置づけられるであろうか。

　第一に、この救済スキームは、組合有力銀行の連帯保証により日銀が資金を融通するという公民共同救済方式をとっている。大戦前、救済方式としては二つが行われた。1896年、1901年の逸身銀行救済に見られた公民共同救済方式と1905年の百三十銀行救済にとられた個別大銀行への委託方式である。ここでは逸身＝共同救済方式が踏襲された。民間の救済参加行は、かつては集会所幹事銀行が中心であったが、今回はシンジケート銀行と、責任主体が明確化している。この点について日銀は「なるべく同地方ノ同業者特別ノ関係アル有力者等ヲシテ救済整理ノ責任ヲ執ラシメ」[31]る方針を明確にしている。

　第二に、今回の救済の特徴は「店を閉めずに整理する」点にある。なぜ「店を開け」、なぜ「整理する」のであろうか。(1)増田BBの経営が経営陣による乱脈経営、株式思惑の失敗により不健全な状態にあり、今後存続するに値しない[32]。しかし(2)増田BBはビルブローカー銀行であり、即日支払を停止することはコール市場を介し影響が大きすぎると見なされた。そのために営業を続けながら整理をする方針が採られた。

　第三に、債務超過を整理するために、重役の資産を差し出すこと、千円未満の預金については払出に応じること、無担保債権はその3割を切り捨てるという方針を立てて臨んだ。ここで採られた方針は、重役資産の提供を除いて、1920年代の不良銀行整理においては踏襲されなかった。ビルブローカー銀行という特殊な性格が反映していると思われる。

　銀行救済の最大の問題は、救済の当否にある。当時の金融情勢のもとで増田BBを救済すべきであったろうか。日銀ならびに銀行界指導層が増田BBを即日倒産処分にせず救済したのは、増田BBが「都鄙百余ノ大小銀行ト巨額ナルコール又ハ借入金取引関係ヲ有」しており、その「破綻ハ延イテ当ニ反動期ニ入ラントスル財界動乱ノ動機トナルベキヲ虞レ」[33]たためであった。この理由は一応もっともらしく聞こえる。しかし増田BB破綻の波及が救済を要するほどのものであったか否か、これまで明らかにされてはいない。

　そもそもビルブローカー制度における銀行間の波及連鎖は、これまでとは性

格を異にする。第一は1896年逸身救済のケースで、取引所形態による集中取引のケースである。第二は1901年逸身救済のケースで、フォーマルなインターバンク市場を欠く個別取引のケースである。第三は1905年以降インターバンク取引がビルブローカーに集中して取引されるケースである。資金取引を一点に集中するという点で、ビルブローカー制度も取引所制度とは違った形であるが、システミック・リスクを孕んでいる。

当時増田BBに救済の断を下した指導的な銀行家たちは何を「虞レ」たのか、この点を明らかにするには、増田BBの破綻がどのように連鎖していくか、その波及ルートとその影響範囲を吟味する必要がある。波及ルートとしては、大きくは直接的なものと間接的なものがある。

第一は直接ルートである。それは負債サイドと資産サイドの二つからなる。
もしビルブローカー銀行で貸出の焦げ付きが生じると、負債サイドの大半を占める銀行間コールの返済が滞る。取引銀行はコールの形態で預けていた流動性を失い、事情によっては流動性危機に陥り連鎖破綻に至るであろう。流動性を集中するビルブローカー銀行の破綻は、同程度の商業銀行の破綻に比べ、その影響は遥かに大きい。コール取引を単に仲介するランニングブローカーであれば、そもそも破綻する可能性はほとんどない。自己計算の比率を高め、取り入れたコールマネーを貸出あるいは証券に投資するにつれ、破綻の可能性は高くなる。

資産サイドの波及は、それまでコールを取り入れてきた銀行が、ビルブローカー銀行の破綻によって、突然コールを取り入れることができず、流動性不足に追い込まれる、というものである。たとえば預金を上回って過大に貸出を膨張する、あるいは貸出が焦げ付き流動性が不足する、こうした穴をコールで泳ぐケースである。昭和2年に行詰った台湾銀行はその一例である。

そこで以下、増田BBの借入金、コールの取引先を検討する。日銀資料には、増田BBが取り入れたコールマネーの取引先のデータしか残されていない[34]。資産サイドすなわちコール放出先に関心を払った形跡がない。このことは、日銀が救済にあたって、資産サイドよりも負債サイドの波及を恐れていたことを

表3-3 1920年増田BB大阪本店の資金取入れ（4月2日）

(単位：千円)

借入金	担保付	無担保	合計
日銀大阪支店	4,360	0	4,360
大阪市中銀行	4,550	20	4,570
地方銀行	8,552	1,810	10,362
会社	5,810	370	6,180
個人	526	362.5	888.5
合計	23,798	2,562.5	26,360.5
コールマネー	3,200	1,050	4,250
総計	26,998	3,612.5	30,610.5

出所：日本銀行大阪支店『増田ビルブローカー銀行整理関係書類1』（大正9年）より作成。

表3-4 1919年増田BB本店の非銀行からの資金取入れ残高（4月2日）

(単位：千円)

	借入金	
	担保付	無担保
岸和田紡績	2,850	
内外綿花	2,200	
日本生命	435	
大同生命	325	
内外商事		250
龍野紡績		100
西宮土地		20
会社合計	5,810	370
寺田甚ヱ門	140	
岸本五兵衛	100	
その他18口	286	
天木繁二郎		150
その他9口		212.5
個人合計	526	362.5
総計	6,336	732.5

出所：日本銀行大阪支店『増田ビルブローカー銀行整理関係書類1』（大正9年）より作成。
注：コールマネーはなし。

示唆している。

破綻時4月9日における増田BB全店の営業負債は6,289万円（うち借入金3,934万円、コールマネー854万円、再割引手形1,067万円）に及んだ。交換尻決済不能に陥る直前の4月2日の本店借入残高は2,636万円であった（表3-3、3-4）。そのうち会社・個人からは707万円[35]、日銀大阪支店から436万円を借り入れていた。インターバンク市場からの借入金は、大阪市中銀行から457万円、これに対し地方銀行からは1,036万円にのぼった。コールマネーはあわせて425万円であった。増田BBの借入、コールマネーのほとんどは担保付であり、無担保は全体の1割にすぎない。大阪本店以外には、東京、名古屋、京都、門司支店があったが、各店の借入、コールの詳細は不明である。

インターバンク取引の相手先一覧がわかるのは、大阪本店残高分のみである。それによると、借入金、コールを供給している銀行は63行に及ぶ。大阪に本支店をもつ銀行と地方銀行は残高700万円弱で拮抗している。大阪に本支店をもつ銀行は14行で、残る49行は近畿、山陽、山陰、四国の地方銀行である。本店

表3-5 増田BB銀行本店の市中借入残高（1919年4月2日現在）

(単位：千円)

	1919年4月2日					1919年3月末	
	借入金		コールマネー		合計	預金	対預金比率%
	担保付	無担保	担保付	無担保			
尾州銀行	1,800		1,100		2,900	23,105	12.6
三十四銀行	1,000				1,000	119,065	0.8
摂陽銀行	500				500	20,816	2.4
大阪貯蓄銀行	350				350	37,301	0.9
大阪実業銀行	200				200	3,525	5.7
虎屋銀行	100				100	10,159	1.0
富岡銀行		20			20	580	3.4
大阪銀行				100	100	1,496	6.7
西六銀行				50	50	1,100	4.5
三菱大阪支店	600		70		670	63,324	1.1
川崎大阪支店			1,450		1,450	20,478	7.1
村井大阪支店				150	150	9,398	1.6
東京古河大阪支店				50	50	9,381	0.5
帝国商業大阪支店				50	50	4,878	1.0
大阪市中　計	3,950	20	2,620	400	6,990	324,606	2.2

出所：日本銀行大阪支店『増田ビルブローカー銀行整理関係書類1』（大正9年）より作成。

銀行9行もほとんど大阪周辺の中小銀行であり、増田BB救済の断を下した大阪の大銀行7行は、三十四以外は増田BBとさしたる資金関係になかった[36]。支店は三菱、川崎、村井、東京、帝国商業の5行で、多くが都市二流銀行である。総じていえば増田BB本店のインターバンク取引は、西日本の中小銀行の余剰資金を広く集めている点に特徴がある。

　問題は、もし増田BBが破綻したならば、これら中小銀行はどれほどの影響を受けるであろうか、この点にある。それはそれらの銀行が増田BBに対しコールを預金全体のどれほどを投じたか、その割合による。まず表3-5によって、大阪市中銀行14行についてみてみると、残高20万円を超える大手取引先は、尾州、川崎支店、三十四、三菱支店、摂陽、大阪貯蓄、大阪実業の7行である。対預金（1919年末残高）比率5％を超える銀行を掲げると、尾州12.6％、川崎支店7.1％、大阪7.1％、大阪実業5.7％の4行である。次に表3-6により地方銀行49行について見ると、20万円を超えるのは、二十二、六十五、西宮、

表 3-6　1919年増田BB本店の地方コール取入先残高一覧（4月2日）

(単位：千円)

		借入金		コールマネー		合　計	対19年末預金比率%
		担保付	無担保	担保付	無担保		
兵庫	六十五銀行				500	500	14.5
岡山	二十二銀行	1,000				1,000	
兵庫	西宮銀行	400				400	1.9
和歌山	四十三銀行	400				400	1.0
大阪	摂池銀行	300				300	
大阪	茨木銀行	300				300	26.7
奈良	八木銀行	300				300	5.2
大坂	更池銀行	240				240	34.0
奈良	吉野銀行	200				200	2.7
大阪	富田林銀行	200				200	
富山	富山貯蓄銀行	170				170	
兵庫	御影銀行	110				110	
奈良	六十八銀行	100				100	
鳥取	山陰実業銀行	100				100	
兵庫	尼崎共立銀行	100				100	2.3
京都	南桑銀行	100				100	7.9
奈良	産業銀行奈良	100				100	
滋賀	江頭農産銀行	50				50	1.0
京都	山崎銀行	40				40	9.2
滋賀	長浜貯蓄銀行	35				35	
岡山	岡山銀行	30				30	
兵庫	伊丹銀行	10				10	
大阪	池田銀行		200			200	
山口	船城銀行		170			170	
京都	福知山貯蓄		150			150	
香川	阪出同盟銀行		130			130	
兵庫	阿萬銀行		100			100	45.7
愛媛	宇和島銀行		100			100	7.9
高知	高知商業銀行		100			100	
大阪	能勢銀行		90			90	25.5
鳥取	中国貯蓄銀行		80			80	
和歌山	日高銀行		80			80	4.1
大阪	高槻貯蓄銀行		80			80	
兵庫	城西銀行		70			70	
兵庫	港　銀行		55			55	
島根	松江銀行		50			50	0.5
福井	三方銀行		50			50	
愛媛	三津浜銀行		40			40	4.5
兵庫	村岡銀行		40			40	
京都	丹後企業銀行		30			30	
和歌山	那賀銀行		30			30	1.6
鳥取	根雨銀行		30			30	
大阪	長野銀行		30			30	
島根	矢上銀行		25			25	
愛媛	大洲商業銀行		20			20	
兵庫	城崎銀行		20			20	
兵庫	野倉銀行		17			17	
岡山	下道銀行足守		10			10	
大阪	三林銀行		15			15	
合計		4,285	1,810	0	500	6,597	
	増田BB名古屋	3,267		80		3,347	
	小津銀行					100	
	犬山銀行					50	
	清洲銀行					30	
	増田BB神戸	1,000		500		1,500	
地方銀行　計		8,552	1,810	580	500	11,624	
門司	台湾銀行					1,310	

出所：表3-4に同じ。

四十三、摂池、茨木、八木、更池、吉野、富田林、池田の11行で近畿一円の銀行である。対預金比率については18行しか情報が得られないが、そのうち5％を超えるのは、阿萬45.7％、更池34％、茨木26.7％、能勢25.5％、六十五14.5％、山崎9.2％、南桑7.9％、宇和島7.9％、八木5.2％で、実に半数の9行に及ぶ。阿萬、更池を筆頭にかなりの地方中小銀行において、異常なほどコール投資／預金比率が高いのに驚かされる。預金を地元へ貸し出すよりもコールへ投資する銀行がかなり存在する。もし増田BBが破綻すると、これらの中小銀行の流動性準備は霧消し、連鎖破綻に追い込まれるであろう。対預金比率が10％を超える尾州、阿萬、更池、茨木、能勢、六十五はもちろん、それ以下の銀行でもその恐れは大きい。とくに預金取付けの嵐のなか、緊急に流動性を増強しなくてはならない状況のもとでは、中小銀行にとって流動性の焦げ付きは致命的な影響を与えるであろう。

　問題は、これらの事実を踏まえて、増田BBを救済すべきであったか否か、評価することである。もし増田BBの破綻が直接的な波及、すなわち幾つかの取引銀行を破綻に追い込むだけであれば、増田BBを救済するに及ばなかったかもしれない。あるいは増田BBの破綻が各地で取引銀行の流動性に対する疑惑を惹き起こし、銀行パニックが西日本各地に蔓延する恐れもないわけではなかった。分岐点は増田BB破綻の連鎖が散発的、地方的なものに終わるか否か、その間接的な影響をどう評価するか、この点にかかわる。

　間接的なルートとしては、二つの可能性があった。第一は、増田BBの取引先銀行を介してパニックに至るルートである。もし増田BBが休業するや、尾州、阿萬、更池、茨木、能勢、六十五など取引銀行は預金取付けに襲われ、連鎖破綻するものもでてこよう。しかしそれが地域一円の銀行パニックに波及拡大するか否かは、信用不安、預金取付けの動向による。増田BBが救済された直後、西日本では関西貯蓄、阿波商業、淡路、高松百十四、明正、岡山第一合同、後藤田、大津、五十一、近江、近江貯金、日高、柿本、四十三、貝塚、八木、藤田など多くの銀行に預金取付けが殺到し、関西貯蓄、大津、森岡などいくつかの銀行が破綻、休業に追い込まれた[37]。それゆえ、もし増田BBが救

済されなければ、預金取付けはより広い範囲に広まる恐れはあった(38)。しかし尾州以下の増田 BB の取引銀行の大半が預金規模の小さい銀行であったから、その破綻はその地域一円に預金取付けを惹き起こすほどの影響を与えずに終わったかもしれない。いずれにせよ預金取付けは群集の不安心理に根ざすから、その当時も今もその動向を予測することは至難である。日銀大阪支店は「関西各地殊ニ地方銀行ニ及ボス影響ノ恐ルベキ」点を挙げている(39)。

もう一つのルートは、他のビルブローカー銀行への感染である。焦点は藤本ビルブローカー銀行にあった。大戦期短期金融市場の膨張のなかで、増田 BB は藤本 BB を追撃し、お互いに鎬を削っていた。両者は自己計算のビルブローカー銀行として同類として見られ、お互いに「感染」しやすい条件にあった。増田 BB が交換尻決済不能に陥るや、藤本 BB をめぐって「交換不能ニ陥リタル風説」が飛び交い、不安が高まった(40)。日銀大阪支店は「増田ヲ助ケズトセバ藤本ノ如キ到底持堪ユルヲ得ザル」とみ、4月15日、藤本 BB に対して1,790万円を（普通）融資して応じた(41)。

藤本 BB はビルブローカー銀行として増田 BB に先行し、その経営は増田 BB の2倍の規模を誇っていた。またその顧客層も増田 BB が地方の中小銀行が多かったのに対し、藤本 BB はより大きな銀行も多く擁していた。それゆえもし藤本 BB が破綻したならば、その影響は増田 BB のそれの比ではない。まして増田 BB と藤本 BB の双方が破綻するならば、日本のインターバンク市場は壊滅し、銀行システム全体が瓦解したであろう。日銀とシンジケート銀行が増田 BB の救済に踏み切ったのは、地方銀行を中心にインターバンク取引の多くが二つのビルブローカー銀行に偏る、集中的な市場構造を反映したものであった。

救済にもかかわらず増田 BB の破綻によって、インターバンク市場は片肺状態に追い込まれ、そのため金融危機はいっそう激化した。株式市場は大混乱に陥り、預金の取付けの波は5月24日ついに横浜の大手、七十四銀行を休業に追い込み(42)、パニックは本格化した。ビルブローカーはインターバンク市場の核をなし、その破綻はシステミック・リスクをなす点で、通常の銀行とは重要度が

違う。それならば何ゆえ金融当局はビルブローカーの破綻を許したのであろうか。増田BB破綻の直接の原因は、頭取増田信一の株式市場を舞台とする乱脈経営にある。それは銀行業を兼ね、勃興する証券市場との資金交流を進め、多角化するビルブローカー銀行に由来する。ビルブローカー銀行に対して金融当局は、ただ銀行法によって監督するしか権限がなく、一般銀行と同様自由な活動が許されていた。1920年代の金融危機はいわばビルブローカー銀行の危機の時代でもあり、その破綻は1930年以降のブローカー制の改革をもたらすに至る。

3　1920年代の金融危機とインターバンク市場

1920年の反動は、増田ビルブローカー銀行と七十四銀行の破綻によって、激しい銀行パニックを惹き起こした。以来、多くの銀行が不良資産問題に苦しみ、常に預金取付けの恐怖に脅える危機の時代に突入した。10年にわたって信用不安が燻り続け、1920年4月に続いて1922年12月、1927年4月、1930年と間欠的に激しい銀行パニックを惹き起こした。

こうしたなかで生き延びるためには、健全な銀行といえども不意の預金取付けに備え常に流動性を厚くもち、また銀行間取引においても投資先を厳しく選別せざるをえなかった。また大量の貸出の焦げ付きを抱える不健全な銀行にとっては、インターバンク市場への依存を深め、日々綱渡りを余儀なくされた。こうした信用不安のもと、インターバンク市場に過大な重圧がかかり、その軋みに耐えねばならなかった。インターバンク市場の崩壊は、銀行システムそのものの崩壊を意味する。中央銀行は、インターバンク市場の崩壊を防ぐべく、万策を尽す。ここでは1920年代の金融危機においてインターバンク市場にかかる重圧と中央銀行の政策的行詰りを明らかにする。

1920年代、一般公衆も銀行家も不確かな情報に浮き足立ち、取付けに走った。当時取付けはどこに向けられたのであろうか。たとえば1920年の銀行パニックについて見てみると（表3-7）、4月から7月にかけて、預金取付け騒ぎがあった銀行は実に169行に及ぶ。地方別では、愛知、大阪、神奈川に特に多い。そのうち実際に預金あるいは為替尻の取付けによって苦境に陥った銀行は48行

表3-7 1920年4～7月預金取付け状況

	休業	救援	総数
預金為替尻取付銀行	21	27	48
資本100万円以上	2	12	14
未満	19	15	34
日銀取引先	2	16	18
非取引先	19	11	30
本店6大都市所在	5	4	9
地方所在	16	23	39

	本店	支店	総数
預金取付騒動店舗	67	102	169
うち愛知			25
大阪			23
神奈川			15
岐阜			12
広島			12
栃木			11

出所：日本銀行「世界戦争終了後ニオケル本邦財界動揺史」(『日本金融史資料　明治大正編』第22巻546、547頁より作成。
注：休業と救援は、取付けに際し休業した銀行と他より特別救援により切り抜けた銀行をさす。

であった。資本金百万円以上の銀行を見てみると全体の三分の一の14行にすぎず、そのうち休業に追い込まれたのはわずか2行にすぎない。ほとんどが他からの資金援助によって休業を免れている。一方資本金100万円以下の銀行で取付けにあった銀行は34行におよび、そのうち他行の救援によって助かった銀行は15行にすぎない(43)。

1922年の銀行パニックは、大阪株式取引所を舞台とする石井定七、高倉為三ら投機家の破綻を機に、京阪神ならびに北九州地方で猛威を奮い、さらには北陸、山陽、東京地方に波及した。預金取付けの嵐は、特に中小銀行を襲い、加島、十五、百三十、村井、日本昼夜、二十三、大分など中堅以上の銀行をも巻き込んだ。このとき支払停止に追いこまれた銀行は日本積善、京和、大分など25行に及んだ。そのうち公称資本金100万円未満は14行、100～500万円は8行、これに対し500万円以上の銀行はわずかに3行にすぎなかった(44)。

これに対し蔵相片岡直温の失言に発する1927年の銀行パニックでは、預金取付けの猛威は、格段の広がりと深さを見せた。3月村井、中沢、八十四、左右田など京浜二流銀行を、4月には京阪神に波及、近江、台湾銀行を休業に追い込み、さらに取付けは三井、安田など大銀行に波及、ついに十五銀行を休業に追い込んだ。表3-8によれば3月27日から4月21日にかけて引き出された預金推定額は実に6.1億円に達した(45)。1927年中に休業に追い込まれた銀行は44行、うち公称資本金100万円未満は21行、100～500万円は13行、500万円以上も10行に達した。そのうち1,000万円以上の大銀行を4行も含んでいる(46)。

以上、1920年代3回にわたる銀行パニックにおける銀行破綻状況を概観した。これによって浮かび上がってきたのは、取付けの影響を最も受けたのが小銀行であり、またその領域は小規模銀行から中規模銀行、さらに大銀行へと次第に拡大していった点である。1927年金融恐慌のとき、特に小銀行から中大銀行へ広がっている。

 預金取付けに備えて中小銀行が流動性を確保するルートとして、大銀行、コール市場あるいは日銀の三つがあった。多くの中小銀行にとって、上に見たように日銀あるいは大銀行のルートは狭い門であったから、頼みはコール市場にあった。しかし頼みの綱であるコール市場は危機のなかで、軋みが拡大し、変態化しつつあった。

表3-8 1927年春預金引き出し全国推計

	万円
六大都市組合	50,640
その他組合	5,691
非組合銀行	3,482
貯蓄銀行	1,066
総計	60,878

出所：前掲『日本金融史資料 明治大正編』928頁より作成。
注：(1)1927年3月27日から4月21日までの引き出しを対象。六大都市分のみ3月26日残高、その他は3月末残高による。
(2)組合は手形交換所組合加盟銀行、その他組合には代理交換銀行を含む。
(3)東京12.9％大阪11.8％以外は推計値。神戸、京都は12％、横浜7％、名古屋1％、六大都市外は5％、非組合ならびに貯蓄銀行は1％で推計。

 第一に、コール市場は、不良貸出に苦しむ銀行ならびに取付けの波に巻き込まれた銀行による後ろ向きの需要が急増し、不安定化した。預金取付けに備えて多くの銀行が流動性準備を積み増す傾向にあったが、変則的な後ろ向きの需要の急増によって、これらの準備は引き出され、さらにコール借入が増大した。銀行取付けの盛衰によって、コール市場は不安定な変動を余儀なくされた。本来の目的である交換尻決済を離れ、次第に硬直性を強めていったのである。日銀総裁井上準之助は1922年初春に、「同業者ヨリ巨額ノ借入ヲ為シ、以テ銀行ヲ経営スル」ことの危険——短期資金の一斉回収によるコール金利の上騰——について警告を発している[47]。

 第二に、こうしたなか特殊銀行によるコール需要は、コール市場に重荷として働くに至った。もともと大戦期以降コール市場の半ばは、特殊銀行による為替金融のための需要によって占められていた。大戦末期、手形割引市場を創設することによって、特殊銀行によるコール市場への過大な重圧を解除しようとしたがうまくいかず、インターバンク市場としてみれば大きな改善は見られな

かった。1920年の反動以降、鈴木商店を中心に特殊銀行に貸出の焦げ付きが目立つにつれ、コール需要も次第に為替金融から整理資金へと形を変えていった。特殊銀行のコール需要は、ますます固定的な性格を強め、また市場におけるウエイトを高めていったのである。

　第三に、需給をつなぐ制度的装置、ブローカー制度の点でも不安定性が強まった。ビルブローカー銀行の一方の雄であった増田BBが破綻し、コール取引は一時円滑さを欠いた。増田BBの穴は、新興の早川、柳田ビルブローカーによって徐々に埋められていったが、ビルブローカーに対する信用はなかなか回復できなかった。地方の中小銀行を中心に一時的にコール市場の効率性が落ち、それがますます流動性危機を強めた。

　以上、1920年代のコール市場は、二つの特殊需要によって挟撃され、食いつぶされつつあった。大戦以来市場の過半を為替金融に根ざす特殊銀行需要が制し、20年代新たに金融危機に由来する後ろ向きの資金需要が加わり、市場は次第に弾力性を喪失していった。それにともないコール取引は短期化を強め、コール金利は下げとどまった。この時期見られた短期金利（翌日、無条件物）の低下、長期金利（月越物）の上昇という金利体系上の不均衡は[48]、銀行危機によってコール市場が押しつぶされつつあることを物語っている。

　いまや、市場の硬直化が中小銀行を中心に流動性危機を強め、それが預金取付けの波をかきたて、さらにめぐりめぐってコール市場の硬直化を強めるという悪循環に陥りつつあった。インターバンク市場と金融危機のあいだの悪循環を放置するならば、金融システムは遠からず崩壊に至る。悪循環を断ち切るために日本銀行は、大規模かつ柔軟な貸出政策をとって介入を行わざるをえなかった。

　第一の方策は、コール市場に対する特銀コールの重荷を解除することである。特殊銀行は当時為替資金向けにコール・手形市場からほぼ2億円にのぼる資金を吸収しており、インターバンク市場にとって重荷となっていた。1920年4月中旬、増田BBの破綻が藤本BBへ波及しかけたとき、コール市場は崩壊の淵に追い込まれた。市場は梗塞し、金利は日歩3銭台へ急騰した。市場梗塞を緩

めるために日銀は、横浜正金、台銀など特殊銀行に対し為替資金を直接供給することによって、コール市場から借り入れたコールを返済する方策をとった[49]。その額は5,000万円にのぼったという[50]。同年11月にはこの措置を制度化すべく、日銀は台湾銀行に対して外国為替手形引当貸付制度を新設した。限度は当初2,000万円であったが、23年7月に3,000万円へ、1924年2月さらに5,000万円へと増額された。

表3-9 1920年日銀による銀行支払準備金融通

普通融通先銀行	17行
特別融通先銀行	35行
特別融通金額	10,522万円
自行分	7,046
他行救済分	3,476

出所：前掲『日本金融史資料 明治大正編』第22巻608、609頁より作成。

　第二に、取付けに遭遇した銀行に対し積極的に流動性を貸与した。日銀調査局は1920年4月16日支店長宛てに通達を発している。そのなかで「営業振リノ確実ナル銀行ニシテ流言蜚語ノ為ニ取付ニ逢ヒタルヲ援助スル」[51]点を当然の責務として挙げている。1920年4月銀行取付けの嵐のなか、日銀は普通貸出残高を一挙に1億2,000万円増加して5億円余とし、流動性危機に柔軟に対応した。1920年中に日銀が支払準備金を補給した銀行は実に52行にのぼった（表3-9）。そのうち普通取引は17行、特別融通は35行であった。特別融通による支払準備供給は実に1億円に及んだ[52]。1922年12月中旬大阪のパニックにおいても日銀大阪支店は（11日から18日の一週間）27行に対して1億63万円を貸し出した[53]。これらの数字は、日銀がいかに流動性危機に対して柔軟に対応したか、十分に示している。

　特にビルブローカー銀行については、インターバンク市場安定の観点から、弾力的に流動性を供給せざるをえなかった。1920年銀行パニックに続いて、1922年のパニックにおいても日銀は、藤本BBに対して積極的に資金需要に応じた（12月残高1,021万円）。その背後には「金融逼迫ノ際ビルブローカーカ英蘭銀行ヨリ資金ヲ得テ『コール』ノ回収ニ応スル」イギリスの慣行に「倣フハ即チ金融界ノ秩序ヲ紊乱セズシテ救済ノ実ヲ挙グル」という方針が働いていたのである[54]。

　第三の方策として、社会的影響の大きい銀行の破綻については救済のための

特別融通を行う。先の1920年4月16日日銀通達では、増田BBの救済を例に引き「金融界ノ動揺ヲ来スヘキ虞アリ」とその根拠を説明している。そのためには商業手形、規定担保貸出、規定外担保貸出などの点で「寛大ノ取計」をなすよう指示している(55)。1920年危機のもと日銀大阪支店は、増田BBのほか八十一、足利、川崎、七十四、中越、加州などの中堅大銀行に対して(56)、1922年危機においては土佐、藤田、第六十五、十五銀行に対して特別融通1,858万円を与えた(57)。

　以上のごとき日銀による寛大な流動性の供給は、金融危機のもと切迫したインターバンク市場を緩和するのに多大の効果を発揮した。しかしこのような短期流動性の供給によって金融危機の根因が解除されるわけではない。インターバンク市場に新たな変調をもたらすことになった。

　日銀が緊急に供給した流動性は、預金取付けの嵐が過ぎると、通常であれば日銀に回流するはずである。確かに1920年、1922年銀行危機の際に供給された短期流動性はまもなく日銀に回流し、日銀の貸出高はおおむね縮小した。しかし1923年の関東大震災以降、それまで隠れていた貸出焦げ付きが顕在化しはじめ、資金の流れが滞りはじめると、流動性はインターバンク市場を介して不健全な銀行群に向かい、その延命に力を貸すこととなった。その恩恵を最も受けたのが台湾、朝鮮両特殊銀行であった。台湾銀行の膨大な為替資金がその調達先を市場から日銀へシフトすることによって、コール市場にかかった重荷は大幅に軽減された。為替資金は短期的性格が強いから、日銀は肩代わりによって貸出が固定する恐れは少なかった。しかし関東大震災以降デフレ圧力が強まるにつれ、植民特殊銀行なかでも台湾銀行の貸出は焦げ付きはじめ、資金需要は為替資金から整理資金へ移っていった。台湾銀行は貸出固定化にともなう流動性不足を再びインターバンク市場に求め、そのために市場は再び硬直化しはじめた。その結果日銀が供給した流動性の多くがインターバンク市場を介して台湾銀行の整理資金へ集中するという変態的な資金の流れが形成された。台湾銀行は滞りはじめた資金繰りをつけるのに、コール市場ルートと日銀借入ルートに大きく依存するに至った。日銀にとってはインターバンク市場の崩壊を回避

表 3-10　台湾銀行の市場借入先一覧（1927年2月15日現在残高）

(単位：万円)

	コールマネー	借入金	合計		コールマネー	借入金	合計
早川BB	710	1,800	2,510	西宮	0	700	700
藤本BB	800	1,350	2,150	阿波商業	25	560	585
田口	795	750	1,545	大和田	0	365	365
柳田BB	590	850	1,440	第百四十七	150	60	210
上田BB	740	100	840	神戸岡崎	30	130	160
司城BB	0	40	40	第四	65	0	65
ビルブローカー6行合計	3,635	4,890	8,525	十二	0	60	60
三井	3,600	0	3,600	台湾商工	30	0	30
安田	2,100	900	3,000	二十三	20	0	20
第一	1,200	1,700	2,900	五十六	10	30	40
横浜正金	2,166	497	2,663	両羽	10	0	10
川崎	700	1,000	1,700	足利	0	50	50
三十四	890	250	1,140	第十	0	30	30
加島	500	200	700	高岡	0	30	30
帝国朝日	0	416	416	尾州	0	60	60
野村	300	0	300	柳河	0	15	15
山口	255	0	255	地方16銀行合計	340	2,090	2,430
東海	100	0	100	安田貯蓄	50	1,050	1,100
愛知	100	0	100	不動貯金	0	1,000	1,000
名古屋	50	50	100	兵庫農工	0	300	300
東京商業	50	30	80	大阪貯蓄	0	290	290
明治	0	80	80	神奈川農工	0	200	200
古河	50	0	50	濃飛農工	0	140	140
藤田	35	0	35	東京農工	0	100	100
日本興業	15	0	15	日本昼夜	50	0	50
大都市18銀行合計	12,111	5,123	17,234	貯蓄農工8銀行合計	100	3,080	3,180
				48行総計	16,186	15,183	31,369

出所：『日本金融史資料　昭和編』第24巻、270-271頁より作成。

するには、台湾銀行向け貸出を増加せざるをえない窮地に追い込まれつつあった。台湾銀行に対する日銀の貸出が限度に達したとき、インターバンク市場は緊張に耐え切れずに崩壊する。

　台湾銀行のインターバンク市場借入は3億円を超え、その出し手は、都市の一、二流銀行と地方の大銀行それにビルブローカー銀行など48行からなる（表3-10）。都市あるいは地方の中小銀行の資金は台銀マーケットに直接参加でき

ず、ビルブローカー（銀行）を介して台湾銀行へ流れていった。それは台銀市場調達資金のほぼ四分の一にあたる。大銀行直接ルートとビルブローカーを介した中小銀行間接ルート、その広がりは増田や藤本ビルブローカー銀行の比ではなく、巨大なシステミック・リスクを抱えていた。台湾銀行の破綻はインターバンク市場の崩壊そのものを意味する。三井など都市大銀行がコールを取り付けたのをきっかけに、市場は雪崩を打つように崩れ壊滅した。インターバンク市場の崩壊は、流動性危機をいっそう強め、その結果1927年ならびに1930年に激しい金融恐慌を惹き起した。

1927年金融恐慌は、日本の植民地銀行の崩壊であると同時にビルブローカー銀行の崩壊であった。それゆえ、台湾、朝鮮両行の整理と並んで、ビルブローカー銀行、インターバンク市場の改革が不可避であった。この改革は日本における金融セイフティ・ネット構築の一環として行われた。

第一は、「ビルブローカー銀行」制の改革である。日本のコール市場を担うビルブローカーは、従うべき監督規制をもたず、自由な経営主体として多角化の道をひた走った。日露戦後まず銀行業を兼ね、第一次大戦期さらに割引商会、引受商会などの業務を兼ね、長短金融の交流を積極的に展開した。多角化それ自体は、金融の諸市場が同時平行的に勃興する日本の金融市場発展の特徴を反映したものであった。しかし短期資金の転轍器たるビルブローカーが銀行、証券を兼業することは大きな問題点を孕む。その弱点は1920年増田BBの破綻によって白日のものとなり、改革はまず1927年銀行法の改正によって着手された。

1927年の銀行法改正は、日本における金融セイフティ・ネット構築の第一歩である[58]。金融パニックの防止を目指し、金融当局による銀行検査監督の強化、銀行の最低資本金額の引き上げが行われた。特に最低資本金額の引き上げは、自己増資を認めない行政指導とあいまって、銀行合併を推し進め、少数の銀行からなる耐震性をもった経営・市場構造を創り出すうえで、重要な転換点となった。こうしたセイフティ・ネット構築の一環として銀行とビルブローカーの兼業が見直された。ビルブローカーの取り入れたコールマネーを、これ以降銀行預金として見なさないという一項によって、ビルブローカーは銀行と

分離するよう求められたのである(59)。興味深いことに、このときビルブローカーと証券業との兼業は禁止されなかった。両者の分離は遅れて戦時統制下になって行われた。こうして1930年以前日本のインターバンク市場を担ってきたビルブローカー銀行は多角化の双翼をもぎとられ、専業のコールブローカーへと後退を余儀なくされた。日銀は、戦時統制経済のもと金融市場への統制力を強化するために、コール市場の新たな担い手、短資会社に対する支配を強め、コール市場を「日銀の庭先」と位置づけた(60)。

　第二は、インターバンク市場の改革である。インターバンク市場の崩壊に直面した東西の銀行集会所加盟銀行は、1927年5月銀行業務改善策としてその正常化に乗り出した。(1)コール取引は担保付とすること、(2)コール取引は短期物（翌日、無条件、7日以内）に限り、長期物は避けること、(3)単名手形の割引は避けること、の3点である。台湾銀行をはじめ貸出の固定化に苦しんだ不良銀行の多くが、無担保かつ月越物など長期コールに依存したことを踏まえた改善策であった。単名手形は大企業が資金融通のために振り出す「社債的」手形で、ビルブローカーを介して全国インターバンク市場で広く流通していた。しかし不況の深化とともに社債市場も行き詰り、その短期形態の単名手形もリスクの大きい投資になりつつあった。

　こうした改善策は、東西両都の銀行集会所において議論されたが、それを主導したのはシンジケート銀行であった。シンジケート銀行はお互いのあいだでコール協定を結び、率先してコール市場改革を実行した。こうした動きに対してビルブローカーは受け身とならざるをえず、インターバンク市場における主導力を失っていった。そのご半世紀以上にわたってビルブローカーの活動は強く制約され、インターバンク市場の発展も阻害されたのである。

　以上一望したように、日本の短期金融市場はこれまで金融危機を梃子に新たな革新を遂げた。第一は「自生的」な資金市場からコール市場へ、第二はビルブローカー銀行から短資会社への転換である。第二の転換は金融セイフティ・ネット構築の一環をなす。日銀は金融統制力を確保するために、ビルブロー

カー銀行からその自由を奪い、短資会社による現在のシステムを構築した。そこで日銀は、流動性の調整に際し量と価格の両面で影響力を行使しつづけた。こうした強いセイフティ・ネットの存在によって、ここ半世紀のあいだ銀行パニックをみることはなかった。しかし金融規制の自由化とともにセイフティ・ネットは一枚一枚剥がされ、1990年代に入って1920年代を想起せしめるような金融危機に直面しつつある。現在の金融危機は、厳しい金融規制を前提とした短資会社システムからよりオープンな市場へ、短期金融市場の新たな革新を迫っている。

注
(1) 金融危機をめぐる新しい研究の潮流は、預金取付けの理論化を試みた論文、Diamond, Douglas W., and Dybvig, philip H., "Bank Runds, Deposit Insurance, and Liquidity." *Journal of Political Economy.* Vol. 91, No. 3, 1983. に始まる。こうした動きに刺激されて、日本においても数量経済史的アプローチによる研究が現われつつある。藪下史郎、井上篤「昭和金融恐慌と銀行取付け」mimeo. 1991年3月、鹿野嘉昭「わが国の戦間期における銀行取付けのマクロ経済分析」日本銀行金融研究所『研究資料(4)研1-13』1992年10月、岡崎哲二「戦間期の金融構造変化と金融危機」(一橋大学)『経済研究』第44巻第4号、1993年10月。
(2) 本来短期金融市場はインターバンク取引にとどまらず非銀行との取引を含むが、本稿が対象とする時代には非銀行取引は大きな比重を占めないから、両者はほぼ同義である。
(3) 靏見誠良『日本信用機構の確立――日本銀行と金融市場』有斐閣、1991年、をみよ。
(4) 以下恐慌の経過については、大島清『日本恐慌史論 上』東京大学出版会、1955年、長岡新吉『明治恐慌史序説』東京大学出版会、1971年、を参照。
(5) 当時当座預金も付利されており、その金利は定期預金金利の近くまで上昇した。
(6) 『銀行通信録』各号を一覧した印象による。
(7) 伊丹正博「明治中期における一大私立銀行の破綻――久次米銀行の場合」(『四国大学経営情報研究所年報』第2号、1996年12月)。
(8) 1892年7月には三井、第一両行に対して政治がらみの取付けも見られた。この年の取付けは、当時多くの銀行においてまだ預金／総資金比率が低かったこと、また1890年金融危機によってバブルの整理がすでに進んでいたために、散発的な

ものに終わった。
（9）　1896年の大阪手形取引所の危機については、前掲『日本信用機構の確立』第7章を見よ。
（10）　危機直前の1896年6月から11月にかけて大阪本支店銀行の預金総額は11％の増加を示した。増加に貢献したのは、住友、第十三、第一、大阪商業、第三十四など大銀行であった。減少が著しかったのは、逸身、大阪明治、第七十三、第百三十六で、減少率はそれぞれ40、33、28、14％であった。
（11）　「大阪金融界動揺の顛末」（『大阪銀行通信録』第43号付録、1901年5月）6頁より。
（12）　最もこの命題が妥当するのは「銀行パニック下」という狭い状況のもとであろう。一般に個別銀行の経営が健全か不健全かについての情報は、銀行間の方が一般顧客よりも遥かに優位に入手できる。銀行による取付けは、コルレス、借入金、預金など多様な形態をとって、一般顧客によるパニックが始まる4月16日よりかなり前から行われていたであろう。
（13）　諸井時三郎「日本のコール・マネー」（『銀行通信録』第199号、1902年5月15日）より。諸井は1902年当時の東京の状況を述べているにすぎず、これをもって明治20年代を類推してはならない。東京のインターバンク市場は1891年すでに日銀に吸収され、それ以降は民間有志銀行による手形売買所が活動していたにすぎない（前掲『日本信用機構の確立』第7章）。
（14）　靎見誠良「成立期日本信用機構の論理と構造（上）」（『経済志林』第46巻第1号、1978年3月）66頁。
（15）　前掲『日本信用機構の確立』414、5頁、第Ⅶ-4表を参照。
（16）　以下、危機の経過については、阿部直躬（商業興信所）『三十年之回顧』1922年、65-67頁ならびに前掲「大阪金融界動揺の顛末」による。
（17）　三菱、三井は本店の指示待ちのため加わらなかった。
（18）　日本銀行資料。
（19）　近江、井上、藤本、積善同盟銀行ならびに第一、第三、起業銀行支店である。
（20）　前掲日本銀行資料より。
（21）　株式会社と異なり合資、合名形態の会社（銀行）においては、経営陣のなかに無限責任を負うものを含んでいる。
（22）　前掲日本銀行資料より。
（23）　同上。
（24）　日本銀行資料による。百三十銀行はその後1904年に破綻に追い込まれ救済された。また1900年から1902年の3年間に大阪の銀行で解散に至った銀行は20行、そ

のうち破産は第七十九、難波の2行、合併は有魚1行（三十四銀行へ）、本店地変更が2行、残る15行が解散である。解散銀行のうちには逸身、井上、谷村、関西、大阪共立、四十二銀行が含まれている（「最近三年間大阪銀行業の発達」『大阪銀行通信録』第65号、1903年3月）。

(25) コール市場の形成については、靎見誠良「成立期日本信用機構の論理と構造（中）」（『経済志林』第46巻第1号、1978年3月）、ならびに短資協会編『短資市場七十年史』1966年、を参照。

(26) はやくも1909年1月に藤本ビルブローカー銀行が破綻している。この点については前掲「成立期日本信用機構の論理と構造（中）」を参照。

(27) 伊藤正直『日本の対外金融と金融政策：1914～1936』名古屋大学出版会、1989年を参照。

(28) 1920年代の危機については、前掲『日本恐慌史論　下』1955年、を参照。

(29) 靎見誠良「第一次大戦期におけるコール市場の確立」ならびに「第一次大戦期短期金融市場の発展とビルブローカーの経営軌道」（『経済志林』第48巻第4号、1981年3月、第51巻第1号、1983年7月）を参照。

(30) 増田BB救済の経過については、日本銀行資料による。

(31) 日本銀行資料。

(32) ここでは増田BBのインターバンク市場とのかかわりにのみ焦点を当てる。増田BBの全体の経営については別稿を用意する。

(33) 前掲日本銀行資料による。

(34) 日本銀行資料による。

(35) 会社個人からの借入の大半は、岸和田紡績と内外棉花である。

(36) 1920年2月増田BBは、三十四銀行25万株増資を大阪商事とともに引き受け、大量の売れ残りを抱えた。

(37) 日本銀行『世界戦争終了後ニ於ケル本邦財界動揺史』（『日本金融史資料　明治大正編』第22巻、708-711頁所収）、あるいは前掲『三十年之回顧』354-363頁より。

(38) 上記預金取付けにあった銀行のうち、当時増田BBと直接取引関係にあったのは、四十三、八木、日高銀行である。

(39) 日本銀行資料より。

(40) このとき、大阪野村銀行に対しても「種々ノ流言行ワレ」た。一つは、野村が増田と姻戚関係にあり、増田BB救済団に参加したためであろう。もう一つは、野村銀行は公社債引受銀行を目指し、その資金源の一つをコール市場に求めていたからである。

(41) 前掲日本銀行資料より。
(42) インターバンク市場を介して増田BBの破綻が七十四銀行破綻に波及した可能性はある。残念ながら今のところ七十四銀行のインターバンク取引の実態を伝える資料を見る機会を得ていない。
(43) 前掲『世界戦争終了後に於ける本邦財界動揺史』546-548頁より。
(44) 同上712、713頁より。
(45) 同上928頁より。
(46) 同上986、987頁より。
(47) 同上729頁より。
(48) 『藤本ビルブローカー証券株式会社三十年史』1936年、巻末資料による。
(49) 日本銀行はこのコール市場の調整を行うに際し、イギリスでは金融逼迫時にビルブローカーがイングランド銀行から資金を得てコールの回収に応じていることを念頭においている（日本銀行資料）。
(50) 日本銀行『日本金融年表』による。
(51) 前掲日本銀行資料による。
(52) 前掲『世界戦争終了後に於ける本邦財界動揺史』608-609頁による。
(53) 日本銀行大阪支店『大正十一年末ニ於ケル当地方金融動揺ノ顛末ト之ニ対スル当店ノ措置』（『勝田家文庫』41冊、R24）による。
(54) 前掲日本銀行資料による。
(55) 前掲日本銀行資料による。
(56) 同上。
(57) 前掲『大正十一年末ニ於ケル当地方金融動揺ノ顛末ト之ニ対スル当店ノ措置』による。
(58) 靎見誠良「金融革新とセイフティ・ネットの再構築」（法政大学比較経済研究所・金子勝編『現代資本主義とセイフティ・ネット――市場と非市場の関係性』法政大学出版局、1996年、所収）。
(59) 「金融制度調査会議事速記録」『日本金融史資料　明治大正編』第18巻、1958年、より。
(60) 概要は拙稿「内国為替集中決済制度と短期金融市場」（『金融経済研究』第13、14号、1997年11月、1996年度金融学会秋季大会報告）を参照。

第4章 金融危機と公的資金導入
──1920年代の金融危機への対応──

永 廣 顕

　本章の課題は、1920年代の金融危機に対応して行われた日本の公的資金導入の展開過程を解明することにある。公的資金の明確な定義はないが、本章では、公的資金＝財政資金、預金部資金として公的資金導入問題を検討する。1920年代の公的資金導入問題を取り上げる理由は、1920年恐慌、1923年関東大震災にともなう金融危機、1927年金融恐慌に対応し、日本において公的資金導入が大規模に行われるようになった時期であると考えられることにある。この場合、公的資金導入の政策目的とされる「金融界動揺の波及阻止」、「不良銀行の救済」、「休業銀行の預金者保護」の位置づけを論点の中心とし、公的資金導入の政策形成および実施過程を究明することにしたい。

　1920年代の公的資金導入に関するこれまでの研究をふりかえってみると、公的資金導入の内容について詳細な検討がなされてきたといえる[1]が、公的資金導入の政策目的については「金融界動揺の波及阻止」、「不良銀行の救済」の側面に議論が集中し、「休業銀行の預金者保護」の側面は十分に議論されてこなかったと思われる[2]。また、公的資金導入の政策形成・実施過程についても十分な解明が行われているとはいい難い。そこで、本章では、公的資金導入の政策目的の位置づけを明確にしながら、公的資金導入の政策形成・実施過程を考察し、1920年代の金融危機に対応した公的資金導入の展開過程を明らかにしていきたい。

第1節 1920年恐慌と公的資金導入

　第一次大戦中の好況、戦後のブームの反動から、1920年3月15日に株価が暴落し、4月には増田ビルブローカー銀行が破綻をきたした。これを契機に銀行取付けが拡大し、5月以降は七十四銀行など休業銀行が続出した。1920年4月から7月までの間に、普通銀行と貯蓄銀行21行が休業した（表4-1を参照）。銀行取付けは6月には鎮静化し、11月から12月にかけて東京で発生した取付け騒ぎも短期間で終息したが、1922年に入り、石井定七商店の投機失敗による破綻からその機関銀行であった高知商業銀行が3月に休業し、10月には日本商工銀行、11月には日本積善銀行が休業した。これらを契機に12月になると、九州から関東地方の広範囲にわたって銀行取付けが発生し、休業銀行が続出した。1922年中に休業した普通銀行は15行であった（表4-1を参照）。

　このような事態に対応し、日銀は、金融界動揺の波及阻止を目的として、流動性危機にあった銀行に対し特別融通を実施した。1920年に、「銀行ハ経済界ノ基本機関ニシテ此機関タニ破壊セラレサレハ財界ヲ破壊スルカ如キコトナキカ故ニ之カ安定ヲ維持スルハ一般経済界ノ動揺ヲ防止スルニ最モ必要欠クヘカラサル」[3]、1922年に、「之（銀行動揺——引用者）ヲ自然ノ儘ニ放任シ置クトキハ動揺ノ範囲益々拡大シテ遂ニ玉石混淆基礎ノ堅実ナル銀行モ共ニ其ノ災厄ヲ蒙ムルニ至ル虞アル」[4]として、日銀特融が行われた。また、日銀は、不良銀行の救済を目的として、経営危機に陥った銀行に対し特別融通を実施した。1922年に、「整理ノ遅速ハ地方財界ニ影響スル処多大ニツキ」[5]、加州銀行に150万円[6]、1923年に、「信用恢復ノ遅速ハ其影響スル処不尠ト認メ」[7]、加州銀行に200万円[8]、「成ル可ク向フ数年内ニ之（滞貸——引用者）カ償却ヲ果タスカ為」[9]、台湾銀行に5,000万円[10]、1924年に、「業務改善並ニ滞貸整理ノ為メ」[11]、朝鮮銀行に5,000万円[12]の日銀特融が行われた。

　こうした日銀特融に加えて、台湾、朝鮮銀行に対しては預金部資金の融通による公的資金の導入も行われた。預金部は、1922年末に、「年末大イニ資金ノ

第4章　金融危機と公的資金導入

需要ヲ生ジ、其ノ侭ニ推移スル時ハ事態ヲ危ウクスル虞ガアリ」[13]、金融界動揺の波及阻止を目的として、流動性危機にあった台湾銀行に4,500万円の短期資金を融通し[14]、「コール市場ニ対スル圧迫ヲ緩和」[15]した。また、経営危機に陥った両行の救済を目的として、1923年に、「成ル可ク向フ数年内ニ之カ償却ヲ果タスカ為」、台湾銀行に5,000万円（年利5.0％、期間5年）[16]、1924年に、「業務改善並ニ滞貸整理ノ為メ」、朝鮮銀行に5,000万円（年利5.0％、期間10年）[17]の資金融通を実施したのである。

表4-1　規模別休業銀行数[1]

(1) 1920年4～7月の休業銀行（普通銀行・貯蓄銀行）

資本金規模 （千円）	休業銀行数	1919年末公称 資本金別銀行数	休業率[2] （％）
1,000未満	19	1,719	1.1
1,000以上	2	285	0.7
計	21	2,004	1.0

(2) 1922年中の休業銀行（普通銀行）

資本金規模 （千円）	休業銀行数	1921年末公称 資本金別銀行数	休業率[2] （％）
1,000未満	7	1,370	0.5
1,000以上 5,000未満	6	371	1.6
5,000以上10,000未満	2	56	3.6
10,000以上	0	38	0.0
計	15	1,835	0.8

(3) 1927年3月15日～4月30日の休業銀行（普通銀行）

公称資本金規模 （千円）	休業銀行数	1926年末公称 資本金別銀行数	休業率[2] （％）
1,000未満	13	944	1.4
1,000以上 5,000未満	7	373	1.9
5,000以上10,000未満	6	50	12.0
10,000以上	4	53	7.5
計	30	1,420	2.1

出所：日本銀行調査局『世界戦争終了後ニ於ケル本邦財界動揺史』日付不明（1923年頃刊行と推定）324-325頁、688-690頁、日本銀行調査局「関東震災ヨリ昭和二年金融恐慌ニ至ル我財界（未定稿）」1933年9月（日本銀行調査局編『日本金融史資料　明治大正編』第22巻、大蔵省印刷局、1958年、所収）986-987頁、後藤新一『日本の金融統計』東洋経済新報社、1970年、78-79頁、168-169頁より作成。
注：(1)寺西重郎『日本の経済発展と金融』岩波書店、1982年、328頁を参考に作成した。
　　(2)休業率＝休業銀行数÷公称資本金別銀行数。

その後、後述の関東大震災の影響から台湾、朝鮮銀行の欠損が増加し、資金返済が困難になったため、1925年に両行に対する預金部資金の融通利率は年2.0％に引き下げられた[18]。また、償還期限も延長され、台湾銀行に対する預金部資金は1942年にようやく完済された[19]。朝鮮銀行に対する預金部資金も

1942年度中に完済されたとみられる[20]。

　台湾、朝鮮銀行に対する預金部資金の融通利率引下げについては、1925年の預金部改革により「国家公共の利益」、「有利確実」という預金部資金の運用原則が確立した直後の1925年8月の第5回預金部資金運用委員会で論議が行われている。年2.0％の融通利率は預金部資金の資金コスト（1925年度：4.01％）[21]を下回るものであったため、河野委員（会計検査院部長）は、「預金部ハ特別会計デアツテ、原則トシテ其ノ運用ハ有利且確実ナルヲ要スルコト法文上固ヨリ疑アリマセン。或ハ債権ヲ回収出来ヌ場合ニ利子ヲ負ケルノハ債権ノ保全上有利デアルトノ説モアルカモ知レマセンガ、利子ハ利子トシテ他ノ方法ニヨツテ両銀行ヲ救フコトハ出来ヌモノカ」。「有利確実ナル方法トハ預金利子以上ニ運用スルコトデアル」[22]と批判した。これに対して田委員（大蔵次官）は、「預金部預金法第四条ノ『有利且確実』ノ規定ノ解釈上普通ノ場合ニハ勿論預金部ノ損失トナラヌ様即チ預金ノ平均利回以上トスルノガ相当デアリマスガ、今回ノ様ナ整理ノ場合ニハ債権ノ保全上、得策デアルトスレバ平均利回以下ニスルモ止ムヲ得ナイコトデアツテ、法律ニ違反スルモノトハ云ヘマイ」、「普通ノ場合ナラバ有利確実ナル方法ヲ以テ預金利子以上ニ運用スル事ト解スルノガ正当デアリマセウガ、今回ノ如キ既ニ貸付ケタモノニ付テハ可成ク其ノ回収ノ確実ヲ計ル事ガ有利デアル」[23]と説明していた。つまり、この融通利率引下げでは、資金コストを上回る運用利回りを確保することよりも、確実に債権を回収することが「有利確実ナル方法」として位置づけられていた。また、田委員は、「銀行ノ整理資金ヲ国民ニ負担サセテ、一般会計カラ支出スルノハ大イニ考究ヲ要スル点デアリマス。預金部ガ不健全ナモノニ貸付ケタノデアリマスカラ、自ラ責任ヲ負フノガ当然デアリマセウ」[24]と述べ、預金部資金の融通利率を引き下げるかわりに、両行に対し一般会計からの財政支出による公的資金の導入を行うことには否定的であった。

　このように、1920年恐慌にともなう金融危機に対応し、金融界動揺の波及阻止、不良銀行の救済を目的とした日銀特融、公的資金導入が行われた。しかし、休業銀行の預金者保護を目的とした日銀特融、公的資金導入は行われなかった。

破綻して休業に至った銀行については、「支払ヲ停止スルヤ当局者ハ資金調達ノ為メ政府並ニ日本銀行ニ対シ資産負債ノ内容ヲ開陳シテ援助ヲ懇請スル所アリシカ容易ニ容レラレス」[25]、政府および日銀から預金払戻資金は供給されなかったのである。

休業銀行の中には、神田銀行から預金払戻資金を借り入れて1922年12月に営業を再開した農工貯蓄銀行[26]のように、他行から預金払戻資金の援助を受けて営業を再開した銀行も存在した。だが、大部分の休業銀行は、「小銀行ニシテ而モ有力ナル親銀行ヲ有セス孤立無援ノモノナリシヲ以テ一度休業シタル上ハ内部ヲ整理シテ開店スルニハ之カ為メニ要スル資金ノ調達困難ヲ極ムル」[27]状態にあったことから、1923年4月に和議申請が却下されて破産宣告を受けた日本積善銀行[28]、大部分の預金者に対する預金払戻を1924年末まで延期して1922年12月に営業を再開したものの1923年に入ると破産申請を行う預金者が現れた高知商業銀行[29]のように、「預金者側トノ間ニ種々ノ紛糾ヲ生シ或ハ終ニ破産ノ宣告ヲ受クルニ至」[30]ったり、「漸ク開店スル運ヒトナリタルモ一定ノ支払期間猶予ノ了解ノ下ニ一部支払ヲ為シ得タルニ止マ」[31]った。

もっとも、例外的に、1924年1月に営業を再開した大分銀行に対しては、預金払戻資金として568万円の日銀特融が行われた[32]。また、七十四銀行および横浜貯蓄銀行の破綻処理のために1920年に設立された新銀行の横浜興信銀行に対しては、横浜の本店銀行(第二、平沼、左右田、横浜貿易、横浜商業、横浜実業、神奈川、渡辺、若尾)の連帯保証のもとに、七十四銀行と横浜貯蓄銀行の預金払戻資金として預金部資金1,600万円(年利5.0%、期間10年)の融通による公的資金導入が行われた[33]。預金部からの資金融通は日銀指定預金の形式で行われたが、日銀が年利3.0%分を負担したことにより、日銀からの融通利率は年2.0%となった[34]。このように横浜興信銀行(七十四銀行および横浜貯蓄銀行)が優遇された背景には、当時の原首相と井上日銀総裁の尽力があったといわれている[35]。

その後、後述の関東大震災および金融恐慌の影響から横浜興信銀行の資金返済が困難になったため、1930年に横浜興信銀行に対する預金部資金の融通利率

は年4.2％に引き下げられた(36)。償還期限も延長され、完済されたのは1941年であった(37)。

第2節　1923年関東大震災と公的資金導入

1923年9月1日に起こった関東大震災は銀行にも大きな打撃を与えた。被災地の銀行においては、震災による店舗の焼失や損壊だけでなく、営業再開後の取付け、貸出先の被害による貸出の固定化などが懸念された。また、被災地以外においても、交通・通信網が途絶した影響を受けて円滑な金融活動が阻害された。

このような事態に対応し、政府は、9月7日に30日間の支払延期令（モラトリアム）を公布、同日から施行した。また、日銀は、「此際一刻モ速ニ資金ノ調達ニ便宜ヲ与ヘ差向必要ナル預金ノ支払ヲ為サシメ災害地ニ於ケル金融機関ノ復興ヲ速カナラシムルト同時ニ中央トノ交通困難ノ為メニ金融ノ円滑ヲ欠ケル地方ノ銀行ニ所要ノ資金ヲ供給シ以テ金融界ノ安定ヲ保チ一般財界恢復ノ機運ヲ促進セシムルコトハ刻下緊切要務ト信スル」(38)、すなわち、金融界動揺の波及阻止を目的として、流動性危機にあった銀行に対し特別融通を実施した。

さらに、政府は、9月27日に「日本銀行震災手形割引損失補償令」を公布、同日から施行し、金融界動揺の波及阻止を目的として、流動性危機にあった銀行に対し政府補償付きの日銀特融による公的資金の導入を行った。その内容は、「尚一層目下の財界を安定せしめ梗塞せる金融を疏通する為に」(39)、①日銀特融により被災地の銀行が保有する被災地関係の手形（＝震災手形）の割引を行い、「此の種の手形の割引を為したる一般銀行は之に依りて回収困難となれる手形を資金化し得て其危急より救済せらる」(40)、②震災手形の割引期間は1924年3月末までとし、書替手形の割引期間は1925年9月末までとする、③特融にともなう日銀の損失に対しては、政府が1億円を限度に損失補償を行う、というものであった。

日銀特融に対し政府補償を付けることになった理由は、「我国中央銀行とし

て経済上最も重要なる地位にある日本銀行をして之が為多大の損害を蒙らしめ其の重要なる地位を危殆ならしむるが如きことは深くこれを避けざるべからず」[41]、すなわち、日銀の健全性の確保が必要であると判断されたことにあった。その背景には、特融による震災手形の割引を円滑に行うためには日銀の健全性の確保が必要であるという認識があったと考えられる。1923年12月に当時の深井日銀理事が作成したとみられる文書によると、日銀特融に対する政府補償について、「日本銀行ハ災害前ヨリ自ラ此種ノ手形等ヲ保有セルニアラスシテ災害後特ニ勅令ノ趣旨ニヨリ融通ヲ与ヘ新タニ危険ヲ負担スルモノナルカ故ニ政府ニ於テ其ノ損失ヲ補償セラルヽコトヽナリタルナリ手形及証書ノ関係者並ニ之レヲ保有スル銀行ニシテ支払能力ヲ恢復スルノ望ナキニ至リタルモノノ如キハ原則トシテ之ニ対シ融通ヲ与フヘキニアラサルモ支払能力恢復ノ能否又ハ其ノ程度ハ此際容易ニ鑑別スルヲ得ス左リトテ其ノ鑑別ニシテ厳ニ失スレハ金融疏通ノ目的ヲ達スル能ハサルヘキカ故ニ日本銀行ヲシテ安ンシテ資金ノ供給ニ当ラシムル為メニ其ノ損失ヲ補償セラルヽコトヽナリタル」[42]と説明しているのである。

このように、関東大震災にともなう金融危機に対応し、金融界動揺の波及阻止を目的として、政府補償付きの日銀特融による公的資金導入が行われた。これに対し、預金部資金の融通による公的資金導入は行われなかった。1925年3月の第50回帝国議会衆議院委員会で、早速政府委員（大蔵政務次官）は、預金部資金の融通による震災手形の割引について、「預金部ノ現在ノ状態ハ、両院ヲ既ニ通過シタル預金法ニ依テ、資金ノ運用ト云フコトニ付テハ、従来ノ遣口ヨリ余程確実ナル方面デ、預金部ノ資金ヲ動カスヤウナ方法ニナツテ参ツタ」、実際申上ゲマスレバ預金部ノ低利資金ヲ此方（震災手形割引――引用者）ニ廻スト云フコトハ、今日デハ実行不可能ニ属スルコト、斯ウ云フ風ニ考ヘテ居ル」[43]と説明している。すなわち、預金部は、前述のように1925年の預金部改革により「有利確実」の資金運用原則が確立した状況下で、特に「確実」に資金運用することを重視し、震災手形の割引を実施しなかったのである。

日銀の補償令特融による震災手形の割引高は、表4-2にみられるように、

表4-2 銀行別震災手形割引高と未決済高

(単位:千円,%)

銀行名[1]	1924年3月末震災手形割引高	構成比	1926年12月末震災手形未決済高	構成比	未決済率[2]
台湾	115,225	26.7	100,035	48.4	86.8
藤本ビルブローカー	37,214	8.6	2,181	1.1	5.9
朝鮮	35,987	8.4	21,606	10.4	60.0
安田	25,000	5.8	0	0.0	0.0
村井	20,429	4.7	15,204	7.4	74.4
十五	20,073	4.7	0	0.0	0.0
川崎	19,373	4.5	3,720	1.8	19.2
近江	13,423	3.1	9,319	4.5	69.4
早川ビルブローカー	12,624	2.9	0	0.0	0.0
豊国	10,724	2.5	3,380	1.6	31.5
柳田ビルブローカー	9,920	2.3	0	0.0	0.0
第二	9,299	2.2	7,685	3.7	82.6
左右田	8,017	1.9	5,430	2.6	67.7
第百	7,925	1.8	0	0.0	0.0
東京渡辺	7,519	1.7	6,533	3.2	86.9
東海	7,375	1.7	730	0.4	9.9
若尾	5,733	1.3	4,214	2.0	73.5
第十九	5,492	1.3	1,910	0.9	34.8
中井	4,955	1.2	2,547	1.2	51.4
八十四	4,590	1.1	2,260	1.1	49.2
中沢	4,440	1.0	4,243	2.1	95.6
永楽	4,050	0.9	3,887	1.9	96.0
阿波商業	2,850	0.7	2,150	1.0	75.4
神戸岡崎	2,711	0.6	0	0.0	0.0
辛西	2,392	0.6	2,230	1.1	93.2
古河	2,286	0.5	248	0.1	10.8
武州	2,100	0.5	0	0.0	0.0
日本信託	2,000	0.5	0	0.0	0.0
六十九	1,592	0.4	96	0.0	6.0
京和	1,493	0.3	1,063	0.5	71.2
足利	1,405	0.3	25	0.0	1.8
長岡	1,154	0.3	559	0.3	48.4
横浜興信	1,152	0.3	0	0.0	0.0
日比谷	1,129	0.3	88	0.0	7.8
関東	1,103	0.3	937	0.5	85.0
遠州	1,070	0.2	0	0.0	0.0
横浜若尾	1,014	0.2	1,014	0.5	100.0
小計	414,854	96.3	203,297	98.3	49.0
その他	15,962	3.7	3,502	1.7	21.9
合計	430,816	100.0	206,800	100.0	48.0

出所:日本銀行調査局「関東震災ヨリ昭和二年金融恐慌ニ至ル我財界(未定稿)」1933年9月(日本銀行調査局編『日本金融史資料 明治大正編』第22巻、大蔵省印刷局、1958年、所収)880-882、986-987頁、日本銀行百年史編纂委員会編『日本銀行百年史』第3巻、日本銀行、1983年、94頁、「震災手形決済高調(昭和元年十二月三十一日現在)」(銀行局作成と推定される)、日付不明(1927年1月頃作成と推定)『昭和財政史資料』5-176-39)より作成。

注:(1)1924年3月末の震災手形割引高が100万円以上の銀行に限定。
(2)未決済率=1926年12月末震災手形未決済高÷1924年3月末震災手形割引高。

割引期限（書替手形を除く）の1924年3月末には4億3,081万円に達した。しかし、震災手形の決済は容易に進捗しなかった。震災手形の決済状況についてみると、1924年12月6日の未決済高は2億7,567万円で、8カ月間の決済高が1億5,513万円、決済率（決済高÷割引高）が36.0％であったが、1925年11月末の未決済高は2億3,335万円で、12カ月間の決済高は4,231万円、決済率は9.8％にとどまった。このため、震災手形の割引期限は延長されて1927年9月末までとなったが、1926年12月末においても未決済高は2億680万円で、13カ月間の決済高は2,655万円、決済率は6.2％にすぎなかった[44]。

しかも、未決済の震災手形の大部分は、震災以前からすでに回収が困難になっていた手形であったとみられる。震災手形割引高が全体の26.7％、震災手形未決済高が全体の48.4％を占め、未決済率が86.8％であった台湾銀行（表4-2を参照）保有の震災手形についてみると、「鈴木関係手形ハ素ヨリ、其他ノ手形ト雖其ノ大部分ハ概ネ大正九年財界反動以来書替継続ヲ重ネシモノナルカ如ク、単ニ手形ノ形式ヨリ論スレハ震災手形再割引補償令ノ条項ニ抵触スル所ナシト雖、其ノ立法ノ趣旨ニ鑑ミル時ハ震災手形トシテ実質ヲ有セラルニ拘ラス震災時ノ混乱ニ乗シテ其ノ特典ニ浴スルニ至リタルモノ多キ模様ナレハ仮ニ震災事由ノ発生ナカリシトスルモ其ノ大部分ハ恐ラクハ決済不能ノモノタリシ」[45]状態にあった。したがって、金融界動揺の波及阻止だけでなく、不良銀行の救済も目的として、経営危機に陥った銀行に対し政府補償つきの日銀特融による公的資金の導入が行われていたと推察される。

こうした未決済の震災手形は、後述の「震災手形損失補償公債法」および「震災手形善後処理法」により処理された。前者は、①震災手形の割引にともなう日銀の損失に対し政府が1億円を限度に損失補償を行う、②交付公債の発行により政府補償を行う、後者は、①震災手形の保有銀行に対し政府が交付公債を貸し付ける、②政府貸付の期間は10年間とする、という内容であった。

震災手形損失補償公債法により、震災手形の回収不能額は1億503万円と決定され（表4-3を参照）、日銀の利息、費用等を加減した日銀純損失額9,982万円に対し政府補償が行われた[46]。整理存続の見込みがあると認められた融

表4-3 銀行別震災手形の処理状況

(単位:千円)

銀行名	震災手形損失補償公債法による回収不能額（1929年2月8日現在）	震災手形善後処理法による貸付額（1928年12月末現在）
台湾	46,000	53,689
藤本ビルブローカー	0	2,014
朝鮮	15,000	2,220
村井	14,399	15,204
近江	6,598	1,637
第二	0	7,679
左右田	8,017	5,430
東京渡辺	4,544	0
若尾	0	3,526
第十九	0	1,909
中井	2,298	0
八十四	2,152	0
中沢	4,027	0
永楽	4,000	0
阿波商業	2,850	2,150
辛西	898	0
関東	258	609
横浜若尾	0	1,013
小計	104,012	74,938
その他	1,021	1,772
合計	105,034	76,111

出所:「震災手形処理ノ概要」(銀行局作成と推定される)、1929年1月(震災手形損失補償公債法による回収不能額については、1928年12月末日現在の数値を1929年2月8日現在の数値に訂正)(『昭和財政史資料』3-069-22)より作成。
注:1924年3月末の震災手形割引高が100万円以上の銀行(表4-2参照)に限定。

通先銀行（後述のように、他行へ合併整理、または新銀行へ吸収整理された休業銀行も含む）の補償済震災手形に関する債務は免除された[47]。補償済震災手形の回収作業は日銀によりその後も続けられ、結局、最終処理が完了した1949年12月28日の政府補償額は9,354万円となった[48]。また、震災手形善後処理法により、震災手形保有行に対し7,611万円の政府貸付が行われた（表4-3を参照）。政府貸付の償還期限は延長されたが、完済には至らず、最終処理が完了した1951年3月30日の回収不能額は942万円となり、貸付先銀行の政府貸付に関する債務は全額免除された[49]。

第3節　1927年金融恐慌と公的資金導入

1　金融恐慌の経過

　1927年1月29日に若槻憲政会内閣は、「震災手形損失補償公債法案」および「震災手形善後処理法案」を第52回帝国議会に提出し、未決済の震災手形の処理を行うことを提案した。だが、議会の審議においては、これらの震災手形処理法案が一部の資本家や銀行の救済策であるとの非難が強まり、審議の過程で未決済の震災手形の保有銀行が経営危機に陥っている事実が次第に暴露された。こうした議会審議の状況下で、3月14日の衆議院委員会での片岡蔵相の失言問題から、翌15日に東京渡辺銀行とあかぢ貯蓄銀行が休業し、これを契機に発生した銀行取付けにより、表4-2にみられる震災手形未決済高および未決済率の上位行であった左右田銀行、中沢銀行、村井銀行などが3月19日から22日にかけて相次いで休業した。このような事態に対応し、日銀は、「既に営業を休止したる銀行は自然其力薄弱なりしが為め窮境に陥りたるは又已むを得ざる所なりと雖も、苟も自立の見込ある銀行に対しては、極力資金の融通をなし之を援助する」[50]、すなわち、金融界動揺の波及阻止を目的として、流動性危機にあった銀行に対し特別融通を実施した。3月23日には上記の震災手形処理法案が可決成立し（3月29日公布）、状況はいったん平静を取り戻した。

　ところが、台湾銀行の主要貸出先であった鈴木商店の経営危機から台湾銀行が3月26日限りで鈴木商店への新規貸出を打ち切り、4月5日に鈴木商店が新規取引を停止した。このため、不良債権の累積により台湾銀行が経営危機に陥る可能性が懸念され、台湾銀行が取り入れていたコールや借入金等が急速に回収された。4月8日には鈴木系の第六十五銀行が休業し、神戸を中心に銀行取付けが発生した。このような状況下で、4月9日に市来日銀総裁は、片岡蔵相に、「本行ハ今日ニ至ルマデ同行（台湾銀行──引用者）ニ対シテ資金ノ融通上特別便宜ノ方法ヲ尽シテ多額ノ融通ヲ為シ来リ」、「最早担保トシテ徴スベキ

モノ僅ニ三百余万円ヲ剰スノミニテ此上ノ融通ハ本行ノ機能上之ヲ行フヲ得サル」、「然ルニ此儘ニ放置センカ同行ハ仕払停止ノ已ムナキニ至ルヘクト愚考仕候同行ノ仕払停止ハ内地金融界ニ更ニ大動揺ヲ惹起スルハ勿論台湾本土及海外ニ於ケル影響ハ誠ニ重大ナルモノ可有之真ニ憂慮ニ堪ヘサル」という理由から、「目下金融界動揺シ財界頗ル安定ヲ欠クノ際政府ニ於テ緊急之カ防止ノ対策ヲ講ゼラレンコト」(51)を申し入れた。これに対し4月13日に若槻内閣は、①台湾銀行に対し日銀特融を行う、②特融の期間は1928年5月末までとする、③特融にともなう日銀の損失に対しては、政府が2億円を限度に損失補償を行う、という内容の「台湾銀行救済緊急勅令案」を閣議決定し、「同行（台湾銀行──引用者）をして、充分に其業務を遂行せしむるの具体的方策を講じ、以て財界の安定を期する」(52)、すなわち、金融界動揺の波及阻止を目的として、流動性危機にあった台湾銀行に対し政府補償付きの日銀特融による公的資金の導入を行うことを提案した。

　こうした政府補償付きの日銀特融による公的資金導入案以外に、大蔵省では、国庫金の預入による公的資金導入が検討されていたとみられるが、①経営危機に陥った台湾銀行への国庫金預入が危険であると判断された、②国庫金に余裕がない、という理由から、実施には至らなかった(53)。1927年4月に銀行局が作成したと推定される文書によると、「殊ニ目下其ノ業態ニ付兎角ノ風評ヲ惹起シ其ノ内容ニモ多大ノ欠損ノ蔽フ可ラサル台銀ニ預入スルハ安全第一ヲ旨トスヘキ国庫金運用ノ根本主義ヲ破壊スルコトトナリ将来ニ対シ悪先例ヲ遺スコトトナリ明ニ不穏当ナリ」、「仮令現在ハ多少指定預入ノ余裕アリトスルモ或ル時期ニ於テハ殆ント其ノ余裕ヲ残ササル場合アル可ク殊ニ本年度ハ将来正貨ノ買入ノ為内地資金ヲ要スルコト多キヲ以テ台銀ノ必要トスル二億内外（コール現在高）ヲ相当ノ期間ニ渉リ預入スルコト国庫金ノ現状ニ照シ到底不可能ナリ」(54)と説明していた。また、大蔵省では、国庫剰余金の支出による公的資金導入も検討されていたとみられるが、国庫剰余金に余裕がないという理由から、実施には至らなかった(55)。1927年4月に銀行局が作成したと推定される文書によると、「大正十四年度国庫剰余金ハ五億一千余万円ナルモ其ノ使途已ニ確

定シ自由財源ハ千九百万円ニ過ギス」、「既定ノ剰余金使途ヲ変更スルトキハ補助艦艇製造費ヲ始メ必要欠クヘカラサル幾多ノ施設ヲ延期スルコト已ムヲ得サルヘク而モ二億円トモフカ如キ巨額ヲ捻出スルコト不能ナリ」、「然ルニ隣邦支那ノ現状ヲ顧ミルニ如何ナル事態ヲ生スルトモ限ラス万一事端紛糾ニ至ラハ少ラサル経費ヲ要スヘシ之カ為今日相当ノ財源ヲ用意スルノ要アリ」、「依テ台湾銀行ノ急ニ応スル為メ之レカ資金調達ノ方法ヲ講スルハ先ツ直接日本銀行ヲシテ之レニ当ラシメ万一之レカ為メ日本銀行ニ損失ヲ来ス如キ場合ニ於テ政府ニ於テ補償スルノ義務ヲ負フコトトスルノ外ナク而モ其ノ方法カ予算外支出ニ比シ一層適切ナリト認ム」[56]と説明していた。

　しかし、4月17日に枢密院は、「財政上ノ緊急処分ヲ緊急勅令ニ依リテ敢行セントスルハ違憲ナリトシ」[57]、台湾銀行救済緊急勅令案を否決し、若槻内閣は総辞職した。日銀においても、「之（台湾銀行――引用者）ニ対スル担保品ハ社債、地方債、株券等ノ有価証券ハ素ヨリ、不動産其他各種手形ニ至ル迄悉クヲ提供シ、甚シキニ至リテハ、台湾及紐育ヨリ取寄中ノ手形ヲモ担保価額ニ算入スルノ已ムナキニ至」り、「之ニ対スル本行ノ融通モ最早是以上如何トモ為シ能ハサル状態ニ立到」[58]った。こうして翌18日に台湾銀行は、台湾島内の本支店を除く内地および海外の全支店を休業するに至った。

　台湾銀行が休業した同日の4月18日には近江銀行も休業し、これを契機に銀行取付けが激しくなった関西、中国地方では休業銀行が続出した。さらに、4月21日に当時の六大銀行の一つで宮内庁本金庫であった十五銀行が休業すると、銀行取付けは全国的に拡大し、一流銀行といわれた銀行においても取付けが発生した。このような事態に対応し、4月20日に成立した田中政友会内閣は、全国の銀行に対して4月22日、23日の臨時休業を要請するとともに、4月22日に3週間の支払延期令（モラトリアム）を公布、同日から施行した。また、日銀は、「従来の取引先と取引先以外とを問はず、各銀行に対し極力資金融通上の便宜を図る」[59]、すなわち、金融界動揺の波及阻止を目的として、流動性危機にあった銀行に対し特別融通を実施した。こうした政府および日銀の対応により、休業明けの4月25日以降、事態は鎮静化に向かったのである。

2 日銀特別融通補償法の制定

　金融恐慌の大打撃を受けた金融界、財界は、1927年4月21日の東京銀行集会所・東京手形交換所の陳情[60]、大阪手形交換所の陳情[61]、翌22日の商業会議所連合会の建議[62]に示されるように、流動性危機にあった銀行、経営危機に陥った銀行に対し政府補償付きの日銀特融による公的資金の導入を行うことを要求していた。こうした金融界、財界の要求に対応し、5月4日に田中内閣は、「日本銀行特別融通及損失補償法案」を第53回臨時帝国議会に提出し、金融界動揺の波及阻止、不良銀行の救済を目的として、流動性危機にあった銀行、経営危機に陥った銀行に対し政府補償付きの日銀特融による公的資金の導入を行うことを提案した。その内容は、①手形割引の方法で休業銀行を除く銀行に対し日銀特融を行う、②手形の割引期間は1年間とし、特融の期間は10年間とする、③特融にともなう日銀の損失に対しては、政府が5億円を限度に損失補償を行う、というものであった。また、同日、田中内閣は、「台湾ノ金融機関ニ対スル資金融通ニ関スル法律案」を議会に提出し、台湾の金融機関に対しても政府補償付きの日銀特融による公的資金の導入を行うことを提案した。その内容は、①手形割引の方法で台湾の金融機関に対し2億円を限度に日銀特融を行う、②手形の割引期間は1年間とする、③特融にともなう日銀の損失に対しては、政府が2億円を限度に損失補償を行う、というものであった。

　日銀特別融通補償法案の目的については、5月5日の衆議院本会議の法案説明演説で、高橋蔵相は、「今回ノ如キ、財界大動揺ノ場合ニ於キマシテハ、是ガ安定ヲ期スルガ為ニハ、先ヅ以テ金融機関ニ対スル預金者ノ不安ノ念ヲ除イテ、人心ヲ平静ナラシムルヲ必要トスル」[63]と述べ、金融界動揺の波及阻止が法案の目的であることを言明していたが、議会の審議の過程で法案の目的が不良銀行の救済にもあることが明らかにされた[64]。同日の衆議院本会議で、小川議員は、日銀の補償法特融の期間を10年間とすることについて、「十年ノ期限ヲ画スルト云フコトニナリマスレバ、日本銀行ガ貸シタ所ノモノハ、動モスレバ矢張十年位マデ返ラヌト云フ是ハ傾キヲ生ズルモノト思ヒマス、サウシマ

スト日本銀行ノ資金ガ十年ニ亙ッテ固定スルト云フコトニナッテ来ル」[65]と批判した。これに対し高橋蔵相は、「此十年ト云フノハ、決済スルノハ十年ニナッテ居リマス、併シ其間ニ傍ラ銀行ノ整理ヲ促進スルト云フ趣旨ヲ以チマシテ、毎月──先刻モ申シタ通リ、或ハ半月ニ一度ヅヽ『ステートメント』ヲ取リ、明細書ヲ取リ、其銀行ノ営業ヲ堅実ニスル、銀行ノ合併ヲ注意シ、或ハ合併ヲ促シ、沢山アル所ノ小サナ銀行ヲ集メテ鞏固ナルモノニ之ヲシタイト云フ考ヲ持ッテ居ル」[66]と説明していた[67]。また、小川議員は、日銀の補償法特融の融通利率を国債担保貸付利率とすることについて、「低利ノ貸付ヲ受ケル所ノ銀行ハ、此金ヲ日本銀行ニ返スト云フコトニ付キマシテハ、非常ニ躊躇スルコトニナル」[68]と批判した。これに対し高橋蔵相は、「此法案ハ延イテ矢張一般銀行ノ整理ヲ促進スル方ニナルノデアリマス、此金利ヲ高クシマスルガ為ニ、整理シ得ル銀行ガ整理出来ナイト云フコトニ結果ヲ見ルコトヽ思フノデアリマス、而シテ銀行ノ整理ハ破壊スルノデハアリマセヌ、活カシテ之ヲ立派ニシヤウト云フ考デアル、ソレニハ時ヲ仮シ、成ダケ負担ヲ軽クシテヤラナケレバ其整理ノ目的ヲ達シ得ナイノデアリマス、詰リ政府ガ、アナタ方ガ見テ安イ利息ダト云フ其利息ヲ以テ融通スルト云フコトハ、一方ニ於テハ銀行ノ整理ヲ促進スルト云フコトニナル」[69]と説明していたのである[70]。

このように不良銀行の救済を目的とした日銀の補償法特融は、1927年3月29日公布の「銀行法」により強化された銀行合同勧奨策を促進することを意図していた。5月6日の衆議院委員会で、高橋蔵相は、日銀特別融通補償法案の目的について、「歴代ノ内閣ハ銀行ノ合同トカ云フコトヲ奨メテ、成ベク堅実ナ銀行ニ──数ヲ減ラシテ堅実ナ銀行ニシタイト云フ方針ヲ執ッテ居ルノデアリマスガ、斯ウ云フ機会ニ於テ之ヲ促進スルノガ一番宜カラウト思ヒマス、成ダケ銀行ハ立行クヤウニシテヤリタイ、斯ウ云フ考ヲ以テ臨ムノデアリマスカラ、此法案ノ行ハレル其結果、諸銀行ノ整理ヲ促進スルニモ及ブト云フダケハ御考ノ中ニ入レテ置イテ戴キタイ」[71]と説明していたのである[72]。

議会の審議においては、日銀特別融通補償法の適用対象となる銀行についての論議も行われた。5月5日の衆議院本会議で、高橋蔵相は、「休業銀行ニ於

表4-4　日銀補償法特別融通の融通先
(単位：千円，％)

融通先銀行名	融通額	構成比
十五	177,000	23.2
昭和	101,932	13.4
加島	97,322	12.8
藤田	90,464	11.9
朝鮮	58,000	7.6
台湾	38,474	5.0
神田	33,151	4.4
若尾	16,724	2.2
大分合同	14,440	1.9
第二	11,731	1.5
横浜興信	10,839	1.4
第百七	10,170	1.3
今治商業	7,861	1.0
漢城	7,639	1.0
盛岡	6,180	0.8
福島	5,462	0.7
信濃	4,020	0.5
郡山橋本	3,900	0.5
第六十五	3,528	0.5
唐津	3,123	0.4
七十七	3,000	0.4
第十九	3,000	0.4
下野中央	3,000	0.4
磐城	2,984	0.4
関東興信	2,816	0.4
十八	2,500	0.3
沖縄興業	2,500	0.3
島本	2,193	0.3
鞍手	2,183	0.3
淡路	2,170	0.3
産業	2,100	0.3
東京信用	1,625	0.2
佐賀百六	1,490	0.2
朝鮮商業	1,300	0.2
八戸	1,265	0.2
第一合同	1,240	0.2
栗太	1,114	0.1
福島貯蓄	1,090	0.1
村山	1,055	0.1
武蔵野	1,052	0.1
香川	1,002	0.1
雲陽実業	1,000	0.1
東北実業	1,000	0.1
小計	744,642	97.7
その他	17,278	2.3
合計	761,920	100.0

出所：「補償法（法律第五十五号）ニ依ル特別融通残高表（昭和三年五月十日現在）」（銀行局作成と推定される）、日付不明（1928年5月頃作成と推定）（『昭和財政史資料』1-077-33）、日本銀行「昭和二年法律第五十五号による特別融通明細書（昭和二十七年五月八日現在）」（日本銀行『日本銀行沿革史　第三集』第6巻、1962年、所収）358-365頁より作成。

ケル預金者ト云フモノハ、取付ニ行クコトハ為シ得ナイ預金者ノ立場デアル」が、「此法案ハ今後取付ニ行ク所ノ位置ニ在ル預金者ヲ安定スルト云フノデ、取付ニ行カレナイ預金者マデニハ及ンデ居ラナイ」[73]と述べ、休業銀行に対しては日銀特別融通補償法を適用せず、休業銀行の預金者保護を目的とした公的資金導入は行わないことを言明していた。だが、表4-1にみられるように、金融恐慌時には、休業銀行の範囲が小規模銀行（資本金規模500万円未満）から中規模銀行（資本金規模500万円以上）へと拡大し、中規模銀行の休業率が高くなっていた状況下で、中小銀行の休業により大打撃を受けた中小商工業者、零細預金者が、休業銀行の営業再開と預金払戻を求める[74]とともに、4月28日の東京書籍商組合の請願[75]、下谷区預金者各町連合会の陳情[76]に示されるように、休業銀行に対しても日銀特別融通補償法を適用することを要求していた。さらに、中小商工業者、零細預金者の要求を踏まえて、財界も、休業銀行の営業再開と預金払戻を求める[77]とともに、4月28日の東京商業会議所の決議[78]、5月3日の臨時全国商業会議

所連合会の決議⁽⁷⁹⁾に示されるように、休業銀行に対しても日銀特別融通補償法を適用することを要求していた。こうした中小商工業者、零細預金者、さらには財界の要求を背景に、議会においても、5月5日の衆議院本会議で、小川議員が、「若シ預金者ヲ保護スルト云フ精神デ此案ガ出来タナラバ、何ガ故ニ休業銀行ト云フモノニ対シテ特別融通ヲ行ハレナイノデアリマスカ」、「財界ノ安定ノ為ニ今日ノ休業銀行ト云フモノガ救ハレナケレバナラヌト云フ所ノ、今ノ此財界ノ空気ガアル」[80]と批判し[81]、5月6日、7日の衆議院委員会でも、武内委員、増田委員、太田委員、平川委員等が同様の批判を行い[82]、休業銀行に対しても日銀特別融通補償法を適用すべきだとの要求が強まった。その結果、審議の過程で提出された修正案が5月7日の衆議院本会議で可決され、休業銀行の預金者保護を目的として、将来営業継続の見込みがある休業銀行に対しては日銀特別融通補償法を適用し、預金払戻資金を供給することになったのである。

　日銀特別融通補償法案および台湾融資法案は、5月8日に可決成立し、翌9日に公布、同日から施行された。日銀の補償法特融の総額は、表4-4にみられるように、融通期限の1928年5月8日には7億6,192万円に達した。日銀の補償法特融の償還期限は延長されたが、完済には至らず、最終処理が完了した1952年5月8日の回収不能額は5,283万円となった。もっとも、日銀の補償法特融による収益1億9,258万円から費用9,763万円と回収不能額5,283万円の合計1億5,046万円を差し引いた収益超過額4,212万円が計上された結果、政府補償は行われなかった[83]。また、日銀の台湾融資法特融の総額は1億9,150万円に達したが、1928年6月20日に全額回収不能と決定され、6月25日に日銀の利息、費用等を加減した日銀純損失額1億9,227万円に対し政府補償が行われた[84]。

3　日銀補償法特別融通と「休業銀行の預金者保護」

　前項でみてきたように、金融恐慌に対応し、金融界動揺の波及阻止、不良銀行の救済を目的とした公的資金導入に加えて、休業銀行の預金者保護を目的と

した公的資金導入も行われることになった。しかし、以下にみられるように、大部分の休業銀行においては、公的資金導入の過程で預金の切捨てが行われた。

　休業銀行に対する日銀の補償法特融については、政府および日銀は、①将来営業継続の見込みがある休業銀行に対しては、単独整理をさせたうえで、補償済震災手形に関する債務を免除するとともに日銀の補償法特融を行い、営業を再開させる、②将来営業継続の見込みがない休業銀行に対しては、有力銀行に合併させたうえで、休業銀行の補償済震災手形に関する債務を免除するとともに合併行に対し日銀の補償法特融を行う、という実施方針をとった。だが、単独整理が可能な休業銀行はきわめて少数であり、有力銀行は、将来営業継続の見込みがない休業銀行との合併を引き受けることには消極的であったため、休業銀行の整理は進捗しなかった。そこで、政府および日銀は、③新銀行を設立し、単独整理も有力銀行との合併整理も不可能であった休業銀行を新銀行に吸収させたうえで、休業銀行の補償済震災手形に関する債務を免除するとともに新銀行に対し日銀の補償法特融を行う、という実施方針を決定し、1927年10月29日、シンジケート銀行（興銀、第一、三井、三菱、安田、川崎第百、豊国、三十四、住友、鴻池、山口、加島、野村、藤田、名古屋、愛知、明治）等の共同出資のもとに、新銀行の昭和銀行を設立した[85]。

　このように休業銀行の吸収整理を目的とした新銀行の設立は、財界からの要求に対応したものであった。4月16日の東京商業会議所の決議[86]、5月3日の臨時全国商業会議所連合会の決議[87]、5月31日の東京商業会議所の建議[88]に示されるように、金融恐慌時から、財界は、有力銀行の援助により休業銀行の吸収整理機関として新銀行を設立することを要求していたのである。また、新銀行は、日銀の補償法特融と同様に、銀行法により強化された銀行合同勧奨策を促進することを意図していた。1927年9月21日の新銀行設立懇談会で、井上日銀総裁は、新銀行の業務について、「新銀行の仕事としては一方には補償法により得た金を以つて預金の支払をなし一方には普通の銀行業務をなし、随つて日を逐うて債権の取立をなすものである、また他の一の使命としては、銀行の合同といふことであつて、この方面においても十分働き得る積りで

ある、現在休業中の銀行又は営業中の銀行も新銀行に合同する考へあるものに対して十分考慮する」[89]と説明していたのである[90]。

　もっとも、休業銀行に対する日銀の補償法特融の実施にあたっては、政府および日銀は、積立金の取崩し、減資減配、重役の私財提供、未払込株金の徴収、さらには預金の一部切捨て等による欠損補填を行い、休業銀行の徹底的整理を断行することを前提条件としていた。1927年9月20日に三土蔵相は、休業銀行に対する日銀の補償法特融について、「世間には特別融通法を充分に活用して休業銀行に預金の支払に必要なるだけ資金を融通すれば整理は極めて簡単である即ち政府は同法律に依り五億円の損失を覚悟して居るのであるから担保を極めて寛大にして融通することが出来ると言う者もあるが同法の目的とする処は預金の支払準備を充実し財界の安定を図るにある従て既に休業せる銀行に対する融通は将来営業継続の見込みあるもののみに限定せられ居る故営業継続の見据付かざる銀行に対しては同法を適用することが出来ないのである依て特別融通法に依り日本銀行から特別融通を受けやうとするならば先づ休業銀行自ら整理に努力し其の計画の立ちたる上独立開業の準備を為すか又は新銀行其の他適当の銀行へ合同の用意を為すか其の一を選ばねばならぬ」、「休業銀行に対し漫然預金額丈けの金額を特別融通法に依り融通すること、することが最適当なる整理方法であると云ふものもあるが斯くの如くして預金の支払だけは之を完了することが出来るとしても其の銀行は到底営業継続の見込が立たないのみならず斯る負担を有するものは之を引受くべき銀行もないこと、なるから結局休業銀行の整理は不能となるのである従つて斯る趣旨の下に特別融通法を適用すると云ふ説は適当でない」、「要するに休業銀行の整理を最も有利に進行せしむる為には銀行当局者に於て誠意を以て事に当り株主は其の義務を尽し重役は私財の提供を為し預金者も相当の犠牲を忍ひ以て整理計画を樹立したる上震災手形の損失補償及善後処理に関する法律に依る利益を充分に受け又特別融通法に依り資金の融通を受けて速に預金の払戻を為すことが第一義である」[91]と説明していた。その結果、休業銀行の預金者保護を目的とした公的資金導入が行われることになったにもかかわらず、大部分の休業銀行においては、破綻処理の過

表4-5 休業銀行（1927年3月15日～4月30日）の破綻

破綻処理状況	銀行名(1)	休業時預金残高	欠損(A)	欠損補填(2) 積立金取崩(B)	(B/A)	減資(C)	(C/A)	重役私財提供(D)
単独整理	十五(5)	256,823	185,665	33,353	18.0	80,000	43.1	4,500
	第六十五(6)	18,862	4,845	1,992	41.1	2,852	58.9	0
	鞍手	5,054	2,624	540	20.6	700	26.7	500
	栗太	5,625	1,351	430	31.8	770	57.0	150
	東葛(7)	1,513	999	34	3.4	350	35.0	238
他行へ合併	左右田	13,480	16,129	70	0.4	2,500	15.5	3,874
	西江原(8)	1,996	1,285	129	10.0	462	36.0	149
新銀行へ吸収	近江(9)	92,140	40,659	450	1.1	9,723	23.9	6,462
	村井	45,347	41,106	3,250	7.9	5,125	12.5	2,677
	中井(10)	29,836	22,663	2,450	10.8	5,000	22.1	2,594
	八十四	10,923	10,135	850	8.4	3,085	30.4	252
	中沢	5,078	11,566	390	3.4	1,250	10.8	2,553
破産宣告	東京渡辺	38,876	44,917	1,420	3.2	2,000	4.5	2,608

出所：銀行局「昭和二年三月十五日以後休業銀行調」1928年4月23日（『昭和財政史資料』1-076-5）、日本銀行（調査局、1969年、所収）195頁、同「東葛銀行ノ破綻原因及其整理」1928年5月（同前）203-206頁、同「西江原銀行同「村井銀行ノ破綻原因及其整理」1928年7月（同前）373-374頁、同「八十四銀行ノ破綻原因及其整理」1928年因及其整理」1929年5月（同前）433-436頁、同「栗太銀行ノ破綻原因及其整理」1929年5月（同前）443-446頁、年5月（同前）462-463頁、同「中井銀行ノ破綻原因及其整理」1929年6月（同前）474-476頁、同「十五銀行ノ（未定稿）」（日本銀行調査局編『日本金融史資料 明治大正編』第22巻、大蔵省印刷局、1958年、所収）986-987不明（1928年5月頃作成と推定）（『昭和財政史資料』1-077-33）、日本銀行「昭和二年法律第五十五号による特別より作成。

注：(1)公称資本金が100万円以上の普通銀行に限定。
(2)欠損補填は、日銀が提示した休業銀行の整理案にもとづく。
(3)震災手形債務免除と震災手形利息免除の合計。
(4)預金切捨率＝預金切捨÷休業時預金残高。
(5)欠損補填不足は、10年間の利益金、債権回収金等により補填。
(6)減資には頭取提供株、積立金取崩には前期繰越金戻入を含む。
(7)1927年6月25日現在の預金残高。
(8)その他の欠損補填方法に未払込金徴収 61（千円）がある。
(9)重役私財提供には重役提供資金と株主預金を含む。
(10)重役私財提供には重役退職慰労金を含む。

程で預金の切捨てが行われたのである。

　1927年3月15日から4月30日までの間に休業した普通銀行30行（表4-1を参照）、貯蓄銀行1行の1929年3月末現在の破綻処理状況についてみると、単独整理13行、他行へ合併または新銀行に吸収9行、解散または破産宣告4行、休業中5行、であった(92)。その中で、破綻処理状況の詳細が明らかになっている休業銀行は、日本銀行調査局編『日本金融史資料 昭和編』に日銀調査局

処理状況

(単位:千円,%)

(D/A)	震災手形免除(E)[3]	(E/A)	預金切捨(F)	(F/A)	預金切捨率[4]	日銀補償法特別融通	
2.4	0	0.0	0	0.0	0.0		177,000
0.0	0	0.0	0	0.0	0.0		3,528
19.1	0	0.0	884	33.7	17.5		2,183
11.1	0	0.0	0	0.0	0.0		1,114
23.8	0	0.0	376	37.6	24.9		297
24.0	3,991	24.7	5,693	35.3	42.2	(横浜興信銀行へ)	10,839
11.6	0	0.0	459	35.7	23.0	(第一合同銀行へ)	1,240
15.9	7,133	17.5	16,889	41.5	18.3	(昭和銀行へ)	101,932
6.5	15,009	36.5	15,044	36.6	33.2		
11.4	2,395	10.6	10,223	45.1	34.3		
2.5	2,266	22.4	3,681	36.3	33.7		
22.1	5,185	44.8	2,187	18.9	43.1		
5.8	5,228	11.6	33,659	74.9	86.6		0

局)「鞍手銀行ノ破綻原因及其整理」1928年4月（日本銀行調査局編『日本金融史資料 昭和編』第24巻、大蔵省印刷ノ破綻原因及其整理」1928年7月（同前）324頁、同「左右田銀行ノ破綻原因及其整理」1928年7月（同前）345頁、11月（同前）391-392頁、同「中沢銀行ノ破綻原因及其整理」1928年11月（同前）402-404頁、同「近江銀行ノ破綻原因同「東京渡辺銀行ノ破綻原因及其整理」1929年5月（同前）455-457頁、同「第六十五銀行ノ破綻原因及其整理」1929破綻原因及其整理」1929年7月（同前）520-521頁、日本銀行調査局「関東震災ヨリ昭和二年金融恐慌ニ至ル我財界頁、「補償法（法律第五十五号）ニ依ル特別融通残高表（昭和三年五月十日現在）」（銀行局作成と推定される）、日付融通明細書（昭和二十七年五月八日現在）」（日本銀行『日本銀行沿革史 第三集』第6巻、1962年、所収）358-365頁

の調査記録が公表されている銀行だけである。こうした資料的制約はあるが、この調査に依拠し、休業銀行の破綻処理状況についてまとめたものが表4-5である（公称資本金が100万円以上の銀行に限定、台湾融資法も適用されている台湾銀行は除外）。みられるとおり、単独整理が可能であった休業銀行の中には、十五銀行、第六十五銀行、栗太銀行のように、預金の切捨てが行われなかった銀行も存在した。しかし、これとは対照的に、他行へ合併または新銀行へ吸収された銀行では、横浜興信銀行へ合併整理された左右田銀行、新銀行の昭和銀行へ吸収整理された村井銀行、中井銀行、八十四銀行、中沢銀行のように、積立金の取崩し、減資減配、役員の私財提供に加えて、補償済震災手形に関する債務の免除による欠損補填も行われたが、休業時預金残高の30～40％程度の預金が切捨てられた。さらに、これらの休業銀行については、合併行、新

銀行に対し日銀の補償法特融が行われたが、休業時預金残高の86.6％の預金切捨てが整理案で提示された東京渡辺銀行については、1928年6月29日に和議申請が却下されて破産宣告を受けたため、日銀の補償法特融も行われなかった。

　このように休業銀行の徹底的整理の断行が休業銀行に対する日銀の補償法特融の前提条件とされた背景には、休業銀行が安易に営業を再開しても再び休業することになると金融界はさらなる大打撃を受ける可能性があるという懸念があったと考えられる。1927年5月14日に銀行局が作成した文書によると、「目下休業セル銀行中ニハ同法ノ適用ニ依リ特別融通ヲ受クル予測ノ下ニ漫然営業ヲ開始スルモノ有之哉ニ聞及候ヘ共一旦休業ノ余儀ナキニ立チ至レル銀行カ開業ヲ為スコトハ十分慎重ナル用意ノ下ニ之ヲ実行スヘキ儀ニシテ若シ資産ノ実価及之ヲ換価シ得ヘキ時期其他営業継続ノ能否等ニ付厳密ナル調査ヲ遂ケスシテ濫ニ開店ヲ急クカ如キコトアルニ於テハ再ヒ閉店スルカ如キ不幸ヲ見ルヘク却テ金融界ノ為メ憂慮スヘキ結果ヲ生スル」[93]と説明していたのである。

　なお、大蔵省は、休業銀行の預金者保護を目的とする預金保険制度の設立にも消極的であった。1927年3月の第52回帝国議会衆議院委員会で、木暮委員は、預金保険制度の設立について、「今ノ銀行預金ノ保障ノ制度ト云フヤウナモノハ」、「銀行局ト致シマシテハ、強制的ニ之ヲオヤリニナルダケノ御考ハナイダラウカ」[94]と質問した。これに対し松本政府委員（大蔵省銀行局長）は、「銀行ガサウ云フコトヲヤルト云フ自覚心ガモット進ンデ参リマセヌト云フト、徒ニ空文ヲ設ケルト云フコトハ如何デアリマセウカ」[95]と回答していた。このように大蔵省が休業銀行の預金者保護を目的とする預金保険制度の設立に消極的であった背景には、当時、廃止あるいは廃止同然となっていたアメリカ州立の預金保険制度（たとえば、ワシントン州やオクラホマ州）にみられたように[96]、①休業銀行に対する預金払戻資金の供給が増加し、預金保険の資金が枯渇する、②預金保険が銀行経営のモラル・ハザードを誘発する、という懸念があったと考えられる[97]。

　以下、1920年代の金融危機に対応した公的資金導入の展開過程を通観してお

第 4 章　金融危機と公的資金導入　131

こう。

　1920年恐慌、1923年関東大震災にともなう金融危機に対応し、金融界動揺の波及阻止、不良銀行の救済を目的とした公的資金導入が行われた。しかし、休業銀行の預金者保護を目的とした公的資金導入は行われなかった。

　1927年金融恐慌に対応した公的資金導入も、政策立案当初は、金融界動揺の波及阻止、不良銀行の救済を目的とし、休業銀行の預金者保護を目的としていなかった。だが、中小銀行の休業により大打撃を受けた中小商工業者、零細預金者を中心に休業銀行の預金者保護の要求が強まったことに対応し、金融界動揺の波及阻止、不良銀行の救済を目的とした公的資金導入に加えて、休業銀行の預金者保護を目的とした公的資金導入も行われることになった。

　しかし、休業銀行の徹底的整理の断行が休業銀行に対する公的資金導入の前提条件とされた結果、大部分の休業銀行においては、公的資金導入の過程で預金の切捨てが行われた。こうして、1920～30年代初頭に至る金融危機に対応し、アメリカでは、1933年に設立された連邦預金保険公社（FDIC）が休業銀行の預金者保護を目的とする「事後的セイフティ・ネット」として機能したのに対し、日本においては、「事後的セイフティ・ネット」は機能しなかったのである[98]。

注
（1）　こうした研究として、高橋亀吉『大正昭和財界変動史』上巻、東洋経済新報社、1954年、同『大正昭和財界変動史』中巻、東洋経済新報社、1955年、大蔵省昭和財政史編集室編『昭和財政史』第10巻（大島清執筆）、東洋経済新報社、1955年、大島清『日本恐慌史論』下、東京大学出版会、1955年、加藤俊彦『本邦銀行史論』東京大学出版会、1957年、高橋亀吉・森垣淑『昭和金融恐慌史』清明会出版部、1968年、大佐正之「金融恐慌」（『拓殖大学論集』第104・105合併号、1976年3月）189-217頁、同「金融恐慌の後始末」（『拓殖大学論集』第110・111合併号、1977年3月）295-325頁、石井寛治「地方銀行と日本銀行」（朝倉孝吉編『両大戦間における金融構造』御茶の水書房、1980年）115-166頁、日本銀行百年史編纂委員会編『日本銀行百年史』第3巻、日本銀行、1983年、浅岡正雄「戦間期におけるマクロ経済政策の限界と金融システム再編の役割」（『国民経済雑誌』第162

巻第1号、1990年7月）35-65頁、後藤新一『銀行崩壊』東洋経済新報社、1995年、などがある。
(2) 伊牟田敏充「銀行整理と預金支払」（『地方金融史研究』第27号、1996年3月）60-90頁は、1900年代から30年代の休業銀行の破綻処理における預金払戻について検討している。
(3) 日本銀行調査局『世界戦争終了後ニ於ケル本邦財界動揺史』日付不明（1923年頃刊行と推定）444頁。増田ビルブローカー銀行に対しては、大阪の八大本店銀行による救済銀行団（鴻池、住友、山口、加島、三十四、近江、浪速、大阪野村）の低利資金融通を援助する形で、救済銀行団の連帯保証のもとに、日銀特融が行われた（日本銀行〔大阪支店〕「増田ビルブローカー銀行整理顛末」1921年2月〔推定〕〔日本銀行金融研究所編『日本金融史資料　昭和続編』付録第3巻、大蔵省印刷局、1988年、所収〕255-283頁参照）。増田ビルブローカー銀行に対する日銀特融については、靎見誠良「戦前期における金融危機とインターバンク市場」（本書第3章）参照。
(4) 日本銀行（審査部）「大正十一年銀行動揺時ニ於ケル特別融通ノ具体的方針」1922年12月22日（日本銀行金融研究所編『日本金融史資料　昭和続編』付録第4巻、大蔵省印刷局、1988年、所収）738-739頁。
(5) 日本銀行（金沢支店）「加州銀行ニ対スル特別融通稟申ノ件」1922年1月30日（前掲『日本金融史資料　昭和続編』付録第3巻、所収）45頁。
(6) 同上。
(7) 日本銀行（金沢支店）「加州銀行ニ対スル特別融通稟申ノ件」1923年7月17日（同上、所収）45頁。
(8) 同上45-46頁参照
(9) 銀行局「台湾銀行ノ整理ニ関スル件」1925年7月（『昭和財政史資料』1-096-4）。
(10) 同上。
(11) 銀行局「朝鮮銀行ノ整理ニ関スル件」1925年7月（同上1-099-1）。
(12) 同上。
(13) 第5回預金部資金運用委員会における冨田幹事（大蔵省理財局長）の説明（大蔵省預金部「預金部資金運用委員会〔第五回会議〕議事録」1925年8月5日）。
(14) 同上。
(15) 同上。
(16) 前掲「台湾銀行ノ整理ニ関スル件」参照。
(17) 前掲「朝鮮銀行ノ整理ニ関スル件」参照。

(18) 株式会社台湾銀行管理官伴野清「株式会社台湾銀行ノ整理経過概況」1934年10月（『昭和財政史資料』6 -036-19）、朝鮮銀行管理官伴野清「朝鮮銀行整理経過概要」1934年10月（同上6 -036-22）参照。
(19) 台湾銀行史編纂室編『台湾銀行史』台湾銀行史編纂室、1964年、741-743頁参照。
(20) 朝鮮銀行史研究会編『朝鮮銀行史』東洋経済新報社、1987年、682-690頁参照。
(21) 大蔵省預金部「大蔵省預金部年報」参照。
(22) 前掲「預金部資金運用委員会（第五回会議）議事録」。
(23) 同上。
(24) 同上。
(25) 前掲『世界戦争終了後ニ於ケル本邦財界動揺史』709頁。
(26) 同上693-697頁参照。
(27) 同上692頁。
(28) 同上701-706頁参照。
(29) 同上697-701頁参照。
(30) 同上692頁。
(31) 同上。
(32) 日本銀行（門司支店）「大分銀行開店始末」1924年8月（推定）（前掲『日本金融史資料　昭和続編』付録第4巻、所収）541-571頁参照。
(33) 日本銀行「株式会社七十四銀行及株式会社横浜貯蓄銀行整理案答申」1920年12月24日（日本銀行金融研究所編『日本金融史資料　昭和続編』付録第1巻、大蔵省印刷局、1986年、所収）815頁参照。
(34) 第32回預金部資金運用委員会における井上会長（大蔵大臣）の説明（大蔵省預金部「預金部資金運用委員会〔第三十二回会議〕議事録」1930年12月16日）参照。
(35) 「斎藤虎五郎氏（日本銀行元営業局調査役）金融史談速記録」（日本銀行調査局編『日本金融史資料　昭和編』第35巻、大蔵省印刷局、1974年、所収）124-161頁参照。
(36) 岡崎亮一編『横浜興信銀行三十年史』三十周年記念委員会、1950年、122-128頁参照。
(37) 同上271-272頁参照。預金部資金の完済は、1941年に行われた日銀特融により可能となった。この日銀特融による日銀借入金は1950年に完済された（同前）。
(38) 1923年9月12日の木村日銀副総裁の談話（日本銀行調査局「関東震災ヨリ昭和二年金融恐慌ニ至ル我財界（未定稿）」1933年9月〔日本銀行調査局編『日本金融史資料　明治大正編』第22巻、大蔵省印刷局、1958年、所収〕774-775頁）。

(39) 1923年9月27日の井上日銀総裁の談話（「蔵相の東西銀行家招致」〔『銀行通信録』第76巻第454号、1923年10月〕52頁）。
(40) 同上53頁。
(41) 同上。
(42) 「震災後ノ金融ニ対スル政府ノ施設ニ付テ」（「深井理事ヨリ松本銀行局長へ手渡セラレタルモノ〔深井理事一個ノモノトシテ、日本銀行ノ意見トシテニアラズ〕」との書き込みがある）、1923年12月4日。
(43) 「第五十回帝国議会衆議院日本銀行ノ手形割引ニ因ル損失補償ニ関スル法律案（政府提出）外三件委員会議録　第二回」1925年3月18日。
(44) 「震災手形決済高調（昭和元年十二月三十一日現在）」（銀行局作成と推定される）、日付不明（1927年1月頃と推定）（『昭和財政史資料』 5-176-39）。
(45) 日本銀行（調査局）「台湾銀行ノ破綻原因及其整理」1928年5月（日本銀行調査局編『日本金融史資料　昭和編』第24巻、大蔵省印刷局、1969年、所収）272頁。
(46) 前掲「関東震災ヨリ昭和二年金融恐慌ニ至ル我財界（未定稿）」894-896頁参照。
(47) 同上892-893頁参照。
(48) 日本銀行『日本銀行沿革史　第三集』第6巻、1962年、34-41頁参照。
(49) 同上66-69頁参照。
(50) 1927年3月22日発表の日本銀行の声明書（「市中有力銀行の会合と日銀の声明」〔『銀行通信録』第83巻第495号、1927年4月〕123頁）。
(51) 「台湾銀行救済ニ関スル市来日銀総裁上申書」1927年4月9日（『昭和財政史資料』 1-097-8）。
(52) 1927年4月13日発表の政府の声明書（「金融大恐慌と其経過」〔『銀行通信録』第83巻第496号、1927年5月〕25頁）。
(53) 1927年には、朝鮮銀行の整理援助にあたり、同行に対する国庫金の預入（政府所有米貨1,500万ドル、政府所有銀地金時価1,000万円）が行われている。もっとも、この国庫金の預入については、会計検査院から不適切との指摘を受けている（「朝鮮銀行ノ根本的整理方針ニ関スル件」〔銀行局作成と推定される〕、1928年4月3日〔『昭和財政史資料』 1-099-9〕参照）。なお、この国庫金は1928年に返金されている（前掲「朝鮮銀行整理経過概要」参照）。
(54) 「国庫金ヲ台湾銀行ニ預入スルノ方法ニ依リテ同行ノ資金難ヲ救済スルコトノ可否」（銀行局作成と推定される）、日付不明（1927年4月頃と推定）（『昭和財政史資料』 1-097-11）。
(55) 1904年には、第百三十銀行の破綻処理にあたり、同行に対する予備金および国

庫剰余金の貸付（600万円）が行われている（「第百三十銀行救済顛末」〔『大阪銀行通信録』第86号、1904年11月〕87-97頁、理財局「明治三十七年ニ於ケル第百三十銀行救済ニ関シ政府ノ採レル方案」1927年4月〔『昭和財政史資料』3-043-19〕参照）。もっとも、この予備金および国庫剰余金の貸付については、衆議院で不当決議が行われ（「第百三十銀行救済問題と衆議院」〔『大阪銀行通信録』第87号、1904年12月〕69頁参照）、会計検査院でも不当と検定されている（「第百三十銀行救済に対する会計検査院の検定」〔『大阪銀行通信録』第114号、1907年3月〕73頁参照）。

(56) 「台湾銀行救済資金ヲ国庫剰余金ヲ以テ支出シ得サル理由」（銀行局作成と推定される）、日付不明（1927年4月頃と推定）（『昭和財政史資料』1-097-12）。

(57) 前掲「株式会社台湾銀行ノ整理経過概況」。

(58) 前掲「台湾銀行ノ破綻原因及其整理」282、284頁。

(59) 1927年4月24日発表の日本銀行の声明書（前掲「金融大恐慌と其経過」）34頁。

(60) 同上資料30頁参照。

(61) 同上30-31頁参照。

(62) 商業会議所連合会「支払猶予令及日本銀行ニ対スル損失補償案ニ関スル建議」1927年4月22日（東京商業会議所「財界安定ノ陳情経過」1927年5月〔日本銀行調査局編『日本金融史資料　昭和編』第25巻、大蔵省印刷局、1969年、所収〕527頁）参照。

(63) 「第五十三回帝国議会衆議院議事速記録　第二号」1927年5月5日。

(64) 日銀特別融通補償法案の目的については、金融界動揺の波及阻止という法案提出当初の目的が、日銀の補償法特融の実施過程で、1928年2月の総選挙に関連した政治的圧力を受けて不良銀行の救済にも拡大されたといわれている（「融通満期の特別融通実績〔目的変更され不良銀行救済〕」〔『エコノミスト』第6年第11号、1928年6月1日〕20-22頁、石巻良夫「特別融通より観たる中小銀行の地位」〔『銀行研究』第14巻第8号、1928年6月〕13-30頁参照）。だが、以下にみられるように、すでに法案提出当初から、この法案は不良銀行の救済も目的としていた。

(65) 前掲「第五十三回帝国議会衆議院議事速記録　第二号」。

(66) 同上。

(67) 5月5日の衆議院本会議での武藤議員の批判に対しても、高橋蔵相は同様の説明を行っている（同上）。

(68) 同上。

(69) 同上。

(70) 5月6日の衆議院委員会での堤委員の批判に対しても、高橋蔵相は同様の説明

を行っている（「第五十三回帝国議会衆議院日本銀行特別融通及損失補償法案外一件委員会議録　第一回」1927年5月6日参照）。
(71)　前掲「第五十三回帝国議会衆議院日本銀行特別融通及損失補償法案外一件委員会議録　第一回」。
(72)　5月7日の衆議院委員会でも、高橋蔵相は同様の説明を行っている（「第五十三回帝国議会衆議院日本銀行特別融通及損失補償法案外一件委員会議録　第二回」1927年5月7日参照）。
(73)　前掲「第五十三回帝国議会衆議院議事速記録　第二号」。
(74)　東京出版協会「休業銀行ノ整理督励援助ニ関スル陳情」1927年4月7日（前掲「財界安定ノ陳情経過」）538頁、下谷区中沢ホカ二銀行預金者大会「中沢、左右田、渡辺三休業銀行ニ関スル決議」1927年4月8日（同前）、京橋区八之部十八ヶ町聯合町会「八十四、中沢両休業銀行ニ関スル陳情」1927年4月12日（同前）539頁、谷中地方渡辺ホカ一銀行預金者代表「渡辺、あかぢ貯蓄両銀行預金者救済ニ関スル嘆願」1927年4月15日（同前）539-540頁、堺商業会議所「十五銀行救済ニ関スル陳情」1927年4月25日（同前）540-541頁参照。
(75)　東京書籍商組合「休業銀行預金者救済ニ関スル請願」1927年4月28日（前掲「財界安定ノ陳情経過」）542頁参照。
(76)　下谷区預金者各町連合会「損失補償令ヲ休業銀行ニ適用ニ関スル陳情」1927年4月28日（同上542-543頁）参照。
(77)　東京商業会議所「金融界恢復ニ関スル建議」1927年3月28日（同上）525-526頁、東京商業会議所「休業銀行整理並ニ預金一部緊急払戻ニ関スル決議」1927年4月16日（同上）540頁参照。
(78)　東京商業会議所「財界安定関係ノ法案ニ関スル決議」1927年4月28日（同上）527頁参照。
(79)　臨時全国商業会議所連合会「財界安定に関する決議」1927年5月3日（高橋亀吉編『財政経済二十五年誌』第4巻、実業之世界社、1932年）122-123頁参照。
(80)　前掲「第五十三回帝国議会衆議院議事速記録　第二号」。
(81)　衆議院本会議では、岩切議員も同様の批判を行っている（同上）。
(82)　前掲「第五十三回帝国議会衆議院日本銀行特別融通及損失補償法案外一件委員会議録　第一回」、前掲「第五十三回帝国議会衆議院日本銀行特別融通及損失補償法案外一件委員会議録　第二回」参照。
(83)　前掲『日本銀行沿革史　第三集』第6巻、345-366頁参照。
(84)　前掲「台湾銀行ノ破綻原因及其整理」311-312頁参照。
(85)　「昭和銀行成立」（『大阪銀行通信録』第363号、1927年11月）103-107頁参照。

(86) 前掲「休業銀行整理並ニ預金一部緊急払戻ニ関スル決議」参照。
(87) 前掲「財界安定に関する決議」参照。
(88) 東京商業会議所「休業銀行整理促進ニ関スル建議」1927年5月31日（「日本銀行資料」〔前掲『日本金融史資料　昭和編』第25巻、所収〕543頁）参照。
(89) 前掲「昭和銀行成立」104頁。
(90) 昭和銀行の設立とその後の業務展開については、山崎廣明『昭和金融恐慌』東洋経済新報社、2000年参照。
(91) 「休業銀行整理に関する蔵相の声明」（『銀行通信録』第84巻第501号、1927年10月）64-65頁。
(92) 前掲「関東震災ヨリ昭和二年金融恐慌ニ至ル我財界（未定稿）」986-989頁参照。
(93) 「昭和二年五月十四日蔵銀第一、七五〇号　地方長官宛大蔵省銀行局長通牒」1927年5月14日（前掲『日本銀行沿革史　第三集』第6巻）210頁。
(94) 「第五十二回帝国議会衆議院銀行法案外四件委員会議録　第八回」1927年3月2日。
(95) 同上。
(96) 「預金保険制度の不評」（『大阪銀行通信録』第310号、1923年6月）53-55頁参照。
(97) 一部の地方では、民間で休業銀行の預金者保護を目的とする預金保険制度が設立されていたとみられる。1927年3月の第52回帝国議会衆議院委員会で、松本政府委員（大蔵省銀行局長）は、預金保険制度について、「現ニ或ル地方デサウ云フコト（預金保険制度―引用者）ヲ設ケテ居ル所モゴザイマス、勿論十分デハゴザイマセヌガ、サウ云フコトヲ設ケテ居ル所モゴザイマス」と説明していた（前掲「第五十二回帝国議会衆議院銀行法案外四件委員会議録第八回」）。また、滋賀県では、1927年8月、藤井善助（滋賀県出身の事業家）等の共同出資のもとに近江銀行小口預金者金融組合が設立され、休業した近江銀行の小口預金者に対し、預金通帳または証書を担保として預金の半額を限度に資金融通が行われている（日本銀行（京都支店）「滋賀県下ニ於ケル近江銀行小口預金者金融組合ノ件」1927年8月11日（前掲『日本金融史資料　昭和続編』付録第3巻、所収）324頁。
(98) 靎見誠良「金融革新とセイフティ・ネットの再構築」（法政大学比較経済研究所・金子勝編『現代資本主義とセイフティ・ネット――市場と非市場の関係性』法政大学出版局、1996年）70-105頁参照。

〈付記〉
本稿を作成するにあたり、資料閲覧につき、大阪市立大学証券研究センター、

大阪市立大学学術情報総合センター、大蔵省文庫、東京大学大学院経済学研究科・経済学部図書館の諸氏には、多大なる御配慮を賜った。末尾ながら記し、謝意を表したい。

第5章　1927年銀行法から戦後金融制度改革へ

浅井　良夫

　1920年代から1940年代に、先進諸国において、金融制度に関する大規模な改革が実施された。この時期に成立した金融制度は、1980年代から90年代に、根本的な見直しに迫られるまで約半世紀にわたって維持された。

　この改革には、二つの異なる目的が含まれていた。第一は、預金銀行の発達と、1920年代から世界恐慌の時期に生じた信用不安を克服し、信用秩序の再建を図ることであった。第二は、1930年代以降、信用の公共性が重視されるようになり、信用配分の面から政府の介入や、信用の組織化が求められたことである。

　日本の場合には、大恐慌期に金融パニックが発生したアメリカなどとは異なり、すでに1920年代はじめには金融不安が昂じていたので、早くも1920年代前半から、第一の目的による改革が始まった。1927年には、強制的な銀行合同を通じてセイフティ・ネット（信用機構の安全性を確保するための規制の体系）の構築を目指す銀行法が成立した。金本位制の停止以後の準戦時・戦時においては、第二の信用配分を目的とする政府介入が加わった。両者の改革は、占領期から50年代半ばまでの一連の改革（長期信用銀行制度の創設、政府系金融機関体系の整備など）のなかで、整備・調整がなされ、ここに一つの金融秩序が確立した。

第1節　1927年銀行法──未完成のセイフティ・ネット──

1　放任から規制へ

　日本では、近代的銀行制度の発足当初から、預金者保護、金融秩序の維持の観点から銀行に対して規制が設けられた。このことは、放任主義を原則とする西欧の諸国(1)と対比した場合の顕著な特色である。しかし、早くも1890年代半ばには、銀行に対する規制は緩和され（1895年の銀行条例、貯蓄銀行条例改正）、その後1910年代半ばまで、ほぼ完全な放任主義的な政策がとられたので、実態から見れば、この時期は西欧諸国とそれほど大きな差はなかったともいえる。とはいえ、1921年貯蓄銀行法や、1927年銀行法により中小銀行に対する大胆な規制が可能となったのは、明治初期から存在していた、銀行は一般の会社よりも公共性が高いとする認識のためではないかと思われる。

　発券銀行以外の私立銀行であっても、公共性を有し、それゆえ、商法（会社法）とは別個の法律によって規制される必要があるという認識は、日本では、1890年8月に、普通銀行を対象とする銀行条例が公布された時から存在した。この点は、私立銀行を対象とする法律が存在せず、1930年代に至るまで一般の会社と同じく、商法（会社法）に準拠して、銀行が設立された西欧の大部分の国々とは異なる。こうした特色が生じた主な理由は、日本の国立銀行条例や銀行条例が、アメリカの制度をモデルに作られたことにあったようである。

　松方正義が、銀行条例制定（1890年8月）の際に閣議に提出した文書は、次のように述べている(2)。

　「私立銀行ノ事業ハ他ノ一般ノ商社ト異ナリ、広ク公衆ヨリ預リ金ヲ為シ、巨額ノ資本ヲ運転シ、金融ヲ開導スルノ機関ニシテ、其一成一敗ハ惟リ其株主、債主等ニ直接ノ損益ヲ蒙ムラシムルニ止マラズ、市場一般ノ信用ニ影響シ、一ニ銀行ノ蹉跌ニ因リ、各地方ノ人民尽ク疑懼ノ念ヲ生ジ、平生確実ノ銀行ト雖モ、之ガ為メ多少ノ猜疑ヲ受ケ、営業上不測ノ困難ヲ来スコトアル

ヲ免レズ、銀行事業ノ一国経済上ニ大関係ヲ有スル夫レ此ノ如シ、故ニ之ガ管理ノ方法モ亦、最厳密精密タラザルヲ得ズ」。

ここでは、公共性という言葉は用いられていないが、預金者の保護と、信用秩序の維持が銀行条例の目的として掲げられている。銀行条例においては、一般の会社と異なり、設立の認可制が取られ、資金運用の制限（1取引先への貸付額の制限）の規定も盛り込まれた[3]。

資金運用制限については、銀行業者から強い反対運動が起こり、1895年には普通銀行および貯蓄銀行に対する規制が撤廃された[4]。また、政府は営業の自由の観点から、銀行設立を抑制しない方針をとった結果、銀行数は数年のうちに倍増し、1895年に1,043行であったのが、ピークの1901年には、普通銀行1,890行、貯蓄銀行444行など計2,385行にのぼった[5]。

このような放任主義の時期は、1915年に終わった。

1914年8月19日におきた、公称資本金1,000万円の大阪の北浜銀行の破綻は、金融恐慌には発展しなかったものの、金融界に大きな衝撃を与えた。これを期に、大蔵省は銀行の営業を規制する方針に転じた[6]。1916年3月には銀行条例が改正され、銀行に対する、事業の停止、営業許可の取り消しの規定が新たに設けられた。また、1916年4月には銀行課が銀行局に昇格し、銀行検査のための専任事務官2名が配置された。条例改正は、不良銀行の取り締まりを目的としていたが、効果は小さかった。1915年から1926年9月までに処分された銀行は約60行にすぎず、いずれも小規模な銀行であった[7]。

1920年の戦後反動恐慌の際には大規模な金融恐慌が起こった。増田ビルブローカー銀行、七十四銀行の大銀行が破綻し、1920年4月から7月までに全国で21の銀行が休業に追い込まれた。

しかし、反動恐慌後にただちに普通銀行に対する法的な規制強化が図られたわけではなかった。まず、貯蓄銀行に対する規制強化が実施された。1921年4月公布の貯蓄銀行法は、貯蓄銀行に対する規制の面で画期的であっただけでなく、1927年銀行法の基本的な方向を決めた点でも重要である。この法律は、①最低資本金の法定（資本金50万円以上）、②組織形態の株式会社への限定、③

兼業の禁止、④資金運用制限（一取引先への貸付額の上限設定など）を骨子としていた。

　当時の銀行には、普通銀行と貯蓄銀行を兼営しているものが多く、両者の区別は曖昧であったが、貯蓄銀行法は、普通銀行業務を兼営することを禁止し、貯蓄銀行を普通銀行から分離した。特に資金運用の面で厳しい制限が課されたので、貯蓄銀行のなかには普通銀行に転換するものが多かった[8]。1922年に670行あった貯蓄銀行数は、1923年には146行にまで一挙に減少した[9]。そのうえで、政府は、法定最低資本金を梃子にして、中小貯蓄銀行の強制的な合併を図った。

　貯蓄銀行に対する規制強化が必要である理由を、高橋是清蔵相は1921年2月に議会において、「貯蓄銀行ハ零碎ナル資金ヲ確実ニ安全ニ保管蓄積シテ、国民ノ貯蓄ヲ奨励スルコトヲ以テ其目的ト致スモノデゴザイマシテ、公益慈善ノ性質ヲ有シテ居ツテ、普通銀行ガ一般経済界ニ於ケル金融ノ媒介、乃至商工業資金ノ運用利殖ヲ任ト致スモノトハ、全ク其職能ヲ異ニ致シテ居ルノデ」「其監督ニ就キマシテモ、普通ノ銀行ニ較ベマスレバ、厳格周到ナルヲ要スル」と説明している[10]。しかし、やがて預金者保護を目的とする規制の網は、普通銀行にも拡大されることになる。1927年の銀行法では、法定最低資本金を梃子にして、普通銀行の強制的な合同が実施された。こうして、保護をすることが公益にかなうと見なされる預金の範囲は、零細な庶民の貯金から、預金一般に拡大された。

2　1920年代の金融制度改革論

　1922年には、高知商業銀行の破綻（1922年3月）に端を発する大規模な金融恐慌が起きた。政府が、普通銀行を中心とする金融制度改革に本格的に取り組みだしたのは、この金融恐慌が直接的な契機であった。1923年1月に市来蔵相は議会の財政演説において、この金融恐慌に言及し、「預金者ノ保護並ニ財界ノ安定」の観点から、銀行合同の促進、検査・監督の強化の方針を言明した[11]。1923年3月頃までには大蔵省銀行局に、金融機関調査準備委員会が設

置され、同年半ば頃から調査が始まった⁽¹²⁾。次に掲げる準備委員会の調査項目から、当時想定されていた改革の範囲を知ることができる⁽¹³⁾。

1　特殊銀行
  1）日本銀行
    イ）総裁・副総裁の任命（政府任命制か、株主による選挙か）
    ロ）保証準備の拡張
    ハ）制限外発行税率の引き上げ
    ニ）納付金制度
    ホ）日本銀行の株式開放
  2）その他の特殊銀行
    イ）興業銀行と勧業銀行の合併
    ロ）植民地中央銀行の統一問題
    ハ）朝鮮銀行移管問題
    ニ）朝鮮銀行、台湾銀行の兌換券発行権廃止
    ホ）朝鮮銀行、台湾銀行への債券発行権の賦与
2　普通銀行
  1）預金に対する支払準備金の法定
  2）手形交換所内に組合銀行の信用状態を調査する機関を設置すること
  3）資本金の法定等、銀行合併の積極的奨励策
  4）貯蓄銀行に準じて、普通銀行にも貸付制限をもうけること

　金融制度改革の検討作業は、井上準之助、勝田主計両蔵相時代（1923年8月～1924年6月）の中断を経て、浜口雄幸蔵相に引き継がれ、1925年4月には金融制度調査準備委員会が発足し⁽¹⁴⁾、片岡直温蔵相時代の1926年9月に、金融制度調査会の設置に至った⁽¹⁵⁾。

　同調査会は、1926年11月に普通銀行制度に関する答申を採決し、この答申にもとづき、1927年3月に普通銀行を対象とする銀行法が制定された。同調査会

においては、当初、広範な調査項目が示されたが[16]、結局、普通銀行以外の分野では、制度の根幹にかかわるような改革は実施されなかった。

当初想定された改革の範囲は、上記の調査項目が示すように、日本銀行、特殊金融機関、普通銀行の三つの柱からなっていた。しかし、大蔵省が、これらの項目のすべてについて改革の意欲を持っていたとはいえない。これは、大蔵省が企図していた改革項目のリストというよりも、当時、経済界・ジャーナリズム・学界から提起されていた問題をたんに列挙したものである。

大蔵省は、日銀、特殊銀行の改革については、当初から積極的ではなかった[17]。金融制度調査会においては、大蔵省は普通銀行改革を先議することを主張し、日銀改革を先行させるべきだとする金融制度研究会（のちの経済研究会）の提言（1926年11月11日）や、志立鐵次郎委員の要請を拒否した[18]。銀行法が成立した後は、大蔵省はその実施の準備に追われて、金融制度調査会は、貯蓄銀行、無尽、公益質屋、兌換銀行券整理に関する小規模な改革を行っただけで、日銀改革案も、特殊銀行改革案もまとめないままに、1932年5月に廃止された[19]。

1927年銀行法を中心とする金融制度改革の意義と限界を明らかにするためには、当時のおもな金融制度改革論と比較する必要がある。

1920年代の金融制度改革論のなかから[20]、最も体系的であり、かつ影響力もあった二つの民間の研究会の改革案をとりあげる。一つは池田成彬、志立鐵次郎らが中心メンバーであった経済攻究会の案であり、もう一つは石橋湛山、井上辰九郎、三浦鐵太郎らが中心となっていた経済研究会（金融制度研究会）の案である[21]。

両案の発想、プランには共通する部分が多いが、経済攻究会案が折衷的であり、大銀行の立場を反映しているのに対して、経済研究会案は理想主義的であり[22]、中小銀行、中小資本の立場にも配慮している[23]。

まず、日銀改革について見ると、日銀の大蔵省からの独立性を強化すること、形骸化していた発券制度（伸縮的制限法）を改めること、日銀の業務を商業手形の再割引中心に改めることなどの基本的な部分は両案に共通していた。

日銀の独立性を強化する措置として、両案とも、①日銀の出資者に普通銀行を加えること、②正副総裁の選任にあたっては株主の意向を反映させることを掲げている。経済研究会案は、一般銀行だけが出資するアメリカの連邦準備銀行的な中央銀行への転換を図ろうとするものであり、既存の株主の権利を尊重する経済攻究会案と比べて、より根本的な組織改革案である。

発券制度については、両案とも、第一次大戦後の世界の趨勢に従い、従来の伸縮的制限法を改め、比例準備制を採用することを提言した。金準備と発券高とが連動した比例準備制の方が、従来の制度よりも、国際収支悪化等を警告する正確なシグナルになると考えられたのである。

日銀の業務については、経済攻究会案は、信用手形（銀行引受手形および商業手形）の割引を本業とする本来の姿に戻し、国債担保貸出および国債所有は制限し、株式担保貸出（見返担保貸出）は廃止すべきだとした。経済研究会案は、日銀の貸出方式はあまり制限せず、兌換券の保証準備を商業手形中心に改めるという間接的な手段で、手形割引市場を発展させようとした。

さらに、両案とも日銀が銀行検査を行うべきだとしている。ただし、研究会案は、日銀に法的な銀行監督・検査権限を与えるという案であり、取引先検査の範囲にとどめる攻究会案よりも踏み込んだ内容となっている。

普通銀行のありかたについては、両案とも商業銀行主義を理想としつつも、普通銀行の長期信用業務を禁止しない点では一致している。ただし、経済研究会案の方が長期・短期の分業を徹底させる内容になっている。

両案は、日銀の業務は商業手形の再割引を中心としたものに改め、長期金融や証券業務を取り扱うために、専門機関を別個にもうけることを提案した。

経済攻究会案は、日本興業銀行を改造し、証券金融、事業金融を扱わせる案である。この銀行は、日銀の見返品担保貸出を肩代わりするとともに、証券の発行引受などのインヴェストメント・バンク的な業務も担当する。普通銀行は、従来通り商業金融と長期貸出を併せ行うものと想定されている。

経済研究会案の方は、長期金融中央局を設け、金融債の発行により資金を調達し、傘下の複数の長期金融銀行を通じて長期資金を供給するという案である。

この場合、普通銀行および特殊銀行は、日銀傘下の商業銀行と、長期金融中央局傘下の長期金融銀行の二系統に再編されることになる。この案では、普通銀行の長期信用業務は禁止はされないものの、普通銀行は原則として商業信用中心とした業務を営むことが要請される。

1920年代はじめには、台湾銀行、朝鮮銀行の経営悪化は周知のところとなっており、特権を有し、政府が役員の人事権を握っている特殊銀行に対しては、厳しい批判が加えられた。『東洋経済新報』は、特殊銀行のうちで、存続させる価値があるのは日本興業銀行と日本勧業銀行だけだと述べている[24]。台湾銀行、朝鮮銀行については、銀行券発行特権を日銀に集中して、両行を普通銀行にすべきだとした。また、横浜正金銀行を外国為替銀行として政府が保護することも、普通銀行が外国為替業務を営むようになった現在では、止めるべきだとした。

1920年代には、銀行家、大蔵官僚、学者、経済ジャーナリストのかなりの部分が共有する「あるべき金融制度」に関する通念が存在した[25]。「あるべき金融制度」とは、金本位制度を前提とし、第一次大戦前に発展したイギリス流の商業銀行である[26]。それは、後述の、大銀行関係者により起草された金融制度調査準備会の諸案に見事に反映されている。執筆者の１人であった明石照男は、「わが国にもやがてロンドンのような金融市場を作りたいという」「夢物語」であったと回顧している[27]。井上準之助の「東洋のロンドン」構想も同様である。上記の２案にも、そうした傾向は共通している。もちろん、現実の改革案は、「あるべき金融制度」という理念と、既得権との調整のうえに成立したのであるが。

3　銀行法の制定とその特徴

大蔵省は、1920年代の改革において、普通銀行制度に関する限りは、大銀行関係者の意見を尊重した。しかし、中央銀行制度、特殊銀行制度についてはこれを無視した。

大蔵省は、金融制度調査会の設置に先立って、1926年4月に金融制度調査準

備委員会を設置した。この委員会に民間から臨時委員として委嘱された委員5名は、いずれも大銀行の中堅幹部であった[28]。臨時委員には、普通銀行制度や手形市場の改革に関する問題の検討だけが委嘱され、特殊銀行や日本銀行の問題は諮られなかった。1926年8月から10月に、準備委員会臨時委員は四つの答申を出した。これらの答申は、大銀行の立場や主張を反映したものであるが、その要点は、以下のとおりである[29]。

①普通銀行はイギリス流の預金銀行＝商業銀行をモデルとし、大銀行制度の発達を図る。

②「規模狭小資力薄弱ナル銀行」の過多という状況を改善するため、最低資本金の法定、積立金の充実、検査制度の確立、支払準備の充実などの措置を講じる。

③「必要ヲ得ザルモノノ外成ルベク法律ヲ以テ」普通銀行を束縛することを避け、資金運用制限や支払準備率の法定はしない。

④普通銀行が他の事業を兼営することは好ましくないが、担保付社債信託業、公社債売買業、倉庫業、信託業は兼営を認める。

⑤ロンドン金融市場のような、優良な銀行引受手形が流通する手形割引市場を育成する。

⑥長期資金の投資を容易にし、事業資金の供給を円滑にするため、証券市場の健全なる発達を図る。そのために、証券業者に許可制度を導入して、資力・信用程度を向上させるとともに、日本興業銀行の公社債・株式の発行・引受機能を充実させる。

金融制度調査会準備委員会臨時委員の答申は、同調査会普通銀行制度調査特別委員会の検討[30]を経て、金融制度調査会の答申に反映され、銀行法に盛り込まれた。

銀行法の骨子は、以下のとおりである。

①銀行の組織を株式会社に限定した。

②最低資本金が法定された（100万円。ただし、東京、大阪に本店を置く銀行の場合は200万円）。

③担保付社債信託業以外の他業兼営が禁止された（ただし、両替、証券業などの付随業務は認められた）。
④法定準備金が増額された（利益金の10分の1以上）。
⑤役員の兼職が制限された（ただし、常務役員のみ）。

このように、大蔵省は、大銀行の協力のもとに、中小銀行の強制合併による銀行体質の強化を柱とする銀行法を制定した。その結果、大銀行の関係する領域は改革の対象とはならず、その既得権は最大限尊重された。そうした構図の背景には、当時の大銀行の強い独立性と、大銀行の安定性に対する大蔵省の揺るぎない信頼があった。反面で、大蔵省は日銀や特殊銀行の問題には、大銀行関係者を関与させなかった。明石照男は、大蔵省は「特殊銀行なんかの改正のことについては大蔵省だけでやる。普通銀行のことには君らも参加してくれろという態度であった」と述べている[31]。

1927年銀行法を中心とする改革は、次のような特徴と限界を持った。

銀行法が「銀行合併法」とも呼ばれたように、強制的銀行合同が規制の中核に据えられ、他の規制もそのための手段として位置づけられたことが、この改革の最大の特色であった。強制的銀行合同を通じて、金融構造の弱い部分とみなされていた中小銀行の経営体質の強化が図られたのである[32]。1926年末に1,420行あった普通銀行数は、1932年末に538行に減少し、無資格銀行は消滅した。ただし、大蔵省は、地方的利害への配慮から、大銀行関係者が理想とするイギリス流の大支店銀行主義を容れず、地方的合同政策を推進した[33]。

銀行法制定と同時に強化された銀行検査も、事実上、銀行合同政策を補完する手段であった[34]。1927年5月に大蔵省銀行局に検査課が新設され、銀行検査官が6名から18名に増員され、銀行検査官補も増員された。これにより、2年に1回の検査が実施可能となった。書面検査も、業務報告書（営業報告書）以外に、銀行の監査役が作成した監査書を毎営業年度ごとに2回提出することが義務づけられた[35]。当時、銀行検査に従事していた原邦道は、「合併さえさせたら事終れりという傾向」があったと証言している[36]。

銀行局による検査と同時に、日本銀行の取引先銀行調査（考査）も始まった

(1928年6月、日銀に考査部設置)。金融制度調査会においては、日銀による検査に法的拘束力を持たせる案も出されたが、大蔵省が、日銀の検査に法的拘束力を持たせることに反対した結果、日銀と取引先銀行との契約による取引先調査という形に落ちついた[37]。

大蔵省の銀行検査、日銀の考査は財閥系大銀行に対しても実施されたが、それは、中小銀行に対する検査を実施しやすくするための形式的なものであったようだ。大銀行は、官金取扱を行っていた明治初期を別にすれば、外部の検査を受けたことがなく、いわば不可侵の領域であった[38]。

欧米諸国の1930年代の金融制度改革では、銀行業務と有価証券業務との分離、長期信用と商業金融との分離は、セイフティ・ネットの重要な一環であったが、日本では基本的には、これらの分離は行われなかった。

大蔵省は、イギリス流商業銀行主義を理念としては掲げつつも、長短金融の分離を図ろうとしなかった。大銀行も、普通銀行を商業金融に専念させることには消極的であり、補完的な機関としての長期金融機関の設置を求めただけであった。『東洋経済新報』は、金融系統を長短に明確に分離することこそ、金融機関の安定の要であると力説したが、この主張は影響力を持たなかった[39]。長短両業務を兼営する大銀行の既得権が維持された根底には、大銀行の経営は安定しており、問題はないという事実認識があった[40]。

銀行法の運用においては、普通銀行が付随業務として有価証券の売買、引受、貸付を行うことは認めたが、証券業を主たる業務とする者が銀行業を兼営することは認めなかった[41]。ビル・ブローカーについても、同様であった[42]。

原則として、銀行業と証券業の兼営を禁止したことをもって「第一次銀証分離」と呼び、戦後の銀証分離の前史とする見方もあるが[43]、本稿はこの見解をとらない。その理由は、銀行法はそれまで普通銀行が営んできた証券業務（公社債の引受、売買）は既得権として認め、銀行に対して証券業務を禁止する意図はなかったからである。その意図は、普通銀行の健全性の確保するために、証券業者が銀行業に参入することを防ぐことにあった。社債引受業務から普通銀行を排除した戦後の措置とは、目指す方向が逆であった。

以上見てきたように、銀行法を中心とする銀行制度の改革は、信用秩序の安定性を脅かす弱小の銀行を合同によって強化することに主眼があり、中核である大銀行には規制の網はかけられなかった。

これらの措置は、信用秩序動揺への事前の備えであるが、破綻銀行の処理について、大蔵省はどのような見解を持っていたのだろうか。大蔵省は破綻銀行に対して監督を行うことは当然だとしたものの、大蔵省が破綻銀行の経営に関与することは、極力、避けるべきだと考えていた。このような姿勢は、金融制度調査会において、原案の第16項の「銀行ガ整理ノ為休業ヲ為シタルトキハ速ニ銀行ノ状況ヲ検査シ預金者保護ノ為必要ナル処置ヲトルコト」のうち「預金者保護ノ為必要ナル処置」とは何かをめぐって展開された議論のなかで、明瞭に述べられている。

委員の中から、この部分を、「預金者保護ノ為必要ナル場合ニハ大蔵大臣ハ検査官又ハ地方官等ヲシテ一時其銀行ヲ監理セシメ其他適当ナル処置ヲ採ルコトトスル」と改め、資産の確保を図り、銀行当局者の不正行為の追求を徹底すべきだという意見が出された。これに対して、大蔵省は、「支払停止銀行等ニ大蔵省ガ余リ深ク這入リマスト、債権者救済ト云フ運動ガ非常ニ強クナリマシテ、大蔵省ガ此ノ銀行重役ノ失敗ノ後始末ヲ引受ケナクテハナラヌ、ソレガ為ニ救済資金ヲ出サナケレバナラヌト云フ種々ナル面倒トナルコトガ起ル危惧ガアル」として、「大蔵省ノ当局ガ銀行ノ責任者ヲ呼ビ付ケテ、サウシテ十分監督ヲシテ命令ヲ発シテヤラシタ方ガ宜シイ」と述べた[44]。

第2節　戦時金融統制と金融制度——組織化と逸脱——

1　信用の組織化

1920年代の改革の目的は信用秩序の維持と預金者保護にあり、資金供給を社会的にコントロールするという視点は存在しなかった。1930年代半ばになると、信用の供給が、国民経済全体にかかわる問題だと認識され、政府がこれに関与

第5章　1927年銀行法から戦後金融制度改革へ　151

するようになる。

　1936年に大蔵省は、銀行に対する従来の「消極的取締」の方針から、銀行に対して産業資金の低利資金の供給を促進する「積極的銀行指導方針」に転じた(45)。馬場鍈一蔵相が、1935年の講演の中で、「金融を司どっている大蔵省のやって居る仕事といふものは、寧ろ今日までは預金者保護が主眼になった金融機関の監督」であったが、「今日では国民経済全体の利益の為に、若くは国家財政のために、銀行をして金融をして行かしむるやうにこれを誘導して行くこと、若くは監督して行くといふ事が非常に必要ではないか」と述べているのは同様の趣旨である(46)。

　この主張は、高橋亀吉『金融統制論』（1935年）のなかで、より体系的に論じられている。高橋は、1929年を画期に金本位制が崩壊し、公定歩合操作のような金利の変動にもとづく「金融統制」から、「計画的金融統制」へと根底的な変革を遂げつつとあると主張した。「従来の如く専らブレーキ作用のみに由る金融統制時代は去って、能動的に資金の使用を指導する新金融統制を必要とするに至った」。こうした変革のなかで、預金者の利益保護を第一の目的とする銀行監督では不十分となり、「一国の生産と消費との適当な調節」を行うための銀行監督に移行しなければならない。「計画的金融統制」は「全国民的立場」に立って総合的に計画されなければならず、従来の中央銀行や大蔵省銀行局では、この目的に役立たない。金融の最高機関として内閣に直属する資金局を設置して、政府予算の作成、投資等の民間資金の利用の統制、金融政策の決定に当たらせるべきである(47)。

　信用配分が国民経済全体の問題であり、それを市場原理のみに委ねるべきではないとすれば、従来の信用調整機構に代わる機構が新設されなければならない。1937年以降の試行錯誤の末、1941年7月に閣議決定された「財政金融基本方策要綱」によって、新たな機構が確立した(48)。

　「新たな機構」は、「国家資金力ヲ計画的ニ動員」し、財政、産業、消費に、「合理的ニ配分」することを目的とするもので、次のような特徴を持った。

　①資金計画においては、国債の消化が第一の目的とされ、財政が金融に優位

した⁽⁴⁹⁾。
②日本銀行を改組し（1942年2月日本銀行法公布）、日銀を金融機関の組織化の中核とした（日銀が全国金融統制会〔1942年5月結成〕を指揮した）。
③諸金融機関は、「同業連帯」を旨とした職能別（業態別）の「自治的統制」⁽⁵⁰⁾の原則によって強制カルテル的に組織化された⁽⁵¹⁾（1942年4月公布の金融団体統制令にもとづいて、普通銀行、地方銀行、貯蓄銀行、信託会社、生命保険などの業態別の統制会が設置された）。

こうした金融機関の組織化は、市場原理を完全に排除するものではなかったが⁽⁵²⁾、臨時資金調整法（1937年）から軍需会社法（1943年10月公布）にもとづく指定金融機関制度に至る軍需産業への資金の動員政策、社債発行の計画化、国債消化のための低金利政策⁽⁵³⁾に大きな役割を果たした。

以上のような、金融統制会体制に欠けていた点は、高橋亀吉が提唱したような金融的利害から独立した金融の計画化の中枢機関の設置であり、信用配分計画への各経済利害関係者の参加であった。

2 リスクの国家保証とセイフティ・ネットの崩壊

軍需産業等への資金調達と運用にあたっては、国家信用によりこれを円滑に推進する措置が実施された。前掲の「財政金融基本方策要綱」は、「金融統制ノ円滑ナル遂行ニ資スル為メ必要ヲ生ジタル場合ニ於テハ金融資産ノ蒐集及其ノ払戻ノ責任ニ付国家ノ信用ヲ参与セシメ又投資、融資ニ付国家ノ信用ニ於テ保証又ハ債権ノ肩代リヲ為ス途ヲ開キテ其ノ回収性ヲ補強スル等ノ方策ヲ構ズ」と謳った。

政府による民間の金融債権、債務の保証は、すでに準戦時体制への移行時から、政府保証債の導入を皮切りにして始まっていた。

海外で発行される日本興業銀行や南満州鉄道の社債については、1910年代から政府保証が行われてきたが、国内で発行される社債に対して日本政府の保証がなされたのは、1936年6月の北樺太石油社債を嚆矢とする。その後、1937年9月には興業債に対する政府保証が実施されるなど、政保債の発行は急増し、

1940年には政保債は、社債発行総額の53.4％、1944年には74.7％に及んだ⁽⁵⁴⁾。

融資については、「会社利益配当及び資金融通令」（1939年3月公布）にもとづく日本興業銀行に対する命令融資に対して、さらに、「銀行等資金運用令」（1940年10月16日）にもとづく一般の銀行に対する命令融資に対して、政府保証が行われた。

預金に対しては、1941年12月8日に「非常金融対策要綱」が発せられ、預金支払保証がなされた。これは、太平洋戦争の開戦にともなって起きることが懸念された取付け対策であった。「要綱」において、「預金支払制限（金融機関ノモラトリアム）ハ絶対ニ之ヲ行ハズ金融機関ニ対シ日本銀行、朝鮮銀行及台湾銀行ヨリ積極的ニ資金支払ニ要スル資金ヲ供給セシムルト共ニ之ト並行シテ右三銀行ガ金融機関ノ債務ヲ保証スルコトニ依リ預金者ノ不安ヲ除去スルコト」と述べられていた。この「要綱」は、その後、政府の政策を強く縛ることになった。敗戦の際に、東久邇内閣が「モラトリアムは実施せず」の声明をいち早く出したことはよく知られている。

政府保証の拡大につれて、大蔵省、日銀および金融機関自らによる金融機関のリスク管理体制は縮小された。

大蔵省による銀行検査は、戦時期になると整備統合方針にもとづく合併のための検査に重点が置かれるようになった。その後、1942年には大蔵省の検査機構は不要不急として廃止された⁽⁵⁵⁾。

日銀の実地考査は、1943年5月以降中止され、考査局は主として、全国金融統制会の行う戦時金融統制事務を担当することになり、さらに、1945年4月には局の名称も統制局と改称した⁽⁵⁶⁾。

また、各銀行、保険会社の監査役に対して事業年度ごとに2回、作成を義務づけられていた監査書も、「近時金融機関ノ内容ハ十分堅実トナツテ参ツテ居ル」という理由から、1943年に、毎事業年度に1回となった⁽⁵⁷⁾。

民間金融機関は、政府保証を全面的に信頼し、貸出や証券投資に伴うリスクを無視したわけではなかった⁽⁵⁸⁾。戦時期に普及した協調融資には、リスク分散の意図もあった⁽⁵⁹⁾。また、ハイ・リスクの融資については、準戦時期には

特殊銀行である日本興業銀行があたり、さらにのちには、戦時金融公庫等が設置され、民間金融機関の融資のリスク分散も図られた[60]。

しかし、この時期には金融機関の自己資本が急速に縮小する傾向が見られるなど[61]、金融機関のリスクに対する認識が弱まったことは疑い得ない[62]。

銀行分業制度は、金融分野のセグメントによるリスク分散の意味を持っていたが、戦時期に進んだ兼営化も、セイフティ・ネットの縮小と見なすことができる。

1943年に、「普通銀行ノ貯蓄銀行業務又ハ信託業務ノ兼営ニ関スル法律」の制定により、普通銀行が貯蓄銀行業務および信託業務を兼営することが認められた。これは、銀行法の分業主義からの大きな転換であった。その目的は、「戦時国民貯蓄増強の必要から既存の金融機関中店舗ならびに人員数において最も活動力ある普通銀行などをして大衆的貯金および長期貯蓄的資金吸収に遺憾なきを期」すことにあった[63]。大蔵省は、この措置は、戦時の臨時的な措置ではなく、「恒久的な金融制度」として立案されたものであると説明し、また、兼営による銀行経営内容の悪化については、政府が政策（非常金融対策）によって保護しているから懸念はないとした[64]。

このように、統制経済の進行とともに、セイフティ・ネットは放棄されたのである。銀行経営者のなかには、軍需産業への融資のリスクを懸念する者もあったとはいえ、政府保証さえ得られれば、軍需産業への融資をためらう者は少なかったと思われる。軍需産業への融資は敗戦により一挙に不良債権になった。その後のGHQ/SCAPによる1946年の戦時補償の打ち切り措置により、銀行が戦争によって生じた膨大な不良債権を政府に肩代わりさせることが不可能となったのである[65]。

第3節　戦後復興期の金融制度改革
── セイフティ・ネットの完成 ──

1　占領政策と金融制度改革

　占領期の経済改革の一つとして戦後金融制度改革を検討したこれまでの研究は、金融制度改革について、「ほとんど何らの実績をもあげえなかった」[66]、「GHQ による制度改革の効果は以外に小さい」[67]といった低い評価を与えている。確かに、GHQ/SCAP 側のイニシアティブで実現した改革は、特殊銀行の廃止、銀証分離（銀行等と証券業との分離）、臨時金利調整法の制定などを数えるにとどまる。また、それ以外の金融制度改革も、日本側のイニシアティブによる改革であったり、GHQ/SCAP 側の発議によるものであっても、現実には日本側が換骨奪胎したものであった。こうした歴史的経緯は、低い評価の根拠となってきた。しかし、当初の占領側の改革プランのうち、実現されなかった改革を数え上げるならば、占領改革の影響は過小評価されてしまうおそれがある。戦後金融制度は、占領側と日本側が、それぞれ提起した占領期の諸構想の角逐と妥協のなかから生まれたのである。トータルに見れば、占領側の政策が、戦後の金融制度の形成に大きな影響を与えたことは否定できない。

　そこで、まず、占領側の金融制度改革構想の推移から検討しておきたい。

　GHQ/SCAP の占領政策において、金融制度改革は独立した分野ではなく、財閥解体・独占禁止政策の一環であったことは、最近まで、あまり注目されてこなかった事実である[68]。こうした視点から金融制度改革を考察することにより、この改革を金融制度の枠内で見るのではなく、より広い関連で位置づけることが可能となる。

　占領前期の財閥解体・独占禁止政策の骨格を作ったのは、1946年3月の「日本の財閥に関する調査団報告書」（通称エドワーズ報告書）である。1945年段階では、アメリカの財閥政策は明確に形成されておらず、プラン作成の任務は、

1946年1月来日のエドワーズ調査団に委ねられた。この調査団の報告書は、極東委員会に提出するために、1947年5月に、「日本の過度経済力集中に関する米国の政策」（FEC230文書）と題する具体的な政策文書に纏められた。この政策文書は、財閥解体、独占禁止、集中排除を包含するものであり、1948年12月にアメリカ政府が、対日占領政策の転換により、FEC230を取り下げるまでの、財閥解体・独占禁止に関する占領政策の基本文書となった。

エドワーズ報告書やFEC230は、金融制度改革にも言及しており、少なくとも、1947年前半には、金融制度改革はGHQ/SCAPの実施すべき課題となっていた。GHQ/SCAPでは、金融制度改革は、反トラスト・カルテル課と金融財政課の二つのセクションが担当していたが、両者の見解は大きく異なった。

反トラスト・カルテル課は、FEC230の政策を忠実に実行しようし、大銀行分割の方針を掲げた。これに対して、金融財政課は、大銀行分割には反対であり、大銀行分割を含まない金融制度改革でも、FEC230が提起した課題は十分にクリアーできるとした。GHQ/SCAPが示した全体的な金融制度改革指針である1948年8月17日の非公式覚書は、実質的には反トラスト・カルテル課の大銀行分割案への対案であった。

このような、1948年から51年にかけて展開されたGHQ/SCAP内の金融制度改革をめぐる対立について、詳しく立ち入る余裕はないが、以下の検討に必要な限りにおいて、その概要を示しておきたい[69]。

エドワーズ報告書、FEC230が掲げた金融制度改革とは、次のようなものであった[70]。

① 大銀行の分割等の方法により、銀行数を増加させ、競争状態を創出する。
② 預金保険制度の創設や、郵便貯金の民間銀行への預託により、中小銀行を保護し、「公正な競争」を維持する。
③ 大蔵省の権限を縮小（行政指導の範囲が広すぎるので、法律に明記）し、銀行検査を強化する。
④ 銀行と産業（企業）を分離する（株式保有制限、役員の兼業禁止、大口貸出制限）。

⑤特殊銀行制度の業務・権限を縮小する。

この政策にもとづいて、反トラスト・カルテル課長 E. C. ウェルシュは、集中排除政策に金融業も含めることを決め（1948年1月、金融業への集中排除法適用の基準案を起草）、1948年2月から大銀行分割の具体的プランの検討に入った。

ほぼ同じ時期に、金融財政課も、金融制度改革に本格的に取り組み始めた。その中心となったのは、1947年9月に、連邦準備制度理事会検査部から GHQ/SCAP に派遣されてきた、クリフォード・ケーグル（Clifford E. Cagle）である。

反トラスト・カルテル課の大銀行分割案は、金融機関の安定性を重視する金融財政課の担当者たちにとっては、受け入れがたい案であった。金融財政課のスタッフには、アメリカの銀行関係者が多く、かれらは大銀行の分割が、日本の金融機関の経営を悪化させることを懸念したのである。そこで、ケーグルが中心となって、大銀行分割に代わる対案が作成された（1948年3月5日「包括的金融業法案」）[71]。この案は、財閥解体・独占禁止政策の原則を満たし、同時に金融制度の安定性を維持する案として作成された。

ところが、アメリカ政府の集中排除政策見直しのなかで（1948年5月集中排除審査委員会来日）、反トラスト・カルテル課の大銀行分割案は、集中排除審査委員会により7月には、最終的に却下されてしまった[72]。

こうしたなかでも、金融財政課は、自らの構想を放棄することなく、1948年8月17日に、GHQ/SCAP 経済科学局から日本政府に対して、非公式覚書「新法律の制定による金融機構の全面的改編に関する件」（通称、ケーグル案）を発した。この際に、細部にまで介入し、日本側のイニシアティブを損ねることがないように、同年3月にすでに起草されていたケーグルの詳細な当初案は大幅に簡略化された。

ケーグル案の骨子は以下のとおりである[73]。

①通貨信用政策の策定・実施、銀行の規制・監督に当たるバンキング・ボード（金融庁）を新たにもうける。バンキング・ボードは、大蔵省から独立

した機関とする。
②日本銀行を、民間銀行の出資するアメリカの連邦準備銀行的な組織にする。
③金融機関を規制するための包括的な新金融業法を制定する。
④従来の特殊金融機関を見直し、イ）当面の経済復興に必要な金融機関、ロ）住宅、土地開発計画のための金融機関など、必要かつ健全な特殊金融機関だけを設置する。
⑤銀行と、他の銀行・企業との間の資本関係、人的関係を断ち切る。
⑥銀行の証券業務を禁止する。
⑦銀行について、資金運用制限をもうける。
⑧預金者保護のため、銀行の自己資本を充実させ、また、近い将来に預金保険制度をもうける。

金融財政課は、この案にもとづいて、日本政府に新金融業法を制定することを求めた。

ところが、アメリカ政府は、金融制度改革については、金融財政課よりも慎重であった。ケーグル案のバンキング・ボード（金融庁）設置構想について、アメリカ政府は、このようなドラスチックな改革は金融不安を惹起しかねないので好ましくないとのクレームをつけたのである。アメリカ政府の反対を押し切ることができず、結局、バンキング・ボードの代わりに日銀の中にポリシー・ボード（政策委員会）を設置する案に後退した[74]。こうして、1949年6月の日銀法改正が実現し、政策委員会が新設された。

日銀以外の金融制度改革は先送りにされたが、金融財政課は改革を断念したわけではなかった。GHQ/SCAP に促されて、大蔵省は、1949年11月以降、7回にわたり金融業法案を練り直した。しかし、大蔵省が金融業法の制定に消極的であったため、占領の終結とともに金融業法は立ち消えとなり、結局、1927年銀行法の抜本的な改革は実施されなかった。

2　日本側の政策構想

日本政府は、すでに1945年末に第一次金融制度調査会を設置して、戦後の金

融制度の再編を検討し始めていたが、委員のかなりの部分が公職追放に該当したために、結論を出すまでに至らずに終わり、本格的な検討は、1946年12月に設置された第二次金融制度調査会に持ち越された。

1947年11月15日に出された第二次金融制度調査会答申と、それを踏まえて大蔵省が作成した「金融業法案要綱」(1947年12月)は、金融業への集中排除法適用が論議されるなかで出された案であり、大銀行分割案に対する日本側の対案としての性格を持っていた。

前者は、金融界の意見を、後者は大蔵省の意見を強く反映していた。

金融制度調査会答申は、集中排除法による企業・銀行の細分化は、「不必要な摩擦混乱」を生じさせるので不適当だと批判し、「民主化の徹底的な実現により、その社会的公共的性格を明確にすれば一応その目的を達成することができる」と主張した[75]。

金融制度調査会の提起した「民主的改革」の内容は次のようなものであった。

①「官僚的統制」を撤廃し、金融機構管理を「国民管理方式」に改める。そのために、国民各階層の代表者で構成する通貨信用委員会(内閣総理大臣に直属する諮問機関)をもうける。

②日本銀行の理事会の上に日本銀行運営委員会を置き、金融界、産業界、従業員代表によって構成する。

③金融機関の資本構成、運営、経営者の選任方法を民主化する(独占的株主を排除し、従業員の意見を反映させる)。

④普通銀行の業務は短期金融を中心とし、別個に長期産業銀行をもうける。

金融制度調査会の案で特徴的なのは、株主の権限を制限すると同時に、経営の「民主化」(従業員等の参加)が強調されている点である。これは、従業員の経営参加という観点から産業復興会議や経営協議会といった組織が設けられた、当時の時代状況を反映している。提案の核心は、株主主権の制限を通じた経営者支配の確立にあったと考えられる[76]。

他方、大蔵省の「金融業法案要綱」に掲げられた主要な項目は次のようなものであった[77]。

①通貨信用委員会を大蔵大臣の諮問委員会としてもうける。
②銀行の資金運用制限、自己資本と外部負債との比率などのバランス・シート規制を行う。
③預金保険制度を導入する。
④準備預金制度を創設する。
⑤大株主を禁止する。

金融業法の制定について大蔵省は、現行の銀行法は「内容は簡潔であるが、その運用により銀行行政には特別の支障は見い出され」[78]ないという意見を持っていた。金融業法案の起草が、大蔵省の自発的意志によるものでなく、占領当局に促されたものであったことは明らかである。

しかし、大蔵省の占領政策に対する拒否的な姿勢だけを強調することは誤りであろう。大蔵省担当者は、他方で、「向こうのアイデアでとれるものはとっていこう、しかし基本は崩さないでもいい」[79]という態度であり、アメリカをはじめとする各国の銀行制度を参考にしようとする強い意欲を持っていたのである。そうした意欲は、金融業法案においては、預金保険制度や準備預金制度の創設案にあらわれている[80]。

新たな制度を導入するに際して、大蔵省が守ろうとしたものは、金融行政に関する大蔵省の権限および裁量的行政の維持であった。いずれも、エドワーズ報告書では手厳しく批判されていた点であった。

3　中小金融機関の創設と保護

GHQ/SCAP の反トラスト・カルテル課の政策は、大銀行分割政策の挫折によって、何らの影響も残さなかったのであろうか。

われわれは、地方銀行の新設、相互銀行、信用金庫という新たな中小企業金融機関の創設について、その影響が見いだせるという仮説を示したい。従来は、中小企業金融機関の創設については、GHQ/SCAP は無理解であり、その創設は日本側のイニシアティブによるものとされてきた。

GHQ/SCAP は、金融機関は同一の条件で営業すべきであり、銀行の種類

（業態）によって業務範囲が異なるのは好ましくないとし、すべての民間銀行を、普通銀行（商業銀行）一種類にするように求めた。そのために、信用金庫や相互銀行を、普通銀行とは別個にもうけることには、GHQ/SCAP は好意的ではなかったのである[81]。この点をとらえれば、確かに、GHQ/SCAP は中小企業金融機関の創設に消極的だったといえよう。

しかし、すでに見たように、エドワーズ報告書は、広く商工業者に信用を供与するために、銀行数を増加させ、競争条件を公平化すべきだと考えた。競争条件の公平化とは、信用の大きな大銀行が有利とならないような措置を講じることであり、これは、中小銀行の保護政策にほかならない。

ウェルシュの大銀行分割論は、全国的な銀行支店制度は大企業に有利に働くと考え、地方企業の独立性を確保するために、大銀行を分割し、銀行の営業地域を限定しようというものであった。ここにも、中小企業や中小金融機関保護の姿勢が見いだされる。

占領当局の、金融機関を普通銀行（商業銀行）に一元化しようとする方針は、無尽会社や市街地信用組合の普通銀行業務への進出を促進する要因になったと考えられる[82]。1949年以降の中小企業問題がクローズアップされる中で、日本政府は GHQ/SCAP の掲げた中小銀行保護政策を、修正しつつ採り入れていった。

反トラスト・カルテル課だけでなく、金融財政課も、競争促進の観点から、日本政府に対して銀行数の新設を求めた。1949年になって大蔵省は、ドッジ・ラインによる中小企業の資金難への対処の必要性から、地方銀行の新設方針を打ち出した。その結果、1950～54年に地方銀行12行が新設された。従来の合同政策から新設方針に転換したことは注目に値する事柄であったとはいえ[83]、全普通銀行数から見れば、それほど多数の銀行が増加したわけではなかった。

むしろ注目すべきは、1951年の相互銀行法、信用金庫法の制定による、相互銀行、信用金庫の参入であろう。普通銀行数(A)の推移のほかに、貯蓄銀行、相互銀行、特殊銀行、信託銀行、信用金庫を含めた銀行数(B)の推移を示すならば、銀行数(A)は戦後の地方銀行創設によっても戦時期の水準とほとんど変わらない

図5-1　銀行数の推移

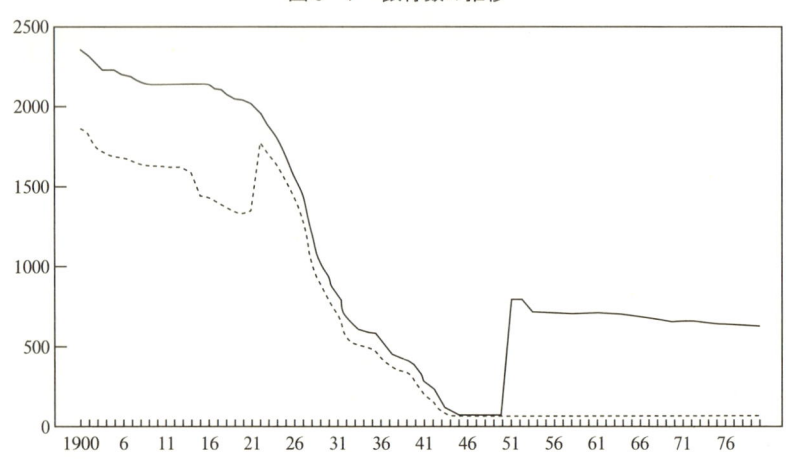

出所：後藤新一『日本の金融統計』東洋経済新報社、等より作成。
注：実線は普通銀行、貯蓄銀行、特殊銀行、信託銀行、相互銀行、信用金庫数の合計。点線は普通銀行のみ。

図5-2　民間金融機関資力の推移

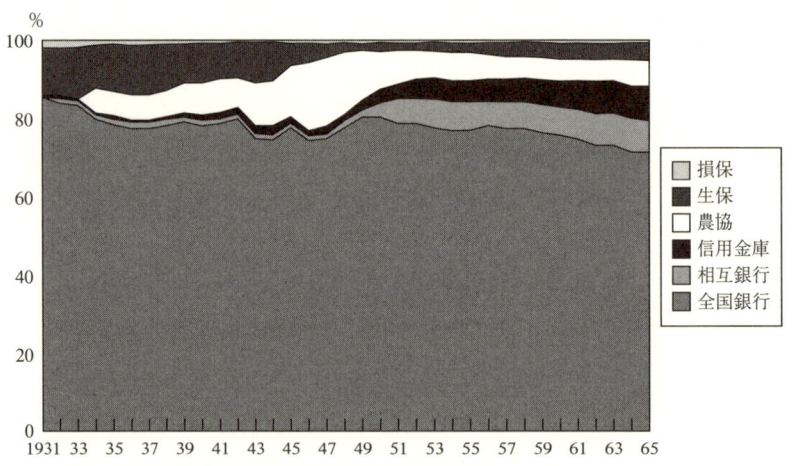

凡例：損保、生保、農協、信用金庫、相互銀行、全国銀行

出所：総務庁統計局『日本長期統計総覧』第2巻、190-191頁より作成。

が、銀行数(B)で見れば1930年代初頭の水準まで戻ったことになる（図5-1）。

　さらに、銀行の支店設置についても、大蔵省は、1949年以降、1950年代にかけて、大銀行の店舗新設を抑制し、相互銀行、信用金庫の店舗新設を優遇した[84]。

　このような中小企業金融機関保護政策の結果、1950年代に、中小金融機関の資金量のシェアは著しく伸びたのである（図5-2）。

　しかし、これは、銀行業への自由な新規参入を認めることにより、競争を促進しようとする政策ではない。現に、普通銀行への新規参入は1952年の武蔵野銀行を最後に打ち切られ、1954年には大蔵省は、銀行その他の金融機関（信用協同組合を含む）の新設を原則として認めない方針を表明した[85]。むしろ、アメリカの独占禁止政策の一つの精神である、中小資本の育成を日本流にアレンジしたものといえよう。

4　セイフティ・ネットの補強

　占領期から占領終結直後の時期には、1920年代半ばに、中途半端な形なまま放棄されていたセイフティ・ネットの整備が、一応、完成されることとなった。セイフティ・ネットの骨格は、銀行業と証券業との分離、バランス・シート規制などが導入され、銀行合同中心の戦前的な規制から、アメリカ的な規制へ変化した[86]。しかし、金融機関はアメリカよりも集中的であり、一定数の参入が認められた後は、厳しい参入規制が敷かれたため、分散型銀行制度のアメリカに特徴的な預金保険制度の導入は見送られた。

　以下、この時期の主要な改革について、その内容と意義を見ておきたい。

　第一は、銀行業と証券業との分離である。

　GHQ/SCAPによる銀行業と証券業の分離の指示は、1947年7月施行の証券取引法の全面改正作業のなかで、1948年1月に、財政金融課のアダムス（T. F. M. Adams）によってなされた。金融機関が証券業に従事することを禁止する条項（第65条）が急遽、設けられ、2月10日の閣議決定を経て、1948年4月13日に改正法が公布された。

占領当局が、銀行業と証券業とを分離する政策を、突然に打ち出した動機は明確ではない。アダムスが示した理由は、預金の安全性を確保し、預金者を保護することであった[87]。

アダムスは、回顧談のなかでも、法律改正作業の途中で、突然に銀証分離を指示した理由を説明してはおらず、その点を明らかにする資料は、今のところ発見されていない。われわれは、銀証分離問題は、ケーグルが中心となって進めていた金融業法案の作業と密接に関連していたのではないかと推測する。ケーグルが起草した包括的金融業法案（1948年3月5日案）は、銀行の産業、企業からの分離の一環として、銀行業と証券業との分離を主張している。そこでは、戦前において、証券業務が日本興業銀行と大銀行に集中したことが、財閥への過度の経済力集中をもたらした原因の一つであったと指摘されている[88]。

おそらく、ここに銀証分離の目的があったと思われる。銀証分離が、反独占政策の一部分として企図され、セイフティ・ネットの構築を目的としたのではなかったとすれば、銀証分離は、他目的の政策追及の結果として意図せずに成立したセイフティ・ネットであったいえよう[89]。

ところで、1948年の銀証分離措置の前に、日本側では、銀証分離問題はどのように論じられていたのであろうか。

第一次金融制度調査会では、公社債の引受を証券引受会社の専業とする趣旨の「公社債引受制度改善方針案」が第五部会に出されたが、銀行関係者の強い反対で結論に達しなかった[90]。

第二次金融制度調査会の「第六特別委員会中間報告書」（1947年5月30日）は、銀行業務と証券業務との分離は「理想」ではあるが、非現実的だとした。日本の発行市場は未熟であり、公社債発行業務の多くを銀行、信託会社等に依存しており、証券業者の大部分は単なる下引受業者として、販売を担当しているにすぎない。従来の引受団に有力証券業者等を加えて、強化拡充するのが現実的方策だと結論づけている[91]。

このように、銀行業と証券業とを分離して、証券業者を意識的に育成しよう

とする政策は、日本側からは打ち出されなかったのである。

第二は、特殊銀行制度の廃止である。

GHQ/SCAP は、1948年6月25日に、特殊銀行廃止、現存する特殊銀行の普通銀行への改組の方針を示した。しかし、大蔵省と日本興業銀行の抵抗により、同年11月、GHQ/SCAP は日本興業銀行の長期金融機関としての存続を認めるに至った。そして、1952年12月には、長期信用銀行法が制定され、特殊銀行は、長期信用銀行という形で再編された。

このように、GHQ/SCAP の商業銀行一元化の当初の方針が貫徹されず、銀行分業主義が維持されたことから、特殊銀行の廃止は「たんなる形式」にすぎなかったという評価が与えられている(92)。

長期信用銀行制度の創設という構想は、GHQ/SCAP から出されたものではなく、1920年代の民間の金融制度改革案と連続している。前に見た経済攻究会の日本興業銀行改造案と、戦後の長期信用銀行制度は内容的に似ている。この案は、普通銀行は従来通り商業金融と長期金融の双方を兼営しつつ、長期業務の一部を日本興業銀行に負担させようとするものであった。

戦後の第一次金融制度調査会の「企業金融分科会答申」(1946年1月31日)は、「債券発行ノ特典ヲ有シ一般金融機関ノ金融ヲ補完スル長期企業金融機関ノ存在」は必要だと述べ、さしあたり、日本興業銀行と日本勧業銀行がこの業務を担当するものとした(93)。

第二次金融制度調査会の答申（1947年11月15日）も、「敗戦下の著しい資本破壊の現状に鑑み、長期固定資本投下が必要であり、且つ一般銀行は短期金融機関として専門化しつつある傾向からすれば、一般普通銀行とは別個に、有力な長期産業銀行をもうけることを適当とする」と述べた(94)。

1952年の長期信用銀行法の制定により、資金の短期から長期への期間変換のシステムが、日銀信用に支えられる形で形成された。このシステムは、高度成長期の重化学工業化のための長期資金の調達を促進するうえで、きわめて重要な役割を果した(95)。

このような普通銀行と長期信用銀行という間接金融体制内の分業主義は、

GHQ/SCAP の掲げる、間接金融（商業銀行）と直接金融（証券市場）との分業主義とは異質であったことは疑う余地はない。

しかし、戦前的な特殊銀行制度の持っていた曖昧さが、戦後改革によって是正された点を無視することはできない。すでに見たように、1920年代の銀行破綻の原因の一つは、特殊銀行が、半官半民的な経営形態をとり、また、政策金融と民間金融という異なる目的の2種類の金融業務を兼営した結果、経営が悪化したことにあった。特殊銀行の政治的利用の顕著な事例は西原借款であった。占領期の改革により、政策金融と民間の金融とは峻別された。政策金融と民間金融との分離により、金融の公共性はもっぱら政府金融機関に委ねられることとなり、民間金融機関にとっての公共性とは、預金者保護を意味するようになった。

第三は、バランス・シート規制の導入である。

バランス・シート規制は、戦前には実施されていなかった。1927年の銀行法においては、「銀行業の公共性を充分発揮させるための配慮は、主として組織法的な面に重点が置かれ、銀行経営の面乃至は銀行業務運営の面については、銀行の自主的活動を尊重する建前をとり、ほとんど全面的に自己責任原則の発揚に期待してい」た[96]。行政指導についても、戦時期までは、配当制限を除いては[97]、経営内容に関する規制は実施されなかった。

それに対して、戦後は、法的な規制は導入されなかったものの、バランス・シートについての詳細な規制（行政指導）が実施された。

戦後に実施されたバランス・シート規制には、①自己資本比率規制（1954年～）、②預貸率規制（1957～86年）、③流動性資産比率規制（1959年～）、④配当・増資規制（1949年～）、⑤大口融資規制（1974年～）、⑥経常収支比率規制（1949～68年）、⑦営業用不動産比率規制（1953年～）などがあるが、規制の内容については、すでに多くの研究が存在するので、詳細には立ち入らない[98]。

バランス・シート規制の導入にあたっての、GHQ/SCAP の影響は必ずしもストレートなものではない。1948年8月にケーグル案が示されたのちに、GHQ/SCAP の意向を確認しながら作成された大蔵省の「金融業法案要綱」

(1949年2月1日)には、①自己資本利率規制(外部負債の5％以上)、②大口融資規制(同一人に対する融資は自己資本の10％以内)、③長期融資(1年を越える)の制限、④所有株式・社債の制限(資金総額の10％以内)、⑤営業用不動産所有の規制(自己資本の70％未満)などのバランス・シート規制が盛り込まれた。

しかし、占領期に、実施されたのは経常収支比率規制と配当規制だけであった。この二つの規制とも、目的とするところは内部留保の充実であった。

配当規制はGHQ/SCAPの指示にもとづくものであったが[99]、1950年代の比率行政の中心であった経常収支比率規制(経常支出の割合を経常収入の一定比率に抑える行政指導)は、GHQ/SCAPの創案ではなく、大蔵省が案出したとされる。すなわち、労使の紛争へ介入する直接的手段を持たない大蔵省により、帝国銀行の労使紛争の際に、給与抑制を実施するための方策として設けられ、1950年代の銀行の労働争議への対処策としても活用されたのである[100]。

GHQ/SCAPが重視した自己資本比率規制、大口融資規制は、銀行の反対などにより、占領期には実現しなかったものの、その後、1950年代に比率行政の体系は、ほぼ姿を整えた。比率行政というシステムのアイディアは占領改革にあったが、その内容を決めたのは行政当局であったと見てよいだろう。そして、比率行政の主目的は、銀行業に対する保護政策から生じる超過利潤を、銀行に内部留保させ、経営基盤を安定させることに置かれた。1920年代から戦時期までの銀行の規模拡大を追求することを優先する方針から、個々の銀行の内部留保を充実させる方針への転換があったということができる。

本稿で見てきたように、日本の金融セイフティ・ネットは、1920年代から50年代前半まで、約30年間にわたって段階的に形成された。第一段階として、1920年代から30年代にかけて、銀行合同政策に集約される形でセイフティ・ネットの形成が企図されたが、完成には至らず、戦時の中断を経て、課題は戦後に持ち越された。戦後改革のインパクトのもとで、アメリカ的な制度との折衷

が行われ、セイフティ・ネットは1950年代前半に完成したのである。このような規制の体系は、資本移動の少ない一国内の金融・資本市場を前提にした歴史的な存在であり、公平性の点では歪み（預金者から金融機関への所得移転の発生）を持っていたが、大規模な資本移動が生じない限りは、安全性という点においては、かなり高い有効性を保持したと見ることができる[101]。

注
（1） 西欧諸国でも、貯蓄銀行に対する規制は早い時期から行われていた。
（2） 明治財政史編纂会編『明治財政史』第12巻、1905年、589頁。
（3） 1876年以降は、私立銀行の設立認可は届け出制であった（竹澤正武『日本金融百年史』東洋経済新報社、1968年、80頁）。なお、一取引先への貸付額の制限は国立銀行条例第11条にすでに存在する。
（4） 加藤俊彦『本邦銀行史論』東京大学出版会、1957年、124-130頁、154-158頁。
（5） 後藤新一『日本の金融統計』東洋経済新報社、1970年、56頁。
（6） 1916年の「銀行条例」等の改正の際に、銀行局長森俊六郎は「大体政府ノ従来ノ考ヘト致シマシテハ普通銀行ニ付キマシテハ余リ拘束ヲ加ヘズニ発達ヲ期シテ参リタイト云フ考ヲ以テ、エライ拘束ヲ加ヘズニヤッテ参リマシタノデアリマス」と述べている（日本銀行調査局編『日本金融史資料　明治大正編』第14巻、1960年、1111頁）。
（7） 処分された銀行のリストは、『昭和財政史資料』R32-16「金融機関検査充実ニ関スル調査参考資料」に存在する。
（8） 進藤寛「地方貯蓄銀行の再編成」（朝倉孝吉編『両大戦間における金融構造』御茶の水書房、1980年）463-468頁。
（9） 前掲『日本の金融統計』156頁。
（10） 前掲『日本金融史資料　明治大正編』第14巻、1241頁。
（11） 「大蔵省の普通銀行改善計画」（『大阪銀行通信録』312号、1923年8月）83頁。
（12） 渋谷隆一「戦前における金融制度調査会の活動」（駒沢大学『経済学論集』第13巻第1号、1981年6月）76頁。
（13） 「銀行制度改善調査」（『銀行通信録』第451号、1923年5月20日）726-727頁。
（14） この準備会が発足した際に、銀行局が想定していた改革の範囲は、1923年半ばの上記項目とほとんど同一である（「大蔵省の銀行改善方針」『大阪銀行通信録』第332号、1925年4月、86頁）。
（15） この経緯については、渋谷前掲論文参照。

(16) ①日本銀行制度、②普通銀行制度、③手形割引市場・証券市場、④工業金融、⑤農業金融、⑥不動産金融、⑦貿易金融、⑧拓殖金融、⑨特殊産業に対する金融、⑩貯蓄銀行・信託会社、⑪金利低下の方法の11項目にのぼった(『日本金融史資料 明治大正編』第18巻、10頁)。
(17) 前掲「銀行制度改善調査」の記事からは、日銀改革については、世論に対応するためにとりあえず取り上げるという大蔵省側のニュアンスが感じられ、特殊銀行や植民地銀行の改革については、「実現頗る困難」であるが調査は必要だとされている。
(18) 「金融制度研究会の意見」大正15年11月11日(前掲『日本金融史資料 明治大正編』第18巻、655頁)、1926年11月18日の金融制度調査会本会議における志立鐵次郎委員の発言(同前書、341頁)。
(19) 日銀については、1932年に設けられた特別金融制度調査会に改革案が諮られ、1932年6月に制限外発行の拡大と、参与制度の創設が実施されたが、これは大規模な制度改革ではなかった。
(20) 諸改革論の悉皆的なリストは、渋谷前掲論文に収められている。
(21) 経済攻究会(1922年7月発足)と経済制度研究会(1922年11月金融制度研究会として発足)とは、一部、メンバーも重複している(石橋湛山、志立鐵次郎、志村源太郎は両方に参加)。経済攻究会は金融界、財界人が中心であり、経済制度研究会は学者が中心であり、石橋湛山を中心とした研究会という色彩が強い。経済攻究会案のうち、日本銀行改善案(1926年8月発表)、農業金融制度案、不動産金融制度案、工業制度案は、経済攻究会『金融制度改善案』(1928年3月)と題するパンフレットにまとめられており、経済制度研究会の案は、経済制度研究会『恐慌後の金融制度改善案・中央銀行制度私案・長期金融制度私案』(1927年8月)に収められている。
(22) 『東洋経済新報』は、「金融制度研究会案は、世人就中銀行家から理想案として見られ、之を露骨に云へば実行不可能と貶せられた」と伝えている(「銀行制度の改革は断じて根本的なれ」1927年5月7日号、791頁)。
(23) 経済研究会案は、「恐慌による信用の動揺を機会に、中小銀行を滅ぼし、大銀行組織を推進せんとする政策には賛成し得ない」としている(経済制度研究会、前掲書、2頁)。
(24) 「特種銀行の淘汰」(『東洋経済新報』1925年7月25日号)16-17頁。
(25) 靏見誠良は、経済攻究会、経済研究会の日銀改革案を、「『金融寡頭制』的色彩をいまだ払拭しえない中央銀行=日銀に対する、大正デモクラシーの流れからする体系的批判=改革構想」と高く評価し、こうした「本格的な改革構想も金融制

度調査会を牛耳る金融官僚・一流銀行家の頑強な抵抗のもとに一蹴されてしまった」と述べている（靎見誠良「両大戦間期の日本銀行」〔加藤俊彦編『日本金融論の史的研究』東京大学出版会、1983年〕、89頁、91頁）。この評価は、当時、金融制度に関して一定の共通認識が存在していたことを軽視するものであり、また「金融官僚」と「一流銀行家」との対立の側面を見逃す結果となっている。

(26) 第一次大戦の前後の時期に、大蔵官僚の一部などにより、ドイツ型の兼営銀行主義が支持されたことがあった（この問題については、靎見誠良「日本金融資本確立期における日銀信用体系の再編成」〔法政大学『経済志林』第44巻第1号、1976年3月〕、浅井良夫「経済調査会における工業金融問題」〔『成城大学経済学部創立30周年記念論文集』1980年12月〕、前掲渋谷論文、麻島昭一「日本の金融制度における分業主義の系譜」〔『専修経営学論集』第36号、1983年7月〕などを参照）。

(27) 明石照男・鈴木憲久『日本金融史』第2巻（大正編）、東洋経済新報社、1958年、266-267頁。

(28) 5名の委員は、堀越鉄蔵（日銀）、下田守蔵（三井銀行）、山室宗文（三菱銀行）、明石照男（第一銀行）、大平賢作（住友銀行）。

(29) 前掲『日本金融史資料　明治大正編』第18巻、556-580頁。

(30) 同特別委員会の構成も、大銀行、特殊銀行関係者が多数であり、中小銀行、地方銀行の関係者は参加していない。

(31) 「金融制度調査準備委員会の回顧──明石照男氏を囲んで──」（日本銀行『調査月報』1955年6月）32頁。

(32) 重役の関係する事業に対して多額の融資を行っている「機関銀行」が問題視されていたので、合併を通じて系列性を「希薄化」させるという狙いがあったとされる（伊藤修『日本型金融の歴史的構造』東京大学出版会、1995年、56頁）。

(33) 進藤寛「わが国地方銀行合同政策の展開（中）」（『金融経済』第108号、1968年2月）35-43頁。

(34) 普通銀行に対する銀行検査は、銀行条例の制定とともに始まった（私立銀行に対する最初の実地検査は、1894年2月に行われた長崎貯蓄銀行、伊万里銀行等に対するものであった。大蔵省銀行局『銀行事務地方主任官協議会報告書』169頁）。その後1916年に専任の検査官が置かれたが、人員の不足から、1927年以前はきわめて不十分にしか実施されなかった。ただし、人員不足の一部は、地方官庁（県庁）による一次検査によって補われていた。銀行法施行以後になると、検査に関する書類は地方長官を経由しないこととなり、銀行行政権限の大蔵省への集中化が進んだ（全国銀行協会連合会編『金融制度』東洋経済新報社、1956年、183頁）。

(35) 前掲「わが国地方銀行合同政策の展開(中)」53-54頁。
(36) 原邦道『昭和金融恐慌の教えるもの』地方銀行協会、1958年、91頁。
(37) 小川郷太郎『新銀行法理由』日本評論社、1930年、291-294頁。
(38) 「鳥居庄蔵氏金融史談速記録」(『日本金融史資料 昭和編』第35巻) 224-225頁を参照。
(39) 「金融制度は二系統に整理せよ」(『東洋経済新報』1927年5月14日) 10頁。
(40) 昭和金融恐慌では、十五銀行、近江銀行、台湾銀行が支払停止となったが、二流銀行、特殊銀行の問題であり、一流銀行は無関係だとみなされた。一流銀行の一つであった安田銀行は、昭和恐慌期に大規模な取り付けに遭ったが、支払い停止には至らなかった。
(41) 銀行法に付随業務として有価証券業務を営めることが明記されたわけではなかったが、大蔵省当局者は、法案審議の際に、公社債の引受、売買業務について、「銀行業務を営む上に於て、必要若くは有用であるとすれば」公社債の引受・売買を付随業務として営みうるとし、「付随業務として公社債の売買を営みまする以上、それは多少分量が多うございましても、大体銀行業務として認め」ると述べた(前掲『新銀行法理由』182頁、1頁)。その後、1938年3月公布の有価証券引受業法により、銀行と信託会社が、主業務の他、有価証券引受業を営み得ることが明文化された(公社債引受協会編『日本公社債市場史』1980年、113頁)。
(42) ビル・ブローカーについては、同上書104-125頁参照。
(43) 伊藤修「日本型金融システムの歴史・現状・将来」(『金融』1996年1月) 19頁。
(44) 前掲『日本金融史資料 明治大正編』第18巻、282-285頁。
(45) 『大阪銀行通信録』1936年8月25日 (『日本金融史資料 昭和編』第34巻) 114頁。
(46) 馬場鍈一「財政と金融に関する若干の問題」1935年9月 (『金融研究会講演集(復刻)』Ⅲ、金融経済研究所、1973年) 370頁。
(47) 高橋亀吉『金融統制論』改造社、1935年、2頁、133頁。
(48) 伊藤修「戦時金融再編成(上)(下)」(『金融経済』第203号、1983年12月、同誌第204号、1984年2月)、山崎志郎「協調金融体制の展開」(伊牟田敏充編『戦時体制下の金融構造』日本評論社、1991年)、岡崎哲二「第2次世界大戦期の金融制度改革と金融システムの変化」(原朗編『日本の戦時経済』東京大学出版会、1995年)。
(49) 前掲山崎志郎「協調金融体制の展開」462-464頁。
(50) 「自治的」「自律的」という表現は用いられたが、大蔵省の見解は、「金融統制団体の指導統制は政府の方針に沿ひ、之が協力として行はれるものであり、政府

より遊離した統制会独自の指導統制は存在しない」というものであった（迫水久常『金融統制会の進路』新経済社、1942年、32頁）。

(51) 金融統制会の職能別組織化は、ヴィシー期フランスの銀行制度改革と共通する特徴を持つ（権上康男「ヴィシー政権期フランスにおける銀行改革」〔横浜国立大学『エコノミア』第41巻第1号、1990年6月〕）。

(52) 前掲の、伊藤修、山崎志郎、岡崎哲二らの研究は、それぞれ別の観点からではあるが、戦時期における市場原理の貫徹について実証的に明らかにしている。

(53) 金利引き下げの目標は、金融統制会発足以前に、1939年度の第二次金利平準化運動によって実現していた（山崎志郎「戦時金融統制と金融市場」〔『土地制度史学』第112号、1986年7月〕24頁）。

(54) 野田正穂「政府保証債の本質と機能（上）」（『アナリスト』1966年1月）57-62頁。

(55) 全国銀行協会連合会編『金融制度』東洋経済新報社、1956年、184頁。

(56) 『日本銀行沿革史』第4集第17巻、2頁。

(57) 第81議会における谷口政府委員の説明（『日本金融史資料 昭和編』第19巻、452頁）。

(58) 前掲伊藤修「戦時金融再編成（下）」64-65頁。

(59) 前掲岡崎哲二「第2次世界大戦期の金融制度改革と金融システムの変化」123頁以下。

(60) 伊牟田敏充「第二次大戦期の金融構造」（前掲伊牟田編著『戦時体制下の金融構造』）。

(61) 伊藤修『日本型金融の歴史的構造』東京大学出版会、1995年、48頁。

(62) 1927年以降、銀行は保有国債の非課税の評価減による含み益を認められていたので、内部留保は厚かったとも言われる。しかし、国債が政府信用にもとづいているのだから、戦時経済体制のなかでは最終的なリスク回避手段とはならなかったことになる（大月高監修『実録 戦後金融行政史』金融財政事情研究会、1985年）211-212頁。

(63) 大蔵省昭和財政史編集室編『昭和財政史』XI、東洋経済新報社、1957年、372頁。

(64) 第81議会における山際政府委員の説明（『日本金融史資料 昭和編』第19巻、484頁）。なお、普通銀行が貯蓄銀行を兼営する場合には、貯蓄銀行法が規定している取締役の連帯責任、資金運用制限は免除された（「普通銀行ノ貯蓄銀行業務並信託業務兼営実施ニ関スル処理方針」〔『結城豊太郎文書』山形県立図書館蔵〕）。

(65) 戦時補償の打ち切りと金融機関との関係については、とりあえず、浅井良夫

第5章　1927年銀行法から戦後金融制度改革へ　173

「占領期の金融制度改革と独占禁止政策」(『成城大学経済研究所　年報』第2号、1989年3月) を参照されたい。
(66)　加藤俊彦「金融制度改革」(東京大学社会科学研究所編『戦後改革』第7巻、東京大学出版会、1977年) 299頁。
(67)　前掲伊藤修「日本型金融システムの歴史・現状・将来」20頁。
(68)　William M.Tsutsui, *Banking Policy in Japan,* Routledge, 1988. 前掲浅井良夫「占領期の金融制度改革と独占禁止政策」。
(69)　詳しくは、前掲浅井論文を参照されたい。
(70)　"Report of the Mission on Japanese Combines", March, 1946; "Policy on Eccessive Concentrations of Economic Power in Japan", May 12, 1946 (日本銀行金融研究所編『日本金融史資料　昭和続編』第24巻、126-304頁)。
(71)　"New Overall Banking Law", Mar. 5, 1948 (同上書392-423頁)。
(72)　大銀行分割案については、日本銀行調査局「占領期金融制度改革の一断面(1)──大銀行分割問題──」1977年 (武藤正明執筆) (『日本金融史資料　昭和続編』第11巻所収)、前掲浅井、参照。
(73)　"Overall Revision of the Banking Structure through Enactment of New Legislation", Aug. 17, 1948 (『日本金融史資料　昭和続編』第24巻、447-448頁)。
(74)　武藤正明「『バンキング・ボード』設置構想」(『創価経営論集』第9巻第1号、1984年11月)、同「『ポリシー・ボード』設置構想」(『創価経営論集』第9巻第2号、1985年3月)、同「政策委員会の設置」(『創価経営論集』第10巻第1号、1985年12月)。
(75)　『日本金融史資料　昭和続編』第19巻、169頁。
(76)　金融制度調査会「第一特別委員会中間報告 (原案)」昭和22年7月17日 (推定) 同上書、160-166頁。なお、この時期の従業員参加構想の評価については、浅井良夫「占領期日本における社会化構想と国有化・国家管理」(権上康男・廣田明・大森弘喜編『20世紀資本主義の形成』東京大学出版会、1996年) を参照されたい。
(77)　『日本金融史資料　昭和続編』第19巻、262-271頁。
(78)　愛知揆一 (大蔵省銀行局長)「現下我国金融機構改革の諸問題」(『財政経済弘報』第163号、1949年12月19日)、同上書、第20巻、155頁に所収。
(79)　大月高の証言 (大月高監修『実録　戦後金融行政史』金融財政事情研究会、1985年) 313頁。なお、大月高「『世界各国の金融制度』の思い出」(『成城大学経済研究所　年報』第5号、1992年4月) 119-120頁も参照。
(80)　大蔵省財政史室編『昭和財政史　終戦から講和まで』第13巻 (金融　下　原司

郎)、東洋経済新報社、474-482頁、参照。
(81) 同上書655-673頁、前掲『実録　戦後金融行政史』371-373頁。
(82) 前掲『金融制度』、114-115頁。
(83) 金融機関数の増加についての日本側の意見の一端を、第一次金融制度調査会(1945年12月〜46年1月)の議論から知ることができる。一県一行主義の修正による競争導入論(石橋湛山)、地方分権のための金融機関地方分散論(大内兵衛)が存在した反面、金融機関数は現在でもまだ多すぎるという明石照男(帝国銀行)や山室宗文(三菱銀行)の主張も存在した(前掲『日本金融史資料　昭和続編』第19巻、30頁、112頁)。
(84) 地方金融史研究会編『戦後地方銀行史』Ⅰ、東洋経済新報社、1994年、42-46頁。
(85) 『第三回銀行局金融年報』286頁。
(86) ただし、杉浦勢之が主張するように、証券業も含めたセイフティ・ネットの完成は、1965年の証券恐慌後に求めることができよう(本書第9章、参照)。
(87) 後藤新一『銀証自由化の経済学』日本経済評論社、1990年、39頁。
(88) 前掲、『日本金融史資料　昭和続編』第24巻、410-411頁。なお、武藤正明「『バンキング・ボード』設置構想再論」(『創価経営論集』第16巻第1号、1991年12月)15-16頁も参照。
(89) なお、第65条の目的は、証券業者の健全な発展の基盤を整備することにあり、預金者保護は第二次的な目的にすぎないとする第65条についての通説的見解は、この説明と符合するように思われる(前掲『銀証自由化の経済学』40-41頁)。
(90) 前掲『日本金融史資料　昭和続編』第19巻、137-147頁、同、第10巻、60-61頁。
(91) 同上書、第19巻、234頁。
(92) 加藤俊彦「戦後の特殊金融機関──国家独占資本主義体制下の特殊銀行──」(武田隆夫・遠藤湘吉・大内力編『資本論と帝国主義論』下、東京大学出版会、1971年)。
(93) 前掲『日本金融史資料　昭和続編』第19巻、97頁。
(94) 同上書、170頁。
(95) 寺西重郎『工業化と金融システム』東洋経済新報社、1991年、145-147頁。
(96) 佐竹浩・橋口収『銀行法』有斐閣、1956年、3頁。
(97) 大蔵省による普通銀行に対する減配・増配抑制の勧告は、1924年、25年、27年、33年に通牒の形で実施された(進藤寛「わが国地方銀行合同政策の展開(下)」『金融経済』115号、1969年4月、55-61頁)。
(98) 岩田規久男・堀内昭義「日本における銀行規制」(東京大学『経済学論集』51-

1、1985年4月)、同誌51-2（1985年7月)、前掲伊藤『日本型金融の歴史的構造』195-216頁、相澤直樹・世良祐一「普通銀行の経営諸比率規制の推移について」(『金融』第500号、1988年11月)。なお、規制の廃止年次は、上記、相澤・世良論文に依拠しており、1989年以降の改廃は確認していない。

(99) 前掲『昭和財政史　終戦から講和まで』第13巻、507-510頁。
(100) 前掲『実録　戦後金融行政史』205-208頁、452-454、小林桂吉「経常収支率指導と預金者保護——戦後銀行行政史(4)」(『ファイナンス』1978年10月) 48-51頁。
(101) 前掲『昭和財政史　昭和27〜48年度』第9巻、1991年、「日本の金融概観　昭和27〜48年度」(香西泰、堀内昭義)、特に48-52頁参照。

第6章　日本銀行の銀行統合構想（1940〜45年）

佐藤　政則

　戦前の日本金融史が一面において銀行合同史でもあったように、銀行の統合は、金融危機への対応策の重要な一環であった。戦後ながく金融危機が顕在化しなかった要因の一つに、戦前における経営基盤の脆弱な銀行群の淘汰・統合、さらには戦時期でのより強力な地方銀行の創設があげられるだろう。

　銀行統合は、戦後の金融社会において普通銀行のなかの「地方銀行」という特別な業態を制度的にも行政的にも確立させることになった。この「地方銀行」という業態が、今後、どのように変貌していくのかを大乗的に考えるとき、その成立に重要な基盤を与えた戦時期、特に金融協議会（金融統制会）結成からの銀行統合を見直すことは意味がある。

　戦前における銀行合同史のなかでも1940年頃から敗戦までの動きは、周知のようにハイテンポである。たとえば40年末に286行を数えた普通銀行が、45年9月末には五分の一に近い62行に統合されている。これはどのような条件のもとで可能になったのであろうか。戦時金融というきわめて歪な極限状況、換言すれば、強力な国家的要請というだけでは理解できない現象である。正常な経済活動の枠組みでどこまで把握可能なのか、その限界が明示されねばならないだろう[1]。そうでなければ、自己保全にしたたかな執着を示す地方の銀行とその経営者をとらえたことにならないからである。どのような経過のなかで彼らは合併を受容したのであろうか。そこではどういう斡旋が行われたのであろうか。

　本章では、こうした課題を解明する一環として、銀行統合に積極的に関与し

た日本銀行の統合構想とその実行方針（斡旋原理）を検討する。日銀は、大蔵省との意見交換を図りながら、各支店や考査局を中心に県庁、合併銀行や被合併銀行の経営者・大株主・大口預金者・主要取引先等々の思惑と利害を調整して統合へと導く媒介者の役割を果たしていた[2]。日銀総裁が金融協議会および金融統制会の会長となり、金融機関の整備が全国的かつ同時に展開していくなかでは、主要地におかれた支店を通じて地方金融に通暁していた日本銀行が自ずと重要な役回りを果たすのである。

　ところで加藤俊彦、後藤新一、進藤寛の各氏によって進められてきた戦後の銀行合同史研究は、一県一行主義に集約される銀行統合行政の基本的流れ、二重構造論にもとづく地方的合同の根拠など貴重な成果をあげてきた。しかし絶対的な史料制約により、個々の合同のケースについては、各行の『銀行史』に依拠せざるを得ず、また合同を勧奨・斡旋する大蔵省や日銀の具体的な動きについては、ほとんど明らかにすることができなかった。このため合同プロセスの多面的な分析には決定的な限界があった。こうした史料環境を一変させたのが、日銀による『日本銀行百年史』や『日本金融史資料　昭和続編付録』（地方金融史資料全4巻）の刊行であり、1999年9月から一段と改善された「日本銀行金融研究所保管公文」の公開であった。本稿が依拠するのもこれら日銀史料である。

　あらかじめ1937年から45年までに日本銀行各支店（本店営業局）および考査局が発した報告や稟議の大勢を概略確認しておこう。章末の資料は、『日本金融史資料　昭和編』と『日本金融史資料　昭和続編付録』に採録されている日銀史料のなかから銀行合同や合併に関する案件を時系列で示したものである。同資料によれば、日銀の銀行合同に関与する姿勢は、全国金融協議会が発足する1940年9月頃を画期に大きく二分される。前者は、何より件数が僅少であり突発的な個別案件と言えるだろう。ここから系統的な取り組みを窺うことは困難である。しかし後者になると状況が一変する。まず件数が格段に増加し、全店一斉の動きに変わる。内容も所管地域の全体的合同構想の検討やそれにもとづく個別案件であり、前者との質的差異を感じさせる。しかも金融事業整備令

が公布・施行され、金融統制会が発足する42年5月頃からは、全国的な仕上げの動きになっており、店舗整理も射程に入っている。総じて40年9月以降では能動的、主体的色彩が濃厚になると言えるだろう。

それでは日銀は、どのような銀行合同構想を想定していたのであろうか。さしあたり全店的構想である1940年と43年のプランを検討したい。それは、40年11月に松本、新潟、神戸、小樽、福島、秋田の各支店が報告した「管内銀行合同ニ関スル意見」であり、43年1月に考査局がまとめた「全国銀行統合並店舗整理案」である。なお後者の、原本は一冊であるが、『日本金融史資料　昭和続編付録』では北海道および樺太、東北、関東、甲信越、北陸、東海、近畿、中国、四国、九州の10地方に分割して収録されている。

ところで章末資料をみると、一県一行主義ないし地方的合同に関する一般的イメージに抵触するものが散見される。たとえば、41年5月27日付考査部「北陸三県下所在九銀行合併案ニ関スル意見」、42年1月17日付新潟支店「県下二行方針への転換につき大蔵当局の意向打診方依頼の件」、44年8月26日・9月17日・12月22日付高松支店「高松百十四、阿波商業両行合併問題ノ経過ニ付テ」など、一県一行が最終的ターゲットになっていないケースがある。さらにたとえば、42年7月7日付京都支店「三和銀行ノ乙訓及山城八幡両行買収ノ件」、同年9月29日付高松支店「三和銀行ト土予銀行ト提携ノ件」、45年7月23日付統制局「三和銀行ノ大和田銀行合併事情」など、一県一行主義が本来的に相容れない都市銀行による合併・提携の動きが、最終局面まである。これらをイレギュラーとして扱うのではなく、日銀が地方的合同の最終像をどのように描いていたのか、という観点から考えてみたい。具体的には、『日本銀行百年史』第4巻が初めて明らかにした日銀企画委員会の答申を検討する。

第1節　銀行合同という政策手段

戦時期における日銀の政策課題は、国債引受と生産力拡充資金の供給にあり、しかもこれらがインフレーションを引き起こさないようにすることが戦時金融

政策の「特質」であった⁽³⁾。日銀営業局次長川北禎一が言うように「此のインフレ防止対策と一方国策資金供給の必要とは一見矛盾の観のある二つの対策を同時に実行しなければならぬ」ものであり、それは「紙一重の問題」であった⁽⁴⁾。

こうしたなかで1941年4月2日、日本銀行部局長会議において注目すべき見解が登場した⁽⁵⁾。

「国債の消化は其発行の計画性と共に低金利政策の完遂を要件とすることは第一回部局長会議にて述べたるところなるが、金融機構の整備は之が目的達成上緊急事なるのみならず、金融機関の強化は国民の貯蓄に対する不安を除き通貨の市場滞留を少からしめ、更に本行の金融統制力を増強するものなれば、地方銀行の合同を一段と勧奨すると共に、是等合同後の新銀行と中央大銀行と親子の関係を結ばしむることに本行は積極的に乗出すべき必要ありと思考せらる」。

ここでは、日銀の最大の政策課題である国債の市中消化のために、発行の計画性、低金利政策とともに金融機関の整備・強化が3本柱の一つとして、しかも「緊急事」の手段としてあげられており、とりわけ地方銀行の合同が必要という認識を示していた。また日銀自身の金融統制力の増強に強い関心を寄せている点も重要である。1937年度以降急増する長期国債の発行と日銀引受によって日銀の金融統制力は大きく制約されており、そうした状況下での地方銀行統合問題は、日銀のもつ力量が遺憾なく発揮される分野であり、日銀が一つの行政組織として組織自体の増強を図ったとしても不思議ではない。さらに合同後の新銀行と都市銀行との親子関係について好意的な積極勧奨がはっきりと謳われていた。ここで言う「親子関係」がどの程度のものをさすのかは定かではない。しかし、少なくとも伊牟田敏充氏の言う「取引関係」⁽⁶⁾（コルレス取引、一時的・季節的・限定的資金融通関係）は、通常業務の範囲として含まれていたであろう。

このようにマクロ的な政策論理から銀行統合、とりわけ地方銀行の合同が重要な政策手段として位置づけられていた。また他方で支店現場においても合同

は銀行経営を改善する有効な手段と考えられている。たとえば、1941年3月20日付の日銀金沢支店「北陸三県下普通銀行ノ整理合同ト其ノ効果ニ就テ」(7)をみてみよう。富山、石川、福井の三県における銀行数は、37年末の31行から40年末には15行に減少していた。金沢支店は、その結果として「従来激甚ナリシ預金ノ争奪、貸出競争ノ弊風ガ漸次矯正セラレ、一方ニ於テ高歩預金ガ整理セラレ、他方ニ於テ不当ナル低利貸出ガ熄ミ被此相俟ツテ経費率ノ低下、収益率ノ昂上ヲ齎セル」ことになり、恒常的な借入金依存経営が改善され、各銀行の手許も緩和したことから「多額ノ遊資ヲ生ズルニ至リ」国債保有率の向上に結実したと報告している。日銀にとって銀行合同は、銀行経営の改善を媒介にインフレ防止対策・国債消化に結びつく政策手段であり、しかもそれが日銀金融統制力の強化をもたらすものであった。

地方銀行の合同に執拗なまでの執着をみせた日銀であったが、都市銀行に関しては、色合いが異なった。これについては、後述する日銀企画委員会特別委員会の会合における一万田尚登考査局長の発言を紹介しておこう。遠田淳審査部長の「銀行合併ノ根本理念ハ何処ニ在ルノカ」という問い掛けに対して一万田は「地方銀行ニ就テハ現在ノ侭デハ採算関係カラ自滅ノ外ナク自衛ノ為ニ行フモノデアル　其ノ外資金吸収及運用ノ部面カラ見テモ現在ノ単位デハ余リニ小サ過ギルト言フコトモ一ツノ理由デアル。処ガ大銀行ノ方ニナルト現在業績ハ上昇シツツアルノダカラ之ノ合併ハ経営問題カラ来ルノデハナク現在ノ侭デハ競争其ノ他ニ於テ無駄ガ多イカラ整理シテ之ヲ少クシヨウト言フノデアル」(8)と答えたのである。

第2節　1940年の統合構想

全国金融協議会の結成ののち日銀は、初めて主体的に地方銀行の統合プランを検討している。1940年11月の小樽、秋田、福島、新潟、松本、神戸各支店報告がそれであり、考査部の求めに応じたものと思われる。なぜ、これらの支店だけなのかは、今のところ不明であるが、6支店がカヴァーする地域は、北海

道・樺太、青森県、秋田県、山形県、岩手県、宮城県、福島県、新潟県、長野県、兵庫県である。

ここで日銀支店（営業局）の管轄エリアを簡単にみておこう。表6－1は、1945年8月時点の所管地域をまとめたものである。1940年代には札幌、仙台、前橋、甲府、静岡、高知、高松、福岡、鹿児島の各支店が新設され、各々母体となる支店（営業局）のエリアを分割されている。一つの支店（営業局）が一つないし複数県を一元的に所管するのが通常であるが、二つの日銀支店（営業局）に所管されている県もある。北海道を別にして山形県は秋田支店（庄内地方）と福島支店のちに仙台支店（内陸部）が、静岡県は43年に静岡支店が新設されるまで営業局（伊豆および駿河地方）と名古屋支店（遠江地方）が、山口県も広島支店（周防地方）と門司支店（長門地方）が、福岡県は門司支店（遠賀川・彦山川以東）と福岡支店（それ以外の地域）が分割して所管している。また名古屋支店や金沢支店、京都支店、松江支店、高松支店、鹿児島支店などは、経済的・文化的に共通性の高い複数県を所管している。これら日銀支店の立地の仕方は、その後の地方的合同に少なからず影響を与えることになる。

小樽支店のプラン[9]は「近来普通銀行業務ニ於ケル活動機能頓ニ拡大シ資産信用モ向上シ居ル」北海道拓殖銀行を中心に「合同一体ヲ為シ経営ノ合理化ヲ図ルト共ニ金融統制ニ便ナラシムルヲ理想トスヘシ」というものである。具体的には、まず北海道殖産と樺太の2行を北海道拓殖銀行が、泰北と北海道商工の2行を北海道銀行が合併し、その上で北海道殖産と北海道の両行が合併するというシナリオであった。これを受けて考査局は、同年12月30日付「北海道及樺太地方銀行合同ニ関スル本行ノ構想」[10]をまとめ、同支店のプランを全面的に採用した。

秋田支店のプラン[11]は、39年末に4行が存在した秋田県について、規模内容で「一頭地ヲ抜ク」秋田銀行と第四十八銀行とは合併に異存はないものの合併条件で折り合いがついていない。羽後銀行は「県南ニ雄飛セムトノ意図ヲ抱キ合併ニ反対」している。小川長右衛門が頭取の湯沢銀行は個人銀行とも言えるもので「小川一家ノ大ナル資力其後楯トナレルコト、テ其侭存続シテモ危険

第6章　日本銀行の銀行統合構想（1940～45年）

性ナキ銀行」である。このため「県下四行ノ合併ニハ相当ノ難色アルモ大勢ヨリ観テ四行ノ合流望マシク、其方法トシテハ先ツ秋田、第四十八ヲ合同セシメテ新銀行ヲ設立シ之ニ羽後、湯沢ヲ吸収セシムルヲ可トスヘシ」としている。39年末に9行となった青森県については、かけ離れた規模をもつ第五十九銀行であるが「一部銀行ノ反感頗ル強ク同行ヲ中心ニ県内銀行ヲ打テ一丸トスルコトハ望ミ難キ現状ナリ」として可能な合併から着手したいと述べるにとどまっている。

秋田支店と福島支店が分割して所管する山形県には1939年末でも16行の銀行が存在していた。そこでは「庄内地方ト他ノ地方トハ同

表6－1　日銀支店所管地（1945年8月）

道府県	地域	支店名	設立年月	備考
北海道	檜山支庁	小樽支店	1893.4	
	後志支庁			
	渡島支庁	函館支店	1893.4	
	上記以外	札幌支店	1942.1	
青森		秋田支店	1926.1	函館支店から移管
秋田				
山形	庄内地方			福島支店から移管（1926.1）
	内陸部	仙台支店	1941.10	福島支店から移管
岩手				
宮城				
福島		福島支店	1899.7	
群馬		前橋支店	1944.12	営業局から移管
栃木		営業局		
茨城				
埼玉				
千葉				
東京				
神奈川				
山梨		甲府支店	1945.1	営業局から移管
静岡	伊豆地方	静岡支店	1943.6	営業局から移管
	駿河地方			営業局から移管
	遠江地方			名古屋支店から移管
岐阜		名古屋支店	1897.3	
愛知				
三重				
新潟		新潟支店	1914.7	
長野		松本支店	1914.7	
富山		金沢支店	1909.3	
石川				
福井				
京都		京都支店	1894.4	
滋賀				
兵庫		神戸支店	1927.6	大阪支店から移管
大阪		大阪支店		
奈良				
和歌山				
島根		松江支店	1918.3	大阪支店から移管
鳥取				
高知		高知支店	1943.11	高松支店から移管
徳島		高松支店	1942.2	大阪支店から移管
香川					岡山支店から移管
岡山		岡山支店	1922.4	大阪支店から移管
愛媛		松山支店	1932.11	広島支店から移管
広島		広島支店	1905.9	
山口	周防地方			
	長門地方	門司支店	1893.10	
大分				
福岡	遠賀川・彦山川以東			
	上記以外	福岡支店	1941.12	門司支店から移管
佐賀				門司支店から移管
長崎				門司支店から移管
熊本		熊本支店		門司支店から移管
宮崎				熊本支店から移管
鹿児島		鹿児島支店	1943.4	熊本支店から移管
沖縄				熊本支店から移管

出所：日本銀行『日本金融史資料　昭和続編付録』各巻「解題」（土屋喬雄執筆）より作成。

注：上記「解題」によれば、日銀が各支店の調査管轄区を明確には定めたのは1917年4月の「金融調査区域」の取り決めからである。

県内ナラ種々事情ヲ異ニスル情態ナレバ銀行統合モ庄内一行、其他一行トスルヲ理想」(12)とするとして一県二行を明示する。現実的な理由から一県一行が最初から放棄されている点は重要である。この考え方は、のちに新潟県でも採用されることになる。

　他の県についての福島支店のプラン(13)をみると、福島県については「県内有力銀行殆ンド絶滅」したことから生じる特殊事情を強調している。すなわち9行の本店銀行を一行化したとしても預金残高は支店銀行の4割程度であり、また本支店銀行預金残高の総額は郵便貯金の貯金残高の6割程度にしかならない。したがって一行化するだけでなく「安田、第四、七十七、秋田、常陽等枢要ノ地ニ散在スル之等支店ノ一部ヲ新銀行ニ於テ買収スルノ必要アリ」、そして県民が信頼できる経営者のもとに規模が大きく内容堅実な銀行を創設しなければならないとした。岩手殖産銀行と陸中銀行の2行となった岩手県については「陸中ハ岩手殖産ニ買収セシムルヲ可トス」という方向を示した。宮城県については「現在親子ノ如キ関係ニ在ル」七十七銀行と宮城銀行を合併させ（七十七による吸収）、残る仙南銀行を買収させるという考えであった。

　新潟県のみを所管する新潟支店のプラン(14)は、理想としては第四銀行を中核とした一行化案である。その第一段階として県内の中心地である新潟市（第四銀行、新潟銀行）、長岡市（六十九銀行、長岡銀行）、高田市（百三十九銀行、柏崎銀行、能生銀行、安塚銀行）といった「地理的状況及産業経済状態ノ連繋、相違、地方財閥関係並ニ銀行ノ規模等ヲ考慮シ」ながら、当面は3行に統合するというものであった。

　長野県のみを所管する松本支店のプラン(15)も八十二銀行を中核とした一行化案である。新潟支店と同様に「各地人情」の「差異」、各都市や郷土間の「嫉視競争心」を「無視シ難ク」、「速急ニ管内一行ニ迄整理セシムルハ徒ニ摩擦ヲ大ナラシメ」地方経済界への影響が懸念される。また蚕糸業界の今後の推移如何によっては製糸家への融資が「円滑ナル回収ニ付多分ノ危険ヲ蔵スルモノト見ラレ」、さらに信濃銀行の「不始末」により銀行への一般の信用は「兎角ノ問題」が多いことから「銀行合併ノ取扱ハ特ニ慎重ヲ期」したいとした。

具体的には、残存6行を三つの段階に分けて無理せずに合併させ、最終的には一行化を図るというものであった。

最後に兵庫県を所管する神戸支店のプラン(16)をみよう。同県は40年9月末で26行という全国的にも最大の銀行数を有していた。プランは一県四行主義である。すなわち神戸市、阪神間および丹波地方は神戸銀行を、東播および有馬地方は播州銀行を各々中核として、また西播地方の8行と但馬地方の9行は各々1行に統合し、これら4行が残存銀行を吸収していく、そして播州銀行、西播地方と但馬地方の新銀行は、「神戸銀行ヲ親銀行トシテ緊密ナル聯絡協調ヲ保ツコト適当ナルヘク、此親子関係維持ノ為ニハ神戸銀行カ爾余三行ト相互ニ株式ヲ所有シ合フコト一方法ナリト思ハル」というものであった。

以上、1940年11月頃の銀行統合構想をみてきた。そこから次の諸点が指摘できるだろう。第一にいずれの支店プランも長年の蓄積を踏まえた現実的感覚豊富なプランであり、最終的な目標は目標として基本的に漸進主義である。第二に福島・秋田支店の山形県構想や神戸支店の兵庫県構想のように一行化が必ずしも最終的な姿として設定されていない。第三に特に福島支店の福島県構想に象徴されるように、地方銀行を育成していく姿勢が明瞭である。第四に神戸支店の構想に明確なように、資本関係を含んだ親子銀行関係の活用が謳われており、先述した41年4月の部局長会議における見解につながるものである。しかし支店によって基本的問題への対応に厚薄があることは明らかである。それは、支店の置かれた状況のもとでの現実的対応や漸進主義から生じるものであった。支店現場が相互に、強いエリア意識をもつなかでは、統一的な行動はとり難い。各地の合同が進捗すればするほど、基本的問題への指針が明示されなければならなかった。

第3節　日銀企画委員会の検討と答申

日銀は、新日本銀行としての発足、金融統制会の設立を受けて1942年6月、秘書役および全部局長を委員とする企画委員会を設置し、重要施策の調査研究

を行わせることにした。その際審査部長ほか営業、調査、考査、資金調整、国庫の各局長を委員とする特別委員会を設け、地方銀行経営に関する指導方針について検討させた[17]。結城総裁から6月27日付で同委員会に諮問された事項は次のとおりであり、地銀育成を前提にした内容であった[18]。

　一　地方銀行ヲ存続発展セシムル為メ業務ノ範囲経営方法等ニ付キ指導スヘキ方針如何
　二　地方銀行ト都市銀行トノ連絡ノ方法並ニ都市大銀行ノ地方支店出張所と地方銀行トノ関係調整ノ方策如何
　三　地方銀行ト他ノ地方金融機関トノ機能調整ノ方策如何

　特別委員会は、各支店長の考えも徴求し約1カ月の検討の結果、8月7日、総裁宛て答申した。そこでは、国土計画における地方分散、農業など地方産業の維持育成のためには「地方ニ於テ永キ伝統ヲ有シ其ノ実情ニ明ク且人的ニモ変動少ナキ地方銀行コソ適当ナル金融機関ニシテ、中央ノ方針ニ制セラレ且ツ人事ノ変動繁キ都市大銀行支店ニ求メ得サル特色ヲ有スルト共ニ、時局下我金融界ノ急務タル貯蓄吸収ノ地方機関トシテノ使命亦重キヲ加ヘツ、アリ」と地方銀行の独自な存在意義を確定した。そうした地方銀行を創設するために整理統合を行うとして下記のような提言を行っている。

　イ　弱体銀行だけでなく中級地方銀行についても漸次合併の方法により整理統合し、規模の相当大きな有力地方銀行をつくることを目標とすること。
　ロ　整理統合の目標としては「一県一行」等は一応の目安であって、これにとらわれることなく、各地方の実情に即して整理統合を実行すること。
　ハ　地方銀行指導の万全を期するため、地方銀行全部を本行取引先とするようにし、預金少額その他の理由から本行取引先として実効の少ないと思われるものについては、可及的速やかに整理統合させること。
　ニ　預貯金吸収面において地方銀行の機能は次第に貯蓄銀行に近似してきているので、地方銀行に貯蓄銀行業務の兼営を許し、さらに進んで地方銀行と貯蓄銀行との合併をも考慮すること。
　ホ　地方事情については本行の支店長が最も精通しているので、地方銀行の

整理合併については、大蔵省においても本行側と緊密な連絡を行うように依頼すること。

上記ロの観点からすれば、先述した山形県における秋田・福島両支店の二行化構想、神戸支店の兵庫県での四行化構想などは是認されるものである。しかしイの観点に立てば大きな問題となりえたであろう。最終的な像はどういうものか、イとロの間の綱引きは、まだ終わっていないのである。

地方銀行という都市銀行とは独自の業態を成立させるためには、一定規模の地方的金融市場を占有させねばならない。そこでは都市銀行との系列関係や都市銀行の地方支店が問題となる。また地方銀行を東京や大阪の金融市場と連結させるためには、都市銀行とのインターバンク取引は必要であった。都市銀行との関係をどの程度、どの範囲で認めていくか、諮問第二項はこの問題に応えたものであり、特別委員会は次のように答申した。

「都市大銀行カ地方銀行ト資本的ニ連携シ且ツ之ニ人ヲ送リ其ノ経営ニ当ラシムルカ如キ場合ハ其ノ子銀行ハ漸次地方銀行トシテノ特色ヲ失ヒ都市大銀行支店ト異ラサル経営振リトナルヲ通常トス。又地方銀行間ノ合併整理ニ障害タルヲ以テ斯ル連携ノ方法ハ之ヲ抑止スヘキモノトス

サレハ都市大銀行トノ連絡ニ就テハ地方銀行ノ特色ヲ失ハシメス且ツ単ニ事務上ノ指導ニ止ムルカ如キ連携ノ方法ヲ採ラシムルコト肝要ニシテ、例ヘハ預ケ金、コルレス関係等取引上ノ親善関係ニ入リ之ヲ指導スル場合ノ如キハ地方銀行育成上頗ル有益ニシテ勧奨スヘキ連携ノ方法ト云フヘク、差当リ此程度ノ連携指導ニ止マラシムルコト必要ナリ

而シテ地方銀行ノ経営方針、金繰等ノ指導ニ就テハ都市大銀行ニ擅ニ関与セシムルコトナカラシムル為メ今後ハ一層本行本支店ニ於テ之ニ留意シ考査局ヲ通シテ金融統制会ト連絡シ此指導方針ヲ確立スルヲ要ス」。

この要点は、都市銀行による地方銀行株式の所有や役員派遣などは「抑止」し、預け金やコルレスなど業務上の関係強化は「勧奨」しようとするものである。親子関係のもつ資本的・人的関係を拒絶しているのであって、通常の業務関係は好意的であった。答申提出後、「答申ノ内容ニ付其ノ実行方ヲ協議」す

るために開かれた第10回企画委員会において結城総裁は、当該部分について「之ニ異論ハナイカ」と質問し、企画委員会主査である遠田淳審査部長は次のように応えた(19)。

「之ニ付テハ根本的ナ問題ニ付テ幹事会テ非常ナ議論カアッタ。将来日本ニハ地方銀行ハ存続ノ必要ハナイ、大銀行支店タケテヤルヘキテハナイカトノ意見モアッタカ結局委員会テハ答申ノ冒頭ニ掲ケタ様ナ結論トナリ地方ハ地方ト謂ウコトテ大銀行トノ資本的連繋ハ排斥スルコトニ意見一致シタ」。

「非常ナ議論」の末に大銀行による支店銀行主義ではなく「地方ハ地方」という認識で一致したという、ここがこの答申全体の最も意義深い点であろう。したがって都市銀行地方支店についても「地方都市ノ規模ニ比較シ多数ニ過クルモノ」や複数設置されているものは「兎角地方銀行トモ行過キタル競争ノ弊ニ陥ル傾向」があることから「斯ル都市ニハ今後店舗ノ新設ヲ認可セサルト共ニ適当ノ機会ニ廃合又ハ地方銀行ニ委譲セシメ店舗数ヲ減スル可」とした。そして「銀行相互間ニ店舗ノ重複セルモノハ廃合又ハ交換等ニ依リ逐次整理スル方針」を掲げた(20)。

この企画委員会特別委員会答申に集約された基本的考え方は、地方銀行と貯蓄銀行の合併に関する事項を除き、妥当な結論として了承され、各支店長に対し「大体ノ方針」(21)として周知された。また大蔵省にも日本銀行からの要望として伝達された(22)。

一方大蔵省も幅はあるものの、基本的には、日銀の考え方と近い線で方向づけを行っていた。たとえば、銀行局がまとめた1942年12月12日付「普通銀行ノ整理方針要綱（未定稿）」をみると(23)、都市銀行の「地方進出ニ付テハ地方銀行トノ間ニ於ケル機能ノ分属及摩擦ノ回避ヲ考慮シ之ヲ最小限ニ止ムルノ要アル」ものとされていたのである。

こうした検討や措置の背景には、都市銀行間の競争を軸に地方銀行への接触を強める都市銀行の動きが激しくなり、また地方銀行も地方的合同に対する対抗措置や余剰資金の運用難から都市銀行との関係を深めようとする動きがあった。これを三和銀行が関係した事例でみておこう(24)。

愛媛県と高知県の県境、高知県幡多郡に本店をおく土予銀行は、一県一行への対抗手段として三和銀行の系列銀行になった。同行は42年春以来、四国銀行との合併を勧奨されていたが、「四国銀行ガ安田ノ勢力ヨリ離脱シ純粋ノ土着銀行化スル」[25]ことを主張して抵抗していた。その一方で土予銀行は、同行株2,000株を元三和銀行監査役名義で三和銀行に譲渡し、同年下期には、この元監査役の取締役選任、三和銀行大阪市内支店とのコルレス取引開始、三和銀行からのコール100万円の取入れ、土予銀行余裕金の三和銀行への預け入れの約束など、一挙に親子関係を強化した。その上でやむを得ず他行と合併する場合には「三和ヲ選ビ度　四国又ハ伊予合同トノ合同ハ不賛成ナリ」[26]と表明した。これにより「八分通リ進捗セル」四国銀行との合併は「三和銀行ノ割込アリテ結局出直シ」[27]となった。四国銀行が土予銀行を合併し一行化を実現するのは44年9月である。土予銀行と同様の行動は、富山県富山市に本店をおく中越銀行の住友銀行への接近にも見られた[28]。

業務上の関係はより広範囲に展開されていた。たとえば高松百十四銀行は、42年上期において三和銀行岡山支店に50万円の定期預金を預け入れ、これを担保にして「当貸契約（貸越利率ハ預金利率ト同率ノ約）ヲ締結」[29]した。また42年6月末の三和銀行への預け金が約60万円となる伊予合同銀行は、同年上期に「三和銀行斡旋ニ依リ倉敷紡及ヒ日窒ニ対シ」各々150万円の手形貸付を行った。しかもこの貸し出しは、「貸付日歩ハ一銭一厘五毛ニシテ同行ノ金繰ノ必要ニ応シ三和銀行カ譲受クル旨ノ有利ナル諒解」[30]のもとに行われた。さらに中国銀行の場合は、もともと三和銀行との連繫が強かったが、42年4月に安田銀行から郡部所在の2支店を譲渡されてからは安田銀行との関係が強まり、「遊資二、三百万円ヲコールローン代ニ安田銀行岡山支店ノ特別当座預金ニ預入」[31]した。しかし三和銀行もすぐに巻き返しにかかり、「中国銀行ト株式ノ持合ヒヲ実行シ」、「中国銀行ノ青年行員ヲ大阪ニ呼ヒ寄セ教育ヲ施シ又中国銀行ノ余剰資金ハ之ヲ三和ニ預入セシムル約束ヲ」[32]するのであった。

このような状況は、金融統制の一元的運営を意図する金融統制会会長＝日本銀行（総裁）として看過できない事態であった。大蔵省銀行局も憂慮し42年7

月に通牒⁽³³⁾を発しており、同年10月の日銀部局長支店長会議に同席した船山普通銀行課長は、「近年大銀行カ競争的ニ地方銀行トノ連繋ヲ策シツツアリ大銀行ト地方銀行トノ活動分野ヲ如何ニ調整スルカハ仲々難シキ問題ナカラ兎ニ角大銀行ニ対シテハ現在以上ノ進出ヲ抑制スル趣旨ノ下ニ過般通牒ヲ発シ他ノ金融機関トノ連携ニ付テハ予メ大蔵省ノ承認ヲ得シムルコトトセル次第」⁽³⁴⁾と語った。日本銀行考査局長は、この問題について「銀行間ノ連繋ニ就テハ事前ニ大蔵省ノ諒解ヲ得ベキ件」⁽³⁵⁾（7月22日付）、「銀行間ノ連繋ニ付再度各支店長ヘ通牒ノ件」（8月3日付）と二度にわたって各支店長に「取引先ヲシテ常ニ事前ニ貴役ニ相談セシメ且ツ当局トモ御連絡被下」⁽³⁶⁾と要請した。

しかし、インターバンクの関係が相対型でしか機能していない状況のもとでは、親子関係を、資本的・人的関係と通常業務関係に区分することは困難なことであった。たとえば先述した中国銀行と三和銀行の株式持合について日銀岡山支店長は、先の部局長支店長会議において次のように苦衷を語っている⁽³⁷⁾。

「親善関係ヲ目的トスルモノトシテ承認シ置キタルカ其後ノ情況ヲ見ルニ新タナル展開ヲ示シ」「此際単ニ大銀行カ地方銀行ト資本的ニ連繋スルコトハ不可ナリト謂フノミニ止ラス進ンテ大銀行、地方銀行ハ如何ニスヘキカノ目標ヲ明示セラレ度シ、地方銀行トシテモ進路ニ迷ヒ従ツテ好条件ノ所ニ追随スル実情ナリ」。

日本銀行の現場からは、より明示的な方向づけが求められたのである。

1942年10〜11月にかけて企画委員会特別委員会は、「都市大銀行、信託会社、貯蓄銀行等其制度体制ヲ如何ニ改正再編成スヘキカ」という諮問の考究に取り組んだ。このうち普通銀行に関する事項が11月30日付で総裁宛てに答申された⁽³⁸⁾。

　イ　普通銀行が多数存立している状態は、金融の一元的統制をはばみ、資金の効率的運用上支障が多い。銀行自身の間にも合同必至の機運が熟しているから、この際普通銀行の整理統合をいっそう促進すべきである。すなわち

　　(イ)　地方銀行については、大体東海・神戸・芸備の各行程度の規模を目標

とし、地方の実情、ことに産業界の動向に即し、地方銀行30行程度への統合実現を期すること。
　㈹　東京・大阪における大銀行の処置についても、その規模のやや小さいものは適宜合併統合を行わせる。さらに重要産業の経営形態の整備進捗とにらみ合わせ、大銀行相互の合併にまで誘導すること。
ロ　普通銀行・貯蓄銀行両者間の差別を解消させる方針のもとに、普通銀行が貯蓄銀行業務を兼営できることにし、同時にこの際、現存貯蓄銀行の普通銀行への合併による整理をも積極的に推進する。
ハ　普通銀行の統合がまだ進行していない地方では、貯蓄銀行業務の兼営が認められるのを機会に、合同を促進のうえ、有力な地方銀行をつくってこれに貯蓄銀行業務の兼営を認可する。
ニ　普通銀行に対し信託業務の兼営を認めるが、信託業務は、大資本をもった信用確実なものによって経営されるべきで、小規模の業者が営業することは好ましくない。さしあたり兼営は、現存信託会社を合併する場合に限り認可する。

　上記答申の内容は、大部分が都市銀行というよりも地方銀行にかかわるものであった。なかでもイ㈠に掲げられた内容が、銀行合同の斡旋者・媒介者としての日銀が目指す最終的な地方的合同像である。全国の地方銀行は、42年末に135行が存立していたが、これを4分の1程度に減少させるという目標は、決して非現実的なものではなかった。またモデルにあがった東海、神戸、芸備各行が有する42年下期末の預金残高は、各々12億円、7億円、4.4億円というものであり、非常に巨大な地方銀行が想定されていた。これにより先にみた一県一行は「一応の目安」という意味がはっきりする。山形県の二行化や兵庫県の四行化といった構想は、最終のものではなく次の次を見据えたステップにすぎなくなる。地方的合同は必ずしも一県一行にとどまるものではなかったのである。この雄大な構想は、当然に、複数県を巻き込んだブロック化の動きを強める。すでに一行化を達成した地方銀行は、隣県の有力地方銀行との合同をめぐる覇権競争に入ることになる。またいまだ一行化を達成していない県の有力地

方銀行は、まず県内の一行化を図ることが焦眉の課題となるのである。

第 4 節　1943年「全国銀行統合並店舗整理案」

　1943年１月に日本銀行考査局が、大蔵省の要請を受け、貯蓄銀行業務および信託業務の「兼営法」施行を前提に、各支店長の意見を徴求して作成したのが「全国銀行統合並店舗整理案」(以下「43年構想」と呼ぶ) である。この統合案は、対象エリアが東京、大阪を含み全国を網羅していること、普通銀行はもとより地方の貯蓄銀行・信託会社を含む統合案であること、店舗整理まで考案されていることなどから、戦時期最大のマスタープランと言える。このうち本店普通銀行の統合案を整理したのが表６-２である。すでに一行化を達成した県や42年末で達成する見通しである県は除外されている (同表注(2)参照)。総体的には、先述した地方銀行30行程度への統合、都市銀行間の合併も十分に考慮したものであり、一部を除いて基本的に一県一行の観点からまとめられている。

　それでは全体を俯瞰しながら、その特徴をみていこう。まず第一に43年構想の性格であり、その目的とするところについてである。この構想は、42年末に148行を数えた普通銀行を、最終的に40行台半ばに統合するというものである。東京府は、帝国銀行、三菱銀行、安田銀行の３行となり、大阪府は三和・住友の合併行を軸に統合し１行となる。二行化が認められるのは新潟県と兵庫県のみであり、二県一行が栃木・群馬両県とすでに実現している鳥取・島根両県であり、ほかの内地県はすべて一県一行となる。これにより地方銀行の格差構造も大きく変わる。たとえば、表６-２から東京府と大阪府所在銀行を除いて便宜的に「地方銀行」とし、その預金残高 (42年下期末) を眺めると、歴然とした格差が明瞭である。愛知県の東海銀行 (約12億円)、兵庫県の神戸銀行 (約７億円)、静岡県の静岡銀行 (約６億円) をトップグループに、山形県の高野銀行、長野県の上田殖産銀行、福岡県の武石銀行 (いずれも100万円) の最少グループまで幅広く存在している。しかも半数以上が１億円未満の銀行であり、なかでも銀行数としては1,000万円未満が最も多い。この43年構想が想定して

いる姿は、単純に合計すれば、1億円から2億円台の規模をもつ銀行によってその中核が形成されるような地方銀行群をつくることにある。その両脇を3億円以上と1億円未満の銀行群が固める姿である。前者には東海銀行、静岡銀行、神戸銀行、富山県統合銀行、芸備銀行、埼玉銀行、足利・群馬大同両行の合併銀行、福岡県統合銀行、山口県統合銀行、横浜興信銀行、中国銀行などが入る。また後者には東邦銀行、阿波商業銀行、日向興業銀行、肥後銀行、丹和銀行が属する。なおこのグループはすべて42年末現在で普銀一行化を達成している。最小規模が福島県の東邦銀行(約4,000万円)となる。

　したがって43年構想の目標は、「東海・神戸・芸備の各行程度の規模」(日銀企画委員会特別委員会11月答申)を目指すのではなく、「規模の相当大きな有力地方銀行をつくる」(日銀企画委員会特別委員会8月答申)ことにあったと言えよう。つまり、この次の構想がありえたということである。

　43年構想が次の構想のステップであることは、合同の覇権を得ようと躍起になっている銀行に対して有効な誘引剤になったと思われる。たとえば、43年9月期に五大銀行預金ランキング最下位に転落した住友銀行の若手行員から「合併しなければ二流銀行に落ちてしまう」[39]という声があがったのは、目先の最下位だけが問題ではなく、次の地平を睨んでのものであろう。ちなみに43年構想が実現すれば大阪府の統合銀行は、帝国銀行の1.6〜1.7倍、三菱銀行と安田銀行の約2倍となる90億円近い預金をもつスーパーバンクに浮上することになる。その際には帝国、三菱、安田各行の再統合が問題になったであろう。

　同様の事態は地方銀行にも当てはまる。さしあたり預金額1億円未満のグループが草刈場となりうる。たとえば、宮崎・鹿児島の両県にわたって強力な営業基盤をもつ鹿児島県の第百四十七銀行が、妥協を辞さず県下一行化に挑んだのは、射程を県内にとどまらず日向興業銀行や肥後銀行まで広げていたからだと思われる[40]。次の構想が見えるがゆえに、県内の一行化を急ぐという有力地銀の動きは、北陸三県の銀行統合からも窺いうる[41]。実際、44年に入って日銀高松支店長江沢省三が奔走する香川県・高松百十四銀行、徳島県・阿波商業銀行、高知県・四国銀行の統合問題は[42]、企画委員会特別委員会答申に

表6-2　日銀「全国銀行統合並店舗整理案」

道府県名	被統合銀行（預金残高）→統合銀行（預金残高）		
北　海　道	北海道（280）──→北海道拓殖		
青　　　森	八戸（9）		
	津軽（11）		
	青森商業（2）		
	弘前商業（9）──→第五十九（90）		[存続]
	青森（6）		
	板柳（6）		
	佐々木（2）		
秋　　　田	羽後（26）──→秋田（127）		
山　　　形	両羽（101）──→両羽・荘内の合同		[存続]
	庄内（50）		[存続]
	羽前長崎（7）──→両羽・荘内の合同銀行		[両羽]
	高野（1）──→同上		[両羽]
東　　　京	昭和（440）──→いずれかの大銀行（安田4,207）		
	十五（537）──→いずれかの大銀行（帝国5,258）		
	第三（27）──→証券取引所の金融機関が設立された場合はこれに、設立されない場合は安田		
	高田農商（0.8）　解散		[存続]
千　　　葉	野田商誘（26）──→千葉（236）		
栃　　　木	足利（241）──→両行「合体」（「当分現状ノ侭」）		[存続]
群　　　馬	群馬大同（175）		[存続]
長　　　野	飯田（33）		
	信州（12）──→八十二（180）		
	上田殖産（1）		
新　　　潟	第四（197）		[存続]
	長岡六十九（141）		[存続]
静　　　岡	駿州（31）──→新銀行（静岡603）		[存続]
	浦川（3）──→新銀行（静岡）		
	駿河（213）──→「機ヲ見テ新銀行へ」		[存続]
愛　　　知	岡崎（93）		
	稲沢（41）──→東海（1,179）		
	大野（41）		
岐　　　阜	十六（180）──→十六・大垣共立の合同による新設		[存続]
	大垣共立（91）──→（「実行迄ニハ未ダ相当曲折ヲ要ス」）		[存続]
三　　　重	三重（21）──→百五（195）（「急速ニ実現スルコトハ困難」）		[存続]
	伊賀農商（3）──→同上		[三重]
富　　　山	十二（262）		
	高岡（116）		
	富山（21）──→十二・高岡・富山・中越の合同による新設（北陸）		
	中越（122）　　（「富山市ニ安田ノ支店設置ヲ認ムルコト可ナルヘシ」）		
石　　　川	加能合同（107）		
	加州（60）──→加能合同・加州・能和の合同による新設（北国）		
	能和（30）		

出所：日本銀行『日本金融史資料　昭和続編　附録』第1〜4巻。預金残高は金融統制会「金融機関業態調」（『日本
注：(1) [　　]内は当該銀行の実際の結果であり、構想と相違したことを示す。
　　(2)整理案策定時点で、普銀一行化を完成ないし完成間近であった下記の県については、案が策定されて
　　　岩手県（岩手殖産105）、宮城県（七十七233）、福島県（東邦39）、茨城県（常陽270）、埼玉県（武州）、神奈
　　　び鳥取県（山陰合同198）、香川県（高松百十四107）、徳島県（阿波商業58）、愛媛県（伊予合同235）、熊本県（肥
　　(3)預金残高は、1942年下期末の数値であり、単位は百万円。ただし、予定されている合併を含めるため下記の
　　　帝国5,258（三井2,190・第一3,068）、安田4,207（安田3,525・日本昼夜682）、東邦43（東邦39・磐東3・矢吹
　　　109・忍商業47・飯能23）、八十二180（八十二165・上伊那15・佐久0.5）、静岡603（静岡三十五277・遠州185・伊

第6章 日本銀行の銀行統合構想（1940～45年）

(1943.1) ──普通銀行本店銀行の統合構想──

道府県名	被統合銀行（預金残高）→統合銀行（預金残高）		
福　井	大和田 (62) ──→ 福井 (168)	［三和に合併後福井に店舗譲渡］	
大　阪	三和 (3,952) ──→ 三和・住友の合同	［存続］	
	住友 (3,530) ──→	［存続］	
	野村 (1,244) ──→ 三和・住友の合同による新銀行	［存続］	
	尾州 (31) ──→ 三和（「愛知県下所在店舗」「東海銀行ニ譲渡」）		
	池田実業 (40) ──→ 三和（「兵庫県下所在店舗ハ神戸銀行ヘノ譲渡」）	［住友］	
	阪南 (91) ──→ 三和	［住友］	
滋　賀	柏原 (2) ──→ 滋賀 (194)		
和歌山	大同 (20) ──→ 紀陽 (91)（大同の本店他2店舗を三和へ）		
	──→ ［三和が合併し紀陽に店舗譲渡］		
兵　庫	神戸湊西 (6) ──→ 神戸 (697)	［三和が株式買収しその株を神戸に譲渡］	
	恵美酒 (5) ──→ 神戸 ｜（「第一段階」）｜ ［三和が株式を買収しその株を神戸に譲渡］		
	福本 (4) ──→ 播州 (59)	［神戸］	
	香住 (7) ──→ 全但 (30)	［存続］	
	播州		
	全但 ──→ 播州・全但・兵和の合同（「第二段階」「本店銀行ヲ二行トスル」）［神戸］		
	兵和 (56)		
広　島	三次 (8)		
	備南 (25) ──→ 芸備 (442)		
	呉 (30)		
山　口	百十 (196)		
	宇部 (53)		
	船城 (8) ──→ 6行合同による新設（山口）		
	華浦 (19)		
	長周 (47)		
	大島 (10)		
高　知	土予 (10) 高知県・愛媛県の店舗を四国 (190)・伊予合同 (235) に譲渡して整理［四国］		
福　岡	嘉穂 (20) ──→ 十七 (253) ［福岡銀行合併新立］		
	武石 (1) ──→ 筑邦 (85) ｝（「第一段階」）［福岡銀行合併新立］		
	三池 (27) ──→ 三井 (2,190) ［筑邦・肥後・帝国に分割譲渡］		
	筑邦 ──→ 十七 （「第二段階」）［福岡銀行合併新立］		
佐　賀	呼子 (3) ──→ 佐賀中央 (40)		
	佐賀興業 (76) ──→ 佐賀興業・佐賀中央の合併（「機ヲ見テ」） ［存続］		
	佐賀中央 ［存続］		
長　崎	十八 (116) ──→ 十八・親和の合併（「将来適当ナル機会ニ」） ［存続］		
	親和 (145) ［存続］		
大　分	豊前 (38) ──→ 大分合同 (162) ［大分合同と住友に営業譲渡］		
鹿児島	第百四十七 (97)		
	鹿児島 (41) ──→ 3行の合同新立 ［第百十七・鹿児島・鹿児島貯蓄で新立（鹿児島）］		
	三州平和 (23) ［住友］		

金融史資料　昭和編』第6巻所収）。

いないため、栃木・群馬両県を除き除外した。（　）内は銀行名と預金残高。
川県（横浜興信343）、山梨県（山梨中央125）、京都府（丹和70）、奈良県（南都152）、岡山県（中国343）、島根県およ後91）、宮崎県（日向興業52）。
銀行については合併銀行の残高を単純合計した。
0.6・田村実業0.7）、千葉236（千葉合同141・第九十八86・小見川農商6・東金3）、埼玉433（武州254・第八十五豆69・榛原10・浜松62）、百五195（百五153・勢南42）、［参考］三菱4,794（三菱2,774・第百2,020）。

即したものであり、43年構想の次の構想を先取りした具体的動きであった。これが実現すれば、単純合計で3億円から4億円の銀行となり、愛媛県の伊予合同銀行と四国を二分する体制になる。ちなみに支店長江沢省三は、考査局企画課長として特別委員会の幹事を務め、立案に積極的に参画した1人であった。

　第二に40年構想からの変化についてである。岩手県、宮城県、福島県はほぼ構想通り進み、43年構想で対象となるのは、北海道、青森県、秋田県、山形県、長野県、新潟県、兵庫県である。このうち北海道、秋田県、長野県は40年構想と大きな変化がない。

　青森県の構想は、すべての本店銀行を第五十九銀行に合併させるというものである。しかし、それがきわめて困難であるから40年構想では明確な青写真を描けなかったのであり、今回も決定的な打開策は示されていない。山形県の構想は二行化から一行化へと大きく変化した。「庄内ノ勢力増大シテ両羽、庄内対立ノ貌トナリ銀行統合前ヨリ却テ競争激化セル趣」[43]となったからである。

　新潟県も大きな軌道修正が行われた。新潟市に本店をおく第四銀行と長岡市におく長岡六十九銀行の二行化が認められたのである。40年構想は、理想を一行化におき、当面は地域別に三行化というものであった。その後日銀は、41年8月頃には、当面三行化がむしろ合同の障害となっていることから一行化に方針を転換したが、進捗はみられず事態は停頓した。そうしたなかで42年初頭、末松春彦新潟支店長が「中越の長岡に対し上越、下越を一丸とし一応県下二行の方針に定めて対策を講じては如何」という提案を行い、大蔵省の意向打診を一万田考査部長に依頼した。結局、これが事態を打開する決め手となり、合同は一挙に進展することになった[44]。43年構想では一行化は完全に放棄されている。ちなみに妙策を考案して停頓した情況を打開した日銀支店長としては、このほかに鹿児島支店長の事例がある[45]。

　兵庫県も地域別の四行化構想から二行化構想に変わった。40年構想が実現を期していた地域的中核銀行は、すでに播州、全丹、兵和の各行が生まれており、神戸銀行を含めた次のステップを掲げたのが43年構想である。それは地域的中核銀行3行を統合し神戸銀行とともに二行化を図るというものであった。結果

的には、神戸銀行を中心とする一行化が進み、全く異なる内容で兵庫県は二行化されることになる。

なおここで、43年構想において具体的に浮上する、いわば広域銀行について触れておこう。それは足利と群馬大同両行の合併構想である。43年構想は、群馬県について「他県銀行ノ店舗十八ケ店所在シ是等ノ総資力ハ地元二行ヲ合シタルヨリモ預金ニ於テ三千六百万円、貸出ニ於テ三千万円ヲ勝リ従テ群馬大同ガ充実シ活動積極的トナルニ伴ヒ各店間トノ競争激化シ之ガ調整ノタメ店舗整理ノ要切ナルモノアリ、殊ニ足利ハ当県内ニ於テ預金五千百万円、貸出二千万円ヲ有シ、同行総預金ノ二三％総貸出ノ三〇％ヲ占メ宛然地元銀行ノ観アリ」と群馬県における足利銀行の存在の大きさを指摘し、その上で「足利トノ店舗交換ニ付テハ栃木県境ニ近キ群馬大同ノ店舗ト足利ガ当県中心部ニ有スル店舗トノ交換ヲ考ヘラレザルニアラザルモ元来両県ハ経済事情共通スルトコロ多ク将来両行ヲ合体セシムル事モ考ヘ得ラル、ヲ以テ当分現状ノ侭トナスヲ適当トスベシ」[46]と両行の合併を想定している。直接的な出発点は店舗整理の困難性であるが、こうした合併案が容易に構想されるのも、次のステップがあるからである。これが実現すれば、埼玉銀行と並ぶ預金残高4億円を超える芸備銀行クラスの地方銀行が誕生することになる。

第3は都市銀行の系列地方銀行に対する扱いについてである。都市銀行が株式を保有する地方銀行を示した表6-3を参照しつつみておこう。全体的にみれば三つに分けられる。まず地方的合同の中核として扱われているのが、安田系の高知県・四国銀行、福岡県・十七銀行、千葉県・第九十八銀行、三和系の山口県・百十銀行である。このうち百十銀行を中核とする山口県統合銀行について触れておこう[47]。山口県では同県の華浦銀行と合わせ「新銀行ハ自然三和色強ク寧ロ三和ノ仔銀行トナル」ことが最大の懸案であった。この問題に対して日銀は「特殊ノ事情アル例外ノ場合トシテ之ヲ認メ他地方ノ銀行整備ノ際直ニ本件ガ事例トナラザル様特ニ銀行局ニ留意」[48]を求めたうえで、三和銀行絡みの広域的な問題を一挙に打開しようとする。すなわち三和系新銀行の誕生を認める代わりに「神戸湊西、徳島県下店舗ノ整理、石川県下銀行合同等ニ関

表6-3 主要都市銀行の普通銀行株

	地方銀行	所在地	都市銀行持株			預金額（千円）
			持株数	持株率（％）	株主順位	
三和銀行	加州	金沢市	18,009	36.0	1	53,237
	大和田	敦賀市	20,000	16.7	3	57,372
	大同	新宮市	6,300	9.7	1	16,865
	百十	下関市	12,950	9.1	2	185,559
	華浦	防府市	2,400	6.0	2	41,306
	土予	高知県幡多郡	*2,000	6.7	2	10,028
	湖北	滋賀県坂田郡	2,021	4.0	2	16,022
	阪南	岸和田市	2,500	3.2	2	85,946
	百五	津市	3,000	1.5	6	134,655
	神戸湊西	神戸市	—	—	—	6,089
	恵美酒	西宮市	—	—	—	4,617
住友銀行	豊前	中津市	189,000	94.5	1	36,382
	三州平和	鹿児島市	18,200	91.0	1	22,104
	三重	四日市市	15,315	30.6	1	17,089
	中越	富山市	2,000	2.0	2	103,195
安田銀行	十七	福岡市	124,161	60.9	1	232,699
	第三	東京市	91,989	46.0	1	30,439
	第九十八	千葉市	10,773	41.4	1	78,019
	肥後	熊本市	9,200	36.2	1	78,477
	四国	高知市	61,238	24.9	1	183,419
	大垣共立	大垣市	14,860	16.5	1	83,316
	富山	富山市	5,241	9.9	1	15,361
	北海道	小樽市	2,715	1.8	3	250,466
	長岡	長岡市	1,650	0.9	7	64,983
三井銀行	三池	大牟田市	4,900	20.4	1	24,359
第一銀行	紀陽	和歌山市	2,200	5.5	1	85,273
	十六	岐阜市	5,000	5.0	1	161,479
	池田実業	池田市	650	3.3	3	37,223
	遠州	浜松市	4,000	2.0	1	164,511
	静岡三十五	静岡市	3,000	1.0	1	250,541
	六十九	長岡市	2,000	0.8	7	64,782
	稲澤	愛知県中島郡	—	—	—	37,676
	岡崎	岡崎市	—	—	—	84,230
三菱銀行	百十	下関市	46,984	32.9	1	185,559
第百銀行	千葉合同	千葉市	26,000	18.7	1	131,715
	常陽	水戸市	18,706	8.1	2	252,367
	足利	足利市	5,300	3.3	1	225,193
	野田商誘	千葉県東葛飾郡	—	—	—	25,006

出所：拙稿「合同政策と三和系地方銀行」（伊牟田敏充編著『戦時体制下の金融構造』、日本評論社、1991年所収）。
資料：東洋経済新報社編『地方金融の検討』1942年を基礎に証券引受会社統制会編『株式会社年鑑』1943年版、後藤銀行『日本金融史資料 昭和続編付録』、『住友銀行八十年史』、『安田保善社とその関係事業史』等を参照して作
注：(1)＊の名義は三崎伊太郎（三和銀行元監査役）。
　　(2)安田銀行の持株のうち、北海道銀行、長岡銀行は安田一名義、肥後銀行は安田銀行名義、他は安田保善社

第6章　日本銀行の銀行統合構想 (1940～45年)

保有状況 (1942年6月末)	備考 (年、月)
	三和銀行配当金支払場所　北国銀行新立参加 (43.10)
	三和銀行が吸収合併 (45.10)
	三和銀行が吸収合併 (45.5)
	山口銀行新立参加 (44.3)
	山口銀行新立参加 (44.3)
	四国銀行が買収 (44.9)
	滋賀銀行が買収 (42.8)
	住友銀行が吸収合併 (45.7)
	存続
	｛三和銀行が全株式譲受 (45.2) し、 ｛その上で神戸銀行へ営業譲渡 (45.3)
	内地連系銀行、住友銀行配当金支払場所
	住友銀行、大分合同銀行が分割譲受 (43.12)
	内地連系銀行、住友銀行配当金支払場所
	住友銀行が買収 (43.12)
	住友銀行配当金支払場所　存続
	北陸銀行新立参加 (44.6)
	安田保善社関係銀行　福岡銀行新立参加 (45.4)
	安田保善社関係銀行　安田銀行が買収 (44.8)
	安田保善社関係銀行　千葉銀行新立参加 (43.2)
	存続
	安田保善社関係銀行　存続
	安田保善社関係銀行　存続
	安田保善社関係銀行　北陸銀行新立参加 (43.6)
	北海道拓殖銀行が吸収合併 (44.9)
	長岡六十九銀行新立参加 (42.10)
	三井銀行が買収 (43.11)
	存続
	存続
	住友銀行が吸収合併 (45.7)
	静岡銀行新立参加 (43.2)
	静岡銀行新立参加 (43.2)
	長岡六十九銀行新立参加 (42.10)
	東海銀行が吸収合併 (45.9)
	東海銀行が吸収合併 (45.9)
	三菱銀行は三和銀行に所有株式を譲渡 (43.4頃)
	山口銀行新立参加 (44.3)
	千葉銀行新立参加 (43.2)
	存続
	存続
	千葉銀行が買収 (44.6)

新一『昭和期銀行合同史』金融財政事情研究会 (1981年)、日本成。

名義。

シ三和ヲ後退セシメ妥当ナル解決ヲ為ス可キコト並ニ山口県長周銀行ノ不良貸ノ処理ニ付テハ三和ヲシテ善処セシム可キコト」[49]を三和銀行に諒解させるのであった。これにより三和銀行は43年末から44年初めにかけて、兵庫県・神戸湊西および恵美酒両行の事実上の神戸銀行への合併、石川県の統合銀行であり、三和銀行が筆頭大株主である北國銀行の初代頭取人事、高知県・土予銀行の四国銀行への合併などで大幅な譲歩を行うのである。

被合併ないし新立参加の対象になっているのは、安田系の岐阜県・大垣共立銀行、富山県・富山銀行、三和系の兵庫県・神戸湊西銀行、同・恵美酒銀行、石川県・加州銀行、福井県・大和田銀行、和歌山県・大同銀行、住友系の三重県・三重銀行、大分県・豊前銀行、鹿児島県・三州平和銀行などである。ただし、富山銀行については「合同ニ富山銀行ノ参加ヲ容易ナラシムル意味ヨリモ合同ト同時ニ富山市

ニ安田ノ支店設置ヲ認ムルコト」[50]となっており、また三重銀行については「百五ヘノ吸収ニハ其代償トシテ住友支店設置等ノ問題ヲ生ズル虞モアリ急速ニ実現スルコトハ困難」[51]となっている。親銀行が手離す代償は用意されていたのである。ところで上記のうち純粋に構想通り進むのは加州銀行と富山銀行だけである[52]。生き残った三重、大垣共立両行を別にすれば、住友銀行と地元（統合）銀行に分割営業譲渡して廃業したのが豊前・三州平和両行であり、三和銀行がひとたび合併し一部店舗を残して地元銀行に店舗譲渡したのが大同・大和田両行、さらに三和銀行がひとたび株式を買収しそれを神戸銀行に売却する形にしたのが神戸湊西・恵美酒両行であった。これらはいずれも関係者の合意形成が容易ではなく、構想を変形させて実施せざるを得なかった。

　唯一三池銀行は親銀行との合併を認める記載になっているが、詳細は今のところ不明である[53]。その後の経過は、豊前・三州平和両行とほぼ同様に、親銀行と地元銀行2行に分割営業譲渡された。

　さて三重銀行と大垣共立銀行を生き延びさせた最大の要因であるが、それは愛知県の統合問題であった[54]。すなわち合同を斡旋する立場にある日銀名古屋支店は、44年の時点で岐阜、愛知、三重の三県を所管していた。東海銀行に岡崎、大野、稲沢の3行を吸収合併させ一行化を達成しようとするのが43年構想であったが、3行の抵抗もあり進捗しなかった。ようやく44年に入って各行の動きが本格化し、日銀名古屋支店は最優先課題として取り組んだ。その間、驚くべきことに岐阜県と三重県については「岐阜ノ十六、大垣共立ノ合併　三重ノ百五、三重、伊賀農商ノ合併ハ前記愛知県下の合併成立ノ上着手スルコト」[55]と方針化されていた。つまりいわば凍結されていたのである。愛知県が一行化するのは45年9月であった。これと同様な事態は、福岡、佐賀、長崎の三県を所管していた日銀福岡支店にも、また神戸支店にも言えるだろう。

　日本銀行は異常なまでに銀行統合に執着した。それは、統合がマクロレベルの政策課題と結びついた政策手段であったからである。したがってその結合が

必要である限り、統合への取り組みは不退転のものであった。したがってまた、金融協議会や金融統制会の中核機関としてではなく、通貨価値を維持しなければならないセントラル・バンキングとしての行動であったと言える。それゆえに能動的、主体的な取り組みとなったのである。

統合構想そのものは、支店活動での蓄積を活かした現実的感覚に富んだものであった。日銀が描いていた地方的合同の最終的な姿は「東海、神戸、芸備の各行程度の規模」であり「30行程度への統合」であった。他方で都市銀行による系列化を排し、「地方ハ地方」という認識が前面に出ていた。もっとも、日銀内部にさまざまな考え方が並存していたことは留意する必要があろう。

合同の斡旋にあたっては決して無理をしない、いわゆる漸進主義が貫徹しており、最終的な姿に向かっていくつかのステップが用意されていた。また必要な場合には、いつでも代償措置を講じる性格のものであった。現場で取り組む日銀支店長の力量が問われていたのである。

太平洋戦争下で進む銀行統合を、銀行サイドの受動的な側面からのみ見ては、実態の半面しかつかんだことにならない。銀行も一般の企業と同じように、さらには銀行家も一般の企業家と同じように、閉塞状況に陥っているように見える場合でさえ、次の飛躍を目指しており、そこにはしたたかな企業家意欲が秘匿されていたのである。

日銀の統合構想も、こうした銀行家の意欲をそそることによって現実化するのであった。

注

(1) こうした問題意識は何ら目新しいものではない。たとえば、進藤寛氏は、強制されながらも合同を進んで受容する地方銀行の「インタレスト」を問題にした(「戦時下における地方銀行の合同」『金融経済』第66号、1961年2月)。伊牟田敏充の初期の論稿も戦時金融統制の受容要因に着目している(「戦時企業金融政策の展開とその限界」『証券経済月報』第45号、1963年4月)。また近年では、「金融新体制がまがりなりにも成立しえた経済的根拠」を問う山崎志郎「戦時金融統制と金融市場」(『土地制度史学』第112号、1986年7月)、資金の「迂回化」とリ

スクの分散・回避を軸に戦時資金動員のフレームワークを描いた伊牟田敏充（「第二次大戦期の金融構造」同編著『戦時体制下の金融構造』日本評論社、1991年所収）が正面から問題にしている。これらの観点は、いわば正常な心情が何ゆえファシズムを受容するのか、という素朴で深刻な問題に帰着する。

さらに金融統制が具体的にワークする構造については山崎志郎「協調金融体制の展開」（前掲『戦時体制下の金融構造』所収）、伊藤修『日本型金融の歴史的構造』第3章、東京大学出版会、1995年を参照。

(2) 日本銀行の具体的な合同斡旋については、佐藤政則「合同政策と三和系地方銀行」（前掲『戦時体制下の金融構造』所収）、また同「日銀支店と銀行合同——鹿児島興業銀行の設立を事例に——」（『地方金融史研究』第28号、1997年3月）、日本銀行『日本銀行百年史』第4巻、437-442頁を参照されたい。

(3) 詳しくは佐藤政則「日本銀行の金融調節」（前掲『戦時体制下の金融構造』所収）を参照。

(4) 川北禎一「時局下金融の特質」（1940年10月全国地方銀行協会での講演）、日本銀行『日本金融史資料 昭和編』第31巻、336-351頁。

(5) 前掲『日本銀行百年史』466頁。

(6) 伊牟田敏充「日本金融構造の再編成と地方銀行」（朝倉孝吉編『両大戦間期における金融構造』御茶の水書房、1980年所収）85頁。

(7) 日本銀行『日本金融史資料 昭和続編 付録』第3巻、62-65頁。なお以下では『付録』Ⅲと略記する。

(8) 「第二回特別委員会第十回会合（1942年11月19日）議事録」。

(9) 小樽支店「管内銀行合同ニ関スル構想」1940年11月15日（『付録』Ⅰ）141-142頁。

(10) 『付録』Ⅰ、143頁。

(11) 秋田支店「管内銀行合同ニ関スル意見」1940年11月26日（『付録』Ⅰ）535頁。

(12) 福島支店「管内銀行合同ニ関スル意見」1940年11月20日（『付録』Ⅰ）533頁。

(13) 同上『付録』Ⅰ、534-535頁。

(14) 新潟支店「管内銀行合同ニ関スル意見」1940年11月9日（『付録』Ⅱ）133-134頁。

(15) 松本支店「管内銀行合同ニ関スル意見」1940年11月9日（『付録』Ⅱ）134-135頁。

(16) 神戸支店「管内銀行合同ニ関スル意見」1940年11月13日（『付録』Ⅲ）439-441頁。

(17) 前掲『日本銀行百年史』434頁。

第6章　日本銀行の銀行統合構想（1940～45年）　203

(18) 以下の引用は、特別に断らない限り、同上書434-436頁および「企画委員会第一回特別委員会答申」1942年8月7日。
(19) 「第十回企画委員会記録」1942年8月11日。なお特別委員会では系列化された地方銀行が支店化され地元金融と乖離することを問題視しているが、すべての系列銀行がそうなるとは必ずしも言えない。詳しくは佐藤政則「都銀系地方銀行の優位性──戦時下の加州銀行を事例に──」（『創価経営論集』第23巻第2号、1998年11月）を参照。
(20) 前掲「企画委員会第一回特別委員会答申」。
(21) 「地方銀行問題ニ関スル企画委員会答申ノ実行方ニ関スル件」1942年8月29日。
(22) 「地方銀行ニ関スル件」1942年9月9日。
(23) 日本銀行『日本金融史資料　昭和編』第34巻、496頁。
(24) 詳しくは、前掲「合同政策と三和系地方銀行」を参照。
(25) 高松支店「四国銀行ノ土予銀行買収ニ関スル交渉経過報告ノ件」1942年8月9日（『付録』Ⅳ）388頁。
(26) 高松支店「三和銀行ト土予銀行ト提携ノ件」1942年9月29日（『付録』Ⅳ）389頁。
(27) 日本銀行『昭和十七年十月　部局長支店長会議関係書類』124頁。
(28) 富山県の情況については、佐藤政則「金融風土記　富山県」（『日経金融新聞』1999年7月27日、8月3日、8月10日）を参照。
(29) 高松支店「企画委員会主査宛諮問事項報告」1942年7月9日、9頁。
(30) 松山支店「企画委員会主査宛諮問事項回報」1942年7月8日、8頁。
(31) 岡山支店「企画委員会主査宛諮問事項答申」1942年7月9日、9頁。
(32) 前掲『昭和十七年十月　部局長支店長会議関係書類』135頁。
(33) 大蔵省銀行局長「蔵銀2159号通牒」1942年7月18日。
(34) 前掲『昭和十七年十月　部局長支店長会議関係書類』89-90頁。
(35) 日本銀行金融研究所保管公文『自昭和十七年至昭和二十年　地方銀行合併に関する書類（其の六）』所収。
(36) 同上書、所収。
(37) 前掲『昭和十七年十月　部局長支店長会議関係書類』135頁。
(38) 前掲『日本銀行百年史』435-436頁。
(39) 『住友銀行八十年史』351頁。
(40) 詳しくは前掲「日銀支店と銀行合同」を参照。
(41) 詳しくは佐藤政則「金融風土記　石川県」、「同　福井県」（『日経金融新聞』1999年6月22日、29日、7月13日、8月17日、24日、31日）および前掲「同　富

山県」を参照。
- (42) 高松支店「高松百十四、阿波商業両行合併問題ノ経過ニ付テ」1944年8月8日、同「高松百十四、阿波商業両行合併問題ノ経過ニ付テ」1944年9月17日、同「高松百十四、阿波商業両行合併問題ノ経過ニ付テ」1944年12月22日（以上『付録』Ⅳ）392-396頁。
- (43) 考査局「東北地方銀行統合並店舗整理案」（『付録』Ⅰ）537頁。
- (44) 考査部「新潟県下銀行合併ニ付テ」1941年8月6日（『付録』Ⅱ）140頁、新潟支店「県下二行方針への転換につき大蔵当局の意向打診方依頼の件」1942年1月17日、考査部「新潟県下銀行統合ニ関スル件」1942年2月20日、考査局「新潟県下銀行合同ニ関スル件」1942年6月10日（以上『付録』Ⅱ）144-146頁。
- (45) 詳しくは前掲「日銀支店と銀行合同」を参照。
- (46) 考査局「関東地方銀行統合並店舗整理案」（『付録』Ⅰ）849頁。
- (47) 詳しくは前掲「合同政策と三和系地方銀行」を参照。
- (48) 考査局「山口県下銀行合同ニ関スル件」1943年4月28日（『付録』Ⅳ）147頁。
- (49) 考査局「山口県下銀行合同ノ件」1943年5月5日（日本銀行金融研究所保管公文『地方銀行合併に関する書類（其の五）』所収）。
- (50) 考査局「北陸地方銀行統合並店舗整理案」（『付録』Ⅲ）79頁。
- (51) 考査局「東海地方銀行統合並店舗整理案」（『付録』Ⅱ）613頁。
- (52) 前掲「金融風土記　石川県」、「同　富山県」を参照。
- (53) さしあたり杉山和雄「福岡県下の銀行合同問題と三井銀行」（前掲『両大戦間期における金融構造』所収）を参照。
- (54) 三重銀行に関して詳しくは佐藤政則「金融風土記　三重」（『日経金融新聞』2000年4月20日、27日、5月11日）、同　書評「但馬銀行と三重銀行への関心──『百年の歩み』（但馬銀行）・『三重銀行100年史』──」（『地方金融史研究』第31号、2000年3月）を参照。
- (55) 考査局「東海地方銀行整備ノ件」1944年2月3日（『付録』Ⅱ）613頁。

〈付記〉　本稿は、麗澤大学経済研究センター研究助成（1998～2000年度）、1999・2000年度文部省科学研究費補助金（基盤研究(c)）による研究成果の一部である。

資料：銀行合併・合同に関する日銀各局部店の報告ないし稟議（1937-1945年）

1937（昭和12）年
6月19日　京都支店；須知銀行解散ノ件　『付録』第3巻435頁
8月26日　松山支店；五十二、仲田両行合併問題進捗ノ件　『付録』第4巻355頁
11月13日　松山支店；五十二、仲田両行合併ニ依ル新銀行ノ役員及商号決定事情　『付録』第4巻357頁
11月16日　福島支店；第八十八銀行ノ岩手銀行並ニ第九十銀行合併問題ノ顛末　『付録』第1巻531頁
12月－日　松山支店；五十二、仲田両行合併事情経緯　『付録』第4巻358頁
12月30日　福島支店；岩手県下銀行合併問題ニ関スル其後ノ経過　『付録』第1巻533頁
12月31日　熊本支店；日向中央銀行ノ清算状況　『付録』第4巻626頁

1938（昭和13）年
5月9日　新潟支店；新潟県下異種金融機関相互間ノ関係ニ付テ　『付録』第2巻98頁
5月27日　秋田支店；秋田県下異種金融機関間ノ関係　『付録』第1巻384頁
6月10日　金沢支店；北陸三県下異種金融機関ノ預（貯）金利率問題　『付録』第3巻5頁
12月9日　営業局；有信銀行ノ山梨殖産銀行買収　『付録』第2巻130頁

1939（昭和14）年
2月27日　名古屋支店；村瀬銀行、四日市銀行及日東産業（旧明治銀行）ノ整理近況　『付録』第2巻595頁
8月14日　松本支店；信産、百十七、伊那三行合併覚書調印　『付録』第2巻131頁
8月30日　名古屋支店；四日市銀行更正ニ関スル件　『付録』第2巻598頁
9月16日　営業局；永昌銀行ノ業務廃止ニ就テ　『付録』第2巻603頁
9月25日　神戸支店；東播地方所在六銀行ノ合併ニ関スル動向　『付録』第3巻438頁
10月27日　名古屋支店；四日市銀行更正ニ関シ大蔵省へ申請ノ件　『付録』第2巻599頁
11月14日　神戸支店；東播地方所在五銀行ノ新立合併ニ関スル件　『付録』第3巻438頁
11月14日　名古屋支店；四日市銀行更正ニ関スル其後ノ状況　『付録』第2巻600頁
12月5日　名古屋支店；四日市銀行更正ニ関スル其後ノ状況　『付録』第2巻601頁
12月19日　営業局；静岡三十五銀行ノ中和銀行買収ノ件　『付録』第2巻604頁
12月28日　名古屋支店；三重銀行（四日市銀行改称）更正開業ノ件　『付録』第2巻601頁
12月29日　名古屋支店；三重銀行ノ開店状況　『付録』第2巻602頁
12月30日　名古屋支店；三重銀行開店二日目ノ状況　『付録』第2巻602頁

1940（昭和15）年
2月1日　名古屋支店；静岡三十五銀行ノ中和銀行合併及駿州銀行合併計画ニ関スル遠州銀行ノ事情　『付録』第2巻605頁
8月21日　営業局；三菱銀行ノ支店網拡充ト金原銀行買収ニ就テ　『付録』第1巻830頁
11月9日　松本支店；管内銀行合同ニ関スル意見　『付録』第2巻134頁
11月9日　新潟支店；管内銀行合同ニ関スル意見　『付録』第2巻133頁
11月13日　神戸支店；管内銀行合同ニ関スル意見　『付録』第3巻439頁
11月15日　小樽支店；管内銀行合同ニ関スル構想　『付録』第1巻141頁
11月20日　福島支店；管内銀行合同ニ関スル意見　『付録』第1巻533頁
11月26日　秋田支店；管内銀行合同ニ関スル意見　『付録』第1巻535頁

12月 2日　小樽支店；大蔵省、三行ノ北海道銀行ヘノ合併ヲ勧奨　『付録』第1巻144頁
12月11日　小樽支店；北海道殖産銀行ハ北海道拓殖銀行ヘノ合併ヲ希望　『付録』第1巻144頁
12月27日　松本支店；管内銀行合同ニ関スル信州、上伊那、飯田各行ノ意向　『付録』第2巻136頁
12月27日　新潟支店；管内銀行合同に関する第四、新潟、六十九、長岡各行の内意　『付録』第2巻135頁
12月30日　考査部；北海道及樺太地方銀行合同ニ関スル本行ノ構想　『付録』第1巻142頁
12月31日　神戸支店；管内銀行合同ニ関スル意見　『付録』第3巻441頁

1941（昭和16）年

1月28日　松山支店；愛媛県下銀行合同問題ニ就テ　『付録』第4巻370頁
2月14日　新潟支店；管内銀行合同に関する各行其後の動向　『付録』第2巻137頁
2月14日　神戸支店；兵庫県下銀行合同ニ関スル意見　『付録』第3巻441頁
2月22日　小樽支店；北海道銀行ノ北海道殖産銀行吸収希望ノ事情　『付録』第1巻144頁
2月22日　松山支店；松山五十二、予州、今治商業三行ヨリ新立合併ニ付斡旋方申出ノ件　『付録』第4巻371頁
2月22日　松山支店；松山五十二、予州、今治商業三行合同ノ試案ニ就テ　『付録』第4巻371頁
3月17日　営業局；第十銀行ノ甲州銀行買収ノ件　『付録』第2巻150頁
3月26日　金沢支店；北陸三県下普通銀行ノ整理合同ト其ノ効果ニ就テ　『付録』第3巻62頁
4月一日　考査部・松江支店；松江、米子両行合併整理ニ関スル件　『付録』第4巻140頁
4月 6日　考査部；新銀行ニ対スル特別融通条件変更ノ件　『付録』第4巻142頁
5月 6日　小樽支店；北海道銀行ノ北海道殖産銀行合併談　『付録』第1巻145頁
5月 7日　北海道銀行；三行吸収合併ニツキ斡旋方懇願　『付録』第1巻146頁
5月 8日　松江支店；松江、米子両行合併公表後ノ状況　『付録』第4巻142頁
5月 8日　松山支店；松山五十二、予州、今治商業三行合併談進捗ノ件　『付録』第4巻373頁
5月12日　新潟支店；六十九、長岡両行合併に関する件　『付録』第2巻138頁
5月16日　北海道銀行；三行吸収合併ニツキ再度懇願　『付録』第1巻149頁
5月27日　考査部；北陸三県下所在九銀行合併案ニ関スル意見　『付録』第3巻66頁
6月 5日　松江支店；山陰合同銀行ヘノ合併ニ関スル石州銀行ノ希望条件　『付録』第4巻142頁
6月 5日　松山支店；新銀行ノ名称ニ付提案ノ件　『付録』第4巻374頁
6月 9日　営業局；第一銀行ノ鉄業銀行買収内定ニ付テ　『付録』第1巻832頁
7月 1日　営業局；駿河銀行ノ伊豆銀行吸収合併内定ノ件　『付録』第2巻609頁
7月 3日　営業局；第一銀行ノ鉄業銀行買収決定ノ件　『付録』第1巻832頁
7月 4日　考査部；新潟県下銀行合同ニ関スル意見　『付録』第2巻139頁
7月 5日　新潟支店；管内銀行合同に関する参考意見　『付録』第2巻139頁
7月 8日　営業局；第一銀行ノ麻布銀行買収ノ件　『付録』第1巻834頁
7月12日　松江支店；石州銀行、山陰合同銀行ヘノ買収合併ニ同意ノ件　『付録』第4巻143頁
7月17日　営業局；第十銀行及有信銀行ノ新立合併内定ノ件　『付録』第2巻151頁
7月30日　小樽支店；北海道銀行ノ三行合併仮契約調印　『付録』第1巻151頁
8月 1日　営業局；三井銀行ノ西脇銀行買収ノ件　『付録』第1巻835頁
8月 6日　考査部；新潟県下銀行合併ニ付テ　『付録』第2巻140頁
8月30日　営業局；群馬大同銀行ノ上毛、大間々、富岡、下仁田、松井田ノ五銀行買収ノ件　『付録』第1巻836頁
9月 2日　営業局；第十、有信両行ノ新立合併決定ノ件　『付録』第2巻152頁
9月 6日　金沢支店；管内銀行合同ニ関スル意見　『付録』第3巻66頁
9月17日　考査部；新潟県下銀行合同ニ関シ陳情ノ件　『付録』第2巻140頁

第 6 章　日本銀行の銀行統合構想（1940〜45年）　207

10月20日　営業局；横浜興信銀行ノ鎌倉、明和、平塚江陽、相模、秦野及足柄農商ノ六銀行買収ノ件　『付録』第 1 巻840頁
10月21日　考査部；北陸三県所在本店銀行合同ニ関スル件　『付録』第 3 巻68頁
11月10日　営業局；群馬大同銀行ノ県下五銀行合同ニ関シ仮契約締結ノ件　『付録』第 1 巻838頁
11月12日　京都支店；湖北銀行合併ニ関スル滋賀銀行ノ意嚮　『付録』第 3 巻450頁
11月13日　考査局；青森県下一行ニ統合ノ方針決定　『付録』第 1 巻538頁
11月13日　松山支店；伊予合同銀行ニ対スル特別融通申請ノ件　『付録』第 4 巻374頁
11月15日　営業局；横浜興信銀行ノ県下六銀行買収ニ関スル仮契約締結ノ件　『付録』第 1 巻841頁
11月17日　金沢支店；北陸地方銀行合同ニ関スル各行ノ答申書　『付録』第 3 巻69頁
12月－日　調査局；地方普通銀行ノ性格　『資料』第30巻248頁
12月 1 日　小樽支店；北海貯蓄銀行ト函館貯蓄銀行トノ合併ニ関スル大蔵省ノ方針　『付録』第 1 巻152頁
12月 1 日　函館支店；函館貯蓄銀行ノ北海貯蓄銀行トノ合併問題ニ関スル内報　『付録』第 1 巻153頁
12月12日　神戸支店；兵庫県下銀行合同ニ関スル播州銀行ノ意見　『付録』第 3 巻442頁
12月13日　営業局；常陽銀行ノ石岡、猿田公益両行買収ノ件　『付録』第 1 巻843頁
12月30日　松江支店；山陰合同銀行新立後ノ経営状況　『付録』第 4 巻143頁

1942（昭和17）年

1 月10日　松本支店；管内銀行合同ニ関スル各行ノ意見　『付録』第 2 巻142頁
1 月14日　神戸支店；兵庫県下銀行合同ニ関スル神戸銀行ノ意見　『付録』第 3 巻443頁
1 月17日　新潟支店；県下二行方針への転換につき大蔵当局の意向打診方依頼の件　『付録』第 2 巻144頁
2 月20日　考査部；新潟県下銀行統合ニ関スル件　『付録』第 2 巻145頁
3 月 4 日　営業局；日本昼夜銀行ノ第三十六、武陽両行買収ノ件　『付録』第 1 巻844頁
3 月 5 日　秋田支店；青森県下銀行合同問題ニ悩ミトナレル事情並ニ今後ノ処理ニ付テノ意見　『付録』第 1 巻538頁
3 月16日　高松支店；地方普通銀行ト貯蓄銀行トノ合併ニ付テ――管内両種銀行ノ相互関係ト合併ノ可能性――　『付録』第 4 巻376頁
4 月28日　高松支店；管内金融機関ノ整備ト金利調整ニ付テ　『付録』第 4 巻378頁
5 月12日　営業局；千葉合同、第九十八及小見川農商ノ三行新立合併内定ノ件　『付録』第 1 巻846頁
5 月18日　金沢支店；加能合同銀行ト加州銀行トノ比較　『付録』第 3 巻22頁
5 月20日　京都支店；滋賀銀行ヘノ合併ニ関スルノ湖北銀行ノ意嚮　『付録』第 3 巻451頁
6 月 3 日　京都支店；滋賀銀行ノ湖北銀行買収ニ関シ覚書交換ノ件　『付録』第 3 巻452頁
6 月10日　考査局；新潟県下銀行合同ニ関スル件　『付録』第 2 巻146頁
6 月19日　福岡支店；北九州地方ノ銀行整備事情　『付録』第 4 巻629頁
7 月 7 日　京都支店；三和銀行ノ乙訓及山城八幡両行買収ノ件　『付録』第 3 巻452頁
7 月13日　名古屋支店；遠州銀行、静岡三十五銀行合併問題ニ関シ内報ノ件　『付録』第 2 巻609頁
7 月20日　高松支店；讃岐貯蓄銀行ト高松百十四銀行トノ合併斡旋ニ関スル件　『付録』第 4 巻382頁
7 月25日　考査局；讃岐貯蓄銀行ヲ高松百十四銀行ヘ合併ノ件　『付録』第 4 巻385頁
7 月30日　高松支店；讃岐貯蓄銀行ヲ高松百十四銀行ヘ合併方斡旋打切リノ件　『付録』第 4 巻385頁
8 月 3 日　福島支店；福島県下残存小銀行六行の統合方針に付て　『付録』第 1 巻535頁

8月8日　営業局；千葉合同、第九十八及小見川農商三銀行ノ新立合併決定ノ件　『付録』第1巻847頁
8月8日　高松支店；四国銀行ノ土予銀行買収ニ関スル交渉経過報告ノ件　『付録』第4巻387頁
8月21日　営業局；静岡三十五、遠州両行新立合併ノ件　『付録』第2巻610頁
8月21日　京都支店；京都大内銀行ノ営業譲渡ニ関スル件　『付録』第3巻453頁
9月26日　広島支店；長周銀行ノ内情ニ関スル件　『付録』第4巻146頁
9月28日　広島支店；長周銀行ノ内情ニ関シ追報ノ件　『付録』第4巻146頁
9月29日　高松支店；三和銀行ト土予銀行ト提携ノ件　『付録』第4巻389頁
10月23日　神戸支店；播州銀行の溝口、大沢両行買収の件　『付録』第3巻454頁
10月28日　熊本支店；鹿児島県下銀行合同問題の件　『付録』第4巻632頁
11月12日　熊本支店；鹿児島県下銀行合同ニ関スル件　『付録』第4巻633頁
11月12日　松本支店；上田殖産銀行ノ開店ト今後ノ県下銀行統合方針　『付録』第2巻147頁
11月20日　京都支店；京都大内銀行ノ営業譲渡ニ関スル件　『付録』第3巻453頁
11月25日　松本支店；上伊那銀行合同ノ方針ニ付テ　『付録』第2巻148頁
12月5日　名古屋支店；静岡三十五トノ合同問題其他ニ付中山遠州銀行頭取来談要旨　『付録』第2巻611頁
12月15日　熊本支店；鹿児島県下銀行合同ニ関スル件　『付録』第4巻634頁
12月15日　考査局；貴管内銀行合併ニ関スル件（金沢支店長あて）　『付録』第3巻78頁

1943（昭和18）年

1月－日　考査部；北海道及樺太地方銀行統合並店舗整理案　『付録』第1巻143頁
1月－日　考査局；東北地方銀行統合並店舗整理案　『付録』第1巻536頁
1月－日　考査局；関東地方銀行統合並店舗整理案　『付録』第1巻547頁
1月－日　考査局；甲信越地方銀行統合並店舗整理案　『付録』第2巻149頁
1月－日　考査局；東海地方銀行統合並店舗整理案　『付録』第2巻612頁
1月－日　考査局；北陸地方銀行統合並店舗整理案　『付録』第3巻78頁
1月－日　考査局；近畿地方銀行統合並店舗整理案　『付録』第3巻448頁
1月－日　考査局；中国地方銀行統合並店舗整理案　『付録』第4巻153頁
1月－日　考査局；四国地方銀行統合並店舗整理案　『付録』第4巻381頁
1月－日　考査局；九州地方銀行統合並店舗整理案　『付録』第4巻636頁
1月8日　札幌支店；道内貯蓄銀行ノ合同ニ関スル中央ノ方針照会　『付録』第1巻153頁
1月11日　考査局；貯蓄銀行ノ整備統合方針ニツキ回答　『付録』第1巻154頁
2月26日　考査局；愛知県下銀行整備ニ関スル件　『付録』第2巻613頁
4月9日　秋田支店；大蔵省、青森県下八行代表者ニ対シ銀行合同ニ賛成ノ上申書提出ヲ要請　『付録』第1巻543頁
4月21日　営業局；埼玉県下銀行合同成立　『付録』第1巻850頁
4月22日　考査局；滋賀銀行ノ柏原銀行買収ノ件　『付録』第3巻454頁
4月26日　考査局；鹿児島県下銀行整備ノ件　『付録』第4巻634頁
4月28日　考査局；山口県下銀行合同ニ関スル件　『付録』第4巻147頁
6月14日　秋田支店；青森県下五行合併ノ件　『付録』第1巻543頁
6月30日　高松支店；高松百十四銀行ノ讃岐貯蓄銀行買収並ニ貯蓄業務兼営ノ件　『付録』第4巻385頁
7月17日　秋田支店；弘前商業銀行、新銀行ヘノ合併ヲ決意　『付録』第1巻544頁
7月17日　小樽支店・函館支店；北海道銀行ノ函館貯蓄銀行合併ニツキ原則的諒解成立　『付録』第1巻154頁

第6章　日本銀行の銀行統合構想（1940〜45年）

7月28日	鹿児島支店；鹿児島県下銀行合同ニ関スル件	『付録』第4巻635頁
8月9日	考査局；鹿児島県下銀行統合ノ件	『付録』第4巻635頁
9月4日	考査局；長周銀行ノ欠損補填問題ニ付テ	『付録』第4巻147頁
9月7日	考査局；神戸湊西銀行処理ノ件	『付録』第3巻455頁
9月7日	静岡支店；静岡貯蓄、浜松貯蓄及伊豆貯蓄ノ三行ヲ静岡銀行ヘ合併ノ件 『付録』第2巻614頁	
9月14日	考査局；長周銀行欠損処理ニ関スル件	『付録』第4巻149頁
9月27日	静岡支店；静岡貯蓄、浜松貯蓄及伊豆貯蓄ノ三行ヲ静岡銀行ヘ吸収合併ノ件 『付録』第2巻614頁	
9月29日	静岡支店；駿河貯蓄ノ駿河貯蓄銀行吸収合併ノ件	『付録』第2巻615頁
10月2日	京都支店；昭和産業無尽株式会社整理ノ件	『付録』第3巻458頁
12月20日	札幌支店；北海貯蓄銀行、北海道拓殖銀行ヘノ合併ニ不同意	『付録』第1巻155頁
12月29日	神戸支店；神戸湊西銀行ノ処理方針内定ノ件	『付録』第3巻456頁

1944（昭和19）年

1月7日	考査局；長周銀行欠損処理ニ関スル件	『付録』第4巻150頁
1月27日	営業局；野田商誘銀行ノ身ノ振リ方決定	『付録』第1巻851頁
2月3日	考査局；東海地方銀行整備ノ件	『付録』第2巻613頁
2月15日	福岡支店；福岡県下本店銀行統合ノ件	『付録』第4巻638頁
2月22日	考査局；貴地三行合併ニ関スル件（福岡支店長あて）	『付録』第4巻639頁
2月25日	高松支店；四国銀行ノ土予銀行合併ニ関シ原則ノ諒解成立ノ件	『付録』第4巻389頁
3月9日	考査局；長周銀行ニ関スル件	『付録』第4巻152頁
3月27日	営業局；千葉銀行ノ野田商誘銀行買収本極リノ件	『付録』第1巻851頁
4月24日	考査局；安田、昭和両行合併条件ニ付テ大蔵省案内示ノ件	『付録』第1巻852頁
5月4日	考査局；安田、昭和合併ノ件	『付録』第1巻853頁
5月4日	福岡支店；福岡県下銀行統合問題ニ関シ邦銀行上申書提出ノ件	『付録』第4巻639頁
6月25日	高松支店；四国銀行ノ土予銀行買収ニ関スル覚書調印ニ至ル経緯	『付録』第4巻391頁
6月25日	高松支店；四国銀行ノ土予銀行買収ニ関スル覚書調印ノ件	『付録』第4巻390頁
8月8日	仙台支店；東北貯蓄銀行ノ合併問題ニ就テ	『付録』第1巻545頁
8月11日	福岡支店；福岡県下銀行合併に関する筑邦銀行の態度に就て	『付録』第4巻640頁
8月12日	考査局；仙台信託株式会社ノ整理ニ就テ	『付録』第1巻547頁
8月15日	福岡支店；福岡県下銀行の分離合併の動きに就て	『付録』第4巻641頁
8月24日	考査局；福岡県下銀行合併ニ関スル大蔵省意見連絡ノ件	『付録』第4巻641頁
8月26日	高松支店；高松百十四、阿波商業両行合併問題ノ経過ニ付テ	『付録』第4巻392頁
9月5日	仙台支店；仙台信託株式会社の整理ニ就テ	『付録』第1巻548頁
9月9日	仙台支店；七十七銀行、仙台信託株式会社ノ引受ヲ内諾	『付録』第1巻549頁
9月14日	仙台支店；七十七銀行ノ仙台信託株式会社引受不調ノ件	『付録』第1巻549頁
9月17日	高松支店；高松百十四、阿波商業両行合併問題ノ経過ニ付テ	『付録』第4巻395頁
9月20日	十七銀行；御願書	『付録』第4巻642頁
9月30日	高松支店；四国銀行ノ土予銀行買収ニ関スル実行細目決着ノ件	『付録』第4巻391頁
10月1日	考査局；十七銀行井尻社長陳情ノ件	『付録』第4巻643頁
10月31日	福岡支店；福岡県下四行合併ニ関シ大蔵省最後案指示ノ件	『付録』第4巻644頁
12月4日	福岡支店；十七銀行、筑邦銀行、嘉穂銀行及福岡貯蓄銀行ノ新立合併ニ関シ覚書調印ノ件 『付録』第4巻644頁	
12月22日	高松支店；高松百十四、阿波商業両行合併問題ノ経過ニ付テ	『付録』第4巻396頁

12月27日　大阪支店；貯蓄銀行九行合併ニ関スル舟山課長ト貯銀当局トノ交渉経過　『付録』第1巻854頁
12月29日　神戸支店；兵庫県下残存四行ノ処理ニ関スル件　『付録』第3巻456頁

1945（昭和20）年

1月8日　考査局；残存小貯蓄銀行ノ処置ニ付テ　『付録』第1巻854頁
1月10日　札幌支店；北海道貯蓄銀行、北海道拓殖銀行ヘノ合併ヲ決意　『付録』第1巻155頁
1月10日　札幌支店；北海道貯蓄銀行カ北海道拓殖銀行ヘノ合併ヲ決意スルマテノ経過　『付録』第1巻156頁
1月12日　仙台支店；東北貯蓄銀行ノ合併問題ニ就テ　『付録』第1巻545頁
1月22日　仙台支店；東北貯蓄銀行ノ合併問題ニ就テ　『付録』第1巻546頁
1月25日　考査局；地方信託会社ノ合併斡旋方依頼ノ件　『付録』第4巻750頁
1月30日　大阪支店；仙台信託株式会社ノ三和信託株式会社ヘノ営業譲渡契約締結　『付録』第1巻550頁
2月5日　仙台支店；東北貯蓄銀行ノ合併問題ニ就テ　『付録』第1巻546頁
2月19日　神戸支店；神戸湊西及恵美酒両行ノ神戸銀行ヘノ合併ニ付テ　『付録』第3巻457頁
2月28日　考査局；九貯蓄銀行合併契約調印ノ件　『付録』第1巻854頁
3月3日　神戸支店；神戸湊西及恵美酒両行ノ神戸銀行ヘノ営業譲渡ニ関スル件　『付録』第3巻457頁
3月4日　神戸支店；香住銀行合併反対ノ件　『付録』第3巻458頁
4月10日　仙台支店；七十七銀行ト東北貯蓄銀行トノ合併談成立　『付録』第1巻547頁
7月23日　統制局；三和銀行ノ大和田銀行合併事情　『付録』第3巻79頁
8月3日　金沢支店；三和銀行ノ大和田銀行合併契約成立ノ件　『付録』第3巻81頁

出所：日本銀行『日本金融史資料　昭和編』および『日本金融史資料　昭和続編　付録』より作成。
　注：(1)表記は、発信年月日　発信局部店等；史料タイトル　出典の順である。
　　　(2)出典において『日本金融史資料　昭和続編　付録』は『付録』と略記し、また『日本金融史資料　昭和編』は『資料』と略記した。

第7章　1930年代におけるイギリス労働党の
　　　　「金融改革」構想とロンドン金融市場

吉田　正広

　第二次世界大戦後、労働党のアトリー政権は、イングランド銀行の国有化をはじめとしていくつかの金融改革の実施を予定していたが、実際にはイングランド銀行の国有化だけが実現し、それ以外には注目すべき金融改革は実施されなかったと言われている[1]。イングランド銀行国有化をその重要な一環とする労働党の金融改革は、どのような全体像をもっていたのであろうか。アトリー政権が実施しようとした金融改革構想の中で、何が実施され、何が実施されなかったのか、またそれはなぜであろうか。このような金融改革構想は労働党の産業国有化政策とどのような関係を有していたのであろうか。本章は、このような疑問に答えるべく、労働党の金融改革構想の枠組みが形成された1930年代における労働党の議論、さらに、それに対するロンドン金融市場の反応を検討することによって、労働党の金融改革構想の全体像とその意図を明らかにしようとするものである。

第1節　研究史と課題

　さて、これまで戦間期イギリスの経済政策史研究は、「ケインジアン」によって主導されてきた[2]ために、経済政策の展開を経済理論の発展と関連づけて理解する姿勢が強かった。すなわち、大蔵省の経済政策立案過程におけるケインズ自身の政策提言やその影響力、大蔵官僚によるケインズ政策の受容過程などが主たる研究対象となり、自由党の政策提言やモーズレイ覚書など一部の

ケインズ主義的な色彩の政策提言は注目されるものの、それ以外の当時の経済的諸利害や政党の具体的政策提言は看過されないまでも、軽視される傾向にあったことは否めない。

1980年代には、以上のようなケインズ主義的な経済政策史研究を再検討しようとする研究潮流が現れた。アラン・ブースは、各種産業団体、労働組合、労働党、さらには保守党のH. P. マクミランなど、ケインズの政策提言とはかなり異なった政策提言の存在に注目し、これらの政策提言の実現可能性を重視した[3]。

また、これらの研究諸潮流とは別に、労働運動史あるいは労働党の政策立案過程の実証研究が進められている[4]。これらは、労働党の政策立案過程における理論家や実務家たちの党内論争にまで立ち入った精緻な実証研究である。これらの研究は、ケインズ自身の政策提言やその影響力をも研究対象にしているが、金融改革構想を含めた労働党独自の政策提言のあり方や、政策立案過程におけるシティ金融界の若手メンバーの参加など、戦間期経済政策史を考えるうえで大変興味ある論点を明らかにしている。近年では、ケインジアンの側も、労働党アトリー政権の金融政策立案過程にまで研究対象を広げ、その結果、労働党政策史からの実証分析と接近しつつある。たとえば、アトリー政権下の金融政策をテーマとしたホーソンの近著は、「チーパー・マネー」というケインズの提唱した投資促進策に注目した研究であるが、この研究の中で、改めて労働党政権の金融改革の変遷過程が問題にされている[5]。

なお、日本においては、思想的な起源にまでさかのぼって国有化の問題を明らかにした研究として遠山嘉博氏の研究[6]や、近年では松村高夫氏の研究[7]があるが、労働党の金融改革を正面から論じた研究は皆無という状況にある。

本稿では以上の研究史を踏まえて、最初に、1918年における「社会主義綱領」の採択から第二次大戦期に至る労働党の金融改革構想の変遷過程を、労働党の主要な政策文書の検討を通じて確認し、次に、金融改革に向けて本格的な議論が展開した1930年代の構想を、ドールトンの見解を中心に考察する。さら

に、労働党の金融改革構想に対するロンドン金融市場の反応を明らかにすることで、労働党の意図したところをよりいっそう明確にするとともに、その限界を考える手がかりにしたい。

第2節　労働党の「社会主義的」金融改革構想の変遷

　当該時期の労働党の金融改革構想の変遷は、『労働党と国民』(1928年)、『通貨、銀行および金融』(1932年)、『完全雇用と金融政策』(1944年)の三つの政策文書を比較検討することによって明らかになる。

　1918年2月に、労働党は『労働党憲章』の「党の目的の第4条」で「生産手段の共同所有」と「産業およびサービスの民主的管理」を規定し、産業国有化を正式に党の政策目標として採用した[8]。この綱領を具体化した『労働党と新社会秩序』は、「産業の民主的統制」の中で、直ちに国有化すべき産業部門として、鉄道、鉱山、電気を、その次に国有化すべき部門として、運輸、通信を挙げ、さらに保険会社の接収と土地の漸次的共同所有化を提唱したが、金融改革を詳しく論じたわけではない[9]。金融問題の重要性が労働党によって認識されるのは、1925年における戦前平価での金本位復帰とその結果と考えられた国内産業の不振を経験した後、1928年の政策文書『労働党と国民（改訂版）』においてであった。

　さて、1929年に予定された総選挙に向けての労働党の政策綱領となった『労働党と国民（改訂版）』は、1920年代後半における労働党の金融問題に対する姿勢を最もよく示している。同文書の「産業の民主的統制」と題する章の中で「信用と通貨」、「パブリック・コーポレーションとしてのイングランド銀行」、「銀行政策と公共の必要」の諸項目が金融問題に言及した部分であるが、これらの箇所は初版にはなく、改訂版で初めて挿入されている。この中で論じられた金融改革論は、イングランド銀行国有化論というべきものであった。すなわち、1925年における金本位復帰とその後の英国産業の不振に鑑みると、国民の福祉は銀行政策（banking policy）に大きく依存しており、これまでのように、

イングランド銀行総裁など少数の個人が、公衆に対する直接の責任を負わないまま、国民の経済活動や福祉に重大な影響を及ぼす意志決定を行うことに反対するとして、イングランド銀行のパブリック・コーポレーション化を強く提案するのである[10]。

この問題は、『労働党と国民——銀行および通貨政策その他に関する補遺』[11]と題する報告書において詳しく論じられている。この報告書は文字通り金融問題を論じたものであり、われわれの検討に値する文書である。

この『補遺』は、1915年から1925年に至る金融史を概観したあとで、特に、1920年恐慌以後のデフレーションの時期に議会での審議がなされないまま、イングランド銀行と大蔵省によってデフレ政策が国民に強制されたことを問題視する。「このエピソードの重要な教訓は、この国の政治的民主主義とこの種の政策を決定する有力者との間にはほとんど関係がない、ということのように思われる。……議会と世論は情報を提供されず、そもそも、このような主題が公衆の重大な関心事であることを認める精神的態度そのものが欠けていた。この不手際の根本原因は、問題全体がイングランド銀行の領域であり、その問題の解決はイングランド銀行と大蔵省の職員に任せておくのが無難であると考えること、それ自体にある」[12]。報告書はこのように述べ、議会での民主的な議論なしにデフレ的金融政策が国民に押しつけられたことを論難するとともに、国民生活にとっての金融問題の重要性を確認する。

しかしながら、「将来の通貨政策」（Currency Policy in the Future）に関しては、世界各国の中央銀行による国際協力を通じた金価格の安定によって、物価安定と為替安定を同時に実現しようとするジェノア会議の決議を尊重すると述べるにとどまり、金本位制の廃止などについては言及がない[13]。

「信用政策」（Credit Policy）の項では、一国の信用総額には上限があるので、「国民的視点から見て最も好ましい形で」信用を利用しなければならないが、信用の配分においては、営利企業である銀行が裁量権を行使している結果、国民的な視点から見れば巨額の資金が浪費されていると批判する[14]。

さらに「銀行業務の統制」（the Control of Banking）の項では、今やイング

ランド銀行の主要な機能は「営利」（commercial）ではなく「統治」（governmental）であるので、「イングランド銀行は、理論上株主によって所有される営利企業でありながら、実際には、大蔵省と緊密に連携し、国民的な責任をある程度顧慮ながら運営されている」。したがって、イングランド銀行の「理事会は共同社会（community）に対して責任を負うべきであり、個人に対してのみ責任を負うべきではない。このため、理事会には、大蔵省、商務省、産業、労働および協同組合運動のそれぞれの代表者たちが参加しなければならない」としている。さらに、協同組合銀行や市営銀行の全国的な拡大を通じて、銀行業務の便宜を労働者階級にも与えるべきであり、それによって、少額貯蓄が促進され、信用供給量全体の増加が見込まれるとする。そして、「もし国民が自らの生活と発展方向を管理しようとすれば、投資の管理と信用割当の管理が必要となろう。また、そのような管理を実施する場合の指針となるべき何らかの質的な政策を立案しなければならない。これは未開拓の分野である。この見解を実現する最善の方法を探究するための調査が実施されなければならない」と述べ、金融管理に関する調査委員会の設置を勧告している[15]。

　そして次のような3項目に及ぶ「勧告」を行う。第一に「通貨」と題して、「為替の安定と貨幣の購買力の安定を同時に達成するためには、国際的な行動が必要である。英国は、(1)ジェノア会議での諸提案をできるだけ速やかに実施することによって、また、(2)自国の通貨政策を、世界の金資源を浪費しない方向に変更することによって、それを支援すべきである」と。第二に「銀行業務」と題して、「国民の勤労生活全体を左右するこの国の通貨および信用政策は、まったくの民間団体に任され続けるべきではない。イングランド銀行の運営は、大蔵省、商務省、産業、労働および協同組合運動などの社会の構成員の代表たちが参加する単一の公社（a public Corporation）に帰属すべきである」。また「現在の銀行業務の利便性は、市営銀行や協同組合銀行の全国的な拡大を通じて、わずかな財産しか持たない人々にも与えられなければならない」。第三に「信用」と題して、「安全性や為替安定と矛盾しない範囲で、信用の便宜を最も潤沢に利用することが、公益の要求するところである。……その活用が

社会的な利益をもたらす場合には、さまざまな形態の生産企業に金融上の優遇措置を与えることが、社会の利益である。この目的を達成する最善の方法を探求するための調査が実施されるべきである」[16]。

　以上のように1928年の『労働党と国民（改訂版）』とその『補遺』では、イングランド銀行の公的所有と公的管理が、金融改革の中心的な役割を与えられていた。それは、1920年代に議会の審議なしにイングランド銀行と大蔵省によって推進されたデフレ政策が、国民生活に甚大な影響を与えたと判断されたからであり、また、イングランド銀行の公的所有と公的管理を通じて、国民の福祉に貢献するような仕方でイングランド銀行を運営すべきであり、また運営可能であると考えられたからであった。

　しかしながら、このようなイングランド銀行の公的所有と公的管理を軸とした金融改革構想は、1931年における金融恐慌とその過程での労働党政権の崩壊を経験することによって、大きく軌道修正されることになる。

　この労働党の金融改革構想の転換を示す文書が、1932年の労働党レスター大会で承認された「通貨、銀行および金融に関する決議」である。この文書は1930年代、40年代の労働党の金融改革構想の出発点となった重要な文書であるので、以下に全文を掲げておく。

　　近年実施されたデフレ的貨幣政策（deflationary monetary policy）によって、イギリスの不況と失業が著しく悪化した。金融システムの行使する巨大な権力が私的な運営に任され続けることはもはや不可能であり、計画的な全国開発政策（a policy of planned National Development）を実施するためには、金融システムの公的な管理が必要不可欠である。このような見解にもとづいて、1932年の労働党大会は、民間の金融利害関係者の積極的な攻撃や消極的な妨害によって社会主義政策が打破されないように、次のような提案を行う。

　　(1)金本位制の崩壊を前提として、英国の金融政策の目的は、この国における卸売物価の適正な水準での安定とすべきである。

(2)イングランド銀行は公的な所有と公的な管理の下に置かれるべきである。また、イングランド銀行総裁は内閣によって任命され、閣僚クラスの大臣の一般的指示に従うべきである。当該大臣は、銀行政策、すなわち総裁およびその部下たちが運営するイングランド銀行の日常業務について、下院に対して責任を負うべきである。

(3)能力主義にもとづいて政府によって任命される全国投資局（National Investment Board）が、適切な大臣の一般的指示のもとに設立され、公的所有下のイングランド銀行と緊密に協力して職務を遂行すべきである。また、同局は、長期資本を利用する際に生じる浪費と過誤を防ぐ目的で、資本市場における新規公募発行すべてに統制を実施すべきであり、新規発行はそれに先だって許可を必要とすべきである。同局は、公募発行が拒否されたために非公式に売り捌かれる証券についても、株式取引所の「売買許可」を付与しないことが可能でなくてはならない。承認された産業再編計画に優先権を与えるには、産業促進法（Trade Facilities Acts）に習って、当該産業部門が公的な統制を承諾することを条件に、政府保証を与える必要があろう。

(4)労働党政権を妨害し、国民の信用に損害を与え、あるいは金融パニックを生み出そうとする民間金融機関のあらゆる試みに対処するために、あらゆる緊急の権限が行使されなければならない[17]。

この決議文の内容そのものに関しては、次の点に注目すべきである。第一に、この決議文は、1931年恐慌の経験にもとづく金融市場に対する強い不信感を出発点とし、「全国開発政策」を実施するためには「金融システムの公的管理」が必要不可欠であるとの考え方にもとづいている。第二に、金本位制の離脱を前提とした物価安定を金融政策の目標として設定している。第三にイングランド銀行の公的な所有と管理が謳われているが、新たに「全国投資局」の設立が提案されている。第四に、「社会主義政策」に対する民間金融機関の妨害を防ぐためには、金融市場に対する厳しい統制が必要であると考えられている。

この決議文を実行に移すための政策文書が、『通貨、銀行および金融』と題する労働党の政策報告書[18]である。その内容はこの決議文を具体化したものであり、内容的にはのちに検討するドールトンの考え方とほぼ一致しているので詳述はさけるが、以下の点を確認しておきたい。

　第一に、この政策報告書の冒頭に見られる次のような認識である。すなわち「今日、金融の統制（the controle of finance）が労働党の政策の最前線にある。わが国その他における苦い経験によって、貨幣の混乱と不安定が、景気と雇用ならびに人民の購買力に対していかに深刻な影響を及ぼすかをわれわれは学んだ。世界大戦以来、労働者は最初はインフレーションで、次にデフレーションで損害を蒙ったが、この二つは、労働者による統制の及ばない金融権力や金融勢力によってもたらされたものであった。われわれの経済生活の中のこのような部分に対する統制を実施することは、それ自体では、社会主義を生み出すものでも、労働者の生活水準を適切な水準に引き揚げるものでもない。しかしそのような統制は、社会主義的な復興にとって必要不可欠な基礎であり、そのような統制なしには、労働党の目的を達成することは不可能であろう」[19]。ここに見られるように、1931年の金融恐慌を経験した労働党は、金融問題の重要性を深く認識し、金融に対する統制を強く要求していくことになる。

　本文8頁足らずのこの政策報告書は、Ⅰ「通貨の統制」、Ⅱ「イングランド銀行」、Ⅲ「長期信用の統制」、Ⅳ「短期信用の統制」という内容構成を採り、ほぼ先の決議文と同一である。なお、Ⅳ「短期信用の統制」の中で、金融市場をどの程度統制すべきかについて労働党内に意見対立があり、イングランド銀行の国有化で十分であるとする立場と、株式銀行や割引商会など短期信用を供給する金融機関に対する直接の公的統制を行うべきとの労働党左派の立場が対立していたことを示唆している[20]。

　ところで、先の決議文に見られた金融改革構想の中で、物価安定を金融政策の目的とする考え方は、マクミラン委員会をはじめ、この時期かなり一般的に見られるが、労働党の政策文書では、イングランド銀行の公的所有と管理のほかに「全国投資局」の設立が提案され、金融改革の中心に位置づけられている

第7章　1930年代におけるイギリス労働党の「金融改革」構想とロンドン金融市場　219

点に注目しておきたい。さらに、1932年の決議文では明言が避けられていたが、「五大銀行」の国有化が一部で構想されていたことに注目すべきであろう。このように、1930年代における労働党の金融改革構想は、金本位制の放棄、イングランド銀行国有化、全国投資局の設立、短期金融市場に対する統制から構成されるのである。

　以上に述べたような金融改革構想は、1934年の政策文書『社会主義と人民の状態』にもほぼそのままの形で取り入れられている[21]。さらに、金融改革を宣伝した多数の労働党のパンフレット類の存在そのものが、1930年代における金融改革問題の重要性を物語っている[22]。また後述するように、労働党の宣伝に対してシティの金融界は敏感に反応し、さまざまな機会を捉えて反論を行うのである。

　さて、第二次世界大戦勃発後の労働党は、戦時中に実現した完全雇用を、戦後においてどのように維持していくのかという新たな政策課題に直面することになった。この政策課題を踏まえて、金融の領域における戦時統制をどのような形で存続させるべきかという問題を論じた労働党の政策文書が、『完全雇用と金融政策』[23]であった。

　同報告書は最初に、戦時期における完全雇用の経験と、戦後においてそれを維持するための手段について、次のような原則を表明している。「われわれは英国において、中年の生涯では二度の完全雇用を経験した。しかし戦時期においてのみである。それは平時においても経験できないものだろうか。というのも、二度繰り返された実際の経験は、この偉大なる成果がわれわれの能力の範囲内にあることを立証しているからである」。「それでは、完全雇用はどのようにして獲得され、維持されうるのだろうか。二つの戦争の教訓を学び、戦争中に役立った諸原則に、戦後においても従うことによってであることは明白である。もちろん平時においては、これらの諸原則は戦時期とは異なった仕方で適用されなければならない。しかし、それらは放棄されたり、忘れられてはならない。特に、この1、2年、戦争から平和への移行期において、われわれは戦前の方法への復帰には断固反対しなければならない」。さらに、「戦時中には経

済計画（a economic plan）が行われている。すなわち、国民の必要に応じて経済上の優先順位が決められている。戦争に必要なものについて、支払うべき『貨幣が不足する』ということはなかった。われわれは、生産の物質的な可能性によってのみ制約を受けているのであって、金融によって制約を受けているわけではない」。かくして「金融は、社会の召使い、それも聡明な召使いでなければならず、愚かな主人であってはならない。したがって、戦争から平和への移行期において、また、恒久的で満足のいく協定が結ばれるまでは、われわれは主要な戦時金融統制を維持しなくてはならない」(24)。このように、戦時統制の維持によって戦後においても完全雇用を維持すべきであるとの原則が確認されたのである。

　では、戦後においても継続すべき戦時金融統制とはどのようなものであろうか。次のように説明する。

　第一に、戦時中イングランド銀行は、事実上「大蔵大臣および内閣の監督下にある大蔵省の一部局」となっているが、これは恒久化されなければならない。イングランド銀行総裁を任命する権限は大蔵大臣に与えられるべきである。第二に、株式銀行は「国家財政の取立代理人」（collecting agencies of national finance）であり、かつ「現代の経済システムで利用される最も重要な貨幣（銀行預金）の第一の源泉」である。また、株式銀行は「財務上の安定性を、巨額な政府証券の保有に完全に依存」している。それゆえ、「株式銀行は、公益事業（a Public Service）として機能し、社会の利益のために行動することを要求されなければならない」。第三に、新規資本発行は「資本発行委員会」（the Capital Issues Committee）によって統制され、資本輸出も厳格に統制されているが、これらはすべて継続されるべきである。このように、イングランド銀行の公的統制、株式銀行の統制、新規資本発行の統制の諸原則が確認された(25)。

　以上のような基本的な考え方にもとづき、報告書は次のような具体的な政策提言を行う。

　①株式銀行から大蔵大臣への強制貸付（「大蔵預金」〔Treasury Deposit〕）は、完全雇用に必要な購買力を財政負担なしに大蔵大臣に供給する手段となる。

②新規資本発行の統制は、全国投資局の機能に含まれるべきである。「低金利」(cheap money) の維持と為替相場の統制にとって資本発行規制は必要であり、継続すべきである。③完全雇用の維持を目的とした金融政策の重点は、社会の総購買力の維持である。英国住民の総貨幣所得の分配が改善される可能性はあるが、総支出の低下が生じてはならない。④インフレとデフレの防止。インフレは生計費を引き上げ、国民の年金や少額貯蓄の価値を破壊し、デフレは全般的な失業を生み出し、あらゆる生産を抑制する。必要なのは総購買力の安定である。⑤戦争終結直後に予想されるインフレーションを予防するには、価格統制の継続と、需要の抑制が必要である。その数年後にデフレーションが生じた場合には、消費財と資本財に対する支出を増加する必要があり、人民に貨幣を与えるべきであり、必要ならば借入によって公共支出を賄うべきである。予算は毎年均衡する必要はなく、不況期には赤字財政と減税が、好況期には黒字財政と増税が必要である[26]。

次に報告書は「開発計画」について詳述し、産業の国有化や全国投資局の設立を提唱する。

「国民の利益のために」大規模開発計画を実施する場合、国民経済の中の公的部門にかかわる開発計画を作成する方が容易であり、それゆえ、燃料、電力、鉄鋼および運輸において公企業の範囲を拡大する必要がある。社会主義の拡大は雇用全体の計画化を容易にする。ただし、特定の産業部門や特定の地域に集中する失業は、産業立地の全国的な統制などの特別な対策を必要とする。そのため、新産業、特に軽工業は、開発地域に割り当てられるべきであり、ロンドンその他の巨大都市の成長を阻止しなくてはならない。さらに、大規模かつ継続的な住宅建築計画はそれ自体必要であり、この国全体の雇用と購買力の維持のためにも有益である。このような全国開発計画を財政的に支援するために「全国投資局」が必要不可欠である。その機能は、①国民所得と国民開発の規模に関する統計編纂、②新規資本発行の許可（現行の資本発行委員会の職務を継承する）、③資金調達（開発計画のための債券発行の権限）であり、職員は政府によって任命される公務員とする[27]。

また、対外経済関係に関して報告書は次のように論じている。

①完全雇用と豊かな生活水準は、豊富な対外貿易と国内取引を必要とする。②金本位制などの自動的で固定的な外国為替制度への復帰は実施されるべきではないが、加盟国すべてにおける完全雇用の要求を認めたうえで、自治領諸国、合衆国、ロシアなどと、外国為替の安定を目的とした国際協定を締結すべきである。③世界の後進地域の開発を促進するために「国際開発局」を設立すべきである。④国際協定を通じて関税その他の障害を除去する努力を行うべきではあるが、「自由放任」あるいは「資本主義的な自由貿易」には復帰すべきでない。輸出入の計画化、外国為替の管理、不足原料の配給などを実施すべきである。国家機構を通じた食糧と原料の一括購入は継続されるべきである。⑤英国に必要な食糧と原料を確保するには、輸出を少なくとも50％増加しなければならない[28]。

　このように『完全雇用と金融政策』は、第二次世界大戦中に実現した完全雇用を戦後も維持しつづけるために、戦時期に実施されたさまざまな金融統制手段を戦後においても継続すべきことを提唱した。その提案を具体的に見れば、大蔵省によるイングランド銀行の公的な統制や、新規資本発行や資本輸出に対する統制、大蔵省に対する株式銀行の強制的低利貸付（「大蔵預金」）、為替管理など、戦争遂行過程で個別に実施されてきたさまざまな金融統制手段を、1930年代に労働党が構想した金融諸改革と重ね合わせることによって、恒久化しようとするものであったといえよう。『完全雇用と金融政策』の冒頭に述べられたように、「完全雇用」が政策課題の最優先事項となるに至った段階においても、金融政策は1930年代の構想にもとづいて再編成されたのである。この意味で1930年代における労働党の金融改革構想の重要性が改めて浮かび上がってくる。

第3節　1930年代労働党の金融改革論
——ドールトンの金融改革構想——

　以上のように1931年の金融恐慌を経て形成された1930年代における金融改革構想が、その後の労働党の見解の基礎をなすものであったとすると、ここで改めて1930年代における労働党内の議論を詳細に検討する必要がある。本節では、1930年代の金融改革構想の内容と意図をより詳細に検討するために、当時の金融改革案作成の中心人物であったヒュー・ドールトンの見解を明らかにしよう。彼は、第二次世界大戦後のアトリー政権においてイングランド銀行国有化を実施した大蔵大臣であった。ここでは、彼の著書『英国の実践的な社会主義』[29]の第19章から第22章までの金融問題を扱った部分に限定してドールトンの見解を検討していくことにしよう。

　ドールトンの金融改革構想の出発点は、第19章「金融業者の失敗」(the Failure of the Financiers) で展開された次のような金融市場批判である。

　英国の社会主義者はこれまで金融問題を過小評価してきたが、第一次世界大戦後の経済的災厄は金融的要因と金融的不手際によるものであり、1929年以降の世界的な物価下落は、「金融業者の功績」(a financiers' achievement) であった。賠償政策、戦前平価での金本位復帰、ドイツへの過剰貸付などが1931年の金融恐慌をもたらしたのである。さらにその過程で、内外の銀行家たちは、ポンド相場を下支えするために必要な融資を与える条件として、イギリス政府に厳しい財政節約を強要し、その結果として労働党政権は崩壊した。その他多くの金融スキャンダルも加わって、イギリスの世論は「金融の司祭長に対する旧来からの盲目的な信頼」を失ってしまった[30]。それゆえ、「社会主義的な金融再建の一般原則」は次のようなものでなくてはならない。すなわち、「われわれは、主要金融機関を社会化し、金融政策に一定の社会的管理を強制し、金融的操作の中に、営利目的とは違った社会的な目的を浸透させなくてはならない。われわれは、貧困を豊かさへと転換するはずの絶え間ない生産力の上昇が、金

融上の障害によって制約を受けたり、断続的な好況・不況・恐慌の波に晒されたりするのを防ぐための措置を講じなくてはならない。またわれわれは、政策全般の付随的要素として、現在一握りの個人によって行使されている金融力の私的独占を廃止しなければならない」(31)。

そして、ドールトンは、次のような3項目に及ぶ金融システム批判を展開する。

第一に、政府と世論に対する金融業者の責任の問題である。現行制度ではイングランド銀行の政策に関して議会で審議することは事実上不可能であり、銀行政策について議会で閣僚に質問することもできない。銀行業務に「政治」を持ち込むべきでないというのがその理由であるが、金融機関の行動や意志決定は国民の経済生活に甚大な影響を及ぼすので、これは国民には耐え難いことである。銀行が「政治的影響力から自由」でなければならないという主張は、銀行は「世論を無視して、あるいは幅広い公共の利益を無視して、意のままに行動すべきである」と主張するのに等しい。政府の公式声明に反して金本位復帰を公言したり、外交政策と矛盾するような対外融資を行なったイングランド銀行総裁モンタギュ・ノーマンは、この無責任なシステムの象徴である。第二に、金融資産の利用に「社会的な目的」(social purposes) が欠如していることである。限られた資金を、社会的価値の異なるさまざまな利用方法の間に選択的に配分することが金融の機能であるとすると、金融システムの目的は私的利潤の追求ではなく、社会の利益を効率的に実現することでなくてはならない(32)。第三に、英国の金融システムの非効率性の問題である。ロンドン・シティに集中する英国の金融システムは歴史的に成長したので、さまざまな非効率性を有している。たとえば、イングランド銀行と株式銀行の関係の欠如、海外投資の優先、国内小規模企業向け融資の欠如、高価な資金調達コスト、国内向け短期信用供与の消極性、中期信用の欠如、縁故関係の重視、職務なしに高額報酬を保証された取締役職などである。それゆえ「シティは驚くほど非合理である。英国の産業に合理化が必要ならば、それに劣らず英国の金融にも合理化が必要である」(33)。

第7章 1930年代におけるイギリス労働党の「金融改革」構想とロンドン金融市場 225

　このようにドールトンは、政府と世論に対する金融業者の無責任、金融システムにおける「社会的な目的」の欠如、ロンドン金融市場の非効率性という3項目に及ぶ金融市場批判を展開し、それにもとづいて、彼の金融改革論を組み立てていく。彼は、「社会主義的金融政策」(socialist policy in finance) を、「貨幣政策」(monetary policy) と「金融機構改革」(the reform of financial institutions) に分け、それぞれ具体的に説明している。

　まず「貨幣政策」については第20章「貨幣政策」で、「どのような原則にもとづいて英国の貨幣価値を規制すればよいのか」と問い、将来の通貨制度に関して次のような基本原則を論じている。

　金本位制は「次善の策」、「継承された迷信」であり、外国為替の安定をもたらすが、国内物価の不安定という「高価な代償」をともなっていた。世界の物価が世界の金供給によって規制されるという「人間の運命に対する金の独裁権力」を弁護することなどできない。金本位制に替わる現実的な選択肢は「商品本位制」(a commodity standard) である。これは「貿易と消費において重要な商品群」(a group of commodities) を価値尺度とするものであり、これら商品の価格指数を貨幣管理の規準として活用する。最も単純な政策は「この指数の安定を目指すこと」であると論じている[34]。

　これに関連してドールトンは物価問題について次のように詳しく論じている。1932年の労働党大会で、金本位制崩壊後のイギリスの貨幣政策の目標は、「卸売り物価を適切な水準で安定」させ、「国際協定による為替相場のできる限りの安定」を目指し、「投機家や相場師による労働者に対する近年の搾取から労働者を保護すること」とすべきであるとの意見が出された。また、近年、物価安定実現の政策手段として、公定歩合政策や公開市場操作を通じた中央銀行による信用量の統制という伝統的な手段以外に、長期金利の統制や投資量の統制、「中央銀行が創出した信用の十分な利用の確保」などの新たな政策手段が提唱されている。この背景には「国家が紙幣の数量を増減する権利」を持つとの認識が存在する[35]。かくして、「資本主義的な金融の枠内であっても、物価水準を安定的に維持することは明らかに実行可能な計画である。しかしながら、

この政策は、金融に対する社会的な管理が拡大するにつれて、いっそう効率的に実施される」[36]。

このようにドールトンは、金融に対する社会的な統制の強化が物価安定を促進するとの考え方を示している。ただし、物価安定の「適正水準」については当面確定できず、当面は物価安定に先だって物価水準を現在よりも引き上げる必要があり、それによって生産に新たな刺激を与え、国家や生産者一般にとっての固定的な貨幣負担を軽減することが望ましいとしている。さらにドールトンは、小売価格の上昇を伴わない卸売物価の上昇、その結果としての貿易や雇用の拡大を希望し、「リフレーション、すなわち統制されたインフレーション」を提唱する[37]。

なお、第20章「貨幣政策」の最後の部分で、ポンドと外国通貨との交換比率の問題について若干の考察がなされている。それによれば、「最善の策は、国内物価水準と国際的な為替相場の両方を安定させるための国際協定」であるが、一国だけでこの二つの目的を同時に達成することは不可能であり、「協力して行動する複数の国民」は、二つの目的を同時に達成する可能性があると述べ、イギリスの金本位制離脱以後多くの国々が通貨をポンドに固定させた事実を指摘して、「スターリング地域」の拡大に目標達成の期待をかけている[38]。

以上のように、ドールトンは将来の通貨制度について、金本位制の放棄を前提としたうえで、卸売物価の安定を目標とした国内における貨幣管理を提唱し、さらには対外的には「スターリング地域」の形成に依拠して域内におけるポンドの安定を目指した。このような見解は、ドールトン自身も認めているように、労働党独自の政策ではなく、イングランド銀行や大蔵省の内部にも同様な政策を提唱する者がかなりいた。また、卸売物価の安定と金融管理の必要性についてはマクミラン委員会の見解とも共通性が見られる[39]。

さて、「社会主義的な金融政策」の第二の要素である「金融機構改革」は具体的にどのようなものであろうか。この問題は、第21章「イングランド銀行」、第22章「長期信用の統制」、第23章「短期信用の統制」において論じられており、具体的には、第一にイングランド銀行の国有化、第二に全国投資局の設立、

第三に預金銀行業の改革の3項目から構成されている。以下順を追ってこれらの構想について詳しく検討していくことにしよう。

第一に、イングランド銀行の国有化についてドールトンは第21章「イングランド銀行」の中で次のように論じている。

その冒頭ドールトンは、「ロンドン市の中心に位置する」イングランド銀行が「きわめて特異な組織」であることを確認する。すなわち、一方で、イングランド銀行は、総裁や理事会の選任その他組織上は民間の金融機関であり、同行の政策が議会で討議されることも、その活動について閣僚が質疑を受けることもない。しかしながら他方で、「その権限と職務は重大であり、英国の金融システムの機能にとって根本的なもの」となっている。すなわち、イングランド銀行は「政府の銀行」であり、政府残高を保有し、政府貸付、国債発行、国債管理を実施している。また、株式銀行の預け金や国民の金準備を保管しており、「公定歩合の変更や公開市場操作によって信用量を拡大・収縮し、金縁証券金利を変更し、雇用を増減させ、賃金率や生活水準に強い影響力を及ぼす。金本位制を離脱している現在、これらの権力は金本位制のもとにあった時よりも強大である」。それゆえ、「そのような大きな権限と職務は、公の秩序（public policy）に厳格に従属しつつ、遂行されなければならない」[40]。

ではどのような方向にイングランド銀行を改革すればよいというのであろうか。第一に、イングランド銀行総裁は、金融担当閣僚の推薦にもとづいて国王によって任命され、重要な政策問題についてはこの閣僚の一般的指示に従うべきである。第二に、イングランド銀行の政策を管理するのは大蔵大臣と大蔵省であるが、社会主義的な金融政策を実現する目的で独立の「金融省」を設立することは考慮すべき問題である。第三に、総裁の任期は短期とすべきであり、理事会は政府によって任命され、幅広い分野の経験と利益を代表すべきであり、現在のようにもっぱらマーチャント・バンカーから選出される慣行は止めるべきである。理事会の定員は現行の26名より縮小されるべきであり、理事会の任務は総裁と政府への助言、すなわち「経済計画化の金融的側面に関する重要な諮問機関」となるべきであり、新たに2人の「副総裁補」（Assistant Deputy

Governors) を置き、全国投資局や預金銀行改革に関連する特別な任務の遂行にあたる。第四に、既存の株主は投票権を失い、イングランド銀行の株券と交換に、近い将来償還予定の確定利付き債券を与えられる。第五にイングランド銀行の剰余金はその債券の償還に使われ、債権償還が進めば歳入に組み入れられる。「このように公的な所有と管理にもとづいて再編成されたイングランド銀行は、今以上に、英国の金融システムの旋回軸（pivot）となる」。そして、「銀行や引受商会その他の金融機関が苦境の時にはイングランド銀行の支援を要請するが、通常期にはその監督も管理も受けないというこれまでの慣習は、廃止されなければならない」として、イングランド銀行を通じたロンドン金融市場全体の統制が意図されている。このほか、各種金融機関の統計情報のイングランド銀行への提出、イングランド銀行の報告書の担当大臣への提出と議会での公表、イングランド銀行の収益の財政への繰り入れなどが提案されている[41]。

　このようなイングランド銀行の改革案は、基本的には前節で検討した1928年の『労働党と国民（改訂版）』および『補遺』で示された考え方を引き継ぐものであったが、雇用や賃金、生活水準に対してイングランド銀行が及ぼす影響力は金本位制離脱後にますます大きくなったとの認識や、「副総裁補」の職を通じて「全国投資局」や「預金銀行改革」との密接な連携が図られたこと、さらに、理事会に「経済計画化の金融的側面に関する重要な諮問機関」としての新たな役割が付与された点などに、構想のいっそうの進展を見いだすべきであろう。

　さて、「金融機構改革」の第二の柱は「全国投資局」の設立である。「全国投資局」は、1932年以後、労働党の金融改革に新たに加えられた項目であるとともに、その中心に位置づけられたものである。この問題を論じた第22章「長期信用の統制」の論旨を追ってみることにしよう。

　最初にドールトンは、英国における長期信用の供給機構には次のような欠陥があると指摘する。第一に、公衆に対する金融業者の詐欺行為、第二に、過大な手数料および創業者利得、第三に、社会的利益でなく私的利益を追求する新

規資本発行、第四に、投資の量に関する失敗、すなわち不況期には投資総額が社会的必要量を下回って失業が増加する一方、好況期には投資が限度を超えて拡大して不況の再発を早めるという欠陥がある。第一、第二の欠陥は個人的なものであるが、第三、第四の欠陥は社会的な損失をともなう。これらの欠陥は回避されうるし、回避されなければならない(42)。ではどのような手段によってなのか、ドールトンは次のように「全国投資局」の設立を提案する。

　長期信用の社会的な統制のためには、既存の機関を公的な管理へ移すことでは不十分であり、新たな機関の設立が必要である。これまで大蔵省によって非公式に資本発行規制が実施されてきたが、これは「資本の自由市場」が成り立ちえないことを理論的に証明したにすぎず、法的な制裁手段を欠いた禁止的な措置にすぎなかった。その目的も国債価格の下支えや、国債の低利借換の促進であった。「われわれは、法的な権限を持った、より弾力的で差別的な装置を必要とする。それゆえ労働党は、全国投資局（a National Investment Board）の設立を提案する。……全国投資局は、社会主義的計画化と全国開発計画の最も効果的な手段の一つとなり、失業に対処するための強力な機関となり、成功すれば、社会主義社会の中軸的な金融機構の先駆となる可能性がある」。この全国投資局の組織は小規模なものであり、その職員は、「政策を忠実に実行する能力と意欲にもとづいて」一定期間、政府によって任命される。その局長は、イングランド銀行の「副総裁補」の職を兼任し、全国投資局とイングランド銀行が密接に連携する。全国投資局の職務は、第一に、「投資の許可と割り当て、第二に、この目的に利用可能な財源の調達」であり、第一の職務を通じて先に挙げた英国金融市場の第一から第三の欠陥を解決し、第二の機能を通じて第四の欠陥すなわち「投資の量に関する失敗」を克服することになる(43)。

　「全国投資局」の実施する新規資本発行許可の詳しい手続きについて、ドールトンは次のように説明する。

　資本市場における内外のすべての公募発行が全国投資局の許可を必要とし、事前に発行計画書の詳細な事項が審査され、場合によっては内容の変更を条件として発行が許可される。また、発行許可申請が却下された場合に非公募で売

り捌かれるような有価証券に対しては、株式取引所の「売買許可」(leave to deal) を発給しないことで対処する[44]。

　全国投資局が新規海外発行を許可する基準には次の3項目がある。第一に、「外国為替に撹乱を及ぼさずに貸し付け可能な額」である。これに関する情報収集は、1931年以降若干の改善が見られるが、それでも不十分であり、イングランド銀行と全国投資局が情報の共同管理を行うべきであるとする。また実際の手続きとしては、長期借り入れを希望する外国の借り手は、代理人を通じて全国投資局に正式に発行許可申請を行い、全国投資局は法的権限にもとづいて許可を与える。第二に、英国の外交政策や国際協調の問題とのかかわりである。自治領政府、インド政庁、直轄植民地への貸付は優遇されるが、発行申請は、個々の発行の利害得失にもとづいて、また英国との貿易協定の有無にもとづいて審査される。その他の外債の場合には、当該国の軍備拡張や英国プラントの複製などにその手取金を使わないことを、外債発行許可の条件としている。第三に、海外の既発行有価証券の英国での販売など、全国投資局の直接の統制の及ばない資金流出を阻止する唯一効果的な手段は、外国為替取引の管理であるが、英国の投資家と金融業者が規則を遵守する限りは、外国為替管理を実施する必要はない。ただし、そのような権限を付与する準備をしておく必要はあるとする[45]。かくして、「英国の合法的な需要が資金不足に陥った時に、過度の資本が海外に流出することのないようにするのが、全国投資局の任務の一つである」。[46]。

　次に、国内新規資本発行の審査に際して全国投資局が考慮すべき要件として、過剰設備を抱えた産業部門の追加的投資や反社会的な企業の設立などには許可を与えないこと、資本需要の短期変動を防止すること、政府の認可を受けた開発計画や産業再編計画と競合するような新規発行は禁止あるいは一定期間の発行延期を行うこと、住宅建築計画や石炭の科学的処理施設の建設、不況地域での工場設立などの計画には優先権を与えることなどが列挙されている。ただし、全国投資局の発行許可は、応募の勧誘でも、政府の利子保証でもない点に留意している。また、政府の利子保証は納税者にとって安価な資本開発の促進手段

第 7 章　1930 年代におけるイギリス労働党の「金融改革」構想とロンドン金融市場　231

であるが、公的な統制なしに企業に政府保証を与えるべきではないと主張する(47)。

　全国投資局の第二の機能、すなわち投資の資金調達に関して、ドールトンは、「物価水準を維持してデフレ的な下降および失業を阻止するためには、新規投資の総量が、利用可能貯蓄と一致する水準に維持されなければならない。同局は、その不足が生じないよう監視する義務がある」(48)と述べ、物価安定と失業防止を目的とした新規投資量のマクロ経済的な安定を、全国投資局の第二の職務と規定している。この問題に関連して新規貸付資本の供給源について次のように論じている。

　第一次世界大戦後の新規貸付資本の供給源には次のような変化が生じた。第一に、富裕な個人の貯蓄の重要度が減り、第二に、民間企業の内部留保の相対的な比重が増加し、第三に、保険会社と住宅建築組合を含む公的および半公的な団体と機関の提供する貸付資金の比率が急激に上昇した(49)。「したがって、富裕な個人投資家と私企業は、内部留保を除けば、遙かに小さな役割しか演じていない。われわれの呼吸する英国の空気には、社会主義者と反社会主義者のいずれか一方が気づいているよりもはるかに実践的な社会主義が存在する」(50)と。

　さらに、全国投資局の第二の職務の具体的内容について次のように論じている。これまで新規発行によって調達されていた資金の多くは、既得権益の買収に使われ、「引受手数料」や「発行費用」など「あらゆる種類の手数料」（rake-offs）として金融仲介者に支払われていたが、これらの「貢納」を減らして新規発行費用を節約することが全国投資局の職務の一つとなる。また、第一次大戦後増加した公的・半公的団体の総投資率の決定が、全国投資局の重要な任務となる。さらに、民間企業の内部留保の中で自己金融を越える部分の管理、保険会社や投資信託の投資内容の管理、住宅建築組合の投資活動の管理が、全国投資局の任務となる。全国投資局自らが証券発行に乗り出すことは、発行費用の削減の利益をもたらすが、全国投資局の本質的な職務ではないとする。また、全国投資局に対する税収からの助成金は、「健全な社会主義的金融の基本原則」であるとして、肯定されている(51)。最後に、「投資の管理は、失業に

対する攻撃のための重要な陣地の一つである。信用と通貨を統制するだけでは不十分であり、われわれは、投資の量と質を管理しなくてはならない。もし政府の計画部局が、平時の帝国防衛委員会であると見なされるならば、金融の『遊撃隊』(mass of manoeuvre) を自由に使いこなすことが、全国投資局の任務である」(52)と。

以上のような全国投資局を軸とした投資管理構想は、海外投資を一定の枠内に制限し、「社会主義的」に好ましい方向に国内の設備投資を振り分け、さらに国内の貯蓄を可能な限り投資と一致させることで完全雇用をも達成しようとするものであった。この意味で、「全国投資局」構想は、1930年代の英国の国内経済問題を国家主導で「社会主義的」に解決しようとした政策構想であったといえよう。

さて、「金融機構改革」の第三の柱は、預金銀行業の改革である。ドールトンは、第23章「短期信用の統制」の中で、「五大銀行」を単一の「銀行公社」(a Banking Corporation) に統合する計画を考察している。

ドールトンは、「社会主義的な金融政策の実施において、銀行の短期信用の役割はこれまで考えられていたほど重要ではない。短期信用に依存しすぎるのが資本主義的な金融の欠陥の一つである」と述べ、英国の基幹産業は銀行信用への過度の依存状態から脱却すべきであると主張する。「社会化された諸産業」は、短期の運転資金を、銀行の当座貸越ではなく、内国手形を通じて調達する方が便利で安価であると主張する(53)。

以上のように、銀行信用への依存からの脱却と内国手形の利用を提唱したあとで、ドールトンは株式銀行に対する批判を展開し、さらに「銀行公社」の設立問題を議論する。すなわち、短期信用は「五大」株式銀行を通じて供給されているが、現在、株式銀行は多くの批判を受け、批判は社会主義者に限られない。たとえば、「五大銀行」とイングランド銀行の間の協力が欠けていることがマクミラン委員会によって指摘されている。また、一つの通りに複数の支店が立ち並ぶ非合理な支店配置、政治家が多数を占めて高い報酬の支払われる取締役会、経営費用を埋め合わせるための高い貸出金利、産業や貿易の衰退と対

照的な銀行の繁栄、銀行の貸出政策における社会的な目的の欠如などが批判の対象となっている。労働党は、これらの欠陥を是正するために、「五大銀行」を「単一の銀行公社」(a single Banking Corporation) に統合することを提案した。この「銀行公社」においては、これまでの「五大銀行」のそれぞれの取締役会に替えて、実務的な銀行家を中心とした金融の専門家から構成される単一の新取締役会が設立される。新公社の代表取締役は「イングランド銀行副総裁補」の1人が兼務する。「銀行公社」と政府の関係は、その他の公社と政府の関係と同じものである。また、銀行公社の余剰職員は現職員の解雇ではなく新規採用の停止によって処理され、職員には超過勤務の削減や実力主義による昇進が保証される[54]。

また、「銀行公社」設立と預金者保護の関連性についてドールトンは次のように述べている。「銀行公社」は、全国開発計画の実施のためにイングランド銀行や全国投資局と協力する必要があるが、預金銀行業務を効率的に運営し、資産の多くを流動的な形態で保持することによって預金者の利益を保護する必要がある。銀行公社の預金が郵便貯蓄銀行のように政府保証を与えられるべきか否かは検討に値する問題であるとしている。さらに、民間の個人や企業からの融資申請を処理する場合には「銀行公社」が裁量権を行使し、閣僚や議会あるいは議員が当座貸越申請の裁可を下すことはないとしている[55]。

さらに、既存の「五大銀行」の株式は、適正かつ公正な価格で「銀行公社」に買い取られ、旧株主は経営権を失って単なる社債保有者となり、この社債も早期に償還されることになるとしている。また、「銀行公社」が株式銀行から引き継いだ「焦げ付き融資」(frozen credits) は、新たに設立される別の公的信用機関によって買い取られるとの構想も示されている。「五大銀行」以外に「銀行公社」に併合される金融機関としては、外国銀行や自治領銀行のロンドン支店、預金を受け入れているマーチャント・バンカーが挙げられており、「銀行公社」以外の預金銀行業務は政府の免許を必要とし、「銀行公社」からの預金の移転を行わないことが免許交付の条件になると述べている[56]。

「銀行公社」設立構想はおおむね以上のようなものであるが、その設立の緊

急度については労働党内に意見対立があり、次期労働党政権によって早い段階で実施すべきであると考える人々と、産業の社会化にある程度成功するまでは、銀行公社の設立を延期すべきであると考える人々がいることを認めている。ドールトンの立場は、事態の推移が優先順位を決定するというものであった。すなわち、「われわれの意図を明確に表明したにもかかわらず、われわれの政敵たちが、『諸銀行の国有化』（nationalising the banks）は銀行の株式と預金の接収であり、無能な政治家たちによる銀行業務の支配を意味するものと曲解し、虚偽の宣伝を通じて資本逃避や銀行取付けを引き起こすようなことになれば、その結果、新たに選出されるであろう労働党内閣は、この問題に断固かつ速やかに対処する以外には選択の余地がないであろう。他方で、もしこのような誤った解釈が試みられることもなく、または試みられても効果がないならば、また、もし株式銀行の現在の理事たちが、労働党の開発政策および失業政策に協力する意向を示し、また国民の信用（the national credit）を維持するように銀行の投資を管理するならば、銀行公社の設立以外の建設的な仕事が緊急性を帯びてくるであろう」[57]と述べ、株式銀行が労働党へ協力することを条件に、銀行公社設立の棚上げを示唆している。

　なお、株式銀行以外の短期金融機関、特に割引商会と引受商会に対する統制は、社会化されたイングランド銀行と銀行公社を通じて十分に保証されると考えている。割引商会はその業務をイングランド銀行の手形再割引に依存し、引受商会はすでにイングランド銀行と緊密な関係を築き上げているからである。さらに、引受商会の手形引受業務は英国の対外貿易の維持に不可欠であり、外国諸国相互間の貿易にも引受商会は重要な役割を演じている。「それゆえ、質的であれ量的であれ、英国の海外貿易に対して労働党政府が実施するいかなる統制も、引受商会に対するイングランド銀行の統制力を通じて機能しうるであろう」[58]と。

　以上のように、ドールトンは、「銀行家の失敗」を克服すべく、イングランド銀行の国有化、全国投資局の設立、銀行公社の設立を構想した。その中でも、全国投資局を通じた投資の管理がその中心に位置づけられ、新規資本発行の許

可制を通じて内外の新規発行に統制を及ぼすのであるが、その際に、外国為替に撹乱を及ぼさない範囲で海外投資の発行を許可し、新規発行以外の資本輸出もできる限り管理するというものであった。国内発行については、国内産業の合理化や全国開発計画の実施を念頭において発行許可を発給すべきことなどが提案された。また、全国投資局の資金調達機能を通じて、国内の貯蓄と投資をマクロ経済的に一致させて、完全雇用を意図的に達成する必要性を認識していた。さらに、預金銀行業務の改革では、「五大銀行」の「銀行公社」への統合を通じて、預金銀行業の「合理化」と短期金融市場の管理を構想したのである。そしてイングランド銀行の「副総裁補」が全国投資局と銀行公社の代表取締役を兼仕することを通じて、イングランド銀行、全国投資局、銀行公社間の緊密な政策連携が意図されたのである。以上のような1930年代におけるドールトンの金融改革論がその後の労働党の金融政策構想の基礎を成すものであった。これが第二次世界大戦期に戦後政策構想の立案過程で重要な意味を持つことになったことは前節の労働党の金融改革構想の長期的な流れを想起すれば理解されよう。

第4節　労働党金融改革構想に対するロンドン金融市場の反応

　ではこれまで検討してきた労働党の「金融改革」構想に対してロンドン金融市場はどのような対応を示したのであろうか。最初に、「わが国の銀行制度の『改革』——新たな労働党の宣伝」と題する1933年9月号の『バンカーズ・マガジン』に掲載された記事[59]を検討してみることにしよう。これはシティの生の声ではないが、のちに紹介するその他銀行家の見解などと比較しても、シティの見解を代表していると考えてよさそうである。以下において記事の内容を若干詳しく見ていくことにしよう。
　記事は、最初に、労働党の「銀行制度に対する敵愾心」に対して次のような分析を試みている。すなわち、マクドナルド内閣の大蔵大臣を務めたスノーデンの発言によれば、1931年の金融危機と労働党政権の崩壊は「銀行家の威嚇」

(the bankers' ramp) の結果ではなく、むしろ危機の中で銀行家は協力を惜しまなかった⁽⁶⁰⁾。労働党は、1931年の総選挙における敗北で議席を減らしたが、「銀行制度に対する敵愾心」をなくしたわけではなく、むしろ1931年恐慌に先立つ数カ月間に銀行家たちが国家財政の危機的な状況に抗議の声をあげたことが、「銀行制度に対する労働党の敵愾心」を引き起こした。しかしながら、「銀行家たちは、明らかに嫌々ながら、この国の流動資産の保管者として、この国が知らぬ間に陥っていた方向と予想された危険性を指摘せざるをえなかった」⁽⁶¹⁾。その後、挙国一致内閣の成立と均衡財政の達成の結果生じた信任の回復が、経済に有利な影響を及ぼし、合衆国における金融危機の期間を通じて、イギリスの銀行システムに対する信頼は揺るがなかった。「しかしながらこのような事態は労働党の指導者たちによって全く無視された」⁽⁶²⁾と。

　以上のような説明の後、記事は、労働党の政策報告書『社会主義と人民の条件』の中の「銀行、金融および投資」と題する部分の次のような文章に注目している。「この統制手段は、……それ自体では社会主義をもたらすわけではないし、労働者の生活水準を適切な水準に引き揚げるわけでもない。しかし、それは、社会主義的復興の不可欠の基礎の一つである。というのも、金融を統制する権力が主に民間の掌中にとどまる限り、一般的な生活水準を高めるためのあらゆる試みが挫折する危険性がある」⁽⁶³⁾。この引用箇所について『バンカーズ・マガジン』の記事は、「その声明文の目的は、健全性と一般的効用の観点からの銀行システムの改善ではなく、社会主義の確立である」⁽⁶⁴⁾と解釈している。

　記事はさらに労働党の具体的な金融機構改革に対して批判を展開している。まず、「全国投資局」の設立について、記事は「その計画のもとでは、新たな役人の蓄積が約束され、それとともに、官僚的な支配の全般的な締め付けが約束されている」と酷評している。次に、記事は、「協力の欠如、浪費的な競争および過度の間接費」、「銀行資金の活用における社会的な目的の欠如」という労働党の批判について、「かつて労働党が銀行に向けた非難は独占ないしは銀行同盟（a banking ring）という非難であっが、現在の非難は過度の競争に向

第7章　1930年代におけるイギリス労働党の「金融改革」構想とロンドン金融市場　237

けられている」と述べて、その論理矛盾を指摘する。さらに「かつての労働党は、国家によるイングランド銀行の接収を強く望んでいたが、その提案に対して社会全体が憤りや懸念を抱いたことに気づき、『国有化する』という表現を取り下げて『社会化する』という表現に置き換えた」(65)と指摘し、労働党の金融システム批判の場当たり的性格を非難している。

　「既存の巨大株式銀行」の「単一の銀行公社」への統合について、記事は次のように指摘する。「この計画は、貨幣ならびにこの国のあらゆる個人的な事柄に対する完全な支配権を、国家に付与することを提案している。『過剰な』銀行支店の土地建物は公的当局に買い上げられ、これらの土地建物の費用と維持費は何らかの方法で究極的には国税納税者や地方税納税者によって負担されることになろう。公衆の預金を保有する新設の銀行公社は政府の完全な支配に服し、『全国開発計画にしたがって十分な信用』を供給することが要請される」(66)と述べ、労働党の意図が「貨幣ならびにこの国のあらゆる個人的な事柄」に対する国家統制であることを明らかにする。

　さらに記事は預金者保護の問題を取り上げ、「国有化あるいは完全な国家統制のもとにおいて、銀行の預金者の地位が強化される」と労働党が主張している点に、強い疑問を投げかけている。「銀行預金の真の保証は、預金の管理者が預金をどのように利用するかにある」、また、預金の管理者の能力と誠実さのほかに、「一種の恒久的な外部審査」の存在によって利益を得ている。「もし銀行の管理が国家の手に移るならば、預金者の保証は……確実に減ずることになる」。1931年の金融恐慌の時に「もし国家が銀行資産の支配権を握っていたと仮定すれば、社会主義政権がその国の支出をさらに容易に増加しえたことは間違いな」く、この場合には銀行預金に重大な損失が生じていたに違いないと論じている(67)。

　以上のように『バンカーズ・マガジン』は、労働党の金融システム批判の前提となる1931年金融恐慌期における銀行家の行動を弁護するとともに、イギリスの銀行制度の安定性を強調する。そして労働党の金融改革は、「既存の銀行制度の漸進的な改革」ではなく、「社会主義の確立」を意図するものであると

認識する。さらに、労働党の提案した「全国投資局」は「新たな役人の蓄積」と「官僚的な支配の全般的な締め付け」であり、株式銀行の「銀行公社」への統合は、「貨幣ならびにこの国のあらゆる個人的な事柄に対する完全な支配権を、国家に付与すること」であり、預金に対する国家保証は決して預金者の保護ではなく、財政支出を安易に増加する場合には預金の安全性が脅かされる危険性があるとさえ警告している。

この『バンカーズ・マガジン』に示されたような認識が、シティの銀行家たちの共通認識であったことは、シティの株式銀行家たちの発言などからも理解できよう。株式銀行頭取たちの見解は、株主総会の演説を通じて容易に知ることができるが、労働党の金融機構改革に関するコメントが見られたのは、1935年度における株主総会においてである。中でも、ミッドランド銀行頭取R.マッケナが最もまとまりのある議論を展開している(68)。

マッケナは、労働党の金融機構改革の中で特に、株式銀行の銀行公社への統合を批判している。マッケナは、「独占というものは、たとえそれが国家による直接の経営と管理のもとにあるとしても、依然として独占であるということを忘れてはならない」と述べる。もし単一の銀行組織が「既存の銀行の私的な結合体」であれば、「貨幣トラスト」(a money trust) と非難されるはずである。現実には、そのような「貨幣トラスト」は実在せず、銀行は相互に激しく競争し、効率的なサービスの提供と顧客への誠意ある対応によって事業を展開している。「しかし、すべての銀行業務が単一の統制下にあるとすれば、顧客はどのような保護装置を持てるのであろうか。したがって、実際、単一銀行の権力はほとんど想像を絶するような仕方で抑圧的に悪用される」(69)と警告している。また、国有化された銀行公社の「利潤の増加によって納税者の負担を軽減する目的で、銀行を国家の独占に置こうと望む者などいない」はずであり、「銀行業務の権限すべてを一人の手に集中した時に生じる重大な弊害を埋め合わせるほどの利益が生じるという保証は、どこにもない」(70)と批判している。

また、マッケナは、銀行の高率配当や「貸し渋り」にめぐる一般的な批判に対して弁解を試みている。すなわち、配当は株式の額面価値ではなく、株式の

市場価格に対して評価されるべきであるとして、銀行による現行の高率配当政策を弁護する。また、銀行が貿易と産業に資金を貸し渋っているという批判に対しては、「貸出は銀行の営業活動の中で最も儲かるもの」であり、「もし貸出残高が低位であるとすれば、それは銀行が貸し渋っているのではなく、顧客が借り入れる必要がないからであります」と反論している。そして、1931年金融恐慌後のロンドン金融市場の安定性を引き合いに出して、「銀行が政府の規制と統制から全く自由である国において、世界に例を見ない安定性が見られた」[71]点に注意を喚起し、国家からの自立性が預金の安全性を保証しているとの考え方を提示している。ただしマッケナは、銀行システムの改革を全面的に否定するわけではなく、ロンドン金融市場の改革には柔軟な姿勢を示し、特に、中央銀行と商業銀行との関係改善の必要性を訴えている。

以上のようにマッケナは、「五大銀行」の国有化構想に対して、国家の統制下であろうと「独占は独占」であって弊害がともなうとして、銀行間の競争が行われている現行制度を擁護し、国家からの銀行業務の自立性を確保する方が、預金者保護や金融市場の安定性を保証すると力説したのである。

次に、ロイズ銀行の理事の1人であるW. W. ペインの「株式銀行の国有化提案に関する注目すべき講演」を見てみよう[72]。

ペインは、労働党の提唱した「諸銀行の国有化」は、「わが国のすべての産業を国有化する重要な提案の前提条件」であり、「社会主義綱領全体の中心は、資本主義制度の廃止にあり、同時に、私的な利益を目的としたすべての取引や競争の廃止、さらに、国家の資金供給と国家の統制に服する協同組合システムの導入」にあることを確認し、社会主義者たちは「現在ロシアで実施されているシステム」の採用を目指していると指摘する[73]。

ペインは、「銀行国有化」の目的の一つが「金利引き下げを可能にするような節約の実施」にあるという労働党の見解に対して、次のような批判を展開している。第一に、全体で年25万ポンドの理事の報酬が節約できると算定しているが、それは銀行経費全体の1％未満にすぎず、金利に影響を及ぼすものではないこと、第二に、余剰支店の閉鎖は、職員解雇を伴わなければ実質的な節約

にはならず、また余剰支店の存在は、第一次大戦中および戦後における銀行合同の結果であり、自由競争の観点ではむしろ好ましいとしている(74)。

　さらにペインは、労働党が株式銀行を国有化する「真の理由は、銀行の保有する29億ポンドに及ぶ、あなた方や私の預金に対する処分権と権利を政府に確保」することであり、「それなしにはこの国の産業国有化に必要な資金を供給することはできない」と力説する。この点は、「労働党は社会主義の方針にもとづく国民資源の計画的な開発やこれに要する資金を十分に確保するためには、この国の銀行および金融機関の統制を要求する」との1932年労働党大会の公式宣言や、「労働党は、一部の生産的産業の国有化に先立って、銀行を国有化しなければならない」というG. D. H. コールの発言などから、明らかであるとしている(75)。

　また、預金の保護、商業の援助、株主の保護という相互に矛盾する銀行家の三つの義務について論じながら、労働党の政策を次のように批判する。預金保護の義務を果たすために銀行は預金を流動的な形態で保持しなければならない。しかしながら、社会主義者は銀行預金を、「雇用の拡大と労働者階級の状態の改善を目的として、公共事業その他の恒久的な貸付や資本支出に利用しようとする」が、これは預金保護の前提となる流動性の維持と矛盾する。銀行は、「要求払いあるいは短期通知で引き出す権利を持っている他人の資金を取り扱っており、もし預金者が自己の資金が公共事業や社会改良計画に固定化される危険性があると考えるならば、必然的にわれわれは金融パニックを経験することになる」(76)。また、実際に1931年に起こったように、「もし外国人が、彼らの信頼するわが国の銀行制度が社会主義政権によって干渉されることを聞き知るならば、彼らの資金は引き揚げられてしまうであろう」。さらに、銀行に滞留する「遊休資金」についても多くの批判があるが、「銀行は信用度のある借り手に貸し付けようとしすぎた」だけである。その資金は、景気が回復すれば、通常の銀行融資に使われるはずであり、「もしその間に公共事業や社会改良に固定化されてしまうならば、取引を支える通常の合法的な銀行融資に利用することはできなくなる」(77)。

そして講演の最後でペインは、銀行国有化は「産業国有化」、「私的利潤の廃止」、「協同組合国家の導入」という社会主義者の計画の一部であることを改めて強調し、その計画では、「五大銀行」の代わりに、「政府によって統制され、それゆえ必然的に政治的圧力を受ける、すべての銀行業務を独占する一つの大銀行」が設立されることになる。預金は政府の統制下に置かれ、公共事業など政治的な目的や社会改良のために利用されることになる。政府は銀行を支援し預金者を保護すると言うが、短期融資という合法的な融資方法を逸脱する場合には、危険なインフレーションが引き起こされる恐れがある。このようにペインは社会主義者の計画を批判するのである[78]。

そして、現行の競争的な金融市場のもとでは、ある銀行で融資が断られても、別の銀行に融資を申し込むことが可能であるが、「国家独占」のもとでは、「銀行業務を完全に独占し、自ら適切と考えるどのような条件も強制することができ、あなた方の事業細目すべてを審査する権限を与えられた、ただ一つの銀行」[79]しか存在しなくなる。

労働党の金融改革構想は、1920年代におけるイングランド銀行国有化を中心とする構想から、イングランド銀行の国有化に加えて全国投資局と銀行公社の設立を重視する1930年代における金融改革構想へと転換した。その転換のきっかけは、1931年金融恐慌期における金本位制の廃止と労働党政権の崩壊であった。特に労働党政権が財政問題に関する銀行家の批判によって崩壊したとの考え（「銀行家の威嚇」）にもとづいて、金融市場に対する厳しい統制の必要性が認識されたのである。その結果、1930年代の労働党の金融市場改革は、「金融業者の失敗」を克服すべく、イングランド銀行の国有化、全国投資局の設立、銀行公社の設立という3大改革が構想されたのである。その中でも、全国投資局を通じた投資の管理がその中心に位置していた。全国投資局は、新規発行許可の付与を通じて内外の新規発行に統制を及ぼすのであるが、その際に、外国為替に撹乱を及ぼさない範囲で海外投資の発行を許可し、新規発行以外の資本

輸出の可能性をもできる限り管理するというものであった。国内発行については、国内産業の合理化や全国開発計画の実施を念頭において発行許可を発給すべきことなどが提案された。また、全国投資局の資金調達機能を通じて、国内の貯蓄と投資をマクロ経済的に一致させて、完全雇用を意図的に創出する必要性が強調された。第三の「銀行公社」の設立は、当時一般化していた銀行批判を前提として、預金銀行業の「合理化」と国家管理が目論まれたのである。さらにイングランド銀行の「副総裁補」が全国投資局や銀行公社の会長を兼任することによって三者間の緊密な政策連携が構想され、同時にいずれの機関も、一定の政治的自立性が与えられることになっていた。

　このような労働党の金融改革に対して、シティの銀行家たちはその目的の中に「社会主義の確立」を見いだして激しい反発を示した。彼らは、全国投資局は「新たな官僚の蓄積」と「官僚支配」をもたらすと危惧し、銀行公社の設立による「五大銀行」の国有化は、産業国有化に必要な資金の安価な調達のためであると見なした。彼らの共通の論理は、金融市場における自由競争や流動性の確保が、預金の保護と金融市場の安定性を保証するのであって、国家による金融市場の統制はかえってそれらを損なうというものであった。

　ここで改めて注目したいのは、1930年代における労働党の急進的な金融改革構想が、金融市場に対する不信感、すなわち、社会主義に最も激しく抵抗するのは銀行家ではないかとの不信感から出発したことである。この不信感をもたらしたのは、1931年の金融恐慌期に労働党政権が銀行家たちの圧力で崩壊したのだという労働党側の認識であった。これを出発点として1930年代の金融改革構想、さらには国有化構想全体が新たな展開を見せたのである。ここでは「銀行家の威嚇」が事実であったかどうかではなく、「銀行家の威嚇」が実際にあったと労働党が認識したこと自体に重要性があるといえよう。

　もちろん以上のような1930年代の金融改革構想が1945年以後のアトリー政権のもとでそのまま実施されたわけではなかった。すでに本稿の第1節で予備的に考察したように、完全雇用を経験した第二次世界大戦中は、戦後において完全雇用を維持しつづけるためには戦時金融統制をどのような形で延長すべきか

第7章　1930年代におけるイギリス労働党の「金融改革」構想とロンドン金融市場　243

という新たな政策課題が生じた。このことだけを考えれば、先に本稿で検討した全国投資局の設立が脚光を浴びてしかるべきであるが、戦後の労働党政権のもとにおいてドールトン蔵相は金融改革構想を実現すべく努力したにもかかわらず、全国投資局の設立問題は完全に骨抜きとなり、「全国投資評議会」(National Investment Council) が、実質的権限を欠いた単なる諮問機関として設立されたにすぎなかった。この全国投資評議会は期待された役割をほとんど果たさないまま、消滅する運命にあった。また、イングランド銀行は確かに公社化されたが、「副総裁補」の職は置かれることはなく、かえって政府からの自立性が法的に保証されるような事態に至ったと言われている[80]。「銀行公社」については議論にものぼらなかったのが実態である。結局、ホウソンの近著によれば、戦後の労働党政権のもとでは1930年代の金融改革構想は全く脇へ追いやられて、ケインズの提唱した投資促進策である「低金利政策」(cheaper money policy) のみが、ドールトン蔵相のもとで熱心に、しかもインフレ懸念の中で実施されたのである。ホウソンはこの点にケインズの影響力を見いだしている[81]が、この問題の検討は別稿を期したい。

注

（1）Jim Tomlinson, *Democratic Socialism and Economic Policy: The Attlee Years, 1945-51*, Cambridge, 1997, pp. 147-166.

（2）D. Winch, *Economics and Policy: A Historical Study*, London, 1969; S. Howson, *Domestic Monetary Management in Britain, 1919-38*, Cambridge, 1975; D. Moggridge, *British Monetary Policy: The Norman Conquest of $4.86*, Cambridge, 1972; S. Howson and D. Winch, *The Economic Advisory Council, 1930-1939: A Study of Economic Advice During Depression and Recovery*, Cambridge, 1977.

（3）A. Booth and M. Pack, *Employment, Capital and Economic Policy Great Britain 1918-1939*, London, 1985, pp. 1-5. この中で、本稿と最も関連のあるのは、Chapter 6 'The Labour Party Economic Programme in the 1930s' である。この論文は労働党の金融改革構想をかなり詳しく論じているが、急進的な金融改革の提案が1931年金融恐慌を契機とし、また、それを提唱した人々が労働党の左派に属する人々であったことを確認している。この急進的な金融改革が労働党の公式見解になったのは1931年以後弱体化した労働党の結束を図るためであって、指導部はそ

れを骨抜きにしようとし、この急進的な金融改革の実現可能性は最初から少なかったと論じている（*Ibid.*, pp. 123-147）。

(4)　E. Durbin, *New Jerusalems: The Labour Party and the Economics of Democratic Socialism,* London, 1985.

(5)　S. Howson, *British Monetary Policy 1945-51,* Oxford, 1993. ホウソンは、戦後のインフレ懸念の中でドールトンが「チーパー・マネー・ポリシー」の実施にこだわったのはなぜかを問うているが、ケインズやジョーン・ロビンソンらの経済学者の個人的な影響力を重視し、1930年代の労働党の政策構想とのつながりを重視しているわけではない。

(6)　遠山嘉博『イギリス産業国有化論』ミネルヴァ書房、1973年。

(7)　松村高夫「イギリスの社会民主主義」（石原俊時・松村高夫・西川正雄『もう一つの選択肢――社会民主主義の苦渋の歴史』平凡社、1995年所収）。

(8)　Labour Party, *Constitution,* 1918, p. 4.

(9)　Labour Party, *Labour and the New Social Order,* 1918. 前掲『イギリス産業国有化論』19-21頁、松村前掲論文、259頁。

(10)　Labour Party, *Labour and the Nation,* revised edition, 1928, pp. 27-28. この2ページに及ぶ金融問題に関する提言箇所は『労働党と国民（改訂版）』で初めて挿入されたものであり、それ以前の『労働党と国民（第2版）』（Labour Party, *Labour and the Nation,* second edition, 1928）にはこのような表現は見られない。このことは、金融問題について大会で議論になったことを示している。

(11)　Labour Party, *Labour and the Nation: Supplement on Banking and Currency Policy, etc.,* 1928.

(12)　*Ibid.,* p. 1.

(13)　*Ibid.,* pp. 1-2.

(14)　*Ibid.,* pp. 2-3.

(15)　*Ibid.,* p. 3.

(16)　*Ibid.,* p. 4.

(17)　Labour Party, *Currency, Banking and Finance,* July 1932, p. 3.

(18)　*Ibid.*

(19)　*Ibid.,* p. 4.

(20)　*Ibid.,* p. 11.

(21)　Labour Party, *Socialism and the Condition of the People,* 1934, pp. 9-16.

(22)　管見の限りでも、Francis Williams, *Democracy and Finance,* 1932; *Under Labour's Plan Finance Will Be,* 1935 (35/18); *Labour's Banking Policy will give*

第7章　1930年代におけるイギリス労働党の「金融改革」構想とロンドン金融市場　245

　　　 Greater Security for..., 1935 (35/38); *Labour's Financial Policy*, 1935 (35/39); *Socialism and "Social Credit"*, 1935 (35/62); *Why The Banks Should Be Nationalised*, 1936 (36/47) などがある。
(23)　Labour Party, *Full Employment and Financial Policy,* 1944. この文書は1944年にロンドンで開催された労働党大会に提出された政策文書であった。
(24)　*Ibid.*, pp. 2-3.
(25)　*Ibid.*, p. 3.
(26)　*Ibid.*, pp. 3-4.
(27)　*Ibid.*, pp. 4-6.
(28)　*Ibid.*, pp. 6-7.
(29)　Hugh Dalton, *Practical Socialism for Britain,* London, 1935.
(30)　*Ibid.*, pp. 181-185.
(31)　*Ibid.*, p. 185.
(32)　*Ibid.*, pp. 186-190.
(33)　*Ibid.*, pp. 190-191.
(34)　*Ibid.*, pp. 192-194.
(35)　*Ibid.*, pp. 194-196.
(36)　*Ibid.*, p. 196.
(37)　*Ibid.*, pp. 197-198.
(38)　*Ibid.*, pp. 198-201.
(39)　*Ibid.*, p. 195の注において、ドールトンは、イングランド銀行の理事の1人であるブラケットが同様な物価安定政策を提唱していることに注目している。マクミラン委員会報告書では、第Ⅱ部「結論と勧告」第1章「通貨組織の主たる目的」の中の「国際的物価水準」の中で、同様な議論を展開している。Committee on Finance and Industry, *Report,* HMSO, 1931, paras. 266-276. 加藤三郎・西村閑也訳『マクミラン委員会報告書』日本経済評論社、1985年、92-94頁。
(40)　Dalton, *op. cit.*, p. 203.
(41)　*Ibid.*, pp. 204-207.
(42)　*Ibid.*, pp. 210-211.
(43)　*Ibid.*, pp. 213-214.
(44)　*Ibid.*, pp. 214-215.
(45)　*Ibid.*, pp. 215-219.
(46)　*Ibid.*, p. 220. ドールトンは、「このような傾向をもたらした歴史的経緯は、ロンドンの金融業者は主に対外取引に関与し、他方で英国産業は北部とミッドランド

地方で成長し、自己利潤の再投資や地方の個人銀行によって融資を受けてきたということであるが、第一次世界大戦後のランカシャー綿業における過剰投機や過大資本化が示すように、ロンドンの金融業者と北部産業との現状における関係の緊密化は、産業にとって好ましいこととは言えない。この分野において、全国投資局は新たな時代を切り開かなくてはならない」と（*Ibid.*, p. 220）。

(47) *Ibid.*, pp. 220-222.
(48) *Ibid.*, p. 222.
(49) *Ibid.*, p. 223.
(50) *Ibid.*, p. 225.
(51) *Ibid.*, pp. 226-230. 全国投資局は民間企業に対しては免税措置を通じて、保険会社や信託投資に対しては、投資内容の報告や保有証券の規制を通じて管理を行うとされている。
(52) *Ibid.*, p. 230.
(53) *Ibid.*, pp. 231-232.
(54) *Ibid.*, pp. 232-235.
(55) *Ibid.*, p. 236.
(56) *Ibid.*, pp. 236-237.
(57) *Ibid.*, pp. 237-238.
(58) *Ibid.*, p. 239.
(59) '"Reforming" Our Banking System—Fresh Labour Propaganda', *The Bankers' Magazine*, September, 1933, pp. 338-346. 本来この記事は、1933年の労働党大会に提出された政策文書『社会主義と人民の状態』を検討するための記事であり、『バンカーズ・マガジン』の同月号には、『社会主義と人民の状態』の「銀行、金融および投資」に関する部分の抜粋が掲載されている（'The Labour Party and the Banks', *The Bankers' Magazine*, September, 1933, pp. 409-417）。このこと自体が、この問題に対するシティの関心の高さを示している。
(60) *Ibid.*, pp. 338-339.
(61) *Ibid.*, p. 339.
(62) *Ibid.*, p. 340.
(63) *The Bankers' Magazine*, September, 1933, p. 409に再録
(64) *Ibid.*, p. 341.
(65) *Ibid.*, p. 342.
(66) *Ibid.*, pp. 342-343.
(67) *Ibid.*, pp. 343-345.

第 7 章　1930年代におけるイギリス労働党の「金融改革」構想とロンドン金融市場　247

(68) 'Bank reports, meetings, etc: Midland Bank Limited. Dangers of Monopoly. Stability and Efficiency of British Banking. Prospects for Trade Recovery. Tribute to Mr. Hyde. Speech of Mr. Reginald McKenna', *The Bankers' Magazine,* March, 1935, pp. 491-500.
(69) *Ibid.,* p. 491.
(70) *Ibid.,* p. 492.
(71) *Ibid.,* p. 493.
(72) 'Nationalising the Banks—Views of Mr. W. W. Paine', *The Bankers' Magazine,* Vol. CXL, September, 1935, pp. 321-332.
(73) *Ibid.,* p. 321.
(74) *Ibid.,* pp. 322-324.
(75) *Ibid.,* p. 324.
(76) *Ibid.,* p. 326.
(77) *Ibid.,* p. 327.
(78) *Ibid.,* pp. 327-328.
(79) *Ibid.,* p. 328.
(80) Tomlinson, *op. cit.,* pp. 148-150.
(81) Howson, *op. cit.,* pp. 326-327.

第8章　第二次大戦後のフランスにおける
##　　　 貯蓄対策と貯蓄観
―――全国貯蓄運動と繰延信用会社―――

矢後　和彦

　「全国貯蓄運動」（Mouvement National d'Epargne）―――これは、1945年にフランスで設けられた団体の名称であり、この団体が推進した貯蓄奨励運動の呼び名でもある(1)。この運動の目的は、国民に貯蓄を奨励すること、具体的には、国庫証券（Bons du Trésor）をはじめとする公債を購入させるべく啓蒙・宣伝活動を行うことであった。運動の資金源としては、政府が交付する補助金があてられた。しかしながらこの運動は、所期の成果をあげることはできなかった。

　「繰延信用会社」（Sociétés de crédit différé）―――これは、1930年代からフランスで広がりはじめた消費者金融機関の一類型である。これらの会社は、わが国の「講」や「無尽」に似た手法で資金を集めて、住宅・不動産融資を供与していた。1949年に125社を数えたこれらの会社は、その詐欺的な営業方法が問題になり、1953年には10社以下に減った(2)。

　一見すると相互に無関係だった全国貯蓄運動と繰延信用会社は、1949年をさかいにして、それぞれの命運を交錯させてゆく。まず1949年7月に、保守系の日刊紙フィガロ（Figaro）に繰延信用会社を批判する記事が連載される。全国貯蓄運動は、貯蓄者保護を標榜してこのフィガロ紙のキャンペーンに加わる。キャンペーンが奏効して、1952年には繰延信用会社を規制する法律が成立する。ところが、繰延信用会社への対応をめぐって全国貯蓄運動の内部に亀裂が生じる。結局、全国貯蓄運動は、1959年に補助金の交付を打ち切られて14年間の短

い歴史に幕を閉じる。

　本章の課題は、第二次大戦後のフランスで展開した貯蓄対策と、その背後にあった貯蓄観の変化とを、全国貯蓄運動と繰延信用会社の推移に即して明らかにすることである。中途で挫折した運動と、不祥事にまみれた消費者金融機関という、戦後フランス史のマージナルな端役たちをここであえて歴史研究の俎上にのせるのは、次の見通しによる。

　第一に。第一次大戦前までフランスの家計貯蓄セクターには、広範な小額貯蓄者層と富裕層が並存し、それぞれの貯蓄の経路から、資金が中長期の投資先に向かっていた。ところが戦間期を経て、第二次大戦後になると、貯蓄の対象は多様化してゆき、貯蓄の主体もより広い階層にわたるようになった[3]。では第二次大戦後の政府・大蔵省は、こうした貯蓄セクターの変化をどのように認識し、どのように方向づけようとしていたのだろうか。戦後のマクロ経済政策をめぐるこの重要な論点は、今日なお立ちいって明らかにされていない。政府の後押しで成立し、のちに政府自身の手で葬られた全国貯蓄運動の軌跡は、この問題に接近する好個の素材をなすものといえよう。

　第二に。繰延信用会社については、その存在自体が研究史の空白である。とりわけ本章の関心からいえば、この類型の会社が整理される過程が重要な検討課題として残されている。繰延信用会社は、1950年代にはげしい批判を浴びて整理されてゆくが、これらの会社をめぐる一連の事態は、単なる詐欺事件では片づけられない問題を含んでいた。問題の核心は、繰延信用会社をめぐる信用供与の機構にあり、この機構のありかたには当該期の貯蓄観が影を落としていたのである。繰延信用会社の盛衰は、このように戦後フランスにおける金融機関の一類型が危機に直面し、そして再編成されてゆく過程を体現するものといえよう。

　そして第三に。全国貯蓄運動と繰延信用会社とは、1950年前後のスキャンダルを契機にそれぞれ破局に向かってゆく。このスキャンダルは、マスコミによって火をつけられ、その渦中でさまざまな人士が入り乱れ、そして大蔵省国庫局（Direction du Trésor）の大物官僚が陣頭指揮をふるうことによって収拾に

向かう。この過程は、金融システムの革新を模索していた当該期のフランスの政治・社会のありようを、特異な視点からかいまみさせるものであるといえよう。

筆者のねらいは、以上の見通しに立つことで、第二次大戦後のフランスにおける金融システムの危機と革新のひとこまを、歴史具体的に示すことにある。以下では、全国貯蓄運動の軌跡と繰延信用会社の推移とを対照させながら、可能なかぎり一次資料にそくして、時期を追って検討をすすめてゆくことにする[4]。

第1節　戦後インフレ期の貯蓄対策（1945～49年）
——全国貯蓄運動の創設と繰延信用会社への批判——

第二次大戦直後のフランスは、はげしい物価上昇にみまわれていた。1945年から1947年までに卸売物価指数は3倍以上にはねあがり、その後も1952年までは相対的に緩慢な物価上昇がつづくことになる（図8-1）。また1950年代初頭にいたるまで、物価の上昇率は銀行券流通残高・預貯金残高の伸び率を上回っている（図8-1、図8-2）。国民信用評議会（Conseil National du Crédit）の1947年度報告書は、この事態を次のように表現している。「国家もしくは企業によって分配された追加的な所得の大部分は、物価上昇によって吸収されてしまった。物価上昇は、日常の消費財に影響をおよぼし、個人貯蓄にとって処分可能な余力を、きわめてわずかなものに押しとどめた」[5]。他方、財政については、復興にかかわる経費を中心に歳出が上昇していたものの、歳出の増加率は物価の上昇率を下回っており、予算欠損は「絶対額では相対的に安定していた」[6]。歳出総額に対する予算欠損の比率も、1944年にはおよそ70％に達していたが、1946年には45％前後になり、1949年には約15％へと劇的に低下する[7]。一見すると逆説的なこの関連は、戦時財政の過半を占めていた軍事支出が戦後に急速に圧縮されたこと、復興需要に牽引されて経常税収が増えたこと、1948年からはマーシャル・プラン援助が部分的ながら財政を潤したことに

図 8-1 卸売物価指数（1945～59年）

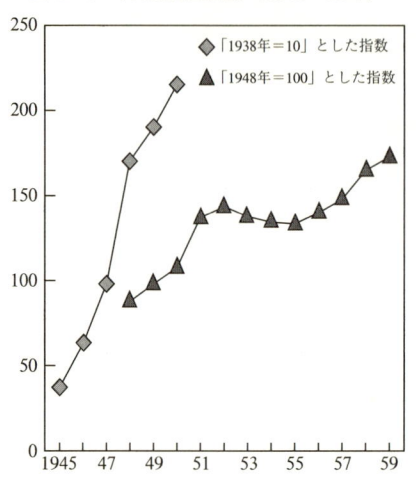

出所：Annuaire Statistique de la France, exercice 1961, pp. 220-221. より作成。

図 8-2 銀行券と預貯金の動向（1945～59年）

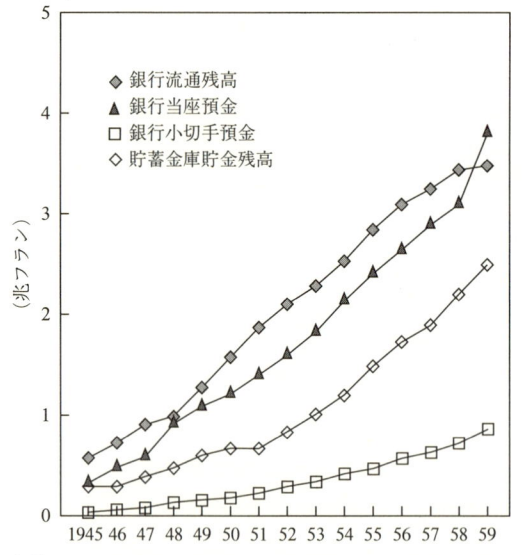

出所： Rapport Annuel du Conseil National du Crédit, exercices 1954 et 1959; Jean-Pierre Patat et Michel Lutfalla, Histoire monétaire de la France au XXe siècle, Paris, 1986, pp. 135, 148, 158, 179. より作成。

よるものであった[8]。

インフレの昂進、貯蓄の危機、そして財政の急速な健全化。戦後の貯蓄対策が始動するのは、これらの事態のさなかにおいてであった。

1　全国貯蓄運動の創設——「回路」への期待——

臨時政府の首班ドゴール（Charles De Gaulle）は、1945年10月13日に全国貯蓄運動の創設を告げる政令（ordonnance）を発した。この政令は、全国貯蓄運動の目的として次の4点をかかげていた。「貯蓄の発展と防衛を振興するあらゆる措置を研究し、公権力に提案する」、「国庫当局が発行する公債、および政府保証のついたすべての債券への応募を振興する」、「貯蓄に関する地方組織の創設を促進し、その活動を調整し方向づける」、「貯蓄者の権利と利益の防衛を通じて彼らを支援する」[9]。

戦後の混乱のただなか

にあって、このような運動体が組織されたのは、どのような事情によるのだろうか。一つの契機は、1945年の7月にパリで開催された「連合国貯蓄博覧会」（Exposition Interalliée de l'Epargne）である。博覧会には、アメリカ、イギリス、カナダそれにフランスの4カ国が参加し、各国における貯蓄奨励政策、とりわけ戦時中の政策が披露された。この博覧会では、とりわけイギリスとアメリカの経験が注目を集めた。それまで低貯蓄国とみられていた英米両国では、戦時期に、税収に匹敵するかそれを上回る規模の財源を公債発行を通じて調達していた[10]。その際には、公債への応募を奨励する国民的な運動が組織され、インフレを回避しながら戦時財政の基礎が確保された。この博覧会を推進したフランスの蔵相プレヴァン（René Pleven）は、イギリス・アメリカ両国のこうした運動の成果をまのあたりにして、全国貯蓄運動の創設をドゴールに提案することになる[11]。

　全国貯蓄運動の創設については、もう一つの契機があった。インフレを家計貯蓄によって中立化しようとする上述のような議論が、戦前来のフランスに根強く広がっていたことである。「回路の理論」（théorie de circuit）と呼ばれるこの議論は、第一次大戦後のインフレに際して経済学者マローニ（Fernand Maroni）が唱えたとされている。この議論によれば、国家財政の必要に応じて発行された銀行券は、家計貯蓄から公債にいたる資金の「回路」を通じて回収されるならば、インフレをもたらすことはなく、通貨の安定も脅かすことはない、という[12]。いうまでもなくこの「回路の理論」は、ごく単純な貨幣数量説であり、公債の累増が通貨危機に導いた1920年代の経験によっても反証されていた。しかしながらこうした認識は、戦後の全国貯蓄運動にひきつがれることになったのである。全国貯蓄運動の初代の理事長（Commissaire Général）モンファジョン（P.Montfajon）のいうところを聞いてみよう——財政・金融政策については「公衆の手にわたった支払手段を、できるかぎりすみやかに国家の諸金庫に回収することで、貨幣の回路を保全する」ことを目標とする。商工業者は、この貨幣の循環回路に問題なく統合されているが、農民のあいだでは財政信認が回復していない。この階層について、宣伝・啓蒙活動を

行い、政策を補完するのが全国貯蓄運動の任務である(13)。このように家計貯蓄をインフレの緩衝手段とみなす貯蓄観は、フランス大蔵省にも分けもたれていた。大戦直後のこの時期に作成されたとみられる大蔵省の報告書は、全国貯蓄運動の意義について次のように述べている——「フランスの財政の現状、および復興金融を保障するために、国庫が今後数年間に対処しなければならない必要額の見通しに鑑みると、国じゅうの貯蓄の機能を可能なかぎり動員することが不可欠である」。ところが「かつて国庫が発行する公債の伝統的な顧客であった社会諸階層は、過去30年のあいだに彼らの貯蓄の機能を低下させるか、消滅させてしまった」。これら「人口の最大多数を占める諸階層」については、銀行、郵便局、地方の国庫当局などを通じたこれまでの宣伝方法では、貯蓄の動員は不可能である。「唯一、直接的で個人的な宣伝、それも広報的であるとともに教育的でもあるようなものが、この欠陥を補える。これが全国貯蓄運動の主要な目的の一つである」(14)。

　大戦直後に紹介されたアングロ・サクソン諸国の運動と、戦前来の「回路の理論」。これら二つの前提から、全国貯蓄運動が始められたのである。

　さて、全国貯蓄運動は1945年からさっそく活動を始め、同年内に全国委員会 (Comité National) を立ち上げ、65の県で県委員会 (Comités Départementaux) を組織した。県委員会の下には、全国で200の地方委員会 (Comités Locaux) と1200の貯蓄会 (Groupes d'Epargne) が結成され、個人会員も公称10万人に達した(15)。運動の幹部には、以下の人物が顔をそろえた。理事長は先にふれたモンファジョン。彼は、庶民銀行協会 (Chambre Syndicale des Banques Populaires) 総裁であり、1946年に発足する国民信用評議会にもこの資格で加わっている(16)。副理事長は、ヴァンセンヌ庶民銀行 (Banque Populaire de Vincennes) 頭取のボワスウ (Boissou)。事務局長 (Secrétaire Général) には、大蔵省から若手官僚ファーブル (P. Fabre) が派遣されていた(17)。

　ところがである。年が明けて1946年になると、運動ははやくも壁につきあたった。のちに全国貯蓄運動の動向を独自に調査した内務省の情報当局は、当時の事態を次のように分析している——あいつぐ国有化により零細株主が打撃を

受け、物価騰貴によって中産諸階層が没落した。「貯金者はほどなくして、不利な位置におかれ、意欲を挫かれたことに気づいたのである」。その結果、貯蓄の勢いが鈍化し、運動の成果はあがらなくなった。困難な事態に直面した全国貯蓄運動は、当初の目的だった貯蓄奨励・広報活動を逸脱し、政府を批判する論評を機関誌に載せている[18]。

　運動開始の直後に現れた情勢の変化をみて、貯蓄対策を担当する大蔵省の側では、はやくも1946年度から補助金の交付を打ち切り、全国貯蓄運動そのものをやめてしまおうという議論が浮上した。「零細な貯蓄を収集するという、当初めざされていた役割は棚あげされ、実質的には放棄された」、「全国貯蓄運動を廃止することで、内実ある経費節減を実現することができる」[19]。これに対して、全国貯蓄運動の理事長モンファジョンは大蔵省に書簡を送り、地方の名望家層らによって担われている運動のひろがりを指摘し、運動をとりやめることの危険を警告した[20]。結局このときは、大蔵省当局は補助金打ち切りをいったん決めたものの、蔵相プレヴァンの判断で打ち切りは回避され、運動は継続されることになった[21]。

　全国貯蓄運動への風あたりはその後も強まってゆく。1949年5月には、大蔵省国庫局が全国貯蓄運動の予算要求に関連して査定を行い、年々膨れあがる運動の予算要求[22]に対してきびしいコメントをつけた。コメントは以下のように反語的である。「貯蓄を発展させ、奨励するという、公的な性格の団体が、現状においてなお有している有効性とは何か。貯蓄は、政治・経済・通貨の諸条件に依存するのか、それとも単なる広報・宣伝努力に依存するのか」、「その効率性はどうか。全国貯蓄運動の活動が、国庫による最近の公債発行をともかくも改善させたといえるか」、「全国貯蓄運動の機関誌のような準公的な媒体が、国庫の費用で、『貯蓄をむさぼる』国家というようなテーマを……公衆のあいだに広めることは望ましいか」[23]。

　戦後フランスの貯蓄対策は、家計貯蓄という「回路」の機能への期待から出発したが、この期待を担った運動のありかたは、1940年代末には早くも疑問視されるようになっていたのである。こうして全国貯蓄運動への疑念が高まって

いた時期に、繰延信用会社への批判が表面化する。

2　繰延信用会社への批判——フィガロ紙のキャンペーン——

1949年7月7日付のフィガロ紙の一面には、「郊外の一戸建と思いきや……砂上の楼閣」という大見出しが踊り、「貯蓄を収奪する新たな手段——建築貸付」という小見出しが続いた。こうして始まった繰延信用会社批判のキャンペーンは、7月28日に第一波を終えるまで毎号続けられる。その後キャンペーンは同年10月に再開され、1952年まで断続的に行われることになる。

キャンペーンの初日、7月7日の記事は、アムレ（Michel Hamelet）という署名入りで、繰延信用会社の実態をリアルに描きだしている。ある借り手が、一戸建の住宅を建てるために繰延信用会社に融資を申し込む。会社は、ただちに融資を約束するが、契約書は署名の直前まで開示しない。融資を受ける前から、毎月のローンの「返済」が始まる。肝心の融資は、いつまでたっても受けられない。借り手がローンと思って払っていた金は、基金への拠出金や手数料などの名目で徴収されている。業を煮やした借り手が契約を破棄する段になって、借り手はこの実態を知らされるが、法的には対抗手段がない。払い込んだ金額も大部分は返済されない——[24]。

ここでキャンペーンの標的になった繰延信用会社は、戦後の住宅不足を背景に成長していた。第二次大戦中に、フランスでは50万戸の住宅が破壊され140万戸が重大な損壊を蒙ったといわれるが、この被害に対して低家賃住宅（Habitation è Bon Marché）制度などによる公的な住宅建設は、1945年から1949年のあいだに13万戸、年平均で26,000戸にとどまっていた[25]。公的な住宅融資の制度も立ちおくれていた。低家賃住宅制度を改めた適正賃貸住宅（Habitation á Loyer Modéré）制度に、公的な利子補給制度が導入されるのは1949年3月、普通貯蓄金庫（Caisses d'Epargne Ordinaires）に対して「A口座通帳」(livret A）と呼ばれる定期貯金の資金を、住宅融資に自主運用することが認可されるのが1950年6月、そして準公的な金融機関たるフランス不動産信用銀行（Crédit Foncier de France ＝略称クレディ・フォンシエ Crédit Foncier）

の住宅融資制度が成立するのが1950年7月である(26)。これに対して繰延信用会社は、後述する1952年の規制立法の成立後に清算された会社だけについてみても、その借り手は7万人に達していた(27)。

さてキャンペーンの記者は、これら繰延信用会社の詐欺的な手法を暴くことからはじめ、多くの識者を記事に登場させて、意見を述べさせていった。フランス司法書士協会（Société des Actuaires Français）役員のロワセル（Jacques Loisel）──繰延信用会社のほぼすべてが「相互信用会社」(société de crédit mutuel）の名称を使っているが、その業務の内実は相互信用とは似て非なるものである(28)。元法務大臣テトジャン（P. H. Teitgen）──繰延信用会社については、規制立法が必要である(29)。フランス銀行総裁ボーンガルトネル（Wilfrid Baumgartner）──これらの会社が貯蓄におよぼす危険は、ながらく認識していた(30)。低家賃住宅団体全国連盟（Union Nationale des Fédérations d'Organismes d'Habitations à Bon Marché）役員のラングレ（Langlet）──繰延信用会社は、イギリスの建築組合（Building Societies）に範をとったと宣伝しているが、イギリスとちがってフランスの会社は預金の受け入れや自治体の支援を得ておらず、銀行の保証も欠いている(31)。復興・都市計画大臣プティ（Claudius Petit）──あなたがた［フィガロ紙──引用者］がすすめている勇敢なキャンペーンは、有益である(32)。

政府の反応は予想外に迅速だった。キャンペーン開始の一週間のち、7月13日には、繰延信用会社を規制する法案が閣議で了承され、ヴァカンス入り直前の議会に上程された。法案は、この種の会社について経営者の資格を規制するとともに、会社の業務に対する政府の監督を強化する旨を定めていた(33)。しかし法案審議ははかどらず、当初期待されていたヴァカンス前の法案成立は見送られた(34)。繰延信用会社に対する規制立法が成立するのは、3年後の1952年になってからである。

法案の早期成立が困難になると、フィガロ紙は論調を変え、「民間貯蓄の収奪をゆるしたのは、公的な信用制度が不十分だからだ」という論陣を張った。さらに記者アムレは、住宅・不動産融資の不備を補うために、公的な年金基金

や社会保険基金の運用、さらには貯蓄金庫貯金の自主運用などを提言している(35)。ところがキャンペーン第一波の最終盤にさしかかって、フィガロ紙は重要な軌道修正を行う。7月27日の同紙に「繰延貸付の会社に『良い』会社と『悪い』会社があるか」という見出しが現れたのである。記事の前段の基調は、個々の繰延信用会社に良い、悪いの区別はない、「悪いのは制度である」というものであった。ところが記事の後段になって、執筆者アムレは「真の不動産信用の本質的な条件」として「[申し込みから融資執行までの——引用者] 待機期間が事前に決定されること、および外部資本の支援を受けること」の2点をあげ、あまつさえ、こうした条件に合致する信用会社として二つの社名を実名で——「不動産相互信用連合」（Union Mutuelle Immobilière de Crédit）および「建築相互信用」（Crédit Mutuel du Bâtiment）——報道したのである(36)。この点は、のちに全国貯蓄運動の内紛とのかかわりで問題になるだろう。

　一方、全国貯蓄運動は、このキャンペーンに中途から加わり、フィガロ紙上で積極的な発言を行うことになる。前項でみたように、全国貯蓄運動は当時すでに大蔵省などからきびしい評価を下されていた。そこで運動の側では、失地回復を期して、フィガロ紙のキャンペーンにところを得て「貯蓄の防衛」を叫んだのであろう。最初の発言は連載第一波の5回目、7月12日に紙上で発表された「全国貯蓄運動からの呼びかけ」なる声明である。この声明のなかで全国貯蓄運動は、繰延信用会社について「現状では、いまなおわが国で最も緊急に待たれている復興について、有力なてこにならねばならない」とその存在を認めつつ、「この種の団体もしくは会社の活動に対して規制がなされていないことは、貯蓄者にとって危険である」と述べ、被害者が全国貯蓄運動に情報を提供するよう呼びかけている(37)。次は連載の11回め、7月19日に、全国貯蓄運動が「これらの会社にだまされた貯蓄者の名において」契約破棄を求める市民の行動を起こすこと、さらに今後は民事訴訟も提起することが表明された(38)。最後は第一波キャンペーンの最終回に、情報提供を求める全国貯蓄運動の呼びかけが記者アムレによって再度確認されるとともに、フィガロ紙に寄せられた情報も全国貯蓄運動に持ち込んで、民事訴訟の一助にする旨が書かれてい

る[39]。

　この間、1949年夏のヴァカンス明けからは、繰延信用会社の経営者が詐欺の容疑で続々と逮捕されていった。政府としても、規制立法の制定に先だって、現行法で取り締まれる業者については早急に手を打つ必要を感じたのであろう。1949年10月にリモージュ（Limoges）で始まった逮捕劇は、同年末までにパリをはじめ全国の主要都市におよんだ[40]。こうして繰延信用会社の摘発は進捗し、全体としてキャンペーンの成果は着実に上がっていた。全国貯蓄運動もキャンペーンには友好的であった。
　ところがである。年が明けた1950年の3月になって、フィガロ紙は突如、衝撃的な記事を掲載する。この記事をきっかけにして、全国貯蓄運動には内紛が燃え上がり、運動は変質してゆくことになる。

第2節　貯蓄対策の動揺と貯蓄観の変化（1950～54年）
―――全国貯蓄運動の変質と繰延信用会社への規制―――

　1950年代前半のフランス経済は、朝鮮戦争の影響によるインフレで幕を開けたが、1952年にピネー（Antoine Pinay）内閣のもとで安定化・デフレ政策が実施されると、卸売物価指数は緩慢な減少に転じ、その後1956年まで横ばい基調を維持することになる（図8-1）。この間に預貯金も順調に伸びつづけた（図8-2）。他方、予算欠損の補填財源のうち、一方の「貯蓄的財源等」（ressources de caractère d'épargne et les ressources divers）が占める比率は、1951年の50%から1955年の99%へと急上昇し、他方の「通貨的財源」（ressources de caractère monétaire）を大きくひきはなすことになる（表8-1）。前者の「貯蓄的財源等」とは、欠損の補填に際して追加的な銀行券発行をともなわない財源を指している。したがってこの財源の比率が増えたからといって、かならずしも家計貯蓄の比率が増大したわけではない。しかしながら、追加的な銀行券の発行を意味する後者の「通貨的財源」が、1950年代の前半にその比率を大きく低下させたことは、当該期にいわば「インフレなき欠損補

表 8-1 予算欠損の補填財源（1945

	1945	1946	1947	1948	1949	1950
貯蓄的財源等						
中長期債	99	172	160	102	112	95
預金供託金庫借入	22	0	0	0	33	24
国庫証券等（銀行引受を除く）	84	−13	−32	131	−14	147
預金・コルレス先	37	31	57	52	86	92
現金・その他	−22	18	−15	−47	−13	−12
小計(A)	220	208	170	238	204	346
(A/A＋B) ％	(70.7)	(61.5)	(55.2)	(58.8)	(62.2)	(86.1)
通貨的財源						
国庫証券等（銀行保有分）	85	31	−8	61	67	10
フランス銀行貸上等	−15	76	116	44	6	17
特定基金・郵便小切手勘定等	21	23	30	62	51	29
小計(B)	91	130	138	167	124	56
(B/A＋B) ％	(29.3)	(38.5)	(44.8)	(41.2)	(37.8)	(13.9)
計 (A＋B)	311 (100.0)	338 (100.0)	308 (100.0)	405 (100.0)	328 (100.0)	402 (100.0)

出所：AEF, B50977, Direction Générale des Etudes et du Crédit, "Evolution des modes de financement de l'impasse", le
注：(1)「預金供託金庫借入」は、国庫が預金供託金庫から借り入れた資金の年度残高であり、その大部分は適正家
(2)「国庫証券等」は、「貯蓄的財源等」と「通貨的財源」のいずれについても、クレディ・ナシオナル引受債

填」が可能になったことを意味する。これは、かつての「回路の理論」が想定したことに近い事態であった。国民信用評議会の1953年度報告書は、次のように述べている。「インフレの年には、貯蓄に関する統計データの膨張は、通貨の減価を部分的に表現していた。これに対して1953年にみられた［貯蓄の——引用者］拡張は、融資の源資の実質的な増加を表わしている」(41)。

インフレの相対的な沈静化、危機を脱した貯蓄セクター、予算欠損の補填構造に現れた変化。これらの一見すると好ましい条件のもとで、政府と全国貯蓄運動のあいだでは貯蓄対策をめぐる対立が現れ、繰延信用会社への規制が導かれることになる。

1　全国貯蓄運動の変質——スキャンダルへの対応と政策提言——

1950年3月4日付のフィガロ紙は、これまでキャンペーンを担当してきたアムレの署名入りで「ひどい！　いくつかの繰延信用会社が彼らの被害者の側に

~56年）

（単位：10億フラン）

1951	1952	1953	1954	1955	1956
27	252	36	134	119	415
36	39	61	52	71	91
82	165	178	215	182	115
91	41	127	87	286	210
−50	−56	−10	9	−2	−13
186	441	392	497	656	818
(50.3)	(65.6)	(60.1)	(74.8)	(99.1)	(81.5)
82	113	76	56	28	117
36	66	133	22	−116	−56
66	52	51	89	94	125
184	231	260	167	6	186
(49.7)	(34.4)	(39.9)	(25.2)	(0.9)	(18.5)
370	672	652	664	662	1,004
(100.0)	(100.0)	(100.0)	(100.0)	(100.0)	(100.0)

17 décembre 1957より作成。
賃住宅（H. L. M.）向け融資資金。
（Acceptations du Crédit National）をふくむ。

保証人を探している！」との見出しをかかげ、全国貯蓄運動を批判する記事を載せた。記事の内容は次のようなものであった。全国貯蓄運動の「複数のメンバー」を標的として、「いくつかの最も有力な」繰延信用会社から工作が行われている。工作の目的は、これらの会社の「潔白を証明してもらうこと」であった。さらには、全国貯蓄運動の肝いりで設けられた「繰延信用会社被害者擁護協会」（Association de Défense des Victimes de Sociétés de crédit différé）を解散することも要求されている。その見返りとして、これらのメンバーには、金銭の提供などの便宜が図られている――(42)。

　この記事に書かれた経緯、ならびに全国貯蓄運動の側が講じた対応は、今日では、全国貯蓄運動の内部資料から検証することができる。事態は、次のように推移した。全国貯蓄運動は、フィガロ紙の記事が公表される以前から、事務局内部の不正のうわさを察知しており、内部調査をすすめていた。その結果、「繰延信用会社被害者擁護協会」の事務局長を兼務していた全国貯蓄運動の事

務局員が、「建設相互信用」社の意を受けて、協会の情報を漏らしていたことが判明した。この会社は、それまでのフィガロ紙のキャンペーンでは優良な会社として例外扱いされていただけに、この漏洩問題は重大だった。全国貯蓄運動はこの人物を1949年12月に免職処分とした[43]。

ところが、この処分ののち全国貯蓄運動は、事務局長ファーブルの主導のもとで奇妙な方向に動きだす[44]。まず1950年2月17日と18日の両日にわたって、全国貯蓄運動の全国委員会が招集された。この委員会の席上、ファーブルは、それまで全国貯蓄運動が後押ししてきた繰延信用会社の被害者救済運動を、事実上終結させるという、重要な提案を行った。ファーブルによると、繰延信用会社のいくつかは、既存の被害者団体に加入した被害者に対して、数千万フランの規模で賠償に応じることに同意している。この状況のもとでは、被害者団体の役割は終わった。「今後は、破壊的解決を建設的解決に代えなければならない」。については全国貯蓄運動の内部に、これらの繰延信用会社を監督する委員会を設置する——。

この提案に対して、居合わせた全国貯蓄運動の幹部は一様に批判的であった。とりわけ全国副委員長（Vice-Président National）だったド・リードマッテン（L. de Riedmatten）なる人物は、全国貯蓄運動のような団体が、政府になりかわって業界を監督すること、とりわけ繰延信用会社のような問題の多い業界に責任をもつことについて、懸念を表明した。しかし事務局長ファーブルは、会議の席上、4時間にわたって猛烈に反論をこころみた。結局、委員の一人から折衷案——業界監督の執行は、被害者団体にゆだね、全国貯蓄運動としては関与しないという案——が出され、この場では全員が了承した。

しかしながらド・リードマッテンは、のちに次のような結論に達し、大蔵省に内部告発を行うにいたった。事務局長ファーブルは、かつては繰延信用会社に対する強硬な批判者だったのに、この期におよんで態度を急変させた。しかもファーブルは、この期間にだれの認可も受けずに、当の信用会社数社の経営者と個人的に面会している。このような行動をとるファーブルは「被害者団体からみても、全国貯蓄運動からみても、これらの会社の監督者になるための資

格も資質ももはや有していない」。ついては組織の抜本的再編がなされるまで補助金交付を停止すべきである——。内部告発文書は、1950年3月4日付のフィガロ紙の記事が公になる以前に、大蔵省官房に送付された[45]。フィガロ紙の記事も、この文書の情報に依拠している。

　ここまでの推移をみるかぎり、フィガロ紙の記事はおおむね正鵠を射たものといえよう。しかし、問題の1950年3月4日付の記事が出たあとに、告発された側の事務局長ファーブルもただちに反撃に出た。ファーブルは、まずこのフィガロ紙の記事が、当のド・リードマッテンがもたらした情報にもとづくものであることを突き止め、その証拠となる書簡をも入手した。さらにファーブルは、以下の諸点を問題にして追い撃ちをかけた。1949年以来のフィガロ紙のキャンペーンは、なぜか「建設相互信用」のみを例外扱いにしている。フィガロ紙、さらにはド・リードマッテンが役員を務める保険業界誌が、この「建設相互信用」の広告を掲載している。そのうえ、ド・リードマッテンが大蔵省に投じた内部告発文書には事実の歪曲があり、しかもド・リードマッテンはこの点の指摘について、タイプ上のミスであるとのいいのがれを行っている——。こうしてファーブルは、フィガロ紙による全国貯蓄運動への批判が、実は「建設相互信用」と結託したド・リードマッテンの謀略だった、という認識をえがきだしたのである。結局、ファーブル事務局長は全国貯蓄運動の実権を握りつづけ、告発した側のド・リードマッテンは、1950年5月に運動から除名された[46]。

　以上にみた全国貯蓄運動の内紛については、ファーブル事務局長とド・リードマッテンの主張のどちらかに軍配をあげることは困難であり、また必要でもなかろう。いずれにせよこの運動は、フィガロ紙のキャンペーンの当初にみせていた繰延信用会社批判の立場から離れてゆき、その過程でスキャンダルにみまわれたのである。

　ここでむしろ注目に値するのは、繰延信用会社の処理をめぐる全国貯蓄運動の政策提言である。ファーブル事務局長は、運動の内紛のさなかにも繰延信用会社の問題への関与を深めていた。ファーブルは、1950年3月には全国貯蓄運

動の名で大蔵省にあてて報告書を送り、そのなかで繰延信用会社の問題を解決するためのいくつかの提言を——さきの全国委員会で確認された折衷案の合意を踏み越えて——行っている。その骨子は、以下のとおりである。まず、繰延信用会社の問題が明るみに出てからの政府の対応について「当時しなければならなかったのは、原則やシステムのためにたたかうことではなく、まずは［実態を——引用者］知るために組織をつくることであった」として、政府に反省を促した。ついで今後の対応として、法律によって「特別の機関」をもうけ、ここに「実質的かつ日常的に、この分野［繰延信用会社——引用者］の刷新を実現する任務をさずける」ことを提唱している。ここでいう「特別の機関」とは、ファーブルの報告書によれば、繰延信用会社各社の代表、および監督官庁の正規の人員、もしくは官僚からの出向者で構成され、大蔵省の監督下で活動する。「刷新委員会」（une commission d'assainissement）と名づけられたこの機関は、加盟する繰延信用会社からの拠出金で運営される。ファーブルの提言では、この委員会の機能は「監督」「刷新」などと表現されるのみで、あいまいであるが、ともかくもこの委員会の業務がうまく運べば、庶民銀行協会のような団体に格上げすることも展望された。他方、委員会の業務が失敗した場合には、加盟各社の清算手続きに入ることも想定されている[47]。

　さて1952年には、次項でみるように繰延信用会社を規制する法律が成立したが、その翌年、1953年には、規制の対象となったはずの繰延信用会社のうち「建築相互信用」——さきのド・リードマッテン除名の際にも問題になっていたいわくつきの会社——が破綻する。この事態に際してファーブル事務局長は、1953年10月にひらかれた全国貯蓄運動の第5回全国大会の席で次のように述べている。「建築相互信用」の破綻により、政府主導による「刷新方法の不適格」が証明された。今後は、1950年時点での全国貯蓄運動の提言をベースにして、すでに清算された80社も含めた繰延信用会社を傘下に収める「暫定的な中央行政機構」（un organisme central d'administration provisoire）を創出すべきである。この機構は政府代表と借り手代表によって構成され、繰延信用会社の吸収合併を推進し、場合によっては新会社を設立する。この機構による吸収合

併に際しては、フランス銀行の割引には依存しないが、「限界的な調整者」の資金を導入することは容認される。具体的には、預金供託金庫（Caisse des Dépôts et Consignations）の資金——貯蓄金庫貯金、社会保険基金など、家計から引き揚げられた貯蓄資金——を投入する(48)。

　以上にみた全国貯蓄運動のファーブルによる構想は、どのように評価すべきだろうか。まずファーブルの構想では、当の繰延信用会社と政府代表、さらには消費者＝借り手代表が委員会を構成し、業界を規制するという、団体形成の論理が語られる。さらにファーブル案では、インフレに導くフランス銀行の割引ではなく、大衆貯蓄の「回路」に位置する預金供託金庫の融資のみが前提とされている。いうまでもなく、これはスキャンダルにまみれた団体の、それも実現しなかった提言である。とはいえここには、次項にみる政府側の構想とは、あるいみで対極に立つ構想——「コルポラティスム」と「回路の理論」が同居した構想——がみてとれる(49)。

　では実現した方の構想、すなわち政府主導の対策はどのようにして現れ、いかなる内容を備えていたのだろうか。

2　繰延信用会社への規制——1952年法——

　フィガロ紙のキャンペーンで明るみに出た繰延信用会社の問題については、政府側の当初の対応は機敏だったが、法案の成立にはおよそ2年を要した。国民議会（下院）での法案成立は1951年4月、共和国国務院（上院）での法案修正・成立が同年9月、そして下院に差し戻された修正法案が、最終的に法律第52-332号（以下1952年法と略）として成立するのが1952年3月である(50)。

　規制法案の成立がこのように難航した理由の一端は、繰延信用会社に対する議会側の見解がかならずしも統一されなかった点にあると思われる。この点は、下院での法案を修正した1951年9月の上院の審議にみてとることができる(51)。上院では、二つの見解が対立していた。一方の見解は、繰延信用会社の存在はひとまず認め、規制によって業務の適正化を図ろうとするものであった。こちらの見解は、もともとの法案の趣旨とも一致する。法務委員会委員で法案説明

に立ったドラランド（Delalande）はいう——「原則は、繰延信用の維持でありますが、それは、加入者との契約に関する厳しい規制と、会社の財務管理に関する厳格なコントロールという、二つの条件のもとにあります」。財政委員会の委員長ペルノ（Pernot）も述べている——「最初から繰延信用の息の根を止めないでください」。これに対して、他方の見解は、繰延信用会社の存在そのものを否定しようとするものであった。この立場は、財政委員会の委員であったクリエール（Courrière）によって代表されたものであり、彼は、繰延信用会社の資産について、加入者の債権により優先的な地位を保証するという修正案を提出した。この案は、事実上、繰延信用会社の営業が不可能になる方向を示唆しており、本会議でも立ちいった討論が交された。結局、クリエールの修正案は、賛成101対反対122で否決された。こうして、繰延信用会社は「廃止」するのではなく「規制下で存続」させるという方針が決せられ、法案はようやく成立に向かったのである。

　その1952年法の内容は、以下のとおりである[52]。1952年法はまず、同法の規制対象となる繰延信用会社について、次のように規定している。「その名称、その形態のいかんを問わず、当事者に対して、何らかの形で事前に一回もしくは数回の払い込みをなさしむことを条件に融資資金を供与し、それら当事者に待機期間を課すことで貸付を行う会社は、繰延信用会社とみなされる」、「前項の会社については、不動産所有権の取得向けの貸付、もしくは借り手に属する不動産の修繕、拡張、近代化のための貸付以外の活動は、これを禁止する」、「貸付は、抵当登記によって保証されなければならない」（第1条）。繰延信用会社の設立、運営等に従事してはならない人物についても、さまざまな事由が定められている（第2条）。さらに重要なのは、この類型の会社についての認可制である。繰延信用会社としての営業を行おうとする会社は、1952年法の施行から1カ月以内に、社名、所在地、資本金額、定款、それに全従業員に関する情報を大蔵省に届け出て、認可を申請しなければならない（第3条）。それまで野放しになっていた契約方法についても、融資までの待機期間を明記することなどが詳細に義務づけられた（第6条）。

同法はまた「この法にいうすべての企業は、株式匿名会社の形態をとらねばならない」としている（第7条）。大蔵省の統制下に置かれること（第8条）、同法に違反した会社は強制的に清算されること（第9条）が規定されたのちに、とりわけ重要な条文が現れる。「新しい契約の応募が少なくとも3カ月中断された際には、融資を得ていない借り手、および大蔵・経済省に対して、通告がなされなければならない」（第10条）。新しい融資申込みがとだえるという事態は、融資待機中の借り手にとっては、融資の執行が不可能になる危険をはらんでいる。そこで、契約の応募状況についても、借り手と大蔵省に情報を開示することが義務づけられたのである。新たに繰延信用会社をもうける際の認可、および既存の会社の認可については、大蔵省内の審議会で審査に付されることとされた。この審議会は、大蔵省国庫局長を座長とし、大蔵省保険局長、クレディ・フォンシエ総裁、預金供託金庫総裁、貯蓄金庫高等委員会委員長、および国民経済審議会の代表によって構成される（第11条）。複数の繰延信用会社同士が、大蔵省の認可のもとに合併することも可能とされ（第12条）、事実、吸収・合併による業界再編成がすすむことになる。

　同年末には、1952年法の施行にともない、三本のデクレが同じ日に公布された（1952年12月15日のデクレ第52-1326号、1327号および1328号）[53]。これらのうち二番目の1327号デクレは、繰延信用会社の資本金について最低限規制を設けている。資本金の下限は、新設会社の場合には5,000万フラン、うち4分の1払込とされ、1952年法以前から営業していた会社については2,500万フラン、うち2分の1払込と規定された。

　1952年法、および同年のデクレに結実した政府の構想は、強力な規制によって繰延信用会社の業界を再編しようとするものであった。その手段としては、資本金の最低限規制が採用され、吸収・合併を推進する制度の枠組みも整えられた。ここでもう一つ注目されるのが、政府・大蔵省の役割である。先にみた全国貯蓄運動の提言が、業界団体の自己規律を目指していたのに対して、1952年法では、規制の運用に大きな影響をおよぼす場として審議会が設置された。しかもこの審議会は、次節第2項でみるように、貯蓄者代表をとりこみながら

も、事実上、大蔵省の意向を忠実に反映するものとなってゆくのである。

全国貯蓄運動と繰延信用会社にかかわる対策は、以上のようにして動揺をはじめ、新たな制度が創出された。では、経済成長期に入ったフランスにおいて、貯蓄対策はどのような変化を遂げ、その背後の貯蓄観はどのような方向に向かったのだろうか。

第3節　経済成長期の貯蓄観（1955～59年）
——全国貯蓄運動の消滅と繰延信用会社の再編——

1950年代後半のフランスは、本格的な経済成長期に入る。1957年から1958年にかけては、フランの切下げ＝安定化、為替の自由化がなされた。GNP 成長率も、1950年代初頭には年率2～3％だったが、1954年に5.1％を記録してからは、1958年まで5～6％の力強い伸びを維持する[54]。経済成長と並行して、物価も再び上昇局面を迎えた（図8-1）。他方、貯蓄動向についてみると、1956年から1958年にかけて「有価証券投資貯蓄」（l'épargne investie en valeurs mobilières）が伸長し、国庫証券の個人・企業応募、貯蓄金庫貯金などからなる「流動貯蓄」（l'épargne liquide）を大きく上回った（表8-2）。国民信用評議会の1958年度報告書は、この「流動貯蓄」については厳しい評価を下している。当年度の「流動貯蓄」総額は「1956年をも上回ったとはいえ、1955年に達せられた額にはわずかにおよんでいない。当時からすればフランの購買力はおよそ5分の1減っているのだから、1958年度の結果は、この点では、一見そうみえるほど満足すべきものではない」[55]。「流動貯蓄」は、1959年には再び優位を取り戻すが、その後1960年代に進展する金融制度改革のなかで、銀行を中心とする資金循環に統合されてゆくことになる[56]。家計に発し、「流動貯蓄」を経て国庫に還流するという、資金の「回路」は、この時期に変質してゆくことになったのである。

こうした転換期にあって、フランスの貯蓄対策と貯蓄観は新しい局面を迎える。

表8-2 貯蓄フローの構成（1951～59年）

（単位：10億フラン）

	1951	1952	1953	1954	1955	1956	1957	1958	1959
流動貯蓄(A)	169	210	316	424	482	332	450	468	937
(A/D) %	(1.8)	(1.9)	(2.8)	(3.5)	(3.7)	(2.3)	(2.8)	(2.6)	(4.8)
銀行有期預金・保有証券	20	19	37	31	33	32	151	30	149
貯蓄金庫貯金	75	124	188	214	283	213	173	298	379
国庫証券残高	71	64	87	171	156	74	110	119	369
定額国庫証券	74	65	89	137	140	107	107	115	323
企業保有の証券	-3	-1	-2	34	16	-33	3	4	46
全国農業信用金庫債	3	3	4	8	10	13	16	21	40
保険会社貯蓄(B)	21	25	24	31	40	47	60	63	75
(B/D) %	(0.2)	(0.2)	(0.2)	(0.2)	(0.3)	(0.3)	(0.4)	(0.3)	(0.4)
有価証券投資貯蓄(C)	81	275	203	333	327	688	575	693	535
(C/D) %	(0.9)	(2.6)	(1.8)	(2.8)	(2.5)	(4.7)	(3.5)	(3.8)	(2.7)
総計 (A＋B＋C)	271	510	543	788	849	1,067	1,085	1,224	1,547
(A＋B＋C/D) %	(2.9)	(4.7)	(4.8)	(6.5)	(6.5)	(7.3)	(6.7)	(6.7)	(7.9)
国民所得(D)	9,270	10,800	11,290	12,050	13,080	14,530	16,170	18,230	19,590

出所： Rapport Annuel du Conseil National du Crédit, année 1959, annexe no. 60 et 61. より作成。
注：(1)上記はいずれもフローの指標である。預貯金については当年度の残高、証券・債券については当年度の償還高に対する応募高の超過分を示す。
(2)「定額国庫証券」(Bons du Trésor sur formules) は、個人・企業向けに発行される短期・定額の国庫証券。「企業保有の証券」は、ここでは「当座勘定国庫証券」(Bons en comptes courants) のうち、銀行以外の企業に保有されている部分。「定額国庫証券」と「企業保有の証券」の和が、ここでは、銀行引受以外の「流動貯蓄」を構成する国庫証券のフローとされている。
(3)「全国農業信用金庫債」は3年ないし5年満期債。
(4)「保険会社貯蓄」は、保険会社が収集した貯蓄のうち、市中での有価証券投資を除く分。

1　全国貯蓄運動の消滅──新しい貯蓄観──

　大蔵省は、全国貯蓄運動に関しては、組織の内紛、さらには繰延信用会社の監督にまで口をはさんだファーブルの提言が現れたのをみて、1950年夏に腰をあげることになる。大蔵省の一連の対応をリードするのは、国庫局長ブロック・レネ（François Bloch-Lainé）である[57]。

　まずブロック・レネの進言で、全国貯蓄運動に対して財務監察が7月に執行された。監察を担当した財務監察官ダイラ（Dayras）は、次のように報告している。物価の高騰によって運動の当初のこころみは失敗に帰した。運動の主力と期待されていた地方の名望家からは財政信認を得られず、労働者、公務員

にとっては、給与が物価高にみあって引きあげらず、農民層にあっては、公債の新旧交換にともなう「旧証書への押印という堪えがたい驚愕を忍ぶことができなかった」(58)。

　この監察報告を踏まえて、国庫局長ブロック・レネは、全国貯蓄運動について「昨年までは、積極的な成果をまじめに期待するには、情勢があまりに悪かった」ととりなしつつ、「この運動は、現状ではいかなる実効性も有していない」と断じ、補助金交付額を半減させることを大蔵大臣に提案している。ブロック・レネは、このきびしい措置を通じて、かねてから指摘されていた運動の不明朗な会計や、設立の趣旨を逸脱した宣伝活動が是正され、全国貯蓄運動がその当初の理念――「アングロ・サクソン諸国の経験に、より直接に想を得た方向」――に立ち戻ることを期待している(59)。さらにブロック・レネは、同年10月には全国貯蓄運動の理事長宛てに書簡を送り、財務監察官ダイラの報告にもとづいて、運動に次のような苦言を呈している。運動の現状をみると、貯蓄者の利益代表としての運動体の性格と、補助金のみで運営される公益法人としての性格が齟齬をきたしている。「ここには、恒久的に見出さねばならない妥協、維持するのが難しい均衡がある」。ブロック・レネはまた、事務局長ファーブルについて「経験と熟慮を備えた上級機関の監督をしばしば欠いている」と指摘し、先に辞意を表明していた副理事長ボワスウを助言役として留任させることを要請している(60)。

　以上にみたブロック・レネの活動を経て、全国貯蓄運動が繰延信用会社の問題に介入する事態は、1950年代のなかごろに収拾された。ここでは、その転機を表現する資料として、1955年5月に、全国貯蓄運動の当局者によって作成された報告書にふれておこう。この報告書は、内容、文体から推して、全国貯蓄運動の全国大会に向けた基調報告の草稿と思われる。ここでは、戦後10年間にわたった運動の経緯が反省され、とりわけ旧来の貯蓄観が批判的に乗りこえられている。やや長くなるが、重要な文書なので、以下その内容を立ちいって検討しておこう。

　報告書(61)は、まず全国貯蓄運動の創設について、当時は運動を成功に導く

には、二つの前提が想定されていた、とする。その前提とは、第一に、戦時における経験——とりわけ「十分に閉じられた資金の回路を維持すること」が政府への資金の還流をもたらすという経験——が、戦後もなお有効である、とする前提であった。第二に、イギリスで成功したような国民的な貯蓄運動が、平時のフランス人の心性にも受け入れ可能である、とする前提である。しかしながら「これら成功の諸前提を結合するチャンス」は、運動創始ののち数カ月で「急速に減少した」。それは「政治的および社会的な雰囲気が次第に悪化したこと」によるものであり、「大衆の精神」に現れた「失望」の所産であった。1945年10月13日には運動の定款が制定されたが、クラシックな貯蓄者保護を謳ったその規定は「運動の指導者ら自身の目にも、事実と認識の展開によってすでに大きく追い越されたものと映じていた」。全国貯蓄運動は、1955年になって、その運動のありかたが1945年の当初からすでに時代遅れになっていたことを公式に認めるにいたったのである。

　さらにこの報告書は、次の五つの論点を展開する。(1)「貯蓄の危機」(crise de l'épargne) と呼ばれる現象は、しばしば単純な要因——通貨危機、税制の過重——によって起こるもの、と説明されてきた。これらの説明によれば、たとえば通貨の安定が成しとげられさえすれば、貯蓄は回復するといわれてきた。しかしながら、こうした説明は誤りである。(2)単純な条件整備だけでは貯蓄の回復は望めない。実際、イギリスでは「公共精神」(civisme)、ドイツでは「規律」(discipline) といった価値観が標榜され、独自な運動が取り組まれている。ところが、全国貯蓄運動が当初期待したフランスの「貯蓄の精神」(l'esprit d'épargne) は「過去40年間」発揮されておらず、今後も期待できない。(3)従来いわれてきた「貯蓄の精神」は、過去の特異な社会構造の所産であり、そこでは「商工業に対する農業の優位」および「経済的教養に対する法律的教養の優位」が特徴的であった。今日のフランスにはもはやこれらの条件は存在しない。(4)諸外国では「貯蓄と投資のあいだに存在する関係」について「普及した認識」がみられる。「彼らの富の認識は非常にダイナミックである。それは、財を蓄積する関心によってではなく、資本の生産性の感覚によって特

徴づけられている」。こうした認識は、フランス人には欠けている。(5)他方で「国民の生活水準を改善しようとする一般的な願望」がある。この願望は、しかしながら「貯蓄に関するマルサス主義的な認識とは、全く両立しない」。こうした情勢にあって旧い貯蓄観を奨励することは「アイロニカルでもあり、苦くもある反動」である——。

　以上の認識に立って全国貯蓄運動としては、今後は政府との対立、反議会主義運動を厳につつしみ、また特定の利害に立った活動も行わないことを方針にかかげた。運動はようやく「貯蓄のサンディカリスム」（syndicalisme de l'épargne）を脱して「公的諸関係の組織」（l'organisme des relations publiques）を指向するにいたったのである。

　以上にみられるように全国貯蓄運動は、1955年になってそれまでの運動理念を一新した。かわって現れた新しい理念にあっては、貯蓄は、財政均衡やインフレ緩衝の手段ではなくなり、経済成長につらなる投資へと動員される。貯蓄は、もはや個人の節倹にもとづく美徳ではなく、貯蓄者は、経済成長にともなうインフレにも反対しない。「生活水準を改善しようとする一般的な願望」を前にしては、公債への応募を説く従来の運動は存在理由を失う。それよりも「資本の生産性の感覚」を前提にして、銀行預金、株式投資を含む、より広い経路を通じた貯蓄を推進し、経済の拡大を図る——。ここに表明された新しい貯蓄観は、かつての「回路の理論」を否定し、貯蓄を広く生産的な投資の源泉に位置づけている。この貯蓄観は、つきつめれば全国貯蓄運動の自己否定へとゆきつかざるをえない。

　全国貯蓄運動はこうした方針転換の一方で、しかしながら、繰延信用会社をめぐるスキャンダルについては、明確な総括を欠いたまま、補助金交付を要求しつづけた。

　こうしてその存在理由を喪失した全国貯蓄運動に対して、最終的に引導をわたすきっかけになったのは、会計検査院の監査である。会計検査院は、1958年5月9日に全国貯蓄運動に対する監査を執行して、次のような——きわめてきびしい——診断を下した。(1)この団体は、法律に照らして整備された定款を有

していない。いわば法人格なき団体である。(2)巨額の補助金を受けているにもかかわらず、その活動は低調である。活動の実態は、国庫への「散発的かつ不適当な援助」にとどまっている。(3)運動の地方組織も、今日ではわずかの例外を除き、消滅もしくは休眠状態になっている。(4)肝心の貯蓄者防衛の事業については、全国貯蓄運動は「国家に対する補償要求」に力を入れた。他方で既存の貯蓄者団体との連携は図られなかった——。以上の監査結果を踏まえて、監査報告書は「これらの条件のもとでは、国家にとって、今日までそうしてきたように、このような運動に補助金を交付しつづけるのかどうか、まじめに自問するのがよい」と結んでいる(62)。

結局、この監査報告が決め手となって、全国貯蓄運動への補助金交付は、1959年2月4日の政令で打ち切られた(63)。なお補助金打ち切りの決定に対しては、全国貯蓄運動の地方組織が、決定の直後に、蔵相ピネーに宛てて抗議の書簡を送っている(64)。

まとめよう。全国貯蓄運動は、かりにその存在意義が認められていたとしても、スキャンダルのゆえに政府にとって厄介な存在と化していたであろうことは、想像に難くない。この運動の消滅は、いずれにせよ時間の問題であったといわねばなるまい。ここでむしろ興味深いのは、1950年代になって、運動の内部に新しい貯蓄観が現れていることである。全国貯蓄運動が消滅した直接の契機は、会計検査院による厳しい評価にあったわけだが、その同時代には、貯蓄に対する新しい認識が——家計貯蓄を国民的な運動によって国庫に回収する「回路」は、その存在理由を喪失した、という認識が——全国貯蓄運動の内部にも存在していたのである。

では、本章のもう一方の主役たる繰延信用会社は、厳しい規制のもとに置かれるようになって、その後どうなったのであろうか。繰延信用会社への規制の実態に、一次資料にもとづいて接近をこころみてみよう。

2 繰延信用会社の再編——「回路」の改変——

以下で筆者が参照するのは、先にみた1952年法の第11条によって設置された

審議会に認可を求めて寄せられた会社資料のうち、ジョワン・ランベール私家文書に収められていたものである。この資料には九つの会社が現れる。これらは、大戦直後に100社以上も存在していた繰延信用会社のなかではごく一部にすぎないが、審議会が認可の可否を決する過程を映しだしており、1952年法の運用の実態をうかがうことができる。以下では、審査の対象になった企業を、三つのグループに分類して、それぞれの経営実態と審議会の評価をみてゆくことにしよう。

[I] 金融機関の後見を得た会社（3社）

まず、金融機関の後見を得て、繰延信用会社としての認可を受けた三つの会社をみてゆこう。

これら三社のうちで最も古いものが「東部不動産金庫」（Caisse Immobilière de l'Est）である[65]。これは、1931年にフランス東部のミュルーズ（Mulhouse）で創設された、フランス最古の繰延信用会社である。1953年末現在の資本金は8,880万フラン、うち払込資本金は4,720万フラン。払込資本金のうち1,240万フランが同社の役員とその関係者によって払い込まれている。

1953年末時点で集計された創設以来の契約件数は延べ5,000件、うち2,561件が無効（annulés）とされ、756件が中途で破棄（résiliés）された。520件が最終的に融資を供与（attribués）され、1,163件が現時点で融資供与待ち（restant à attribuer）である。契約者から払い込まれる額と、融資供与ないし契約破棄にともなって会社から払い出される額を比べると、創設から1953年末までの累計では、払い込み合計が4億850万フラン、払い出し合計が2億8,570万フランであり、その差額1億1,690万フラン——払い込みの28.6％に相当——が、管理費（frais de gestion）の名目でため込まれてきた。会社の融資活動は、1950年代には後退しつづけている。

審議会は、同社の営業状態について詳細な検討を加え、結局、この「東部不動産金庫」を条件つきで認可することにした。その条件とは、この会社が、預金供託金庫とクレディ・フォンシエから合計12億3,000万フランの融資を受け、

その証明書を呈示することであった。審議会では、預金供託金庫とクレディ・フォンシエからの融資については「フランス銀行が再割引に受け入れてくれると思われる」という感触が、決定に際して考慮にいれられている。

このグループに属する第二の会社は「不動産金融一般会社」(Compagnie Générale de Financement Immobilier) である[66]。当初、この会社は1939年5月に「家庭化学」(Chimie Domestique) なる家庭用・農業用の化学製品の製造・販売を行う株式会社として、パリに創設された。1950年代に二つの地方鉄道会社を吸収合併し、金融持株会社としての業務も営むようになり、1959年10月の臨時株主総会にて、社名を現行の「不動産金融一般会社」に変更した。このように同社は、化学メーカーから出発しながら、吸収合併を繰り返して持株会社、金融機関に急成長した特異な会社である。その反面で、繰延信用会社としての実績はない。1959年現在の資本金は5億フラン。1万フラン株券5万株のうち4万株は、インドシナ銀行 (Banque de l'Indochine) はじめ四つの有力金融機関に、1万株ずつ保有されている。また10名の取締役が有力法人株主から派遣されている。

認可申請にあたって同社は、インドシナ銀行などの株主銀行から総額7,000万フランの追加融資を受け、その業務計画を堅固なものにした。これらの融資を行った株主銀行は、クレディ・フォンシエより割引の約定を得た。「不動産金融一般会社」はまた、認可を受けた暁には、先にみた「東部不動産金庫」の契約を引きつぐ意向も表明している。審議会の最終決定は、ここでの資料からは不明であるが、審議会に提出する報告書は、認可に積極的なコメントを遺している。

第三の事例をなす「信用」(Le Crédit) は、保険会社の後見を得ている[67]。1947年3月に創設されたが、1952年7月には、同社株がアルザス地方の保険会社4社によって買い占められ、創業者は自らの持ち分も放棄した。同年8月には、本社がストラスブール (Strasbourg) に移転された。1953年には、前年末に施行されたデクレの基準を達成するために増資が行われ、資本金は2,500万フラン、うち4分の3が払い込まれた。同社はまた、増資と前後して、1952年

法の成立以前に交わされていた同社の契約のうち、待機中のものを一括して償却——借り手がすでに払い込んだ分を全額返済——して、過去の業務をほぼ清算した。

認可申請に際しては、この「信用」社は、一種類だけの契約方式を呈示した。ストラスブール移転以前の同社は、比較的公正な契約方式をとってはいたが、財務上は損失を蒙っていた。審議会の所見によれば、同社は、新体制になって単一の契約方式のみを採用することにより費用を節減しており、株主たる保険会社からの支援も得て、損失の償却が進展している。審査結果は不明であるが、認可されたものと推測される。

以上の三社は、いずれも金融機関・保険会社の後見を得て、1952年法による規制の方向に沿った方針を示した。これに対して、次にみる第二のグループに属する5社は、いずれも問題を抱えており、大多数の繰延信用会社のゆゆしい実態を体現している。

[Ⅱ] 不正取引などの問題をかかえた会社（5社）

このグループの第一の事例は「土地協同信用」(Crédit Coopératif Foncier) である[68]。1936年に、資本・社員可変の協同民事会社 (société civile coopérative à capital et personnel variable) としてテリゾル (Therizols) なる人物によって創設された。創設の当初から、同社は繰延信用業務を他社数社から違法に請け負っていた。この違法行為は1947年に法定監査人が取締役に加わることによって排除されたが、1948年にこの監査人が退任すると再び請負が始まった。1950年には、この件で当時役員だったテリゾルが逮捕・収監された。テリゾルの釈放後に、当時4名で構成されていた取締役会は二派に分裂し、機能を停止した。そこで社員＝借り手の意向を受けて、裁判所が新たに管財人を指名した。この管財人は、1952年法に則って同社を株式会社に再編したが、同時にテリゾルを取締役に呼び戻した。1954年7月現在、資本金は1億6,000万フラン、うち1億3,000万フランが払い込み済みである。創設から1951年末までの延べ契約件数は5,245件、うち融資執行は1,362件、無効とされたものが894件、融資

待ちが2,989件。1952年と1953年には、融資執行が、それぞれ141件と169件であった。融資に際しては、数々の不正・違法行為が報告されている。

　大蔵省は、同社の定款に1952年法の禁止規定に抵触する条項が残っていることから、同社に解散命令を下す用意をしていた。ところが1954年6月に、セーヌ県の商事裁判所がこの処分を不当とする命令を出したことから、大蔵省側は方針を変更し、同社に法定監査人を送り込んで、とりあえずは再建の途をさぐることにした。しかしその後も事態は改善されていない。審議の結果は不明であるが、認可が却下されたことは確実といってよいだろう。

　第二の事例は「不動産相互連合」(Union Mutuelle Immobilière)(69)。1938年10月に「不動産相互信用」(Crédit Mutuel Immobilier) の名称で創設され、1942年に現在の社名になった。資本金は1953年3月現在、法定基準を超える2,800万フランあまり（うち2,200万フランあまりが払い込み済み）とされているが、ここにいたる増資の過程では、借り手の同意なく借り手の拠出金の一部を株式買い入れに流用したり、すでに解散命令を受けた他の繰延信用会社に新株を引き受けさせているなど、不透明な操作がみられた。取締役には、1952年以降に同社の増資に協力したと思われる他の繰延信用会社の役員などが名を連ねており、戦前来の役員は少数になっている。財務状態は健全とはいえず、1953年末には、同社の損失額は公称資本金の半分を超えるまでになっている。

　この会社についての審査は、審議会でも難航した。1953年11月の時点では、当初は認可する方向で原案が出されていたが、同社の以前の契約方式について複数の委員から苦言が呈され、結論が持ち越されていた。翌1954年末に審議会に提出された報告書では、増資過程の不透明などが指摘されたが、認可を却下する決定的な瑕疵はみあたらず、結論は認可、不認可の両論を混在させたものになっている。その後の経緯は不明である。

　第三の事例、「農業・土地信用」(Crédit Agraire et Foncier) も、資本金の法定基準が問題になった(70)。1943年に、資本・社員可変の協同民事会社として設立。1954年3月末現在、資本金は2,410万フラン、うち払込資本金は2,130万フラン。同社は1952年法の施行にともなって株式会社に移行したが、猶予期

間を経てもこの法で定められた最低資本金基準に達していない。審議会は、「農業・土地信用」社のこうした状況に鑑みて、認可申請を却下した。同社は独自の再建計画を提出したが、審議会では「将来についてこの計画はきわめて曖昧であり、口頭の説明も信じられないほど混乱している。その結論はあまりに一般的であり純粋に机上のものである」と一蹴している。

第四の事例をなす「フランス・フランス連合信用」(Crédit pour la France et l'Union Française)(71)は、1952年法が繰延信用会社の株式会社への転換を義務づけたことに異議を申し立て、同法の官報掲載の遅れなどを理由に、期限内に株式会社に移行しなかった。融資方法にも不正が発見され、結局、審議会は同社の認可申請を却下した。

このグループの最後の事例、「国民信用連合」(Union Nationale de Crédit)(72)は、1948年にルーアン(Rouen)で資本・社員可変の協同民事会社として設立された。取締役社長は、創設以来クレーズ(Claise)。彼は、もとは「信用金融連合」(Union Financière de Crédit)という繰延信用会社の従業員だったが、この「信用金融連合」の役員が刑事事件を起こして逮捕されるにおよんで、同社を退社し、自ら会社を興した。1953年3月現在の資本金は2,575万フラン、うち払込資本金は2,059万5,000フラン。この額は、1952年デクレの最低資本金基準をクリアするために行われた増資の結果であるが、管理費として積み立てた額を資本金払い込みに流用するなど、不正常な操作がみられた。同社は、不動産、動産を問わず貸付業務を行った。融資の審査に際しては、独自のポイント制を採っており、同社の基金(Fonds de répartition)への拠出状況、払い込みの履行状況、さらに借り手(株主)に何人を勧誘したか、などという基準にもとづいて審査がなされていた。

審議会では、増資手続きや融資審査の不正などを理由に、1952年法にもとづいて同社に解散命令を下すことも検討したが、同社側から呈示された詳細な再建計画を認め、他の金融機関からの融資を得ることを認可の条件として呈示した。その後、同社はこの条件を満たすことができず、審議会は認可申請を却下し、同社は清算された。

以上のような問題をかかえた繰延信用会社は、1952年法の運用の過程でつぎつぎと清算されていった。しかしこれらの会社に「ローン」を払い込んでいた借り手については、何らかの対策が必要であった。この対策を担うことになるのが、次にみるクレディ・フォンシエの子会社の事例である。

[Ⅲ] クレディ・フォンシエの子会社（1社）

　ここでとりあげるのは「フランス貯蓄・信用会社」(Compagnie Française d'Epargne et de Crédit)[73]という繰延信用会社である。この会社は1954年1月に、クレディ・フォンシエの子会社として創設された。同社の資本金は6億フランで全額が払い込み済みである。筆頭株主はクレディ・フォンシエで、2億7,000万フラン分の株式を保有している。株主には、このほか14の銀行・金融機関、8つの保険会社が名を連ねている。

　「フランス貯蓄・信用会社」は、クレディ・フォンシエの支援を背景に、認可申請に際しては、以下のように斬新な融資契約案を呈示している。すなわち、融資の執行については契約時に期日を明示する。融資までの待機期間は、頭金の額に応じて契約時に決定する。待機期間が明ける前にどうしても融資の執行を望む借り手に対しては、通常の融資とは別に中期信用（crédit à moyen terme）を供与する。この中期信用は「建設信用連合」(Union de Crédit pour le Bâtiment) および「企業家銀行」(Sous-Comptoir des Entrepreneurs) という二つの機関が、融資団（pool）を組んで供与する。後者の「企業家銀行」とは——この訳語から受ける印象とは異なって——クレディ・フォンシエの融資を得て行われる事業について、工事を請負う企業に対して抵当信用を供与し、また作業を直接担当する職人などの手形を割り引く金融機関である。融資財源はクレディ・フォンシエから提供され、割引や審査などの業務をこの「企業家銀行」が代行する[74]。

　「フランス貯蓄・信用会社」についてはまた、株主諸銀行が割引団（pool d'escompte）を組み、ローン払い込みの停止などに対処することにした。この割引団は500億フランを上限として、フランス銀行から直接に、あるいは預金

供託金庫を介して間接に、再割引信用を供与してもらう保証も得ている。

　まとめよう。繰延信用会社に対する規制立法は、第一のグループに対する認可にみられたように、金融機関の後見を重視した。1952年法の運用は、フランス銀行を頂点とする信用供与の体系に取り込むことのできる会社と、そうでない会社を選別するという側面を有していたのである。他方、問題をかかえた会社については1952年のデクレによる最低資本金基準によって認可が却下される事例がみられた。そして、最後にとりあげたクレディ・フォンシエの子会社については、金融機関が融資団・割引団を編成して信用を供与する方式が採られた。

　認可された会社の事例は、いずれもそれまでの繰延信用会社とは全く異なる原理に立脚している。それは、フランス銀行の信用供与を頂点にいただき、公的・準公的な金融機関の後見、あるいは民間の銀行・保険会社などの支援を受け入れて、借り手に対して中長期の信用を供与しようというものであった。1952年法によるこの業界の再編によって、不動産・住宅信用の領域が、インフレをもたらしうる資金循環に組み込まれた。実際、中期信用供与・流動化の頂点に立つフランス銀行の側では、中期信用の供与額——「流動化可能中期信用」（crédits à moyen terme mobilisables）の額——は、1952年の4,420億フランから1953年の6,130億フラン、1955年の9,930億フランへと推移している。この総額のうち、住宅建設向け貸付が占める比率は、1952年には20％だったが、1953年には29％、1955年には51％へと伸びていった[75]。繰延信用会社は、それまでの資金の「回路」から引き抜かれ、新しい信用の経路に統合されたのである。

　本章の結論は以下のとおりである。

　第二次大戦直後のフランスで始まった貯蓄対策は、インフレを中立化する「回路」としての家計貯蓄の機能に期待するものであった。全国貯蓄運動は、こうした期待を担って、地方の名望家に依拠しながら公債への応募を集めよう

とした。他方、1940年代末から現れた繰延信用会社への批判キャンペーンは、戦前来の貯蓄観に立った住宅信用のありかたに警鐘を鳴らすものであった——。この経緯からは、戦後の初期には、英米を含めて戦前の貯蓄観が根強く残っていたこと、同時に繰延信用会社など戦前来の制度が、戦後の新しい現実に際して早くも不適応をしめしはじめていたことがうかがえる。

　全国貯蓄運動と繰延信用会社は、1950年代の前半にはスキャンダルに巻きこまれた。スキャンダルのさなかに、全国貯蓄運動の実権をにぎった事務局長ファーブルは、業界の自己規律に期待する繰延信用会社の再編を提唱した——。いずれも旧い貯蓄セクターを対象としていた全国貯蓄運動と繰延信用会社とは、経済の成長期を目前にして深刻な政治的・社会的危機に直面したのである。

　ファーブルの提言とは対照的に、政府側は1952年法を成立させて、政府主導の規制を実行に移した。1952年法の運用の過程では、フランス銀行を頂点にいただく信用の体系に繰延信用会社が位置づけられた。この体系では、とりわけクレディ・フォンシエが大きな役割を担うことになった。こうしてフランス銀行に発する信用は、公的・準公的な機関、および民間の銀行・保険会社を経て、不動産・住宅金融にまでゆきわたることになった。同時に、全国貯蓄運動は、国庫局長ブロック・レネの活動と会計検査院の監査を契機に、消滅に向かった——。この事態の背景には、1950年代半ば以降に顕著になった貯蓄動向の変化、さらには「回路の理論」を脱却した新しい貯蓄観が現れていた。

注
（1）この団体の正式名称は「全国貯蓄防衛・発展運動」（Mouvement National pour la Défense et du Développement d'Epargne）という。後出の新聞記事などでは Mouvement National de l'*Epargne* というように「貯蓄」が定冠詞で表記されることもあった。
（2）Archives Economiques et Financières Ministère des Finances （以下 AEF と略）、B18684, "La réorganisation du crédit différé", Rapport presenté par M. P. Fabre, Ve Congrès National, Mouvement National pour la Défense et du Développement de l'Epargne.

(3)　家計貯蓄の動向については、Paul Cornut, *Répartition de la fortune privée en France*, Paris, 1963; Charles-Albert Michalet, *Les Placements des épargnants français de 1815 à nos jours*, Paris, 1968を参照。

(4)　本章で主に依拠する一次資料は、注(2)に出たフランス大蔵省経済財政資料室（AEF）所蔵の全国貯蓄運動に関する資料、およびジョワン・ランベール私家文書（Archives d'André Join-Lambert──以下 AJL と略）のうち繰延信用会社に関連するファイルである。前者の大蔵省の資料は、主として B18683 と B18684 という二つの箱に収められており、運動について大蔵省国庫局の報告書、財務監察官・会計検査院の監査報告、大蔵省と運動の幹部とのあいだでやりとりされた書簡などから成っている。後者の文書の主であるジョワン・ランベールは、戦間期に下院議員に当選し、次いで上院議員になった政治家であり、貯蓄金庫高等委員会（Commission Supérieure des Caisses d'Epargne）の委員長を務めた人物である。その私家文書には、彼が貯蓄金庫代表として出席していた繰延信用会社に関する審議会の資料、とりわけそれぞれの会社の経営実態を示す資料が含まれている。このジョワン・ランベール私家文書については、ジョワン・ランベールの子息マルセル=ジョワン・ランベール氏（Monsieur Marcel Join-Lambert）、および同氏の孫にあたるオディール=ジョワン・ランベール氏（Madame Odile Join-Lambert）の御好意により、閲覧の便宜を図っていただいた。

(5)　Deuxième Rapport Annuel du Conseil National du Crédit, année 1947, p. 79.

(6)　AEF, B50977, Direction Général des Etudes et du Crédit, "Evolution des modes de financement de l'impasse", le 17 décembre 1957. 実際、1946年から1946年にかけて、物価上昇率は170％であったが、歳出の上昇率は80％であった。なお、この資料にいう予算欠損とは、一般会計予算の赤字、公債利払い支出、および国庫特別勘定の赤字の総額である。

(7)　予算欠損については、表8-1、および Michel Margairaz, *L'Etat, les finances et l'économie, histoire d'une conversion, 1932-1952*, tome I, Paris, 1991, pp. 13 et 19を参照。このマイゲイラの分析によれば、1938年の固定フランで評価した実質の予算欠損額は、1944年にすでに1938年の水準にまで低下し、1950年にはその5分の1程度にまで圧縮されている。

(8)　*Ibid.*, pp. 14-25.

(9)　AEF, B18683, Note sur le Mouvement National d'Epargne, s. d.

(10)　1941年から1945年までの両国における国民1人当りの納税額と貯蓄額の比率をとると、イギリスでは、納税額を1とする貯蓄額は1.19、アメリカでは納税額1に対して貯蓄額は1.3である。"Le Mouvement National d'Epargne", rapport

presenté par Jean Laurent, in *Journal des Caisses d'Epargne,* november 1945, pp. 363-365.
(11) *Ibid.* 当該期の政治状況については、中山洋平「フランス第四共和制の政治経済体制——二つのモネ・プランと五三年危機——」(『国家学会雑誌』第105巻第3・4号、1992年、所収) を参照。
(12) 「回路の理論」については、さしあたり Marcel Netter, *Histoire de la Banque de France d'entre deux guerres,* Paris, s. d. pp. 84-85を参照。
(13) AEF, B18683, Note de M. Montfajon, "La création en France d'un Mouvement National d'Epargne", s. d. [1945？].
(14) AEF, B18683, Note sur le Mouvement National d'Epargne, s. d., op. cit. なお、公債への直接の応募を奨励する全国貯蓄運動は、同じく家計貯蓄を収集する普通貯蓄金庫と競合することになる。この点については1945年末に、全国貯蓄運動の側が、貯蓄奨励の手段として公債を購入するごとに発行することにした「貯蓄切符」(Timbres-Epargne) を、普通貯蓄金庫への貯金の際にも準用することを決定して、ひとまず解決をみた。"Les Caisses d'Epargne et le Mouvement National d'Epargne", in *Journal des Caisses d'Epargne,* novembre 1945, pp. 362-363.
(15) AEF, B18683, Correspondance, Commissariat Général du Mouvement National d'Epargne (P. Montfajon) au Ministre des Finances (Directeur du Trésor), 8 mars 1946. 1945年の政令は、全国貯蓄運動の総会について、年1回、パリで、大蔵大臣を議長として開催することを規定しており、総会には、各県から選出された会長 (Président)、大蔵省国庫局長など政府代表、フランス銀行総裁など公的金融機関の代表、労働団体・雇主団体などの利害代表が参加することとされていた。ところが、こうした正式の総会は、1950年にいたるまで一度もひらかれなかった。AEF, B18683, Correspondance, Ministre de l'Interieur (Directeur des Renseignements Généraux) au Ministre des Finances et des Affaires Etrangères (Cabinet) a/s du "Mouvement National d'Epargne", 22 février 1950.
(16) 庶民銀行とは、第一次大戦期に設けられた協同組合形式の小規模金融機関である。庶民銀行協会はこれらの庶民銀行を行政・技術・財務の各側面で管理する団体であり、1929年7月24日の法律によって創設された。AEF, B39909, Direction de la Seine (Sociétés), Note "Caisse Centrale des Banques Populaires"; Alfred Pose, *La Monnaie et ses institutions,* tome 2, Paris, 1942, p. 587. 国民信用評議会の構成については、権上康男「1945年12月2日法の発効とフランス銀行——フランスにおける『信用国有化』の始導——」(『エコノミア』第47巻第4号、1997年2月、所収) 3頁。

(17) AEF, B18683, Rapport d'Inspecteur des Finances (Dayras),annexe au Rapport au Ministre, "Mouvement National d'Epargne", 19 juillet 1950. このうち理事長は1947年からド・モーデュイ（Bertrand de Maud'huy）なる人物にとってかわられた。AEF, B18683, Correspondance a/s du "Mouvement National d'Epargne", 22 février 1950, op. cit.

(18) Ibid.

(19) AEF, B18683, Note de Milleron sur la proposition budgetaire du Mouvement National d'Epargne pour l'année 1946.

(20) AEF, B18683, Correspondance, Commissariat Général du Mouvement National d'Epargne, 8 mars 1946, op. cit.

(21) AEF, B18683, Directeur du Trésor (Bloch-Lainé), Rapport au Ministre, "Mouvement National d'Epargne: demande de subvention pour l'exercice 1950", 19 juillet 1950.

(22) 予算の請求額は、1946年に1,500万フラン、1948年に2,800万であり、1950年には4,000万フランにまで上昇した。Ibid.

(23) AEF, B18683, Ministre des Finances (Mouvement des Fonds), "Observations sur la demande crédit du Mouvement National d'Epargne", 12 mai 1949.

(24) Michel-P. Hamelet, "Pavillons de banlieu et... châteaux en Espagne, un nouveau moyen de piller l'épargne: le prêt à la construction", *Figaro,* le 7 juillet 1949. このキャンペーンは連載形式のため、大見出しが毎号共通である。そこで、以下では記事のタイトルとしては小見出しのみを注記する。

(25) Henri Heugas-Darraspen, *Le Financement du logement en France,* Paris, 1994, pp. 9-10.

(26) *Ibid.,* pp. 17-21; 高橋誠『土地住宅問題と財政政策』日本評論社、1990年、180-207頁。なお、19世紀から現在にいたるフランスの住宅政策を、住宅金融、政策理念などをふまえて検討した最新の論文として檜谷美恵子「フランスの住宅政策」（小玉徹ほか著『欧米の住宅政策――イギリス・ドイツ・フランス・アメリカ――』ミネルヴァ書房、1999年、所収）を参照。

(27) AEF, B18684, "La réorganisation du crédit différé", Rapport présenté par M. P. Fabre, Ve Congrès National, Mouvement National pour la Défense et du Développement de l'Epargne, op. cit.

(28) Hamelet, "L'idée de mutualité est détournée au profit d'intérêts peu avouables, déclare M. Loisel", *Figaro,* le 11 juillet 1949.

(29) m. a., "Pour Protéger l'Epargne: la loi doit intervenir rapidement, nous dit M. P.

-H. Teitgen", *Figaro,* le 12 juillet 1949.
(30)　m. a., "Le Gouvernement se prononce aujourd'hui", *Figaro,* le 13 juillet 1949.
(31)　m. a., "Nouveaux accusateurs à la barre: les organismes d'H. B. M.", *Figaro,* le 19 juillet 1949.
(32)　m. a., "Vous avez alerté l'opinion au moment où le scandale grandit, nous dit M. Claudius Petit", *Figaro,* le 25 juillet 1949.
(33)　m. a., "Gouvernement s'emeut et agit", *Figaro,* le 14 juillet 1949.
(34)　m. a., "Vous avez alerté...", *Figaro,* le 25 juillet 1949, op. cit.
(35)　M.-P. H. et F. Daville, "C'est l'insuffisance des crédits officiels qui permet le pillage de l'épargne privée", *Figaro,* le 23-24 juillet 1949.
(36)　Hamelet, "Existe-t-il des "bonnes" et des "mauvaises" sociétés de prêt différé?", *Figaro,* le 27 juillet 1949. この論点は、キャンペーンの第二波となる1949年10月にも繰り返し取り上げられている。m. a., "Le Conseil Economique condamne à l'unanimité les sociétés de crédit différé", *Figaro, le* 28 octobre 1949.
(37)　"Appel du Mouvement National de l'Epargne", *Figaro,* le 12 juillet 1949.
(38)　"Le Mouvement National de l'Epargne va déposer une plainte collective", *Figaro,* le 19 juillet 1949.
(39)　Hamelet, "Entre les combinaisons douteuses et l'inertie de l'Etat, il y a place pour des solutions nouvelles", *Figaro,* le 28 juillet 1949.
(40)　m. a. "Le juge d'instruction de Limoges donne l'exemple: un spécialiste du prêt différé est arrêté", *Figaro,* le 14 octobre 1949; m. a., "Trois courtiers de Sociétés à crédit différé arrêtés hier à Paris", *Figaro,* le 26 octobre 1949; m. a., "Deux nouvelles arrestations...", *Figaro,* le 10 novembre 1949, etc.
(41)　Huitième Rapport Annuel du Conseil National du Crédit, année 1953, p. 62.
(42)　Hamelet, "Un comble ! Certaines sociétés de crédit différé cherchent caution auprès de leurs victimes !", *Figaro,* le 4 mars 1950.
(43)　AEF, B18684, Rapport relatif à l'activité et aux conditions de développement du Mouvement National d'Epargne, mai, 1955.
(44)　以下の内紛の経緯については、AEF, B18684, L. de Riedmatten, "Note sur le Mouvement National d'Epargne-les conditions de son fonctionnement—son orientation", s. d. による。
(45)　この文書を受け取った官房は、文書をただちに国庫局長ブロック・レネのもとに回送し、緊急な対応を求めている。AEF B18684, Chef du Cabinet (L. Langlois), "Note pour Monsieur le Directeur du Trésor", s. d.

(46) AEF, B18684, Rapport relatif à l'activité et aux conditions de développement du Mouvement National d'Epargne, mai, 1955, op. cit.
(47) 1950年3月の報告書については、のちにファーブルが1953年に全国貯蓄運動の第5回全国大会に提出した経過報告を参照。AEF, B18684, "La réorganisation du crédit différé", Rapport presenté par M. P. Favre, Ve Congrès National, Mouvement National pour la Défense et du Développement de l'Epargne, op. cit.
(48) Ibid. 預金供託金庫については、拙著『フランスにおける公的金融と大衆貯蓄——預金供託金庫と貯蓄金庫：1816-1944年——』東京大学出版会、1999年、を参照。
(49) フランスに展開した団体形成のモデル——「フランス・コルポラティスム」——については、権上康男・廣田明・大森弘喜編著『20世紀資本主義の生成——自由と組織化——』東京大学出版会、1996年、を参照。
(50) *Journal Officiel* du 24 mars 1952, Loi No. 52-332 du 24 mars 1952.
(51) 以下、上院の審議については、*Journal Officiel, Conseil de la République,* séance du 6 septembre 1951を参照。
(52) 以下、同法の条文については、*Journal Officiel* du 24 mars 1952, Loi No. 52-332 du 24 mars 1952を参照。繰延信用会社に関する規制立法、特にその法律面の解釈については、Jean-Louis Hébert, *Le Financement de construction et de l'accession à la propriété de logements,* Paris 1976, pp. 127-148を参照。
(53) 以下、これらのデクレの条文については、*Journal Officiel* du 16 décembre 1952, Décret No.52-1326, 1327 et 1328 du 15 décembre 1952を参照。
(54) Jean-Pierre Patat et Michel Lutfalla, *Histoire monétaire de la France au XXe siècle,* Paris, 1986, pp. 140 et 152.
(55) Treizième Rapport Annuel du Conseil National du Crédit, année 1958, p. 158.
(56) 1960年代の金融制度改革と貯蓄セクターについては、さしあたり Patat et Lutfalla, *Histoire monétaire de la France au XXe siècle, op. cit.,* pp. 151-181を参照。
(57) ブロック・レネは、1947年から1952年まで国庫局長を務めたのち、1952年から1967年まで預金供託金庫総裁の職にあった高級官僚である。国庫局長在任時を回想した対談録として、François Bloch-Lainé et Jean Bouvier, *La France restaurée 1944-1954,* Paris, 1986, pp. 168-183 et passim. があるが、ここには全国貯蓄運動や繰延信用会社に関する直接の言及は見あたらない。
(58) AEF, B18683, Rapport d'Inspecteur des Finances (Dayras), 19 juillet 1950, op. cit.
(59) AEF, B18683, Directeur du Trésor (Bloch-Lainé), Rapport au Ministre, 19 juillet

1950, op. cit.
(60) AEF, B18683, Correspondance, François Bloch-Lainé au Commissaire Général du Mouvement National d'Epargne, 14 octobre 1950.
(61) 以下、この報告書については、AEF, B18684, Rapport relatif à l'activité et aux conditions de développement du Mouvement National d'Epargne, mai, 1955, op. cit.
(62) AEF, B18684, Référé de la Cour des Comptes sur les subventions allouées sur les crédits ouverts au Chapitre 41-91 du Ministère des Finances -II- Services financiers au profit du Mouvement National d'Epargne, 9 mai 1958.
(63) AEF, B18684, Le Directeur du Trésor (Schweitzer), "Note pour la Direction du Budget", 2 avril 1959.
(64) AEF, B 18684, Correspondance, Union des Fédérations Régionales du Mouvement National d'Epargne à Antoine Pinay (Ministre des Finances et des Affairs Economiques), 12 février 1959.
(65) AJL, Projet de procès-verbal de la 6ème réunion de la Commission instituée par l'article 11 de la loi du 24 mars 1952, le 28 octobre 1954; Rapport sur la Caisse Immobilière de l'Est, le 23 janvier 1954; Deuxième rapport sur la Caisee Immobilière de l'Est, le 23 janvier 1954.
(66) AJL, Rapport sur la Compagnie Générale de Financement Immobilier, le 8 décembre 1959.
(67) AJL, Rapport sur la société "Le Crédit", le 23 mars 1954.
(68) AJL, Rapport sur le Crédit Coopératif Foncier, le 13 juillet 1954; Note pour le Crédit Coopératif Foncier.
(69) AJL, Rapport sur la société Union Mutuelle Immobilière, le 31 mars 1954; Note de l'Union Mutuelle Immobilière, le 2 avril 1954.
(70) AJL, Ministre des Finances, c/ Société de Crédit Agraire et Foncier, 29 juin 1954; Rapport sur le Crédit Agraire et Foncier, le 2 décembre 1955.
(71) AJL, Procès-verbal de la 8ème réunion de la Commission instituée par l'article 11 de loi du 24 mars 1952, le 6 janvier 1955; Note pour la société anonyme "Crédit pour la France et l'Union Française".
(72) AJL, Rapport sur la société de crédit différé "Union Nationale de Crédit" présenté 28 octobre 1954; 2ème rapport sur la société de crédit différé "Union Nationale de Crédit" présenté le 16 décembre 1954; Procès-verbal de la 7ème réunion de la Commission instituée par l'article 11 de la loi du 24 mars 1952, 22 décembre 1954.

(73) AJL, Rapport sur la Compagnie Française d'Epargne et de Crédit, le 9 mars 1954.
(74) 後者の企業家銀行は、「フランス貯蓄・信用会社」の株主でもある。Ibid. この下請業者連合は、1848年から漸次設立され、1859年からクレディ・フォンシェにて抵当証書を割り引いてもらう関係に入った。Jean-Pierre Alline, *Banquiers et bâtisseurs, un siècle de Crédit Foncier, 1852-1940*, Paris, 1984, pp. 42, 64-67.
(75) Henri Koch, *Histoire de la Banque de France et de la monnaie sous la IVe République*, Paris, 1983, pp. 141-142, 236-249. 住宅建設を対象とするフランス銀行の中期流動化信用については、権上康男『フランス資本主義と中央銀行――フランス銀行近代化の歴史――』東京大学出版会、1999年、418-432頁を参照。

第9章　1965年の証券危機
―― 封じられた「金融危機」の構図 ――

杉浦　勢之

　1965年5月21日、西日本新聞のスクープにより、4大証券の一つである山一証券の経営悪化が伝えられると、山一証券を中心に、証券会社に対する運用預り、保護預り、さらに系列投資信託の解約が急増した。22日には、準大手の大井証券の経営難と再建計画も公になり、証券会社に対する不安から、解約を求める顧客が両証券に殺到した。解約の動きは、その他の証券会社にも波及し、事態はパニックの様相を呈した。28日夜、大蔵省、日銀、山一のメインであった富士、三菱、興銀3行のトップが日銀氷川寮に参集し、時の蔵相であった田中角栄の最終決断によって、日銀法第25条による特別融資を実施することが決定した。同日深夜の記者会見によってパニックは収まり、かろうじて証券危機のそれ以上の進行は回避された。この時の日銀特融の目的は、第25条の規定により信用秩序全般を維持するものとされた。
　日銀特融の決定にあたって、関係者の脳裏にあったものが、1927年の金融恐慌であったことは想像に難くない。証券危機が日銀特融というクライマックスを迎えた最大の理由は、大蔵省、日銀および金融関係者の間に証券会社経営の破綻が27年のような一般的な信用危機へと波及するのではないか、との懸念ないし「予想」が存在したためであった。証券会社の経営破綻が果たして本当に全般的な信用危機に波及する可能性があったかどうかという点については、今でも議論のあるところである。しかし実現しなかった信用恐慌のありえたかもしれない危機の経路を探り、その潜在的可能性を検証することは思いのほか困難である。

65年の証券危機については、当事者の証言や証券会社の経営分析、歴史分析等によって、その具体的な進行過程につき、かなりの事実が明らかにされてきている[1]。しかし、それらの証言や分析をみても、当時の関係者が漠として抱いていた危機感の内容、想定された具体的な危機の経路が特に鮮明になったというわけではない。封じられた危機は、それが封じられることによって永遠の仮定となり、「もしも……」という言葉の中に塗りこめられてしまうからである。

　まず確認しておかなければならないことは、山一証券の破綻にいたる証券危機の現実の過程と日銀特融の政策的判断とは必ずしも同一の平面上に位置づいていないということである。証券危機の本体は、戦後金融システムの最も脆弱な環であった証券市場が、特殊な歴史的条件に規定された高度成長前半の企業の資金調達を支えられなかったという制度的、構造的問題の現れであった。これに対し、山一証券、大井証券救済のため日銀特融が実施された背景には、この証券危機が全般的な金融危機にいたるかもしれないという「予想」が存在していた。日銀特融は1、2の証券会社を救済するためになされたわけではなかったからである[2]。

　特融の直接的な内容が証券会社救済にあったとしても、危機の進行と救済の実施との間には、政策担当者の「予想」という結び目が存在していた。この結び目を解きほぐすこと、これが本章の課題である。

　一般に「予想」は現実のものになって初めてその根拠が実証される。先に述べたように、未然に封じられた危機の「予想」の妥当性を確定することはきわめて困難である。しかし「予想」が成立するには、政策担当者の間に危機の実現可能性に関する何らかの「心証」が存在していなければならない。この点を理解するためには証券会社経営や株式市場の動向のみに焦点をあてることでは不十分である。証券危機を未然に封じられた金融危機としてとらえられるか否かを明らかにするには、まず当該期の金融機関自身の問題点に十分目を向ける必要がある。

　日銀特融にいたる証券危機の打開に日本興業銀行、そしてその頭取であった

中山素平が大きく関与していたことは周知の事実である。また証券会社救済にあたって興銀が主導的な役割を演じ、多くの人材を証券界に送りこむことで「進駐軍」と称されたこともよく知られている。当時「銀行対証券」の構図を如実に表すものとして使われたこの言葉をより正確に表現するならば、「興銀進駐軍」と呼ぶのがふさわしい。61年経営に困難さが増しつつあった日興証券に同友会の論客であった湊守篤が、また破綻目前の山一証券に企業救済の実績をもつ日高輝が、それぞれ興業銀行から経営再建を目的として送り込まれた。4大証券の中、2社までに山一の3行メイン中の1行にすぎなかった興業銀行から経営トップが派遣されたということは、証券経営の危機がとりわけ興銀にとり、座視しえない事態であったことを物語っている。このことをつとに指摘したのは小林和子であった[3]。ところが管見に触れる限り、この小林の指摘以外、長信銀の内容に立ち入ってこの点を明確に論じた研究は存在しない。

　政策担当者が65年の証券危機を潜在的な金融システム危機としてとらえたとすれば、それは何よりも長期信用銀行、とりわけ興業銀行との関係においてであったと考えられる。また大蔵省にあって、山一救済、日銀特融、免許制移行を主導したのは、銀行局であり、設立後間もない証券局にあっても銀行局から移動してきた官僚たちであった。旧証券課の中枢は、必ずしも日銀特融、証券免許制を意図していなかったし、また望んでもいなかった[4]。このことは、証券危機への対応が、何よりも銀行行政のコンテクストから求められ、実施されたことを示唆している。

　証券危機は、「銀行対証券」という構図が、その後の「興銀対野村証券」に集約されていく転換点であり、また証券行政が銀行行政の手法を見習い、護送船団方式に移行していく転換点だったといえるのである。

第1節　高度成長期の産業金融

1　設備投資の拡大と産業資金供給体制

　高度成長前半期の設備投資の増加は、図9－1に示されるように二つのブーム期を含む三つの循環局面に分けられる。最初のブームは、56年から57年までのいわゆる「神武景気」の時期である。54年を底とした設備投資は、55年から増加に転じ、56、57年にピークを迎えている。特に56年の対前年増加率は57.4％という驚異的なものであった。第二のブームは59年から61年にいたる「岩戸景気」の時期である。56年にはおよばないものの、60年には対前年比45.5％の伸びを示し、3年間にわたる長期ブームを形成した。60年の民間設備投資の対国民総支出比は20.1％、61年の同数値は21.9％を占め、典型的な投資主導の景気上昇であったことを物語っている。

　63、64年の「オリンピック景気」は以上二つのブーム期とは異なり、設備投資の盛り上がりの弱いものであった。このため景気は短期に反転し、後退局面に移行した。この時の景気上昇が「中間景気」と呼ばれたのはこのためである。

　三つの景気の波を含むこの期の成長を通じて特徴的なことは、設備投資の著しい伸びであった。51年の国民総支出を100とすると、55年の同数値が161.0であったのに対し、同期間の民間設備投資の率は143.5にすぎなかった。ところが、「神武景気」に突入した56年になるとこの関係は逆転し、国民総支出が対51年比で182.0であったのに対し、設備投資の同数値は225.9に達し、以後65年まで、51年を基準とした国民総支出の伸びが設備投資の伸びを超えることはなかった。65年の国民総支出が対51年比で5.7倍の規模であったのに対し、民間設備投資は実に7.3倍におよんだ。二つのブームが、わが国の民間設備投資水準を底上げし、そのことが経済成長に大きく貢献したことがうかがわれる。まさに「投資が投資を呼ぶ」高度成長だったのである。

　50年代後半から始まったこのような設備投資の急増は、欧米からの技術導入

図9-1　民間設備投資対前年増減率

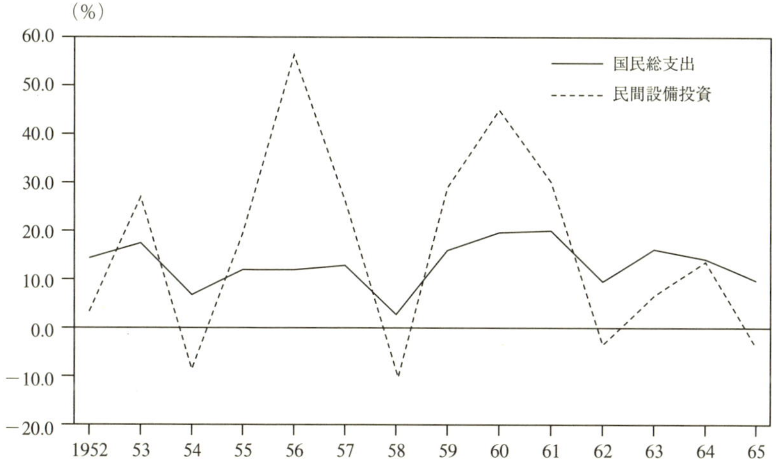

出所：日本銀行統計局編『本邦経済統計』より作成。

による近代化投資を軸とするものであった。50年代央に開始された近代化投資は、国内競争の激化から、投資競争を促進させたが、貿易為替の自由化ならびに資本自由化方針は、国際競争力強化のための近代化・合理化投資を日本企業に強制し、続行させる効果を生みだした。この意味で、高度成長は外圧＝自由化という外生因によって加速され、引き延ばされたといえよう。

問題は、このような膨大な設備投資をまかなう産業資金の供給面および投資需要の高まりに規定された国際収支の動向に現れた。

この点を前者についてみてみよう。すでに別稿で明らかにしたように、戦争および戦後改革、そして戦後のインフレーションの高進によって、日本の金融資産の蓄積水準は決定的に低下していた[5]。このため、産業資金供給ルートは、戦前期とは大きく異なるものとなった。戦後の金融システムを産業金融の面から大ざっぱにとらえれば、①企業の再建整備による自己資本比率の低下、②証券改革による証券市場の変容と未整備、そのための不安定性③銀行制度の維持と早い段階における再建整備完了の3点に集約される。このような条件のもとで金融資産蓄積水準の低下が劇的に進行したため、家計貯蓄は銀行預金に

集中し、産業資金供給の主要な担い手は銀行に求められることになった。

しかしインフレーションによって預金の短期化が進行していたことから、長期設備資金の供給について、銀行に期間のミスマッチが生じる一方、敗戦によって大きな打撃を被った日本の企業に対する信用は必ずしも高いものではなく、また銀行による企業モニタリングにも限界が画されていた。このため、戦後復興期には国家信用による設備資金の供給＝復興金融金庫・見返り資金、そして日銀斡旋による協調融資（リスク回避）が実施された。このような状況が、当時の政策担当者によって、「正常」なことと理解されていたわけではない。また、銀行が長期設備資金の供給を行うこと、ならびにそのために日銀信用が産業金融に深く関与することも「正常」とは考えられていなかった[6]。

経済自立期に入るとこのような国家信用による産業資金供給の段階は終わりを告げ、民間金融機関の再編による長期資金供給ルートの整備が進んだ。1948年の「兼営法」による信託銀行の成立および1952年の「長期信用銀行法」の成立による長信銀の法的整備は、長期資金供給を銀行制度内部で処理しうるシステムの一応の確立を意味した。

このことは、企業の自己資本充実や証券市場からの資金調達が必ずしも順調でなかったことの裏返しともいえた。戦後改革の与えた金融資産に対する激甚な衝撃、GHQによる抜本的な証券市場改革によって、戦後の直接金融ルートは、銀行に比べ大幅な変更を余儀なくされていた。多くの証券業者は、戦後の証取法によってもさしてその実態を変えるにはいたらなかったが、野村、山一、日興、大和のいわゆる4大証券に限っては、復興期から自立期にかけて証券会社としての体制を確立していった。解明すべき点がなお多いものの、「投資信託法」によって大衆資金の動員が可能となったことが、4大証券を他の中小証券各社と決定的に分かつ決め手となった[7]。戦後株式担保金融が消極化されていた状況下にあって、投信による大衆資金の動員は、証券市場の拡大を支える有力な梃子となったのである。

しかし、このような証券会社の活躍の場は、株式流通市場に制限されていた。株式発行市場では、証取法の成立後も、額面発行の株主割当が主要な形態とし

て維持されたため、相対取引を基本とし、事実上市場として存在していなかった。

　社債発行についても強い統制が課され、受託銀行の影響力は強大であった(8)。証券会社のアンダーライター機能は、有名無実といってよかったのである。加えて社債流通市場は未整備のままに置かれ、金融機関による社債保有が支配的な形態で、日銀の社債担保金融によってのみその流動化が可能な状態（いわゆる裏口流動化）にあった。

　戦後証取法の制定によりビジネス・チャンスが広がった証券業の活躍の場は、事実上株式流通市場に求められざるを得なかった。しかし復興および自立期の株式流通市場は、ドッジ・ライン、スターリン暴落の二度にわたる市場崩落によって、金融資産蓄積水準の低位性による資金的限界を露呈していたから、4大証券の形成という注目すべき事態を含みつつも、産業資金供給に占める証券発行の質的および量的意義は、限界的なものにとどまったのである。

　長期信用銀行が、このような証券市場の限界性を銀行の側から補うものとして制度化されたという点は、その後の日本の金融システムを考察するうえで重要である。戦後の間接金融優位の金融システムは、長信銀による長期資金供給を重要な制度的一環として初めて成立したのである(9)。

　国内貯蓄が低位な下で投資が先行する形で進められる高成長は、雇用の拡大、所得の上昇をもたらすから、個人貯蓄率に大きな変化がないとすれば事後的に金融資産の蓄積水準を高めることになるであろう。しかし投資資金は、このような成長の成果としての金融資産の形成に先だたなければならない。外国からの資本輸入が制約され、パブリック・セクターからの資金供給も限定されているという条件のもとでは、高い成長は金融機関の仲介を通じ、中央銀行の信用拡大によってまかなわれねばならないことになる。

　戦後の日本経済は、まさにそのような資金不足経済であった。外国からの資本輸入は、外資法および外為法によって厳しく制限され、また政府は均衡財政主義を基本としていた。このような制約のもとで、戦後復興および自由化のための投資需要が急速に高まったのであるから、その結果は日銀信用に依存した

図9-2　産業資金供給状況

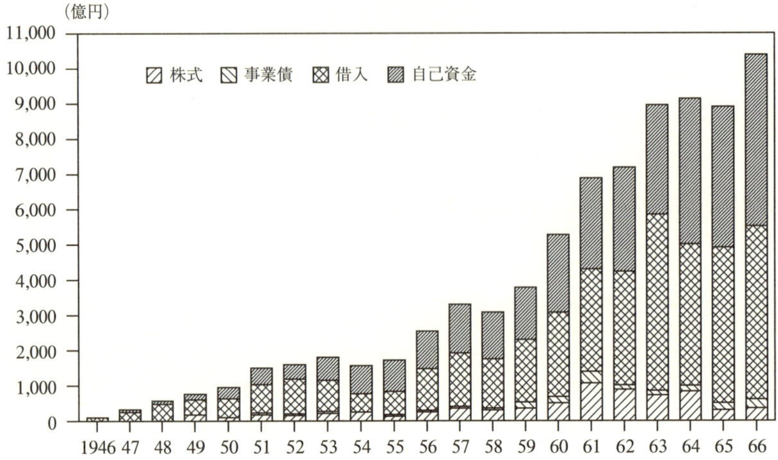

(億円)　株式　事業債　借入　自己資金

出所：図9-1に同じ。

オーバー・ローン、オーバー・ボロイングとして現れるほかはなかった。復興・自立期から高度成長期の全期間を通じ、企業の間接金融への依存が深められていったのはこのためであった。

　戦後日本の産業金融の特徴は、以上のような自己資本の低位性と直接金融の弱さ、あるいは間接金融優位の体制にあったとされている。しかし、やや詳しくみれば、戦後の産業資金供給にはいくつかの局面が存在していたことがわかる。図9-2にみられるように、戦後復興期から高度成長前半期には強い借入金依存の特徴は否めないにしろ、企業による資金調達に占める株式発行、社債発行の割合が趨勢的に増大していた。自己資金が全産業資金に占める比率も増加傾向にあり、戦後急速に低下した自己資本および内部留保の充実がそれなりに追求されていたことをうかがわせる。間接金融優位といっても、戦後復興期から高度成長前半期にいたる期間においては、戦時から敗戦直後のような極端な銀行および政府系金融機関借り入れ依存からの脱却がそれなりに目指されていたのである。

　もっともこのような動きは、65年以後逆転してしまう。株式および社債発行

による資金調達の割合は低下し、借入金依存比率が固定的な傾向をみせるようになる。70年代前半になると借入金依存比率は再度50％を超え、戦時および戦後改革期と並ぶようになった。このことは、間接金融優位として一括され、金融機関借り入れが「常態」化したととらえられている戦後の金融システムにおいても、50年代後半から60年代前半の高度成長前半期は、微弱ながら直接金融へのシフトが現れたきわめて特異な時期であったことを物語っている。証券危機は、このような高度成長前半の産業資金供給体制の漸進的な変化を決定的に逆転させるターニング・ポイントだったのである。

2　増資の拡大

　55年から65年にいたる増資の動向を確認しよう。増資は、企業の資金需要と、金融機関の貸出態度の二つの条件によって規定されていた。金融機関の貸出態度は、基本的に日銀の貸出方針に規定され、また日銀の貸出方針は、外貨保有の増減によって規定されていたから、増資を規定していたのは、企業の資金需要と外貨保有の動向であったといえる。同時に、増資は流通市場の動向にも規定されていた。この時期の上場会社の増資は、株価の動向を反映する形で増減していた。流通市場と発行市場がまがりなりにも連動し、流通市場での株価動向によって増資動向がチェックされるという一応の関係性が見出される。

　表9-1にみられるように、56年から、増資を行う企業中、公募発行をともなう増資を行うものが急激に増加していったことがその要因として考えられる。60年前後には、プレミアム分を含む公募発行による増資払込額は、公募発行を行った企業の全増資払込額のほぼ4分の1を占めるようになっていた。62年を境に株価が反落すると、増資も株価動向を反映して減少に転じ、公募発行をともなう増資企業はそれ以上に急減した。株式発行による資金調達額に占める公募発行の調達比率も急速にダウンした。流通市場における株価動向が株主割当を超える公募発行の増減を通じて、企業の増資を規定していたのである。

　増資が61年に急増した理由としては、①59年から景気が上昇し、民間設備投資が急増したこと、景気上昇により輸入が急増したため国際収支が悪化し、金

表9-1　上場会社増資の推移
(単位：100万円)

年	有償増資	公募額	無償増資
1955	67,174	74	15,835
1956	179,117	3,237	30,671
1957	205,028	3,446	25,787
1958	172,854	3,395	16,742
1959	175,607	4,473	30,212
1960	347,151	10,238	43,092
1961	673,936	24,639	46,768
1962	598,381	4,345	46,475
1963	403,141	3,116	29,667
1964	529,154	1,922	27,472
1965	118,755	77	12,059

出所：野村総合研究所証券調査部編『証券統計要覧』より作成。

融政策が引き締めに転じるとともに、企業が株式発行による資金調達にスイッチし、公募発行による増資が急増したことがあげられる。のちに述べる株式投資信託の拡大がこれを支えた。金融の引締めにもかかわらず、設備投資意欲が容易に収まらなかったのは、開放経済体制への移行に備え、合理化投資が盛行であったためである。

これに加え、政策的な自己資本充実策およびそのための税制改正が、この時の増資を促進した。60年6月証券取引審議議会は、企業の資本構成の是正のための審議を行い、「増資の促進について」をまとめた。答申は増資による自己資本の充実によって企業の自主的経営を確立させ、景気変動に対する抵抗力を強化するとともに、貿易・為替・資本の自由化に備えることを提唱していた。この答申を受け、61年度の税制改正では配当に対する法人税率の軽減が実施され、さらに「資本充実法」改正によって再評価積立金の資本組入の促進が目ざされた[10]。

この時の増資拡大は、株価の上昇を背景に、池田内閣の積極的な財政方針を受けたものであったが、それとともに、「金融正常化論」にもとづく企業のオーバー・ボロイングの是正方針と、将来の開放体制移行の準備という政策的要因がこれを加速させたのである。

これに対し64年には、株式不況下において増資がむしろ盛んになるという注目すべき事態がみられた。図9-3にみられるように、株価は61年をピークに急落し、63、4年に再度急落を経験している。ところが64年の株価低落のもとで、上場会社の増資はむしろ拡大に転じた。これは、同年に貿易自由化方針が確定するとともに、OECD加盟により資本自由化についても将来において避け難いことが明らかになったこと、外貨準備高の急減により、日銀の貸出態度に変更が見込まれたことなどから、企業が設備投資続行のため、駆け込み増資

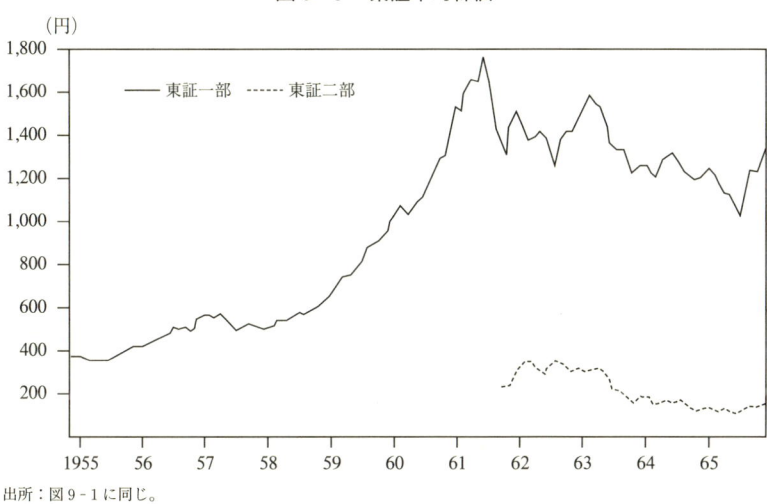

図9-3　東証平均株価

出所：図9-1に同じ。

に走ったことによる。この64年の増資拡大では、公募発行が急減し、株主割当発行が再度主要な形態となった。

同年の発行は、企業が流通市場の動向を無視し、増資による資金調達を強行するため、株主へのはめ込みを強行したものといえる。のちに述べるように、この時点には証券会社は顧客に対する信用供与力を失っていたから、株主は旧株の売却によって資金調達を行い、新株を購入する他はなかった。これにより、株式の需給はさらに悪化し、株価下落と株式手持ちの積み増しが、すでに体力を消耗していた証券経営を圧迫し、証券危機を生み出していく条件となったのである。

第2節　投資信託の低迷と証券経営の悪化

1　公社債投信の発足と躓き

証券不況は、61年の金融引締めから始まった。61年の事態は、証券危機への

前段をなすとともに、証券危機への対応を準備したという意味でも重要である。というのも、61年は証券業の動向が、日本の金融システムに大きな影響を及ぼした最初の年だったからである。金融当局は、この時以降、証券業の動向を「撹乱要因」として注意しはじめる。証券不況が危機へと発展し、金融のシステミック・リスクに転化するとの「予想」が形成されはじめたのである。その最初の現れは、公社債投資信託の新設であった。

公社債投信の発足は、株式投資信託が急増したことに危惧を感じた大蔵省が、60年度下期から運用可能資金の増加額のうち、株式組み入れ額を1社180億円以内に制限したことに端を発している。その意図は、株式投信の拡大によって、株価がこれ以上刺激されることを抑止するとともに、その増加資金を電力を中心に起債規模が急拡大しつつあった公社債消化に振り向けさせようというものであった[11]。しかし大蔵省の指導に従えば、投信が拡大するほど公社債への運用比率が高まり、基準価額の上昇を抑制することになる。投資信託が拡大することで、かえってその運用妙味が削減され、それ以上の拡大が阻止されることになるのである。株式投信は4大証券が営業を大きく拡大させるうえで欠かすことのできない資金源泉であったから、この大蔵省の規制は死活問題とすらいえた[12]。

公社債投信の考え方は、すでに大蔵省部内に現れていたが、以上の理由から証券会社にとっても、公社債消化のための新たな商品として望まれるようになった[13]。具体的な公社債投信案は、日興証券によって最初に提示された。証券会社は、株価の抑制という政策意図を省き、公社債市場「正常化」のテコ入れに貢献するという側面に重点を移したのである。起債の増加に応じ、投資信託を設定することによって「正常化」された公社債市場における自己の地位が飛躍的に高まることを期待したものといえよう。

日興証券の吉野岳三社長は、公社債投信発足に向けた社長訓辞において「ボンド・オープンは、証券会社のブローカー業務とアンダーライター業務の両面から、金融市場に革命的な意義をもたらした。……これまでの証券会社は、株式および株式組入れの投資信託を中心として、大衆投資層に接してきた。確定

利付きの市場は、預金層という言葉に代表されているように、銀行の分野とされていたわけである。ここにボンド・オープンが誕生したことは、大衆の直接投資の場が、確定利付きの領域にまで押しひろげられたことを意味するものであって、このことは同時に、証券会社のブローカー業務において、新たに広大な販売分野が形成されたことにほかならない」と語っている(14)。さらに野村証券の瀬川美能留専務は「いまこそ証券会社が六五条の上に眠っているという批判を封じ、地位を高める最大のチャンスである。われわれが自分たちで集めた金で公社債に投資する。つまり、この公社債投信によって、真の意味のアンダーライター機能を回復させたい」と述べた(15)。

　問題は、公社債市場の育成という点で一致をみながら、大蔵省と証券会社とではいうところの市場の中身が全く異なっていたことにある。大蔵省が含意していたのは、起債市場の梃子入れであった。電力を中心とした起債額の増加に対応するためにも、公社債投信は新発債に運用されることが望ましかった(16)。また新発債への運用を中心とするならば、起債市場での証券会社のステータスは飛躍的に高まり、証券取引法第65条で認められたアンダーライターとしての地位を名実ともに確立することができるかもしれない。瀬川の発言は、明らかにこのことを視野に入れたものであった。ところが吉野の発言は、アンダーライター機能の強化に触れてはいるものの、その主要な関心事はブローカーとしての活動領域の拡大にある。そこで意識されているのは、既発債の取扱いであり、流通市場の「正常化」にほかならなかった。公社債投信発足時になっても、このような官民の意識のずれが調整されることはなかった。大蔵省の行政指導による運用基準は、証券界の意に反し、設定額の80％を新発債の組入れに当て、既発債とコール・ローンは10％ずつとするものであった(17)。

　1961年1月公社債投信は、はなばなしく開始された。表9-2にみられるように元本は急激に増加し、公社債消化に占める投信比率は飛躍的に高まって、6月まで推移している。しかし公社債投信の暗転は思いのほか早く訪れた。問題は同年1月の公定歩合の引下げを受け、4月公社債の応募者利回りの0.2ないし0.4％引下げが実施されたことに端を発した(18)。これにより新発債中心に

表9-2　公社債投信元本状況
(単位：100万円)

年月	設定額	解約額	残存元本	純増減
1961. 1	46,000		46,000	46,000
2	34,000		80,000	34,000
3	30,270		110,270	30,270
4	20,750		131,020	20,750
5	22,030		153,050	22,030
6	18,750	7,600	164,200	11,150
7	16,700	10,500	170,400	6,200
8	17,560	15,000	172,960	2,560
9	14,640	24,500	163,930	−9,860
10	10,330	9,500	163,340	830
11	6,950	7,540	156,020	−590
12	6,510	13,830	146,410	−7,320
1962. 1	6,440	16,050	141,580	−9,610
2	7,270	12,100	135,490	−4,830
3	6,710	12,800	133,330	−6,090
4	6,890	6,050	129,680	840
5	7,700	11,350	130,830	−3,650
6	8,410	7,260	129,680	1,150

出所：『東京証券取引所20年史』1974年、260、263頁より作成。

運用されていた公社債投信は一挙に不利となった。これを受け、大蔵省は新発債組み入れ比率を50％、既発債30％、コール・ローン20％と運用基準の改訂を行った。積極的成長路線を維持するため、起債市場に梃子入れしつつ、低金利政策を進めようとした池田内閣に添った大蔵省の方針は、早くも妥協を余儀なくされたのである[19]。

加えて公社債投信の急拡大は銀行を刺激した。もっともその影響は業態間で異なっており、単純な「銀行対証券」という構図に収まりきるものではなかった。長信銀との関係についてはのちに述べることとするが、都市銀行の場合、社債手取金はそのまま企業預金として現れるから、起債の拡大は預金の増加を意味してもいた。証券会社による公社債投信の発足自体は心理的に歓迎すべきものではなかったにしろ、社債発行が可能な企業を取引相手として確保している都市銀行大手にとって、資金吸収面での競合については他業態ほど気にする必要はなかったといえよう[20]。また都市銀行は、社債受託機関でもあったから、公社債投信の発足によって企業の把握力が簡単に弱まるわけでもなかった。しかし、都市銀行下位および地方銀行にとり事態はまったく異なっていた。特に地銀は高度成長期の資金遍在下にあって、社債やコールへの運用を通じ、地方資金を中央大企業に供給するという役割を果たしていたから、公社債投信の設立は直接的な影響となって現れざるを得なかったのである。こうした地銀を中心とした銀行側の公社債投信に対する反発が、政府の低金利政策とも相俟って公社債投信に不利な形での金利改訂につながったわけで

ある[21]。

　これに追い打ちをかけたのが、7月の公定歩合引上げによる金融引締めであった。政府の積極政策は投資の急増を生みだしたが、同時に派生需要の拡大による輸入の急増から国際収支は逆調に転じていた。このため外貨準備が急速に減少し、日銀は公定歩合の引上げを決断せざるを得なくなった。このときの引上げについては、年初における引下げから時を経ない政策転換であったとして、金融政策史上批判されることが多い。池田内閣の所得倍増計画推進に縛られ、日銀の山際総裁の判断が遅れたとされている[22]。この内閣と金融当局の判断のずれによる金融政策の急転回は、発足時の公社債投信にとって最悪のタイミングとなったのである。

　発足時の公社債投信には、事業法人の資金が多く含まれていた。金融引締めへの転換により、市中金融が逼迫するようになると、事業法人による解約、換金売りが急増した。開始時における証券会社の募集競争により、短期の事業資金が流れ込んでいたためとされている[23]。ただしこの点については、「満期は無期限ではあったものの、理論価格での買取りという形で流動性が付与されたので、公社債投信は定期預金や1年物割引金融債などと高い代替性をもっていたと考えられる。流動性をもたせた以上、利回り次第で短期資金が流入してくる可能性がある。そして実際利回りは定期預金より高かったのであり、当然のように短期資金が流入した。このことは募集競争が『過当』であったかどうかとは関係がない」との批判がある[24]。

　なるほど市場からみるかぎり、利回りが有利で、流動性が付与されていたのであるから、投信への資金シフトが起きたことそれ自体は不自然なことではなかった。しかしそもそも預貯金金利が人為的に低く固定されているという不自然な事情のもとで短期資金が公社債投信にシフトしたということは、「当然」のこととはいえなかった。公社債流通市場が事実上機能していない状況で利回りに敏感な大量の短期資金が流入したのであるから、期間のミスマッチによる流動性リスクが生じることは容易に予想された。ひとたび金融市場が逼迫して解約が急増すれば、証券会社はこれを理論価格で買い取らざるを得なくなる。

新発債中心の組み入れであることから、価格リスクについても証券会社が全面的に負うことになる。日銀の社債担保金融によって債券流動化の道が開かれていなかった以上、公社債は証券会社が買い持ちするか、損失を覚悟で投げ売りするか、あるいは株式投信にはめ込む以外なかった。このことは当然証券会社経営を圧迫し、株式投信の運用余力を奪うことになる[25]。

　7月以降の事態はまさにそのとおりに推移したのである。公社債投信の解約が急増し、残存元本は純減に転じた。このことが直接証券危機に結びついたわけではないが、発足直後の公社債投信の躓きは、その後の株式不況に対処する証券会社の体力を大きく殺ぐ結果となった[26]。大蔵省の運用基準も9月設定分から新発債40％、既発債40％、コール・ローン20％へと変更された。これは証券会社の手持ち債券を既発債枠で投信に再消化させる必要があったためである。翌年1月になると大蔵省は自主的組入れを認めざるを得なくなった。これは事実上大蔵省が、公社債投信を証券会社手持ち債券プール機関として追認したことを意味する。起債市場の梃子入れという同省の方針は大きく後退を余儀なくされたわけである。しかし公社債投信自体、残存元本が減少しつつあった以上、プール機関としての役割はそれほど期待できなかった。社債流動化の道をもたなかった証券会社は、このため資金を大きく固定化させることになった。

　このような事態を生みだした背景には、すでに述べたように池田内閣の積極的な成長政策があった。日銀信用の膨張に支えられた成長は、外貨準備の量によって制約されていたから、成長政策を維持するためには、間接金融と並び、外資の輸入を促進するか、株式、社債による資金調達を促進する必要があった。同政権はその両者を目指していた。大蔵省が起債の梃子入れとして公社債投信を想定したのもこのためであった。しかし、株式市場と社債市場とでは条件が全く異なっていた。

　株式市場については、株主割当による額面発行が主流であったが、流通市場における株価は増資新株の消化に影響を与えたから、流通市場での価格形成は、証券会社にとり重要な意味をもった。証券会社は投資信託からコールを取り入れ、自己勘定で株式を買い入れるとともに、株式投信に手持ち株をはめ込み、

資金を流動化させた。証券会社が大量に株式を買い入れることで株価が上がれば、株式投信の基準価格が上昇する。株式投信人気が高まれば、さらに残存元本が増加し、運用余力も増すことになる。

これによって投信による株式消化がいっそう進み、株価を押し上げるとともに、増加元本の一部はコールに向けられることになるから、証券会社による投信コールの取り入れがいっそう容易になる。株価上昇と投信元本の増加が好循環をつづけるかぎり、証券会社の資金調達は安定し、一般投資家の資金も株式市場に流入しつづけるのである。増資が急増しても、順調に新株の消化が可能だった理由がここにある。

一方社債市場については、起債、流通ともに市場としての機能は存在せず、起債懇談会による割当（そのほとんどが最終的に金融機関によって消化された）と日銀による社債担保金融がこれを代替していた。問題は、この社債の割当について、野村証券とそれ以外の証券各社との間に意見の食い違いが生じたということである。

公社債投信発足に合わせ、新発債中心の運用を行政指導していた大蔵省は公社債投信組入用に社債の追加発行を許すこととし、電力債の特別枠を設定した。戦後の社債引受けシェアは4大証券がそれぞれ20％、それ以外は20％と固定されていたが、このとき野村証券は、公社債投信用追加特別枠について実績、販売能力に応じた引受シェアを決めるよう主張した。従来の慣行を打ち破るこの主張は、業界内に大きな波紋を生むことになった。結局1月の公社債投信用追加発行分に関しては、公社債投信を持つ4社のみの引受けとし、4社間で均等配分するということで妥協が成立した[27]。

しかしこのような野村証券の対応は、追加発行分の引受けから排除された中小証券の反発を生み、一般引受け分についても実績主義がとられるのではないかとの強い危惧を与えることになった。このため第2回目からは公社債投信分を含み、従来の引受けシェアに戻すことになった。ところが2月以後起債が急増したことによって、証券会社は窮地に立たされた。実績にかかわりなく引受け割当比率が固定されたことで、株式投資信託で強みを発揮していた野村証券

は社債が足りなくなり、それ以外の各社は投信分を超える社債を手持ちとして抱え込むことになった。公社債投信を持たない中小証券の場合資金繰りがとりわけ悪化した。このため4月債から公社債投信分に関しては別枠で処理することとなり、5月債からは実績により4社に配分するよう変更がなされた[28]。4社は無理をしてでも公社債投信募集により実績を上げ、手持ち債券を消化する必要があったわけである。

　7月の公定歩合引き上げによって、この無理は一気に露呈した。公社債投信の残存元本が減少しはじめると、行政指導により証券会社は手持ち社債を株式投信へはめ込むようになったから、今度は株式投信の運用余力が失われることになった。公社債投信の躓きは、株式投信と株価の好循環にブレーキをかけ、証券会社の体力を二重に奪う結果となったのである。新発債中心の公社債投信の募集競争は、証券会社の金融力からして、明らかに「過当」であったといえよう。

　公社債投信の出発は、市場の動向と独立した政策的意図および企業の投資政策の絡み合いにより大きく規定されていた。これに証券会社間の思惑、競争が加わることによって、発足時の急増とまもない激減がもたらされたということは否定し難い。短期の市場資金が投信にシフトしたこと自体は市場原理に即した「自然」なことであったかもしれない。しかし、公社債市場が人為的に規制されているもとで新発債中心の行政指導に従って、公社債投信が設立されたことが自然であったとはいえない。このような条件のもとでは「公社債投信は大衆の貯蓄性資金を基盤とすべきものであり、企業の短期的資金を導入すべき」ではなかったのである[29]。

2　株式投信の暗転と証券危機

　54、55年、残存元本の純減を経験した株式投資信託は、表9-3のように56年から拡大に向かった。56年には株式ブームの影響によって基準価額が上昇したため、募集も好調に推移し、残存元本は677億円に達し、53年レベルを回復する勢いをみせた。さらに57年、52年に先行的に開始されていた大和証券に続

表9-3 株式投信推移

(単位：100万円)

年	ユニット				オープン				株式投信合計			
	設定額	解約額	償還額	年末元本	設定額	解約額	償還額	年末元本	設定額	解約額	償還額	年末元本
1951	13,300	707	—	12,592					13,300	707	—	12,592
1952	32,550	7,721	441	36,979	1,094	315	—	779	33,644	8,036	441	37,758
1953	59,700	16,685	4,141	75,853	282	468	—	593	59,982	17,153	4,141	76,446
1954	24,110	12,229	9,719	78,014	—	36	—	556	24,110	12,265	9,719	78,570
1955	25,510	31,430	13,640	58,453	871	362	—	1,066	26,381	31,792	13,640	59,519
1956	51,230	27,083	16,039	66,560	201	79	—	1,188	51,431	27,162	16,039	67,748
1957	73,060	16,045	7,199	116,375	19,484	133	—	20,540	92,544	16,178	7,199	136,915
1958	99,070	25,741	7,890	181,813	7,342	—	—	27,882	106,412	25,741	7,890	209,695
1959	145,330	58,876	3,219	265,048	37,150	—	—	65,033	182,480	58,876	3,219	330,081
1960	246,930	85,832	—	426,146	115,136	2,113	—	178,056	362,066	87,945	—	604,202
1961	391,930	130,082	9,810	677,443	197,015	25,669	—	349,402	588,945	155,751	9,810	1,026,845
1962	222,625	135,156	14,161	750,751	124,491	94,018	—	379,875	347,116	229,174	14,161	1,130,626
1963	287,569	137,155	17,884	883,280	44,304	137,071	—	287,108	331,873	274,226	17,884	1,170,388
1964	174,592	168,238	45,415	844,219	155,566	125,335	—	317,339	330,158	293,573	45,415	1,161,558
1965	183,773	235,669	42,556	749,765	13,056	113,832	—	216,563	196,829	349,501	42,556	966,328
1966	168,000	231,241	75,976	610,548	36,071	62,372	—	190,262	204,071	293,613	75,976	800,810

資料：社団法人証券投資信託協会編『証券投資信託三十五年史』1987年より作成。

き、山一証券、日興証券がオープン型投信に進出したことで、オープン人気が高まり、株価の反落下にもかかわらず、株式投信は続伸した。59年になると4社投信の残存元本はそれぞれ500億円を超え、独立採算可能な段階に入ったとみられたため、懸案であった委託業務の分離、委託会社および販売会社の設立を決定し、60年から営業が開始された[30]。この頃には既述したように、株式投信の元本増加による株式投資の拡大が、株価を上昇させ、また余裕資金がコール市場を通じて証券会社の営業資金力を強化することで、さらに株価の上昇、投信基準価額の上昇をもたらし、投信人気をいっそう高めるという好循環が生まれた。いわゆる投信相場である。

　株式投資信託の増大は、61年中も続き、同年末には残存元本が1兆円を超えるようになった。ただし、同年7月の金融引締めにより株価が急反落したことなどにより、基準価額が下がり、年の後半から62年にかけて募集状況は暗転していた。63年になると事態はさらに悪化した。同年7月アメリカがドル防衛策を発表し、金利平衡税の導入を実施したことで、株式相場は暴落状態に陥った。これにより基準価額が急落し、投信人気は完全に冷え込んだのである。特に

オープン型投信は、貯蓄型のユニットに比べ、より株価を反映しやすい商品であったため、株価低落の影響は即座に現れ、同投信は残存元本の純減に陥った。

オープン型投信に力を入れていた山一証券、日興証券の打撃は著しかった。これに比べ、オープンへの進出を手控え、ユニット型投信に注力していた野村証券は相対的に打撃が少なかった[31]。この投信に対する営業政策の違いが、65年の危機に際し、野村証券とそれ以外の3社、特に山一証券との命運を分ける大きな決め手となった[32]。しかし64年になると証券不況の深化の中で、元本割れユニットの償還が現れ、ユニット型投信の人気も離散することになった。同年ユニットもまた、残存元本が純減する事態となったのである。

65年には投信ブーム最盛期の60年に設定されたユニットの大量償還が迫っていた。株価上昇期に設定された投信であるから、株価が低迷する中、償還が実施されれば、元本割れは必至の状況にあった。その後の新投信への乗り換えは、ほとんど絶望的であったから、続出する解約に加え、大量の償還によって証券会社は大量の株式を手持ちするか、市場に投げ売るほかはなかった[33]。弱体化していた証券会社経営がこれに耐えることは不可能であったし、また全国上場株式のほぼ1割弱を占めていた投信組入れ株式が市場に放出され、一方で金融引締めによる資金繰りの困難から増資がこれ以上急増するならば、株式市場の需給は崩れ、大打撃を被ることは明らかであった。

増資の急増に対しては、64年4月大蔵省が「増資の調整に関する懇談会」を開き、増資繰り延べを要請、増資調整が実施された[34]。一方株式投信の不振が、潜在的な売り圧力となって市場を圧迫していたのであるから、投信組入れ株式の処分がもう一つの課題となった。64年1月興銀の中山素平を中心に銀行の共同出資によって設立された日本共同証券は、金融機関からの出資、協調融資を仰ぎ、市場株式の買い出動を行った。同年10月頃から株式投信の市場への大量売越しが顕在化したため、放出株の買上げを実施した。連日の買い出動により、共同証券の資金力が尽きつつあったため、日銀は日本証券金融経由で共同証券に貸付を行った。これにより東証株価平均1,200円という防衛ラインはかろうじて維持された[35]。

しかし、市場の株式をいくら買い上げても、株式投信の大量償還という潜在的な売り圧力が消えるわけではなかった。証券会社および株式投信の保有株そのものの処分が何といっても重要だったのである。このため、株式プール機関による株式肩代わり構想が証券業界の中から打ち出された。同構想は63年の資本市場対策委員会においてすでに検討されていたが、日本共同証券の設立によって一時立ち消えとなり、本格的に議論されるようになったのは、64年末になってからであった(36)。40年1月東京証券取引所の正会員による日本証券保有組合が設立された。同組合は、日銀から組合振出し手形の付帯担保として社債を認められ、出発した(37)。

65年1月組合はまず株式投資信託組入れ株式について、銘柄ごとにその10％を一律買入れることとした。また2月には証券業者の保有株式についても、市場外で売り戻し条件付き買入れが実施され、棚上げされた。日本共同証券の買上げは16億2,457万株、1,886億円であったが、保有組合の棚上げ額は21億2,032株、買入れ価額は2,372億円に達した。この間、日銀が共同証券および保有組合に融資した金額は2,834億円に及んだ。

これらの膨大な凍結株は、証券危機の後それぞれ放出されることになったが、資本自由化の流れの中にあって、外資による乗っ取り対策からおおむね関連法人企業にはめ込まれることとなったため、結果としてわが国の法人株式持ち合いの動きを決定的にすることになった。

証券保有組合による肩代わりが進行していた途上の65年5月、山一証券の破綻により、投信解約が殺到したため、翌6月証券業界はユニット型投信の償還延長を協議し、大蔵省の許可を受けて1年間の償還延長を実施した。これにより、投信組入れ株式の問題は一応処理され、市場に対するその潜在的な下げ圧力も除去されることになった。しかし50年代後半から急速に発展し、株式相場の上昇を支えるとともに、高度成長前半期の増資の急増を支え、証券会社の経営拡大の梃子となってきた株式投信は、この償還延長によって決定的なダメージを被り、長期的な低迷期に入ることになったのである。

第3節　金融市場への影響経路

1　長期信用銀行への打撃

　61年の証券市場の動向が金融市場に与えた影響は、まず長期信用銀行の資金調達面に現れた。株式投資信託の急伸と公社債投信の発足により、金融債の消化が著しく制約されたのである。

　金融債の発行は、50年末より預金部資金（のちの資金運用部資金）による引受けを梃子に急速に拡大した。しかし52年をピークとして資金運用部による引受けは縮小されることになった。さらに54年度より簡保資金が分離運用されることになったこと、また55年度に入って郵便貯金が不振であったことなどから55年6月引受けは停止されることになった。この間には地方債発行が急増する一方、財政投融資の体系もほぼ確立してそのための資金供給の必要性が高まっていたから、政府としても後発で設立後まもない日本債券信用銀行を除き、長期信用銀行の資金調達を民間に委ねざるを得ないと判断したのである[38]。このため金融債の発行は伸び悩むことになった。

　こうして55年以降、長期信用銀行の資金調達ルートは、公的資金から民間資金に転換することになった。長期信用銀行は、都市銀行に比べ支店網の展開がきわめて制限されていたから、金融債の発行は金融機関消化か、証券会社による販売に依存せざるをえなかった。金融機関消化は、利付金融債を中心としていた。潜在的には資金市場において競合するはずの長信銀の金融債を他金融機関が購入したのは、資金遍在が顕著であった当時、地方ないし中小金融専門あるいは系統金融機関が運用対象として金融債を選好したという事情と、都市銀行にも利付金融債を引受けることによって、自行取引き先に長信銀からの長期資金供給を導けるとの政策的判断が存在したこと、そして何といっても日銀貸出適格担保ないし買いオペ対象だったことが大きかった[39]。

　利付金融債の金融機関消化は、地域および金融機関間の資金遍在を調整する

機能、短期資金の長期資金へのコンバートによる期間のミスマッチを調整する機能、ならびにオーバー・ローンのもとで資金を確保しつつ、協調融資によって貸倒れリスクを回避するための手段となったわけである。

もともと利付金融債は一般投資家による貯蓄対象として設計された金融商品であったのに対し、一年物の割引金融債は一時的資金の過不足を調節するものと考えられていた。ところが戦後日本の金融資産は、占領改革と戦後インフレを経て一気に低位平準化し、短期化していた。このため、個人貯蓄を長期の利付金融債に動員することは不可能であった。利付金融債が金融機関によって消化され、割引金融債が個人消化によるという戦後の形態が一般化したのはこのためであった。このことが、結果として高度成長期の長期信用銀行と都市銀行間のリスク・シェアリングを生み出した。

長信銀の側からみれば、融資見合いによる利付金融債の金融機関消化は、企業が設備投資を強行したことによって生じた金融リスクの一部を長信銀が担うことを意味した。割引金融債は、高度成長期の企業の旺盛な資金需要に応えるための追加的な資金調達手段ないし利付金融債の消化状況に合わせ資金を調節する手段であるとともに、このような長信銀の抱えたリスクを個人投資家に分散させる意味合いをもった。問題は、このような割引金融債の販売を専ら証券会社に依存しなければならなかったというところに生じた。

57年以後、企業の設備資金需要の高まりを受けて、長信銀の割引金融債発行が急増した。このため長信銀は、証券会社とりわけ4大証券との関係を密接化させていくことになった。支店網の制限されていた長信銀は割引金融債の消化を証券会社販売に依存したのである。58年12月臨時税制懇談会の「34年度税制改正に関する答申」を契機に、大蔵省は長期信用銀行の資金調達構成を是正する必要を認め、発行機関に割引債券の発行抑制を要請したが、割引金融債発行は依然として増勢を保った[40]。長期信用銀行にとって証券会社は、資金調達上欠かすことのできない存在となっていたのである。

このような長期信用銀行と証券会社との相互依存的関係に変化が生じたのが、先に述べた公社債投資信託の発足であった。4大証券は自己の商品である公社

表 9-4　金融債純増減
(単位：億円)

年度	利付金融債	割引金融債	長信銀3行
1960	1,406	991	813
1961	1,941	235	133
1962	2,290	481	305

出所：『日本興業銀行75年史』1982年、548、549頁より作成。

債投信募集に営業を集中したため、代替的関係にあった割引金融債の販売を一転消極化させた。それでも3月までは証券会社が手持ちを増加させて対応したため、長信銀への影響は表面化しなかった。しかし4月の起債条件改訂をきっかけに公社債投信の解約が相次ぎ、資金繰りに窮した証券会社が大量のコールマネーを取り入れたり、手持ち既発債、金融債を投げ売ったため、金融市場は一気に混乱した[41]。コール市場は異常な逼迫状態となり、コール金利が暴騰、既発債の利回りも急上昇したのである。これまで利付金融債に運用されてきた中小金融専門機関や系統金融の余裕資金が高利のコール市場にシフトし、割引金融債、利付金融債ともに新規発行は著しく困難な状態に陥った。公社債投信の発足により割引金融債の消化が困難となっていた長信銀は、同投信の躓きにより、資金調達の主軸である利付金融債の発行を脅かされることになった。

このため長期信用銀行の資金調達は、資金運用部資金の運用中止以来の衝撃を被ることになった。表9-4にみられるように、純減は免れたものの増加額はこの期を通じて最小のものとなった。利付金融債が増勢を保ったのは、資金運用部などの政府資金による特別引受けがなされたためである。公的資金から民間資金へのシフトを順調に進めてきた長期信用銀行は、公社債投信の発足と解約の急増のあおりを受け、設立以来最大の資金ポジション悪化を経験することになった。

金融債発行というわが国に特異な資金調達の形態が長信銀に許されたのは、証券市場、特に社債市場の未発達という事情によるものであった。少なくともGHQは、戦後における債券発行銀行の出発を、証券市場が発達するまでのやむを得ざる過渡的措置ととらえていた[42]。理論的に考えても、個人貯蓄が一定の厚みをもち、多様化するようになれば、株式市場や公社債市場が拡大することになる。そこまでいかなくても、証券会社主導の公社債投信により、社債

の個人消化が進めば、金融債発行という迂回的手段を通じた長期金融の必要性は薄れざるを得ない。

　当時の日本の貯蓄構造が、直接金融へのドラスティックな転換を可能にするほどの広がりや厚みをもっていなかったことは、その後の経過が明らかにした。しかし先述したように、この時期までは、商業銀行は短期金融に専念し、長期金融は本来株式発行ないし社債による資金調達によるべきだとの戦後の古典的理念が依然として支配的であった。多様なコンテクストを含みながらも、金融「正常化」論がそれなりの重みをもって語られ、普通銀行による長期金融への傾斜が非正常であると感じられる時代感覚が存在していた。このような戦後的な金融理念がオーバー・ローンについての議論とも絡み合い、一方で長期信用銀行の存在を正当化する論拠となるとともに、直接金融が一定の発展をみれば、長信銀の役割も当然証券会社に引き継がれるべきであるし、そのような政策ないし行政的対応が必要であるとの意識を常に生み出していたのである[43]。

　高度成長前半期、長信銀は政府資金から民間資金へと資金調達の基盤を移行することに成功し、復興金融から成長金融へとシフトしていく過程にあった。この過程で長信銀の役割もまた、重点産業への政策代理的な資金の誘導、あるいは単純な長期資金の量的供給者という立場から、企業グループから相対的に独立した長期メインとしての役割に転換しつつあった。

　60年代後半になると、資金不足経済は終わりを告げ、都市銀行は金融債消化に消極姿勢をみせはじめる。都銀を中心に「銀行デパート化論」が説かれ、「金融効率化」行政の開始により、ひとまず戦後の「正常化論」に区切りがつけられ、同質化しつつあった金融業態間の整理が模索されるようになった[44]。60年代後半は、高度成長の成果である所得上昇を基礎に、敗戦後に逆転していた貯蓄の増加と多様化の動きが再開され、企業の資金不足も漸次解消に向かった。成長パターンも次第に設備投資主導型を脱しつつあった。これにともなって重層的に展開していた金融機関の各業態も、同質化と競合の段階に入る。資金不足経済の終わりによる成長経路の変化に対応した間接金融内部での再編成が始まったのである。

しかし60年代前半には、間接金融から直接金融への転換こそが長期金融の基本的方向であり、スタンダードであるとの古典的考え方がいわば暗黙の了解となっていたといえよう。金融「正常化」論が繰り返し説かれ、金利機能の復活と組み合わせで、証券市場の健全な育成、「正常化」が議論されたのも、そのような時代のパラダイムと無縁ではなかった。

長信銀にとって60年代前半は、発足当初の長期金融機関としての存在理由が薄れつつあるものの、次期のように業態間の競合が顕在化するに至っていないという微妙な時期にあたっていた。割引金融債の個人消化を委託してきた証券会社、とりわけ4大証券との関係も、公社債投信の発足により微妙なものとなった。長信銀は、都銀同様、社債代り金を企業預金として受け入れることができるから、公社債投信による起債の拡大はメリットをもつものの、公社債投信自体は、割引金融債や定期預金と代替的関係にあり、預金シフトの起きた金融機関が利付金融債への運用を減少させる動きをみせたという意味で好ましいことではなかった。さらに公社債の最大の消化先として投信が成長すれば、徐々に起債市場における証券会社のアンダーライター機能が発揮されるようになる。公社債投信発足時の野村証券の瀬川の発言は、明らかにこのことを意識したものであった。ここに「野村対興銀」の構図がほのみえてくる。それは業界間の競合であると同時に、次第に現れてきた高度成長の果実のうえに、どのような産業金融をデザインしていくのかという、資本蓄積についてのより本質的な問いの表現であったともいえよう[45]。社債受託の面から債券市場に決定的な影響力を保持してきた長信銀としては、割引金融債の消化という資金調達面で、競合関係を意識させられるようになってきた証券会社に強く依存することの矛盾と警戒感を覚えるようになっていったのである。

長信銀は、この事態を深刻に受けとめた。証券会社に依存した割引金融債の消化体制に危機感を覚え、証券会社の選別系列化と金融債の自店消化体制構築を進めることになったのである。

興銀は、4大証券の割引金融債取扱いが大幅にダウンしたことに対応し、新5社、投信5社、運用5社の取扱いを増加させた。さらに店頭消化の強化、機

関投資家の開拓、法人消化にも力を入れた。しかし60年度の同行割引債発行純増額は381億円、債券発行総額純増の41.8％を占めていたのが、61年度には90億円、総額純増比で12.0％と発足以来最大の落ち込みを示した。このため興銀の資金ポジションは一気に悪化し、60年度末に125億円であった外部負債は、61年度末には373億円とほぼ3倍に急増した[46]。62年秋以後金融引締めの解除により、金融環境が好転したため、金融債の発行は順調な伸びに転じたものの、同行は、利付金融債の金融機関消化を強化するとともに、割引金融債については、店頭消化の拡大に努め、63年以後証券会社経営が悪化すると、証券会社取扱いを「無理のない消化」の範囲にとどめるよう留意するようになった[47]。

長銀の場合も事態は同様であり、自力による割引債消化が強化された。61年8月には債券部長直属の債券勧奨委員会が設置され、勧奨専任の次長および監査役が置かれた。純減は免れたというものの、60年度第4四半期の割引債発行純増額が94億5,500万円で、同行発行金融債純増額の43.4％を占めていたのが、61年度第4四半期には発行純増額1億2,200万円、同行発行金融債純増額の0.7％という惨憺たる成績に終わった[48]。同行は、債券消化基盤の拡大と安定化の必要を痛感し、証券経営が危機的段階に入った65年1月から自力消化体制の確立を掲げ、受信部門の機構改革を行った。その内容は、①債券部から都銀を除く債券勧奨部門を切り離し、本部機能の明確化と企画推進体制の確立を図る②都銀を除く本店管轄の金融機関、機関投資家に対する債券勧奨業務を集中し、新たに営業第4部をおこし、債券の自力消化体制を強化する③代理貸付と金融機関の債券業務との相互連絡を密接にするため、融資部にあった代理貸付担当課を営業第4部に移す④融資各部についても与信面の取引に加え、受信面の勧奨を行うことで、総合取引を推進する、というものであった[49]。

日債銀については、事態はさらに深刻であった。61年度下期には割引金融債の発行額が実に19億円という純減を経験したのである。このため債券消化勧奨体制の整備を進め、61年支店に代理貸付係、債券係を設置、自力消化の拡大を目指した。さらに翌62年には、「積立フドー」を開始し、割引債の消化を強化することとした[50]。

62年以降、金融債発行をめぐる環境は好転した。しかし、行政指導により支店の拡大を厳しく制限されていた長信銀にとり、店頭消化の拡大には自ずと限界があったため、証券会社への依存は依然として重要であった。しかもこの時期の割引金融債消化は、ほとんど運用預りを前提としていた。顧客にとって、運用預りにすることにより利回りを高められることが、定期預金金利が政策的に低利に固定化されていた当時における金融債の最大の魅力だったのである。これは現実に証券会社が運用預りにした金融債をコール取入れの担保に供したかどうかとはかかわりなかった[51]。

ひとたび証券会社が破綻すれば、コール市場が混乱し、運用預りに対する信用が失われる。運用預りを梃子として拡大を図ってきた以上、割引金融債消化は著しく困難になる。それどころか証券会社が連鎖的に破綻するようになれば、割引金融債の販売網は一挙に瓦解し、証券会社は手持ち金融債を投げ売ることになろう。そうなれば、利付金融債の金融機関消化も不可能になる。長信銀にとって61年の経験は、このような可能性を十分予感させるものであった。61年および65年の証券危機直前、日興証券および山一証券の経営に、トップメインでない興銀から、それぞれ湊守篤、日高輝が送られた背景には、長信銀側のこういった事情が存在していたのである。

65年の危機以降、準大手の証券会社は、免許取得の条件である経営安定化のため、率先して割引金融債の販売に注力するようになり、興銀の証券系列化が進められることになった。

2　短期金融市場の混乱

証券市場の拡大と投信を梃子とした証券会社の台頭が影響を与えたのは、長期金融だけではなかった。短期金融市場でも証券会社の影響は増大していた。証券会社がコール市場との関係を深めるようになったのは、53年8月株式投資信託の信託財産をコールに運用することが認められてからである。本来コール運用は、支払準備としての性格を持つものであったが、投資信託の場合、親会社である証券会社を取り手として指定するいわゆる紐つきコールが中心であっ

表9-5 機関別コール市場占有率

(単位:%)

年	コール・マネー											コール・ローン					
	都銀	地銀	信託銀	長信銀	外銀	中小金融	系統金融	証券	保険	その他	合計	都銀	地銀	信託銀	証券	その他	合計
1956	20.6	24.2	13.0	7.3	1.7	7.2	6.0	2.9	13.0	3.3	100.0	69.2	5.1	6.8	4.6	14.1	100.0
1957	12.5	24.4	16.0	4.2	1.5	10.8	9.1	6.7	11.7	2.6	100.0	65.6	4.3	8.2	3.8	17.9	100.0
1958	14.5	25.8	16.4	2.6	0.7	11.4	10.4	5.3	9.0	3.2	100.0	65.3	4.6	2.4	6.4	21.1	100.0
1959	11.3	25.3	20.4	2.1	0.5	15.8	7.6	4.0	7.4	4.8	100.0	66.5	3.8	2.0	13.1	14.3	100.0
1960	4.7	24.5	25.6	1.6	0.6	19.8	6.0	5.3	4.8	6.4	100.0	63.1	2.3	3.3	19.0	12.0	100.0
1961	6.3	18.1	30.8	2.4	1.0	20.5	4.8	3.2	4.6	7.8	100.0	49.0	3.5	4.9	29.7	12.7	100.0
1962	0.2	17.5	33.0	2.0	2.1	22.5	6.2	2.8	4.4	8.2	100.0	49.6	3.6	5.3	24.6	16.7	100.0
1963	0.3	17.1	28.2	2.6	1.7	23.0	12.2	1.6	9.1	9.1	100.0	63.9	2.1	3.4	17.4	12.8	100.0
1964	0.1	12.5	23.6	2.3	1.7	21.6	17.5	4.4	5.0	10.8	100.0	73.7	2.7	2.8	13.3	7.1	100.0
1965	0.1	12.4	24.0	3.8	1.0	18.1	25.3	2.1	4.5	4.8	100.0	87.2	1.4	1.1	5.8	4.2	100.0

出所:短資協会編『短資市場七十年史』1966年より作成。
注:1960年までは東京・大阪市場の分。61年からは名古屋市場を含む。

た。投信コールについては直取引コールとせず市場に放出することが指導されていたが、市場放出はまったく形式的なものにすぎなかった。

50年代後半から、この投資信託による紐付きコールが急激に増加し、表9-5にみられるようにコール市場に大きな影響を与える規模となった。出し手側では、信託銀行の占める比率が急激に高まったが、これは主に投資信託の急増によるものであり、60年からは信託銀行が出し手で最大のものとなった。一方取り手側でも証券会社の比重が急速に高まった。61年頃の比重をみると、ほぼ信託銀行の放出に見合っており、証券会社によるコール取り入れが、専ら投資信託の紐付きコールに依存していたことがわかる。

証券会社は、一度取り入れた資金を再放出し、有価証券の購入、顧客への信用供与、立替金などの営業資金に充当した。一方コール担保については、顧客の購入した割引金融債を運用預りすることで調達した。投資信託と金融債の組み合わせを通じ、証券会社は両建ての営業活動を行っていたことになる。問題は当時の証券会社首脳ですら、そのことの意味を明確には理解していなかったという点にあった[52]。

コール市場での証券プレゼンスの高まりにより、ひとたび投資信託が行き詰まると、証券会社の資金繰りが大きく揺るがされるだけではなく、コール市場を通じ、金融機関に波及する可能性が生まれてきた。当時の大蔵省や日銀は、

図9-4 コール金利の推移

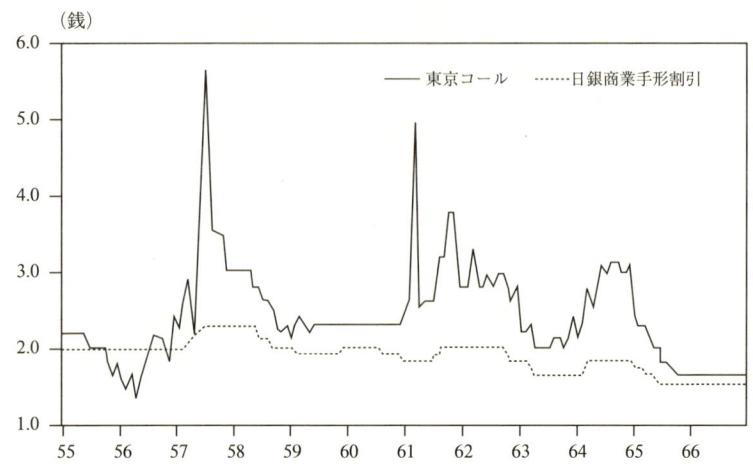

出所:『本邦主要経済統計』『短資市場七十年史』より作成。
注:コール金利は東京コール無条件物中心レート。

　証券市場と金融市場とを隔離し、証券業界の不祥事が金融機関に跳ね返ることを避けようとしていたと思われるが、投信の急増と、コール市場での投信マネーの比重増加、運用預りの急増は、もはや証券会社を行政の蚊帳の外に置けないという事実を示すものであった。逆に述べれば、戦後の証券会社が、投信を梃子として、短期金融市場に影響力を持ちうるまでに成長してきていたということになる。

　コール市場において証券会社経営の影響が現実のものとなったのは、先にみた公社債投信の発足であった。61年3月からコール市場金利は図9-4のように上昇しはじめた。景気上昇によって資金需給がタイトになってきたということが、その基本的要因であったが、先にも述べたように、公社債投信発足のあおりで引受けた割引金融債が手持ちとなり、証券会社の資金繰りが困難になる一方、公社債投信の解約急増によって買い戻した社債を株式投信にはめ込んだため、株式投信のコール運用資金が急減したことが大きく影響した。公社債投信の躓きは、元本減少にとどまらず、株式投信という本体部分を制約することで、結果としてコール市場に影響を与えることになった。

4月日本銀行は証券会社に対し、割引金融債引受け額の正常ベースへの引き下げ、公社債投資信託設定自粛などを申し入れ、証券会社によるコールマネー取入れを極力抑制しようとした。さらに5月になると短資業者間のレート協定を指導するなど、極力コール金利の高騰を抑えようとした[53]。しかし6月になると国際収支の逆調から日銀は窓口指導を強化し、7月公定歩合を引き上げ、8月都市銀行に対する高率適用を実施するなど金融引締め政策を強力に推し進めた。これによりコール金利が反騰した[54]。都市銀行が日銀からの借入れに依存できなくなったため、コールマネーの取入れに集中したこと、さらに証券会社も、一般取引を含め、コールマネーの取入れを一挙に増大させたことによる。この時のコール金利の上昇には、証券会社の動向が特に大きく影響したのである。

日銀は、銀行以外の機関、とりわけ証券がコール市場を通じ、金融市場に「撹乱的」な影響を及ぼしはじめたことをはっきりと認知し、証券関係のコール市場での比重を制限するようになっていった。すでに同行は60年頃から証券会社の運用預りに注意を払うようになっていたが、61年7月から資金繰りに窮した証券会社のコール依存が強まり、9月になると自社系投信紐付きコールを超えて高利の一般市場コールを取入れはじめたことで、「コール市場の安全性」に強い危機感を覚えるようになっていった[55]。8月日銀は証券関係コールの取引規制を開始、10月からは証券業者に対する直接指導を強化した[56]。11月になると証券会社のコール取入れを自社系投信コールおよび本業の一般市場コール・ローンの範囲内に抑制する指導を実施した。これは「コール市場の混乱を未然に防止すること」および日銀による「証券会社指導の有力な手段」を確保するためであった[57]。日銀は、短期金融市場における証券会社の影響を極力証券業内部にとどめ、金融機関に及ぼさないこと、また同行の強いコントロールの下に証券会社を置くことを目指したのである。さらに翌62年コール市場が鎮静化するとともに、日銀はコール懇談会を2度にわたって開催し、短資会社、銀行、保険、証券などコール関係者の指導体制を強化した[58]。

コール市場における取引が制限されることで、証券金融はいっそうタイトに

なった。日本証券金融は、東京証券取引所から3億円の預託を受け、62年4月証券会社に更新差金の貸付を実施し、さらに6月から証券4社に対し市中銀行による公社債担保金融が行われた。これは高利のコール資金を公社債担保金融によって低利に借り換えることを意味し、公社債投信の躓きにより資金繰りの悪化していた証券会社を救う目的をもっていた。当初大蔵省および証券業界は日銀本体による公社債担保金融を要望したが、日銀は同行自身の出動を嫌い、市中銀行ベースでの解決を求めたのである[59]。その後の株価対策のための公社債担保金融についても主体は市中の金融機関におかれ、日銀が証券不況対策の前面に立つことになるのは、65年の山一証券および大井証券破綻にかかわる日銀特融になってからであった。

当時の日銀は、証券会社と直接取引関係をもつことに躊躇があったように思われる。一万田総裁の前半期に証券市場育成の積極姿勢を示した日銀は、その後証券金融に対しきわめて消極的となっていった[60]。さりとて61年の経験は、証券会社を無視することができず、金融市場の安定性のためにも何らかの証券金融の手当、日銀による証券市場への資金供給ルートの整備が不可避であることを示していた。62年11月同行は日本証券金融に対する手形貸付取引を認めることとした[61]。これにより日銀から証券市場への資金供給は、公社債担保金融を軸に日銀→市中金融機関→証券市場、日銀→日証金→証券市場という形を整えるようになった。共同証券および証券保有組合の設立まで証券不況の株価対策、救済融資は基本的にこのルートを通じて実施されたのである。

62年以降、平静を取り戻していたコール市場に大きな乱調が生じたのは、63年の国際収支危機であった。61年の金融引締めによって一時的に落ち着きをみせていた経常収支は63年春から大幅の赤字に転じた。当面長期資本収支の黒字によって総合収支は黒字を維持しえたものの、同年7月アメリカのドル防衛策の一環として金利平衡税が創設されたことにより、これまで国際収支の赤字をカバーし、成長路線を可能にしてきたアメリカからの資本輸入が途絶する状況にあった。為替制限については、64年4月のIMF8条国入りを目前に、IMFとの年次協議で国際収支の均衡を為替制限なしで保つよう釘を刺されていた。

為替制限なしに国際収支を調整し得る自信が日本政府にあったわけではないが、IMF のコンサルテーションは、当該期の日本の成長政策にとり大きなプレッシャーとなっていた[62]。この時期の政策は、積極路線をとる池田内閣と、安定成長を主張する日銀、対外均衡を重視する IMF という3者間の複雑な対抗によって形づくられていたのである。

　貿易収支の赤字が膨らむ中、日銀は金融引締めの必要性を認め、12月準備預金制度の準備率を引き上げることを決定した。公定歩合の引上げについては、積極路線維持の立場をとり続ける池田内閣との交渉が難航したものの、まず64年1月市中貸出増加額に対する規制措置（窓口指導）が実施された。ついで3月公定歩合の引上げがようやく実現した。金融引締め政策の発動と自由化対策のための高水準の企業の資金需要に挟撃された都市銀行は、コール取入れを急増させた。63年秋より堅調に転じていたコール金利は64年夏まで上昇を続けた。64年のコール市場引締まりの特徴は、証券不況の深化の過程にあって、系統金融や中小金融機関のコール放出額が著増した点であり、このため61年のようなコール金利の急騰は避けられたということにある。加えて、日銀により証券会社のコール取入れに制限が課され、投信自体がもはやコール放出を増加させる余力を持たなかったことが大きく影響した。コール市場の危機は確かに「未然に防止」されたといえよう。

　このことは反面、証券会社の資金繰りを強く制約する要因となった。すでにみたように、金融引締めの浸透により資金繰りが苦しくなっていた企業が、流通市場の動向とは無関係に増資に踏み切ったため、株価は続落し、すでに引受けの余裕を失っていた証券会社経営は、ますますその困難の度合いを増したのである。

　コール市場は、64年秋から鎮静化に向かった。日銀のコール市場における証券関係の規制は、64年には一定の効力を発揮した。しかしそのことは弱体化した証券会社をますます弱体化させる結果となった。ひとたび証券会社から破綻に瀕するものがでてくれば、コール市場は再度混乱に陥る可能性があった。そのような事態が生まれれば、外貨準備を補填していた外国の短期資本が国外に

流出し、国際収支危機が再燃するのではないか、日本の財政金融政策は IMF の厳しい管理下に置かれ、積極的成長路線が否定されるか、為替制限の発動により IMF 8 条国入りが吹き飛んでしまうのではないか、証券対策の現場を指導していた大蔵官僚がもっとも恐れていたのも、まさにこの点だったのである(63)。

山一証券の破綻によって、大蔵官僚や日銀の描いていた最悪のシナリオが現実味を帯びることになった。銀行局ないし銀行局から証券局に移った大蔵官僚を中心に、密かに日銀特融案が練られ、打ち出された理由も、日銀が直接証券会社救済融資に乗り出すことを渋りながら、最後に市中銀行を媒介としてであれ、「日銀法」第25条を発動し、特融に踏み切った理由もここにあったといえよう。

高度成長前半期の証券発行市場では、池田内閣の積極的成長路線と「金融正常化論」に導かれた証券市場育成論、そして貿易・為替の自由化という外生的な要因に規定され、設備投資の急増および増資の拡大、社債発行の増大がみられた。とりわけ国際収支の悪化による金融引締め期には、企業は流通市場の動向にかかわりなく増資を強行した。高度成長の進行により、個人所得も上昇しはじめていたから、家計貯蓄も増大し、戦後一時的に後退していた金融資産の多様化が再度進行するようになったため、証券投資の需要も次第に高まっていった。

高度成長前半期にみられた直接金融への資金の微弱なシフトは、このような条件によってもたらされた。証券会社は、投資信託を通じてこのような貯蓄を集中し、営業基盤を拡大するとともに、証券市場の飛躍的発展を演出することに成功したかにみえた。

しかし増資および起債の拡大は、金融資産の多様化をはるかに超えるテンポで進行した。公社債投信の躓きは、起債の急増に投信募集が追いつかず、加えて業態内における募集競争が加熱化することによって引き起こされたといえよ

う。株式投信もまた、次第にその限界を露にするようになった。投信を梃子に営業基盤を拡大してきた証券会社は、投信の後退によって経営を悪化させていった。証券市場の急成長によって証券会社および投信の存在は、長期および短期金融市場に大きな影響を与えるまでに成長していたから、証券会社の経営危機は金融市場に波及し、金融危機に発展する潜在的可能性を秘めていた。

　このことに気づいた大蔵省、日銀は証券業界に対する指導を強め、金融危機への発展を未然に防止しようとした。大蔵省証券局にあっても、日銀特融と証券免許制を密かに推し進めていたのは、銀行局からの移動組であった。日銀は証券金融の前面に立つことにためらいを持っていたようであるが、少なくとも65年時点で総裁であった宇佐美洵は、その前年まで山一のメインの一つであった三菱銀行の頭取であったから、事態の進行はおおむね了解していたはずである。最後まで躊躇していたのは、当時総裁級の副総裁と呼ばれていた佐々木直でなかったかと思われる。だとすれば、証券不況に対する危機意識について、大蔵省銀行局と日銀プロパーとの間には多少の温度差があったのかもしれない。

　いずれにしろ、61年を契機として、大蔵省、日銀には次第に危機の「予想」が形成されつつあった。65年という時点はけっして偶然ではなく、60年に大量に設定されたユニット型投信の満期がくる年であり、元本割れは必至な状況にあった。一方63年のアメリカのドル防衛策の発表により、国際通貨体制が動揺し、国際収支対策のもとで、日本政府が資本移動に神経を尖らせていた時期とも一致している。64年の国際収支危機はひとまず回避されたが、IMF８条国入りとともに為替制限は認められなくなっていたことから、開放体制への移行過程で証券危機が金融危機に発展した場合、短期資金の国外流出によって国際収支が一気に悪化し、事態はさらに深刻なものに発展するかもしれないと予想されたのである。

　65年の証券危機は、このような大蔵省、日銀および興業銀行を中心とした金融界によって証券会社の一部破綻というレベルで抑止された。その後に待っていたものは、証券会社の免許制であった。免許制は、事実上新規参入を阻止することで、証券会社を行政の監督下に置くことを意味した。それは金融界にお

ける護送船団方式を、証券界に引き写したものであったといえる。

この後、証券市場が大きな波乱を経過しなかったことを考えれば、免許制はそれなりの効力を発揮したと評することができるだろう。証券会社は、この免許制移行によって、本格的に日本的金融システムに組み込まれることになった。証券危機とその打開は、革新には向かわず、日本的な修正により吸収されたのである。しかしその歴史的評価が本当の意味で問われるようになったのは、80年代後半になってからのことであった。

注

（1）　山一証券の破綻にいたる過程についての分析は、事件の衝撃性もあり、枚挙に暇がないが、最近の優れた研究としては、橋本寿朗「証券会社の経営破綻と間接金融・長期雇用システム――1965年証券恐慌と山一証券――」（『証券経済研究』第112巻、1999年5月）が経営文書にまで踏み込んで詳細な分析を試みている。日銀特融にいたる意志決定過程を当事者へのヒアリングも含め、綿密に分析した研究としては、増補改訂のかたちであるが、草野厚『山一証券破綻と危機管理――1965年と1997年――』朝日新聞社、1998年がある。1965年の危機を日本証券市場の歴史の中に位置づけたものとしては小林和子『証券　産業の昭和社会史』日本経済評論社、1987年、同『株式会社の世紀――証券市場の120年――』日本経済評論社、1995年があり、また同じ執筆者の手による最近の論稿としては「証券恐慌がもたらした証券行政の転換」（『証券研究』第112巻、1995年5月）、および日本証券研究所編『日本証券史資料　戦後編　第九巻　証券恐慌』1994年の「解題」が重要である。大蔵省および日本銀行の側からの把握としては日向野幹也稿「証券」（大蔵省財政史室編『昭和財政史　昭和27～48年度』第10巻、東洋経済新報社、1991年）、日本銀行百年史編纂委員会編『日本銀行百年史』第六巻、1986年がある。山一証券自身による総括としては、『山一証券百年史』が編纂されているものの、同社の破綻によって刊行は未定である。当事者の回顧もまた多数にのぼる。政策決定過程にかかわったものの中、公刊されている主だったものを上げれば、大蔵省関係では、当時事務次官であった石野信一「開放経済体制下の安定成長路線」（松林松男編『回顧録・戦後大蔵政策史』政策時報社、1976年）、「財政金融政策の役割」（エコノミスト編集部編『証言・高度成長期の日本』上巻、毎日新聞社、1984年）、大月高監修『実録戦後金融行政史』金融財政事情研究会、1985年。初代証券局長であった松井直行「松井直行氏証券史談」日本証券研究所

編『日本証券史資料　戦後編』第10巻、1996年、証券局財務調査官であった加治木俊道「免許制への移行——禁止された運用預かり——」(有澤広巳監修『証券百年史』日本経済新聞社、1978年)、「40年証券恐慌」(志村嘉一監修『戦後産業史への証言　四』毎日新聞社、1978年)、「信用恐慌を恐れた」(鎌田勲・高村壽一編『証言・戦後経済史——あの時の真実——』日本経済新聞社、1988年)、「加治木俊道氏証券史談」(前掲『日本証券史資料　戦後編』第10巻)。証券局総務課長であった坂野常和「証券恐慌——体質の欠陥あらわに——」(前掲『証券百年史』)、「高度成長期の証券行政」(前掲『戦後産業史への証言　四』)、坂野常和『証券不況　いつ晴れる?!』毎日新聞社、1993年、「坂野常和氏証券史談」(前掲『日本証券史資料　戦後編』第10巻)。証券局業務課長であった安川七郎「証券恐慌」(前掲『証言・高度成長期の日本』下巻)、「安川七郎氏証券史談」(前掲『日本証券史資料　戦後編』第10巻)。大臣官房財務調査官であった柏木雄介「四十年当時の国際収支」(前掲『証言・戦後経済史——あの時の真実——』)、本田敬吉・秦忠夫編『柏木雄介の証言——戦後日本の国際金融史——』有斐閣、1998年などがある。これに比べ、日本銀行側の当事者の証言は著しく少ない。管見に触れる限りでは、副総裁であった佐々木直「激動期の日銀」(前掲『戦後産業史への証言　四』)、理事であった鎌田正美「証券金融改革」(前掲『証言・高度成長期の日本』下巻)、および当事者ではなかったが、当時調査局次長であった吉野俊彦『歴代日本銀行総裁論——日本金融史の研究——』毎日新聞社、1976年ぐらいである。証券恐慌から日銀特融にいたる過程で中心的な役割を果たした日本興業銀行頭取中山素平の回顧としては、中山素平「山一救済の舞台裏」(前掲『戦後産業史への証言　四』)、「山一証券救済の舞台裏」(前掲『証言・戦後経済史——あの時の真実——』)、「中山素平氏証券史談」(前掲『日本証券史資料　戦後編』第10巻)がある。未公開のもの、および筆者が直接ヒアリングさせていただいたものについては、ここでは略す。なお研究書ではないが、当時の雰囲気を伝えるものとして、アル・アレツハウザー『ザ・ハウス・オブ・ノムラ』新潮社、1989年、高杉良『小説日本興業銀行』前・後編、角川書店、1996年、境光秀『郵一君物語——ある財務官僚の昭和史——』財経詳報社、1995年が上げられる。最初の書は、膨大な取材によって構成されており、現時点では直接ヒアリングができないような貴重な証言が散見される。ただし、明らかに事実誤認と思われる記述がみられることも付言しておく。後二書はフィクションの形態をとっているものの、当時の興業銀行、および大蔵省内部の意志決定過程についての具体的な記述がみられ、歴史的事実と突き合わせることで、興味深い視点が得られる。

(2)　救済の中心となった加治木俊道は、日銀特融について、個別証券会社の救済な

のか、信用秩序の保持育成なのかをめぐり、日銀の佐々木副総裁と大蔵省銀行局長の高橋俊英との間で激論があったと推測している。前掲『証言・戦後経済史――あの時の真実――』172頁。『昭和財政史　昭和27～48年度』は、日銀特融が、山一ないし大井という個別の証券会社の救済を目的としたものではなかったとしつつ、証券会社への取付けが銀行預金の引出しのための取付けに発展するという合理的根拠もないとし、「他の証券会社への取付け波及を防止し、投資先としての株式市場の魅力を維持し、株式担保貸付の縮小などを通じたクレジット・クランチを防止すること」が「信用秩序の維持」の意味であったととらえている。しかし、のちに述べるようにこの時期の問題は、むしろ株式担保金融が衰退していたことにこそあった。前掲『昭和財政史　昭和27～48年度』第10巻、631頁参照。

（3）　小林は、当時大蔵省内部に、証券会社の倒産→銀行システムへの波及→国際的な短期借入資金の避難という経路を通じた全般的危機への危惧が存在していたことを挙げ、「背後には日本興業銀行の輪郭が見えてこよう」と指摘している。実は、当事者であった中山素平自身、意外なほど率直に「山一が手を上げちゃった日には、山一だけにとどまらんでしょう。日興証券も影響を受けるし、興銀自体にも火がつきますからね。何とかしてそこへ行かないようにしなきゃならない。当時の『運用預かり』が強く頭にありましたからね。……証券会社が債券を返してくれないとなってくると、元本が怪しいんじゃないかと興銀にもやってくるでしょう。そういう波及を非常に心配した」と回顧している。前掲『株式会社の世紀――証券市場の120年――』257頁および前掲『証言・戦後経済史――あの時の真実――』165頁参照。

（4）　65年前後、証券局で証券対策にあたっていたのは、加治木俊道、坂野常和、安川七郎であった。この中にあって、坂野だけがわずかではあれ「証券取引法」の作成に携わった経験をもつ証券畑で、加治木、安川は銀行局畑の移動組である。日銀特融は、加治木および銀行局長の高橋俊英のラインで具体的にまとめられ、松井直行と安川七郎のラインで免許制の実施が進められたと思われる。坂野は、自分が日銀特融につき知らされたのは決定の2、3日前であったとし、注目すべき記述を行っている。「証券局にとって日銀特融という知識、発想は基本的になく、大蔵省で実際に検討していたのは銀行局だったようだ。私たち証券局にとっては『目先の騒ぎを収めるためなら、なんでもやってほしい』というのが本音だった」。彼には日銀特融という発想は全くなかったのである（前掲『証券不況いつ晴れる?!』74頁）。また免許制についても「実は私は一人で反対しまして、局（証券局――引用者）をつくることは結構だけれども、免許制は反対という意見をのべました。そもそもアメリカの法律は登録制で、そのかわり普通の業法と

違って取引そのものをコントロールするたくさんの条文が入っている。取引をコントロールするのがこの法律の目的であって、業界を育てるとか育てないとかいう感覚はこの法律にはないのだ。そこへ免許制を入れて業界を育てるということにすれば、取引そのものを規制する法律と、業者の信用を失わないためにどういう状態でなければならないという監督的な法律とが全部ごっちゃになって変なものになりますよ、だからこれはうまくいかない。もし日本で新しい証取法をつくってやり直すなら別だけれども、アメリカの法律の上へ免許制を乗せるのは無理だと言ったのですが、皆さんお分かりいただけなかった」（前掲『日本証券史資料　戦後編』第10巻、196頁）。これに対し加治木は「警察行政から育成行政に切りかえるべきじゃないかということです……私は証券部に行ってすぐ登録行政ではだめだ、証券局をつくるかつくらんかはどっちでもいいけれども、まず証券行政を免許制に切りかえるべきじゃないかと言った」と述べている。（前掲『戦後産業史への証言　四』148、149頁）。ここには、証券行政の新たな展開として喧伝された証券局設立に、当事者たちが必ずしも熱意をもっていなかったこと、そしてアメリカ法の性格を、入省すぐに証取法作成に携わることで実感していた坂野と、銀行行政を中心にキャリアを形成し、証券部に入って証券会社の実態を初めて目にした加治木との鮮やかな対照が見出される。大衆化された証券市場を前提とした証券機構に対する原理的な考え方としては、明らかに坂野の述べるところが整合的である。しかし証取法が予め前提としている証券業のあり方が、4大証券を含めいまだ定着していなかった当時にあって、原理的に正しいことを現実に妥当させようとしたときに起きるであろう混乱と摩擦は、予測されたよりも大きいものであったに違いない。このことはいわゆる「坂野通達」が与えた混乱を想起すれば容易に理解される。判断の指標は、そのような大きな動揺に当時の証券市場、金融市場が耐ええたのかということにある。この点で免許制を具体的に推進した安川七郎の姿勢は理念的な部分を省いた分、明快である。「私はその三十九年八月に、潰れるものは潰して、その後業界の再編成をやるという方式を採るか、そういう問題は進むに任せておいて、同時並行的にまず免許制の法律を作ってしまって、（近い）将来に免許制を採用するということで社会の信頼を繋ぎつつ、同時に仕上げをしてしまうかという、こういう二つの方法に直面しまして、後の方法を実は採ったわけです。……そういう時代ですから本当ならば、立法の技術としてはまず証券業者の再建整備法というものを作って整理をやって、それから銀行法のように業者法を作って、二本立ての法案でいかなければならない。しかしもしそれをやりますと、再建整備法だから『さあ大変だぞ』ということで、またそれが社会的不安を来す。ですから免許制の内容としては、表向きは普通の

業者法のような体裁を取りながら、中身をよく読んであるいはその経過措置を加えて見ますと、実は再建整備の部分もあるように巧妙に組み合わしたんです」（前掲『日本証券史資料　戦後編』第10巻、46頁）。現実に進行しつつある危機が、坂野の提起した原理的な問いを背景に退け、緊急避難的な免許制を選択させた。おそらく証券行政の中心を担っていた坂野が、証券危機のクライマックスにおいて時局の中心にいなかった理由はそのためであろう。問題は、アメリカ法を移植した戦後の証券関係法規を日本の金融システムとの関係でどのように考えるべきなのか、あるいは証券行政と銀行行政は同じ手法でありうるのか、という坂野の発した原理的な問いの射程が、緊急避難的な制度改正以後ほとんど省みられることなく、今回の証券不況にまで持ち越されたという事実である。GHQによって広義の日本の金融システムに打ち込まれた最大の楔である証取法は、免許制の導入によって日本的金融システムに吸収されていくことになった。免許制導入間際、わずかながらでも戦わされていた原理的な問いかけは、緊急避難が常態化する中、いつしか忘れ去られていったのである。

（5）　杉浦勢之「戦後復興期の銀行・証券――『メンバンク制』の形成をめぐって」（橋本寿朗『日本企業システムの戦後史』東京大学出版会、1996年）253頁以下を参照。
（6）　「金融正常化論」については、堀内昭義「金融政策」（前掲『昭和財政史　昭和27年～48年度』第9巻、100頁以下）を、また「正常化論」と証券政策との関連については前掲『昭和財政史　昭和27年～48年度』第10巻、581頁以下を参照。なお戦後の金融システムは「非正常」であり、戻るべきスタンダードが存在するはずだという強固かつ支配的であった「金融正常化論」は、65年以後影を薄め、「金融効率化論」に道を譲る。金融パラダイムの上でも、65年は大きな転換点であったといえよう。
（7）　この点については、杉浦勢之「4社体制確立過程における証券金融問題――戦後証券市場の展開過程――」（『青山経済論集』第51巻第4号、2000年3月）において不十分ながら検討を加えているので参照されたい。
（8）　竹内半壽『我国公社債制度の沿革』酒井書店、1956年、149頁以下を参照。
（9）　長期信用銀行の成立過程については、杉浦勢之「戦後金融システムの成立――日本的金融システムの原型創出過程――」（『金融史の国際比較』青山学院大学総合研究所経済研究センター研究叢書第6号、1998年）、99頁以下を参照されたい。
（10）　前掲『昭和財政史　昭和27～48年度』第9巻、585頁。
（11）　東京証券業協会証券外史刊行委員会編『証券外史』東洋経済新報社、1971年、250頁。

(12) 当時の証券関係者は、「座してジリ貧になるよりも、むしろ積極的に公社債を中心とした証券投資信託をつくり上げよう」と考えたとされる。証券投資信託協会『証券投資信託三十五年史』1987年、130頁。
(13) 前掲『証券百年史』286頁。
(14) 日興証券株式会社50年史編纂室編『日興証券株式会社50年史』1970年、504頁。
(15) 野村証券副史編集委員会編『日本橋の三十年——野村証券経営副史——』1975年、431頁。
(16) 前掲『昭和財政史 昭和27～48年度』第10巻、588頁。
(17) 前掲『証券外史』252頁。
(18) 東京証券取引所編『東京証券取引所20年史』1974年、261頁。
(19) 当時の大蔵省は、社債流通市場の「正常化」を望んでいなかったといわれる。低金利政策の一環として起債を行政のコントロールの範囲にとどめつつ、優先債である電力債の増発を公社債投信に封じ込め、債券売買市場が成立するのを抑止し、人為的に金利を低位に維持しようとしたものと考えられる。日銀による社債担保金融の道が開かれていなかった以上、これは金利の変動による価格リスクをすべて公社債投信に負わせることを意味する。この点については、前掲『昭和財政史 昭和27～48年度』第10巻、588頁を参照。
(20) 高本光雄編『戦後金融財政裏面史』金融財政事情研究会、1980年、254頁。
(21) 前掲『東京証券取引所20年史』261頁。
(22) 問題は、61年1月の公定歩合の引下げが、そもそも適切であったかどうかである。すでにこの時点で、経営収支は逆調に転じており、資本収支の黒字によってカヴァーし、総合収支の黒字をかろうじて維持するという状況にあった。そのような微妙な時点で引下げを行った理由を『日本銀行百年史』は、「当時の金利水準引下げの要請に応えるとともに、他方で公定歩合引下げが可能なときにできるだけ下げておけば、必要な場合には引上げ易くなるという配慮が働いた」と述べ、その結果については、「この引下げは適切ではなかった」と評している（前掲『日本銀行百年史』第6巻、26頁）。これはいかにも苦しい表現といわなければならない。当時の要請とは、いうまでもなく前年成立した池田内閣の「人為的低金利政策」のことを指している。『山際正道』は、その辺のニュアンスを情緒的に「総理大臣となった池田は、株の数字の泣き叫ぶのを聞くに耐えず、そういう場合には、自ら立って金利引下げの指揮棒を揮いたくなる衝動に駆られる」と書いている。何を述べているかは明瞭であろう（山際正道伝記刊行会編『山際正道』1979年、603頁）。加えて、この公定歩合の引下げとセットであった戦後初めての預貯金金利の引下げについては、郵政省と大蔵省との折衝が難渋したため、同年

3月にずれ込んだ。これに合わせ、公社債利回りも同月改訂することになった。預貯金金利および公社債利回りの改訂が遅れたため、国際収支の悪化による窓口規制が実施され、公定歩合の引上げがわずか3カ月後に実施されるという不手際が起きたのである。この時の引上げでは企業の旺盛な設備投資意欲を抑制するにはいたらず、ついで9月日銀は公定歩合のもう1厘引上げ、高率適用の強化、預金準備率の引上げという「トロイカ方式」による金融引締めを実施した。これは新木栄吉前総裁の打ち出した「金融正常化」に逆行するものであったが、公定歩合を1厘引上げにとどめる代わりに、高率適用強化、預金準備率引上げを認めるという、山際と池田―水田蔵相間の妥協に基づくものであった（前掲『山際正道』609頁）。この時の政府の強気な態度については、前年政府が内外資本移動（特に短資）の規制緩和を進めていたことに注目し、短資の流入および公的借款によって、引締めの発動や強度をできるだけ遅らせようとしたものとの指摘がなされている（一ノ瀬篤『固定為替相場制期の日本銀行政策』お茶の水書房、1995年、70頁）。当該期の日銀の微妙な政策決定過程については、水野正義『日銀・秘められた「反乱」――改革への助走――』時事通信社、1997年が詳しい。

(23) 事業会社が公社債募集に応じた理由としては、「起債を証券会社に依頼することを予想してのご祝儀や、起債して得た資金の一部を公社債投信を買うことによって証券側に還元する形とか、さらに一時的余裕金の運用対象として公社債投信を取得するとか、さまざまな動機からなりたっていた。事業会社の一時的余裕金は、本来ならば銀行借入れの返済にあてるか、銀行預金になるべきものである。一般に余裕金で借入金を返済してしまうと、資金が必要になったときに銀行は新しくはなかなか貸してくれない。したがって一方で借入金をし、他方で余裕金を預金の形でおくというケースが多く、みすみす金利負担を過重にしている。事業会社が一時的余裕金を公社債投信にふりむけたことには、このような銀行のやり方に対する反発が少なからず手伝っていた」とされる（山村竜次郎『日本の証券会社』、日本評論社、1964年、154頁）。

(24) 前掲『昭和財政史　昭和27〜48年度』第10巻、1991年、590頁。

(25) 61年1月証券投資信託協会の渡辺専務理事は、山際日銀総裁を訪ね、投信組入れ社債を日銀の買いオペの対象にしてほしいとの申し入れをしている。公社債投信の発足以上に、証券会社が公社債投信を通じ、日銀との取引が可能になるかもしれないという事実が、銀行にとって衝撃だったようである。（前掲『戦後金融財政裏面史』251頁）。これに対し山際総裁は、2月1日の定例記者会見で「量と普遍性など具体化にはまだ問題はあるが、方向としては考えられる」と述べており、仮にこのような制度的手当てが進められていれば、公社債投信もまた異なる

(26) 瀬川美能留『私の証券昭和史』東洋経済新報社、1984年、107頁。
(27) 前掲『日本橋の三十年——野村証券経営副史——』433頁。
(28) 同上、438頁。
(29) 前掲『日興証券株式会社50年史』501頁。
(30) 前掲『東京証券取引所20年史』215頁。
(31) 一律分配を指導されていたユニット型とは異なり、オープン型は大蔵省による分配制限を緩和されていたので、株式売買益を組み込んだ高率分配が可能であった。分配方針は各社によって異なり、大和証券が安定配当主義をとったのに対し、日興証券は収益をほとんど高率分配に廻し、山一証券はその中間であったとされる（野村証券調査部編『成長経済下の投資信託』、1961年、76頁）。野村がオープンに進出したのは60年である。同社の進出がこのように他社に遅れたのは、奥村綱雄社長が、オープンへの進出に反対で、投信は貯蓄型であるべきだとの信念をもっていたことによる。このため、ユニット型で優位にあった野村は、オープン型によって日興、山一の急追を受けることになった。しかし株価売買益を組み入れた高率分配主義は、株価が下落に転じた場合、大幅に分配を引下げざるを得ず、ユニットに比べ投資家に利回りの低下を印象づけるという特徴をもっていた。高率分配主義をとり、オープン型募集に力を入れていた日興、山一が65年により経営不振が著しく、参入の遅れた野村や安定分配主義の大和が相対的に経営の安定性が保たれた理由の一因はここにあったといえよう（前掲『日本橋の三十年——野村証券経営副史——』397頁）。
(32) 同上、400頁。
(33) したがって、65年の時点が野村を含め、証券不況に証券会社経営が耐えられるリミットであったと考えられる。
(34) 前掲『東京証券取引所20年史』301頁。
(35) 日本共同証券財団編『日本共同証券株式会社社史』1978年、30頁。
(36) 資本市場財団編『日本証券保有組合記録』1969年、18頁。証券保有組合の設立は、日銀の前副総裁から日本証券金融社長に転出した谷口孟の発意によるものであった（日本証券金融株式会社特別調査室編『日本証券金融株式会社二十年史』1970年、164頁）。
(37) 前掲『日本銀行百年史』第六巻、148頁。山際総裁は64年12月の段階で、証券会社に直接資金を供与することが中央銀行として適当かどうか問題であり、現在そうしたことを考えていないと述べている（同上、133頁）。これは、個々の証券会社に対する救済融資には応じられないとの見解であろう。投信組入れ株の肩代

わりのためには日銀の協力が不可避であったため、同月日銀副総裁から東京証券取引所理事長に就任した井上敏夫が佐々木日銀副総裁を訪れ、融資についての了解を受けている（前掲『日本証券保有組合記録』19頁）。先の谷口および井上と日銀OBで証券界に転出した二人の交渉により、日銀は「組合」としての証券界とのかかわりを容認するようになった。翌65年1月三菱銀行頭取から日銀総裁に就任した宇佐美洵は、保有組合設立の報告を受けた席で、「日本銀行も証券界を毛ぎらいするようなことなく、大いに発言もするし、指導もするよう努めたい」と述べている。この発言には、当時の日銀が、証券界ないし証券会社にいかに強い不信感と警戒感を抱いていたかを示している。

(38) 日本興業銀行史編纂委員会編『日本興業銀行七十五年史』1982年、220頁以下を参照。

(39) 岡田康司『長銀の誤算』扶桑社、1998年、38頁。

(40) 日本長期信用銀行編『日本長期信用銀行二十五年史』1977年、95頁。

(41) 前掲『日本興業銀行七十五年史』543頁。

(42) 前掲杉浦「戦後金融システムの成立――日本的金融システムの原型創出過程――」（『金融史の国際比較』）104頁。

(43) 戦後の証券市場および65年の事態をもっとも冷徹に見透していたのは、興銀の存亡をかけてGHQと対抗した経験をもつ中山素平であったと思われる。65年の日銀特融についての大臣声明に、特融だけでは駄目だとして、証券金融の確立という1項を挿入させ、渦中にあって冷静に問題の所在を明らかにしたのは中山であった（前掲『戦後産業史への証言　四』166頁）。長信銀側のリーダーであったその中山ですら65年の証券危機に触れ、「司令部の考え方は日本をアメリカ式の直接金融にもっていこうというので、なかなか債券発行方式を認めんわけですよ。私が主として司令部と折衝して、当時の担当官にいったことがあるんです。あなた方のいわれるのが正道です。しかしそこへ行くまでには、五十年位時間がかかる。だからやはり間接金融で、債券発行の方式による長期金融が必要なんだと。……そこから始まって、大蔵省の証券行政の考え方もやはりその筋を正道として踏んで行こうという、これは正しいんです。ただし直接金融方式あるいはその証券市場を育成しようという問題は、簡単にいうと急ぎ過ぎたということです。証券行政の責任もあるわけなんです」と述べている（前掲『日本証券史資料　戦後編』第10巻、17頁）。おそらく65年の本質は、ここに集約的に述べられているといってよいであろう。この後、証券行政はむしろ「正道」の進行速度を緩め、ないしは遅らせていく。ほぼ50年後、中山が予感したような事態が進行した。皮肉にも長信銀という業態自体の崩壊と再びの山一破綻というかたちを随伴しながら、

である。中山はこの事態を「遅らせ過ぎた証券行政の責任」と語るであろうか。
(44) 60年代中ごろの都銀、長信銀、証券の微妙な関係について、大蔵省の橋口収は「あの頃は証券より銀行が断然強くて、証券界がなにかするといっても抑えようとしていましたね。……都銀の地盤沈下を強く意識して、出てくる証券会社を叩こう、興長銀を叩こうという空気が非常に強かった。……昭和三十七年、八年頃、ぼくがちょうど銀行課長の頃です」と述懐している（高木光雄編『実録 戦後金融行政史』金融財政事情研究会、1985年、527頁）。このような状況が生まれた直接の契機は、やはり公社債投信だったと考えられる。「公社債投信に社債市場を奪われ銀行、とくに都市銀行のなかには『企業が自由に社債を調達できるようになった以上、興、長銀の貸出は増やす必要がない。したがって利付金融債の引受は減らしていいはず』との意見がとび出しており、もともといやいや利回りの低い金融債をもたされている都市銀行としては、公社債投信のうっぷんを、とんだところにはらしかねまじき勢い」といった反発が生まれつつあったとされる（前掲『戦後金融財政裏面史』255頁）。
(45) 野村証券の奥村綱雄―瀬川美能留のラインは、ピープルズ・キャピタリズムを標榜し、証券界側から常に新機軸を提起していた。野村証券が業界の慣行を破ってまで挑戦的であった理由は、野村が4大証券にあって唯一戦後の財閥解体により、経営者交代を経験したため、経営権維持のためにも積極路線を打ち出さざるをえなかったこと、および戦前関西を拠点としていたため、東京では新規参入者的な位置づけを受けていたことによるものであろう。早期にメリル・リンチの大衆化路線に学んだことが、高度成長期の所得上昇の過程で野村証券をリーディング・カンパニーに育て上げていった理由であった（前掲杉浦「4社体制確立過程における証券金融問題」『青山経済論集』、78頁）。興銀の中山と野村の瀬川は、異なる立場から、おそらく日本の長期金融について同じものをみていた。違っていたのは、その速度の読みであり、65年時点での判断であった。この点では明らかに中山の判断の方が的確であった。瀬川はのちに自らが反対した共同証券の設立について「中山さんの卓見だった」と述懐したという（前掲『日本橋の三十年――野村証券経営副史――』460頁）。
(46) 前掲『日本興業銀行七十五年史』549頁。
(47) 同上、550頁。
(48) 前掲『日本長期信用銀行二十五年史』97頁。
(49) 同上、156頁。
(50) 日本債券信用銀行史編纂室編『日本債券信用銀行三十五年史』1993年、94頁。
(51) 当時野村の総括部長として危機管理の現場を指揮していた田淵節也は、運用預

りについて「これはお客さんから要求されます。運用預かり分だけ利回りが高いわけですから……買えば運用預かり」と述べている（「田淵節也氏証券史談」前掲『日本証券史資料　戦後編』第10巻、177頁）。野村証券の場合、65年当時運用預かりが700億円以上あったが、担保に供されていたのは、その55％で、残りは現物として残してあったという（前掲『日本橋の三十年──野村証券経営副史──』481頁）。

(52) 日興証券の遠山元一会長は、61年3月頃、野村の社長となっていた瀬川に「君はきちっと数字をみながら経営をしておるかね。最近は数字も大きくなったが、やり方も自分の時代とは違うし、俺はもう自信をもって証券業を経営できんよ」と述べたという。ずばぬけた証券経営の勘を備えていた遠山であったからこそ、過去の手法では理解できないことが起きつつあることを鋭敏に察知したのである。遠山の勘は、61年6月の時点で興銀から湊守篤を経営陣にもらい受けるという最後の判断を彼に下させた。その後の山一と日興との運命を分かつ判断であったといえよう（同上、439頁）。

(53) 短資協会編『短資市場七十年史』1966年、実業之日本社、291頁。

(54) 前掲『日本銀行百年史』第6巻、42頁。

(55) 同上、127頁。

(56) 前掲『短資市場七十年史』293頁。

(57) 前掲『日本銀行百年史』第6巻、127頁。

(58) 前掲『短資市場七十年史』295頁。

(59) 前掲『日本証券金融株式会社二十年史』92頁。

(60) 日本銀行調査局編『終戦後における金融政策の運営──一万田尚登日銀総裁回顧録──』1978年、59頁。

(61) 前掲『日本証券金融株式会社二十年史』85頁。

(62) 西村吉正編『復興と成長の財政金融政策』大蔵省印刷局、1994年、221頁。

(63) 安川七郎は、65年の5月という時期をどうとらえていたのかという問いに、「一つは証券界の危機的状況。もう一つは、私共一番心配したのはあの時の国際収支の関係です。対外的な短期債務が、10億ドルあるんです。……もし信用恐慌という格好で火がつきますとね、証券界の取付だけじゃあなくてね、その短期貸しがドドっと流出するおそれがあると。そうしますと本当の経済恐慌になるんですね。日銀特融に踏み切ったのは、山一がギリギリのところまできていたという問題ももちろんありますけれども、やはりそれが種になって、国際収支の破局が加わって、それが経済全体のパニックになっては……ということで実は踏み切ったんです」と述べている。証券危機→金融危機→国際収支危機→全般的恐慌とい

う予想が成立していたわけである。安川の言が個人的なものでなかったことは、山一証券の経営危機が公になった翌日の5月22日午前、アメリカ、ヨーロッパ、香港などの主要在外公館に対し、山一の再建は軌道に乗っており心配がないこと、証券市場に不安や動揺がみられないことを海外投資家などの関係筋に周知徹底するよう大蔵省より訓令が出されていることでも明らかである。在外公館からの回答は、当時の日本政府が何を危惧していたかを明け透けに語っている。「日本の政府や財界はこれらが外国に与える印象を極度に惧れている。さきにわれわれを驚かせ日本経済の安定性に疑いを抱かせた山陽特殊鋼破綻のあとでさらに不名誉な事態（eklat）をまねくことは絶対に避けなければならないと彼らは考えている。政府はそのために今後さらにこの他の証券会社が経営難に陥つた場合には必ずこれに援助を与えるであろう」（5月24日付フランクフルト駐在員発「フランクフルター・アルゲマイネ紙報道概要」）。「ボンド・マーケットについては土地柄詳細不明であるが、先に山陽特殊鋼の問題が明るみに出た当時、当地米系銀行筋では山陽の経営振りもさること乍ら、これを保証した銀行の態度もおかしいではないかと見ていたようである。これに対して日系銀行側では困つた際に助けられた恩義を終生忘れないのが日本人の性格であるから、この点を十分銘記して欲しいというように説明した由である。然し引続き山一証券の問題が発生したため、やはり張り子の虎ではなかろうかという感じを持つに至つたことは否定しきれない」（5月29日付ロサンゼルス総領事発「山一証券問題について」）。「（28日付ファイナンシャル・タイムズは）日本は今でも外国のリーゾナブル・ボロアーとして評価されると書き、山よう鋼事件でも判るように日本の当局は外国からの借款については特に注意深くウォッチし、政府がGUARANTEEしているようなものであると述べている点は山一事件の直後だけに注目される。……然しながら、シティー筋には先の山よう鋼の時よりも山一問題の発たんにより日本経済の先行に警かいのいろが出てきたことは否めない。例えばユーロ・ダラー市場において出し手が、取手である日本の銀行に対しある程度従来よりも消極的な態度に変わってきたことは当地の日本の銀行側のひとしく感じているところである」（5月30日付在ロンドン駐英大使発「山陽特殊鋼・山一証券問題について」）。海外におけるパニックは回避された。しかし63年の利子平衡税の発表により、外資の輸入が欧州市場にシフトした直後の事態であったことを考えれば、高成長の中で繰り返し国際収支危機を経験してきた日本の政府が薄氷を踏む思いで海外からの反響を待ち受けたであろうことは、想像に難くない。以上の打電については、日本証券経済研究所編『日本証券史資料　戦後編』第9巻、1994年、272頁および283頁以下を参照。

第10章　戦後アメリカにおける決済システムと
資産選択運動

野下　保利

第1節　資産選択運動と決済システム

　現代資本主義の顕著な特徴は、資産選択運動が内外で活発化している点にある。アメリカを中心に活発な資産選択運動が展開され、各種資産間の代替性と連動性を高めている。資産選択運動の恩恵を最も受けているのがアメリカ経済である。1990年以降アメリカ経済は、資本市場の活況に主導された経済成長を経験している。資産選択運動はまた、エマージングマーケットへの資本流入を加速し急成長をもたらす一方、突然の資本引き上げは対外決済手段を枯渇させ、深刻な経済危機をもたらした。70・80年代の累積債務問題をはじめとして世界経済を悩ませている問題の多くは、内外で活発に展開される資産選択運動と関連している。金融資産市場での投資選択の基準・評価に規定されて各国マクロ経済が変動するという状況が、近年の世界経済を特徴づけている。

　今日の資産選択運動を、アメリカやイギリスの金融制度の国際的な拡延とみたり、規制緩和の世界的潮流の結果とだけみなすのは、事態の本質を見誤ることになろう。より高い収益率を求めて投資選択しようとする衝動は、常に存在する。しかし、収益率だけを基準に投資選択するには、現実には各種制約があり、いつも実現できたわけではなかった。アメリカにおいてさえ、現在みられるような規模で資産選択運動が活発化したのは、それほど古い現象ではない。1960年代末以前、個人金融資産に占める銀行預金の比率は高く、保険会社など

の大手機関投資家にしても短期的に投資証券を組み替えることはできなかった。60年代末には、政府証券取引が拡大するにつれて窃盗事件が多発し、政府証券取引の停止さえ招きかねなかった(1)。巨額な証券取引を支える政府証券のブック・エントリー・システムなどの証券決済メカニズムが整備され、資産選択運動が現在みられるような規模で展開しはじめるのは、やっと70年代中葉であった(2)。今日の資産市場の活発化は、各国の歴史的特性に規定されたものというよりも、第二次大戦後の管理通貨制度の産物とみなされるべきであろう。

　機関投資家がマーケットインパクトの発生を回避し保有する大量のポートフォリオを頻繁に再構成したり、新規証券を購入するには、証券ディーラーの積極的なディーリング活動を必要とする(3)。特に近年、各種のアセット・バックド・セキュリティーやジャンクボンドといった店頭証券が増え、証券ディーラーのディーリングやマーケットメイクが証券取引に決定的に影響するようになった(4)。1970年代以降証券ディーラーは、従来の担保付銀行借入に代えて、レポ取引などのオープンマネーマーケットに重点をおいた資金調達に転換した(5)。そのことが、証券在庫投資を賄うための証券ディーラーの資金調達力を増強し、機関投資家との間でブロックトレーディングを積極化することを可能としたのである。証券取引の活発化とオープンマネーマーケットの拡大との間に密接な関連があるにもかかわらず、オープンマネーマーケットの拡大は、銀行が旧来の決済サービスを超えて、取引残高への入出金を集中・管理したり、自動投資サービスを含む新たな決済サービス（キャッシュマネージメントサービス）を広範に提供することなしにはありえなかった。他方、銀行が企業顧客にキャッシュマネージメントサービスを行う場合、他行への銀行間決済手段の支払増加をもたらす可能性がある。加えて、キャッシュマネージメントサービスの普及のためには、顧客企業の取引残高を瞬時に確認できる情報システムや、レポ取引などをフェドワイヤーを使って迅速に決済できるメカニズムの形成を前提としている。したがって、銀行間決済システムの変容によって準備調節を効率的に行う仕組みが構築されることなしに銀行は、キャッシュマネージメントサービスを企業顧客に広範に提供することはできなかった。

本稿は、資産選択運動の活発化によって特徴づけられる戦後アメリカ金融構造の変容を、銀行間決済とインターバンク市場、そしてオープンマネーマーケットの歴史的展開との関連で明らかにすることを課題とする(6)。一定期間における決済残高を限りなく縮小する動きと、より高収益の資産やより低コストの負債を選択する行動とはメダルの裏表の関係にある。決済残高をゼロに近づけることができるほど、流入するキャッシュフローをより収益の高い資産へ投下したり、より低コストの負債を調達することが可能となるからである。この意味で、アメリカの決済システムの効率化と資産選択運動の活発化とは不可分の関係にある。以下でみるように、戦後アメリカにおける決済システムの効率化と資産選択運動の活発化は、なによりも銀行間決済の変容を起点としていた。

第2節　戦後銀行間決済システムとフェデラルファンド市場

1　銀行間決済システムと準備調節

アメリカでは、小切手が現金に代わる決済手段として広範に利用される一方、銀行の広域的な支店展開が地理的および法制面でかなり厳しく制約されていた。このことを反映して、アメリカにおける銀行間決済、特に内国為替決済は、コルレス関係によって支えられてきた。連銀成立以前、国土が広大であるなかで銀行間の信頼関係を経常的に構築するのが困難であった。そのため、銀行間コルレス関係も脆弱なものでしかなく、ノンパーチェッキングや複雑なルーティング問題、そして小切手クリアリングの遅れといった遠地間銀行間決済の中断や非効率に悩まされてきた(7)。

19世紀末の合同運動の結果、全米規模の大企業が生まれたにもかかわらず、銀行間決済の全米的システムは完成せず、銀行制度はアメリカの経済発展の桎梏となった。1914年の連邦準備制度の成立は、こうした銀行間決済の制約を、各連銀所在地のリザーブシティーバンクを中核として再編成し、全米的な小切手決済網を構築するものであった。各リザーブシティーバンク（セントラルリ

ザーブシティーバンクも含む）は、連銀地区内の中小銀行とコルレス関係を結び、小切手の遠地間クリアリング業務を代行した。そして、リザーブシティーバンクが、各種取引の中心地であるセントラルリザーブシティー、特に外国為替取引や証券取引の中心地であるニューヨーク市（NYC）の銀行とコルレス関係を結ぶことになる。連邦準備制度は、正貨やクリアリングハウス手形に代わって準備預金銀行間決済手段としたセトルメントサービスを提供するだけでなく、全米的な規模で小切手決済サービス（取立・クリアリングサービス）を行い、コルレス網から抜け落ちる遠地間小切手決済を補完した。ここに、全米的な銀行間小切手決済網が構築され、銀行間決済の安定性が著しく高まった。理論的にみれば、中央銀行が小切手決済サービスを提供するという、他国に例をみない事態は、階層的なコルレス関係を排してより水平的な銀行間決済メカニズムの構築をもたらす可能性を秘めていた。しかし、連銀は、コルレス関係を排除しなかった。むしろ、連銀の各種クリアリングサービスは、コルレス関係をはじめとする民間クリアリング組織を補完するものとして以後展開していった[8]。

　コルレス銀行は、連銀に比べてより迅速な小切手クリアリングサービスを提供するばかりでなく、共同融資への参加や資産運用アドバイスなど連銀が提供しえない各種サービスを被コルレス銀行（respondent bank）に提供する。さらに、手形交換所を通じる銀行間小切手決済は、手形交換所加盟メンバーに会費を徴収するうえ、手形交換の安全を保証するための諸条件を課すため、中小のシティーバンクやカントリーバンクにとって経費高となった。中小銀行にとって、遠地間にとどまらず域内の銀行間小切手決済もコルレス関係を介して行うほうが有利であった[9]。中小銀行は小切手を直接に連銀に送付せず、コルレス銀行に小切手クリアリングを委ねた[10]。連銀の小切手決済サービスは、大手銀行相互間や、独立系銀行に対する小切手取立に用いられることになった[11]。

　銀行間決済と、銀行間決済手段の調達市場との間には密接な関連がある。決済を安全に遂行するには大量の決済手段を用意する必要がある一方で、決済手

段の保有には機会コストがかかるため可能な限り保有高を圧縮しようする傾向がある。したがって、銀行間決済の「効率性」の向上（＝銀行間決済額単位当りに必要な準備預金額の圧縮）は、銀行間決済手段の調達方法の発展をともなわなければ、円滑に機能しない。銀行間決済手段の圧縮が進むほど、一時的な調達の必要性が増すことになる。銀行間決済の仕組みと決済手段調達メカニズムは、両者一体となって銀行間決済の特徴を形づくってきた[12]。

第二次大戦以前、銀行間決済における準備調節を主に担っていたのが、インターバンク預金であった[13]。大戦前においても、NYCやシカゴの大手のコルレス銀行は証券担保のコールローンや有期ブローカーズローンを積極的に行い、活発な短期金融市場取引を行っていた。しかし当時のコールマーケットは、日々の準備不足を調節するには必ずしも十分なものではなかった。マネーセンターバンクが準備不足を補う主な手段となったのが、コルレス預金やブローカーズ預金といったインターバンク預金であった[14]。NYCマネーセンターバンクは、小切手クリアリングや外国為替業務などの銀行間決済との関連で必要とされる以上に、金利を付与したりブローカーズローンの仲介をしたりして大量のインターバンク預金を吸引した[15]。国法銀行時代以来の銀行間決済手段の階層構造は連邦準備制度の成立後も消失せず、いっそう強まりさえした。しかし、インターバンク預金に大きく依拠した銀行間決済メカニズムは、第二次大戦後、伝統的貸出分野の拡大とならび国際業務の拡大や新規分野への進出を図ろうとした大手銀行、特にNYCマネーセンターバンクにとって、制約要因を含んでいた。

アメリカでは国法銀行時代以来、広範なコルレス関係の存在がもたらす季節的および周期的なインターバンク預金の大幅変動がみられた[16]。通貨需要の季節的な増大や金融市場の混乱によって、カントリーバンクによるリザーブシティーバンクのコルレス残高の引き上げが生じ、そうした引き上げがマネーセンターバンクからのインターバンク預金の大量流出をもたらした[17]。こうした変動は連邦準備制度成立後、緩和された。しかし、銀行間決済がコルレス関係に大きく依拠する限り、インターバンク預金の大幅変動とそれにともなう準

備調節の困難は解消しなかった。インターバンク預金の大幅変動は、NYCマネーセンターバンクの銀行間決済手段を不足させた。それは、短期金利を急騰させ、金融市場全体に対して信用逼迫を強めた[18]。

2 フェデラルファンド市場のナショナルマーケット化

第二次大戦後、NYCマネーセンターバンクは、全米的な経済成長を支える通貨供給センターとして、あるいは国際金融の中心地として、商工業貸出分野や国際金融業務、新規貸出分野と結びついた多大な借入需要に直面した。しかし、軍需産業の地方展開を基礎とした地方経済の勃興は、各地の域内決済の割合を増大した[19]。こうした地方経済の発展と域内決済の増大の結果、リザーブシティーバンクをはじめとした地方所在銀行は、マネーセンターバンクにおいた不必要なコルレス残高を削減した。30年代に禁止されたブローカーズ預金の受け入れ禁止も重なって、インターバンク預金のマネーセンターバンクへの流入は低迷した。貸出拡大にともなう準備需要の増大、他方における伝統的準備調達チャンネルの閉塞という新たな状況は、主な準備調節手段としてインターバンク預金に依拠してきた大手銀行、特にNYCマネーセンターバンクに深刻な影響を与えた。加えて、戦後連邦準備制度理事会は、大戦中に堆積した国債残高の安易な買い入れによる通貨供給の増大を懸念して、割引窓口を通じた貸出を絞りこむと同時に、1947には国債価格の釘付政策を停止した。51年にはアコードが成立し準備調節手段としての国債売却も次第に困難となった。"bills only"政策のもとにあった1950後半年代から60年代初頭にかけて、NYCマネーセンターバンクは、深刻な「資金不足」に悩まされることになった[20]。伝統的な銀行間決済は、戦後における借入需要の急増に際して円滑に機能せず、NYCマネーセンターバンク、ひいてはアメリカの銀行システムの貸出能力を制約した[21]。それは、第二次大戦後管理通貨制度下の経済成長を支えるには、伝統的銀行システムでは限界があることを示すものであった。

NYCマネーセンターバンクの貸出能力に対する制約は、1960年代に入ると銀行間決済メカニズムの再構築を目指した各種の動きを顕在化させることにな

った。第二次大戦後以来連銀は、地域内、そして全米規模にわたる決済業務全般の効率化を進めてきた[22]。小切手決済業務に関して連銀は、1950年代にMICR（magnetic ink character recognition）を導入し、小切手ソートなどの処理プロセス自動化をもたらす端緒となった[23]。民間銀行側においても、自行内決済（"on US" settlement）の効率化を図るために、1958年以来コンピューターの導入による行内決済の効率化を進展させた[24]。また、50年代には主要都市の民間銀行をつなぐバンクワイヤーが業務を開始し、1960年代末には民間銀行250行と主要69都市を結ぶようになった[25]。連銀はまた、1960年代後半、小口決済における小切手使用を縮小するためACHの創設に協力するとともに、ACHを介する決済拡大に尽力した。しかし、小切手決済は小口決済分野を含むため、小切手利用の数量および決済額の増加に比べて、小切手決済業務の効率化は、遅々としたものであった[26]。州内および州際の支店設置への規制が緩和されない時代にあっては、自行内決済を拡張できる余地は小さく、自行内決済や内国為替制度の効率改善によって準備額を大幅に削減できる可能性は乏しかった[27]。また、ACHの取扱額の増大は、1990年代に入るまで期待したほどの進展をみせなかった[28]。したがって戦後から60年代にかけての貸出能力の制約への対応は、準備調節手法の再構築を目指した試みとして展開されることになった。最も重大な革新は、全米的な規模でのFF市場の形成であった[29]。

1920年代初頭にNYC銀行間で始められたFF取引は、当初は参加行も少なく、取引額自体もさほど大きくなかった[30]。それは、本質的に「ローカル」な市場であった[31]。こうした状況は、1950年代まで変わらず、FFレートも、準備預金の利用可能性を示す指標とはみなされなかった[32]。連銀借入やインターバンク預金に代わって、FF取引が準備調節の主要手段となり、件数および取引額の両面で増大をみせはじめるのは、1960年代に入ってからであった[33]。50年代中葉までFF市場の最低取引単位は100万ドルであったといわれる[34]。そのため、中小銀行がFF市場に参加できなかっただけでなく[35]、大手銀行にとっても、準備不足額が100万ドルを下回る場合には利用できなかっ

た。しかし、1950年代から60年代にかけて、多くのカントリーバンクがFF市場に参加するにしたがって、FF市場の構造と性格は変化していった。1965年以降、借入需要の圧力によってFF金利が公定歩合を上回るようになるにつれ[36]、準備預金の利用可能性を示す指標として自由準備に代わってFF金利が重要視されるようになった[37]。1950年代から1960年代初頭にかけて、FF市場は、一部銀行間の地域的市場から全国的な市場に転換した[38]。

カントリーバンクなどの中小銀行がFF市場に参入する際には、コルレス銀行間の競争が重要な役割を果たした。準備不足に悩むNYCマネーセンターバンクは、連銀と一体となってフェッドワイヤーの改善など銀行間決済の効率化を積極的に押進めただけでなく、コルレス関係を積極的に拡大した。NYCマネーセンターバンクは、リザーブシティーバンクのコルレス顧客を奪おうとしたため、両者の競争が激しくなった[39]。NYCマネーセンターバンクの動きは、伝統的にコルレス業務を収益基盤としていたリザーブシティーバンクを圧迫した。大手コルレスバンク間の競争が激しくなるなかで、地方の大手コルレス銀行は、カントリーバンクや中小シティーバンクとのコルレス関係を維持し、コルレス残高の流出を防ぐためにも、非コルレス銀行の余剰残高をFF市場へ貸出すことを仲介せざるをえなくなった[40]。大手コルレス銀行は、小額のFF取引を積極的に仲介し[41]、自行で借り入れたり、NYCやシカゴのFF市場へ貸し出すようになった[42]。余剰コルレス残高をFF市場に仲介することがコルレス銀行の重要な業務となったのである[43]。コルレス関係は、伝統的な小切手クリアリングを主体にしたものから、FF取引仲介などを含む多様なサービスを提供するものへと変容していった[44]。

コルレス銀行間競争の激化によってコルレス業務は収益性の薄い業務となり、中小銀行のコルレス業務からの撤退が相次いだ。他方、大手コルレス銀行は、小切手クリアリングに加えてより多角的なサービスを提供し、多数の被コルレス銀行を顧客とし大規模化することによって、コルレス業務の収益性の低下をカバーしていった[45]。60年代から70年代にかけて多数の銀行が大手コルレス銀行とコルレス関係に入ったため、被コルレス銀行1行当りが保有するコルレ

ス残高は圧縮される一方、総コルレス残高は急増した(46)。中小銀行は、複数のコルレス銀行に勘定をおくことをやめ、特定のコルレス銀行にコルレス勘定を集中した(47)。

1960年代末から1970年代初頭にかけて、各地区連銀は、管轄地区のFF取引やコルレス業務を含む小切手決済に関するサーベイを行っている。たとえば、1967年に第6地区（アトランタ連銀地区）で行われたサーベイは、カントリーバンクのFF取引がコルレス銀行を仲介にして行われるようになったこと(48)、そしてこうした変化が60年代中葉までに生じたこと(49)、を示している。

同上サーベイは、FFの出し手の85％が、同連銀地区ではなく他の連銀地区にある銀行に貸し出していたことも明らかにしている。各連銀地区内部の取引が拡大したばかりでなく、連銀地区間相互の取引も拡大したのである(50)。同上サーベイによれば、第6連銀地区内全銀行の他地区への流出のほとんどが、マネーセンターバンク、特にNYCの銀行向けであった（他地区貸出の60％、他地区借入の75％を占めている）(51)。同地区大手銀行（1億ドル以上の預金額）による他地区への貸出および借入は8％および10％に抑えられていた(52)。NYCマネーセンターバンクと大手リザーブシティーバンクの間に中小銀行の余剰準備残高をめぐって競争が繰り広げられたことを示している(53)。FFの取入を目指した競争のなかで、大手コルレス銀行は、従来に比べて広域的なコルレス関係を結ぶのに多大な努力を傾注した(54)。こうした大手コルレス銀行へのコルレス関係の広域的集中が、中小銀行のFF市場の参加を支えた(55)。

通貨監督官は、1963年にFFの貸借を購買および販売であるとする新たな措置を講じ、国法銀行による他の銀行への貸出額の制限を撤廃した。こうした措置は、中小銀行が比較的多額な貸付をFF市場で行うことを可能とした(56)。また、1964年の連邦準備制度理事会による新方針の決定は、加盟銀行による非加盟銀行のコルレス残高の借入を合法とした(57)。

マネーセンターバンクや大手リージョナルバンクが積極的に借入先を開拓するにつれて、以前にはFF市場に参加しなかった中小銀行までがFF市場に参加するようになった。FF市場へ参加する銀行数も飛躍的に増加した(58)。

1969年に、加盟銀行のFF市場への参加は55％に達したが、1976年には88％が借入貸出のいずれかでFF市場に参加した。新規参入銀行の大多数は、小規模銀行であった[59]。大手コルレス銀行は、コルレスサービスを非加盟銀行にまで提供したため、非加盟銀行もFF市場に参入できることになった[60]。大手コルレス銀行を仲介とする中小銀行のFF市場への参加は、各地のFF市場を急拡大させるとともに、FF取引を連銀地区を超えて広域化させた[61]。

　連銀地区を超えて拡大するなかでFF取引は、フェッドワイヤーを介する取引額の第1位を占めるようになった[62]。その結果、1960年代、フェッドワイヤーを介した決済額が急増する[63]。決済額の急増は、銀行間決済における情報処理・通信技術の整備を要請した。1967年、連銀は、バージニア州のカルペパーに新しくスウィッチングセンターを設立し、通信情報処理システムを高速なコンピューターを中核とする通信処理システムへ転換した[64]。60年代末までには、フェッドワイヤーの処理能力の増強によって、FFが地区間を超えて大量に取引されることが可能となった[65]。連銀はまた、1970年代に地域小切手処理センター（Regional Check Processing Centers ＝ RCPC）を設立し、地域間の銀行決済に同日決済を可能とし、小切手取立業務の効率化を図った[66]。

　連銀地区を超えたFF取引の拡大とともに、各連銀地区のリザーブシティーバンクを中心としたコルレス関係が、全米的規模の広域的コルレス関係に再編されていった[67]。遅くとも1960年代末までには、伝統的なコルレス関係に代わって、大手マネーセンターバンクや有力リージョナルバンクから放射線状に伸びる新たな広域的なコルレス関係が形成された[68]。それは同時に、連銀の小切手クリアリング組織とは別の全米的な大規模クリアリング機能をもつ大手コルレス銀行網が形成されたことを意味した。

　大手銀行が準備調節の主要手段としてFF市場からの借入に依存するにつれて、連銀窓口からの借入は準備調節手段としての重要性を失ってきた[69]。FF取引が、連銀借入やTB売却などに代わって準備調節の主要手段となった[70]。FF市場の出し手となった中小銀行にとってFF取引は、TBなどの第二線準

備に代わる準備預金の運用市場として重要性を増してきた[71]。中小銀行は、一時的な余剰コルレス残高をコルレス銀行を介してすぐさまFF市場へ貸し出すことによって[72]、ゼロベース・アカウントに近いコルレス残高しかおかなくなった[73]。こうしてFF市場のナショナルマーケット化は、アメリカにおける銀行間決済全般の効率化を押進めていった。

銀行間貸借といえどもカウンターパーティーリスクをともなう。したがって、FF取引が全国的な規模に広がるためには、銀行間の信用関係（銀行間ネットワーク）が従来の地域内取引を基盤にしたものから連銀地区を超えた広域的な信頼関係に変化する必要があった。こうした銀行間ネットワークを形成・拡大させたのは、広域的な銀行間関係を容易に崩壊させない状況が第二次戦後形成されたからにほかならない。第一には、コルレス関係が連銀地区を離れて集中化し、大手コルレス銀行が成立したことである。こうした大手コルレス銀行が中小銀行の他行への貸出を仲介することによって、銀行間の遠隔地間短期貸借の信頼性を確保した[74]。第二には、第二次大戦後の管理通貨制度のもとで金融政策の自由度が増し、相対的に安定した金融環境が持続したことによって、いったん形成された広域的な銀行間関係が解体されることなく続いたのである。FF市場のナショナルマーケット化は、一時的な余剰準備預金残高を広域的にかつ効率的に利用することを可能にしたばかりでなく、全米各地の銀行や貯蓄金融機関を銀行業務全般にわたって密接にリンクした点に、決定的意義がある[75]。こうした銀行間の結び付は、これ以後形成される各種の銀行間決済ネットワーク——外国為替、クレジットカード、ATMなどにおける民間クリアリング組織——が形成される基盤となった。

3　負債管理と民間クリアリング組織の成長

大手銀行がなかば恒常的にFF市場の取手となるにつれて[76]、FF市場は、一時的な準備調節のための市場であるにとどまらず、大手銀行にとって貸出拡張のための手段、すなわち負債管理の中核的手段となった[77]。70年代以降、NYCマネーセンターバンクや大手リージョナルバンクは、FFをはじめとす

る短期金融市場で多様な期間構成の決済手段を調達し、伝統的分野の貸出増加だけでなく積極的に新規分野へ進出していった[78]。しかし、FF市場の利用が頻繁化し取入額が膨らむにつれ、FFレートの上昇を招くことになった[79]。NYCマネーセンターバンクにとって、FFレートの上昇は準備調節コストを高め収益を圧迫するものであった。

　70年代以降、準備調節にともなうコスト上昇に対してNYCマネーセンターバンクを中心とした大手銀行は、各種の民間クリアリング組織を設立することによって対応した。民間クリアリング組織において、決済を効率化するために債権・債務の相殺（ネッティング）処理が施されるだけでなく、電子的な振替指示を決済手段として認め合う協定が決済当事者間で締結された。小切手などのペーパーベースで決済されてきた大口取引分野に電子的振替決済が導入され、情報通信コストの削減や決済処理速度の上昇をもたらし、銀行間決済の効率を高めた。

　1971年に設立されたCHIPS（Clearing House Interbank Payment System）は、外国為替取引の増大につれて処理の遅れが問題化したペーパーベースの決済処理に対処すると同時に、従来の決済処理にともなう日中オーバードラフトの発生や信用リスクの増大に対処することを目的として設立された。戦後における貿易取引や国際金融取引の拡大は、外国為替取引、そしてドル為替の銀行間決済額を著しく増大した。この銀行間決済額の急増を銀行小切手を使用する伝統的な決済方法によって処理するのでは、日中オーバードラフトや、取引の3分の2に及ぶといわれるカバーなしの取引を増加させ、信用リスクを拡大する。信用リスク増大への懸念は、偶発債務に対処するため大量の準備保有を必要とした。外国為替決済に参加する銀行の債権・債務をネッティングする同時に、CHIPPSの中核であるニューヨーククリアリングハウスメンバーのコルレス残高を介して決済すれば、信用リスクを削減できるばかりでなく、NYCマネーセンターバンクの準備調節はより容易になる。多くの被コルレス先を抱え膨大なドル為替取引を行っていたNYCマネーセンターバンクにとって、ドル為替取引にともなう決済額のネッテイングによる圧縮は、避けて通れない課題であ

った[80]。

　CHIPS の成功後、クレジットカード、ATM ネットワークなどの新規銀行業務にともなう銀行間決済を処理する民間クリアリング組織が、形成・発展した[81]。特にクレジットカードの銀行間決済業務においては、連銀がクレジットカードのクリアリング業務を行わなかったために、民間クリアリング組織の取扱シェアが増加した。後述するように証券決済においても、財務省証券や政府関連債におけるブックエントリーシステムの導入に加えて、株式等の民間証券の民間クリアリング組織である NSCC (National Securities Clearing Corporation) が設立され、カストディー業務を担っていた DTC (Depository Trust Company) とともに証券決済業務の効率化に大きく寄与した。

　手形交換所やコルレス銀行、そして CHIPS などの民間クリアリング組織は、互いが保有する債権・債務を交換し差額を決済することで銀行の自己宛債務を決済手段として社会的に認知・保証する銀行間の協同的組織である。しかし、民間クリアリング組織は協同組織であるだけでなく、銀行にとって収益増進の手段でもある。銀行間決済をどのような仕組で行うか、そして決済組織の中でどのような役割を果たすかによって、決済に必要な銀行間決済手段の保有残高に著しい差異を生み、収益に大きく影響する。多くの取引の決済を「幾段にも多層化ないし階層化」して処理することで[82]、決済に必要とされる準備は著しく節約される。したがって、民間クリアリング組織においては、メンバー行の債権・債務を相殺し差額だけが決済されるネッティングスキームが採用されるとともに、最終的な差額決済を担う銀行を頂点とした階層的な組織構造がとられる。収益増大を目的とした銀行行動が、各種民間クリアリング組織、そしてそれらの集合体としての銀行間決済システムに階層的構造をとらせた。ネッティングされた決済尻は、クリアリングバンクの役割を果たしている NYC マネーセンターバンクの勘定に振り替えられ、各マネーセンターバンク間で準備預金を直接に振り替えることによって銀行間決済は完了する[83]。階層的なネッティングスキームの採用やクリアリング情報の電子的処理といった銀行間決済の仕組が準備預金の回転率を高め、銀行システムが保有する準備預金残高を

圧縮することになった。

　コルレス業務の大手銀行への集中や民間クリアリング組織を通じる銀行間決済額の増加は、民間銀行間でネッティングされる決済額のシェアを上昇させ、決済業務における連銀が関与する割合を低下させることになった[84]。特に、MCR-80の成立以来連銀は、民間決済サービスへの参入を制限されたばかりでなく、既存の決済サービスに手数料を課し、民間クリアリングサービスの発展を促進しさえした[85]。民間クリアリング組織は、連銀のクリアリングサービスに比べて、より効率的なネッティング処理を行うことができるため、準備圧縮をいっそう促進した[86]。民間クリアリング組織の発展は、コルレス銀行の大規模化や、70年代から進行した州内の支店設置の増加などと相まって、銀行間決済の効率性を著しく高めることになった[87]。

　銀行間決済における効率性の向上は、準備調節にあたってFF市場への依存を減らさなかった。むしろ、バッファーがないだけ、準備調節におけるFF市場への依存は高まった。銀行間決済の効率が高まるほど、実際に必要とされる銀行間決済手段額が予想と食い違うケースは増加し、それはFF取引の新たな需要要因および供給要因となった[88]。日々の決済業務から生み出されるFF取引への需要および供給の増加が、FF市場をいわゆる厚みをもった市場へと変化させ、戦後における銀行間決済の不可欠な構成要素としたのである[89]。

　負債管理の重要性が増すにつれ、大手銀行はFF市場の借入と並んで、ユーロダラー借入やレポ取引による準備調達を増大した。ただし、ユーロダラー借入やレポ市場での借入は、FF市場での調達が調達額および金利面で制約があるときにだけ行われた。ユーロダラー借入やレポ取引は、すべての銀行が利用可能ではなく[90]、弾力的な準備調達手段としても限界があった[91]。日々の準備調節を行うためにはFF市場を利用するほかなく、CHIPS参加者の主要調達先もFF市場であった[92]。

　コルレス関係や民間クリアリング組織といった民間銀行間決済組織の発展は、決済組織の中核に位置する少数の銀行のもとに、各地の銀行間の債権・債務額が集中され決済されることを意味する。多くのコルレス先を抱えると同時に大

量の FF を随時取り入れることができる NYC マネーセンターバンクは、柔軟な準備預金調節が可能となり、貸出能力を著しく増強した。負債管理の積極的な利用は、銀行の流動性資産の比率を低下させる一方で、貸出預金比率を上昇させた[93]。銀行間決済の効率化は、大手銀行を中心に銀行システムの貸出能力を高めることになった[94]。

　第二次大戦後の管理通貨制度のもとで、FF 取引において形成された業務関係が、支店網展開とは異なる全米的な銀行間関係を作り上げた。戦後のコルレス関係の発展や民間クリアリング組織の発展は、銀行間決済業務を NYC マネーセンターバンクや大手リージョナルバンクなどの大手コルレス銀行に集中した。リザーブシティーバンクを中心とした、ある意味では地域独占的であった伝統的関係は、80年代に入ると解体していき[95]、連銀成立以来の銀行分類であるカントリーバンク、リザーブシティーバンクおよびセントラルリザーブシティーバンクという銀行区分は、もはや意義をもたなくなった[96]。FF 市場の全米的な拡大と銀行間決済の変容は、相対的に小額の準備預金で巨額な貸出を行う仕組を造りあげた[97]。特に、FF の主要な取手となった NYC マネーセンターバンクにとって、FF 市場は、一時的な準備調節手段にとどまらず、積極的な貸出拡張と証券投資を支える負債管理の主要手段となった[98]。こうしてアメリカの銀行システムは、地域性に制約された伝統的銀行間決済の制約を克服し、第二次大戦後の多様化し増大する借入需要に応えることが可能となったのである[99]。ながらくユニットバンキング制度のもとで小切手決済にともなう桎梏に悩まされてきた銀行間決済の効率化が一挙に進むことになった。

第 3 節　オープンマネーマーケットと決済システム

1　キャッシュマネージメントサービスの展開

　戦後アメリカにおいて最も注目すべき現象は、レポ市場などオープンマネーマーケットの多様化と拡大である。オープンマネーマーケットの発展によって、

証券ディーラーは銀行融資に代わる資金調達源を見いだし、積極的に証券取引を仲介できるようになった。また、銀行間決済に属せず自己宛債務を貸し出せない非銀行金融機関も、銀行と競合可能な貸出能力をもつにいたった。アメリカ金融構造の変容にオープンマネーマーケットが決定的な影響を及ぼしたにもかかわらず、戦後における多様化・拡大の要因について説得的な議論が提示されたわけではない[100]。多くの論者において、経済主体の金利選好態度の変化が強調される一方、オープンマネーマーケットへ投下される決済手段の性格は論じられず、オープンマネーマーケットに流入した決済手段の多くが、決済プロセスから長期に遊離した「貯蓄」ではなく、非銀行経済主体間の決済手段である要求払預金残高の一時的余剰（payment float）にほかならないことが見失われることになった[101]。オープンマネーマーケットの拡大は、銀行間決済プロセスと密接な関連をもつばかりでなく、決済システム全体の効率を促進した決定的要因にほかならない。

　非銀行経済主体の決済においては、決済手段の入金と支払の間にタイムギャップが必ずともない、また給与支払や配当、税額支払などのため期間はまちまちであるにしても、一定期間は決済手段を積み立てておく必要がある。しかし、経済主体にとって取引残高の不足は、一時的であってさえ存続を直接左右する。取引残高に余剰が一時的に生じたからといって収益性資産に投資するにはかなりの危険をともなう。日々の決済に必要な取引残高から一時的に排出される余剰取引残高が、レポ市場のようにオーバーナイト取引で大量に運用されるためには、取引残高への入出金の流れについての正確な情報と同時に、いったん不足が生じたときへの対応が考慮された「洗練されたキャッシュ・マネージメント・テクニック」が広範に普及していることが前提条件となる[102]。

　非銀行経済主体が機会損失を避けるため取引残高の圧縮を図ったり、一時的余剰残高を高収益資産で運用しようとしても、非銀行経済主体の決済手段のほとんどは銀行によって管理されているため、銀行の協力なしには困難である。全米各地で取引を行う大企業の場合、各地の銀行口座になされる入出金を集計し、日次ベースで余剰残高を算出するといった取引残高のモニター自体、企業

単独で行うには各種の障害があった[103]。加えて、余剰取引残高を収益性金融資産に投資して運用するには、余剰残高の存続期間など取引残高への入出金のフローについてある程度の精度で予測できるだけでなく、予測が外れ取引残高不足が生じたとしても当座貸越が認められなければならない。入出金の振替を行うという伝統的決済サービスを超えて、取引残高のモニターや入出金の集中、さらには余剰残高の運用や当座貸越といった銀行の決済サービス（キャッシュマネージメントサービス）なしには、非銀行経済主体が取引残高の一部をオープンマネーマーケットに投資しようとしても不可能に近かった[104]。事実、70年代入り後、キャッシュマネージメントサービスが広範に普及するまで、事業会社のレポ取引などへの参加は限られたものだった[105]。

　キャッシュマネージメントサービスは当初、キャッシュフローの入りを集中し適切なタイミングで支払うことによって、取引残高を圧縮することを主眼とした。銀行の支店設置や州際業務に制約のあるアメリカ銀行制度のもとでは、キャッシュフローの入出が行われる各地の銀行（collection bank）の取引残高を特定の銀行（concentration bank）の口座に集中することだけでも、取引残高はかなり圧縮される[106]。しかし、こうした銀行の決済サービスは伝統的決済業務に比べてコストがかかり、広域的な事業展開を行っていたり大口のペイメントフロートが生じる顧客にしか有用でなかった[107]。

　1970年代以降キャッシュマネージメントサービスは、一時的な余剰取引残高をより有利な条件で運用する自動投資サービスに重点が置かれるようになった[108]。取引残高管理をさらに高度化するため、同日振替が可能なワイヤートランスファーを使うことが要請されたが、ワイヤートランスファーの利用は、送金小切手（depository transfer checks）に比べコストを上昇させた。収益率を高めるためばかりでなく決済コスト上昇をカバーするためにも、余剰取引残高のより有利な運用が求められた[109]。日々の余剰取引残高の運用を指示する専門担当者をもつ余裕のある大手企業を別にすれば、多くの企業は適切な運用を単独で行うことは難しかった。そのため、自動投資サービスがキャッシュマネージメントサービスの不可欠な構成要素となったのである。特に、オーバー

ナイトのレポ取引での運用といった即時決定が求められる場合、余剰残高の自動投資ができる契約（オートマティックアレンジメント）の締結なしには、キャッシュマネージメントとしてレポ取引を利用することは不可能であった[110]。

キャッシュマネージメントサービスは、顧客企業の入出金の流れをつかむため取引残高を即時にチェックできる情報通信システムが銀行側に備わっていることを条件とする[111]。さらに、自動投資サービスは準備預金の他行流出を招く可能性があり、キャッシュマネージメントサービスを広く提供するためにはコストおよびアベイラビリティーの両面で弾力的な準備調節の仕組みが銀行側に確立されておく必要があった。FF市場の全国化と負債管理を高度化することに成功したNYCマネーセンターバンクや大手リージョナルバンクは、新たな決済サービスを武器に企業顧客獲得のための競争を激化した。こうした競争が、自動投資サービスを含むキャッシュマネージメントサービスを普及させ、銀行間決済に生じた効率化を非銀行金融機関や事業会社のレベルにまで波及させていった[112]。

キャッシュマネージメントサービスによる取引残高圧縮は、一方では決済プロセスにおいて一時的に生み出される余剰取引残高を増大させ、オープンマネーマーケットへの経常的な投資圧力となった[113]。他方、取引残高圧縮は、決済手段額の必要額と予想額とが食違うケースも頻繁化し、決済手段需要を増大させた。こうした需要増大は当初銀行のクレジットラインの増加によって対応されたが、やがてCP発行といったオープンマネーマーケットでの調達需要を構成するようになり、オープンマネーマーケットを拡大させた。

2 オープンマネーマーケットの成長と多様化

キャッシュマネージメントサービスが企業顧客に広まるにつれて、銀行間決済だけでなく企業顧客の取引残高も圧縮された。日々生じる取引残高の過不足は、オープンマネーマーケットでの決済手段の運用と調達を企業財務活動の不可欠な構成要素とした。しかし、多くの銀行顧客の取引残高が効率的になるほど、経済主体のペイメントフロートの多様性のゆえに、運用および調達に際し

ては、期間構成や契約形態もまた多様とならざるをえない。こうしてオープンマネーマーケットは、レポからCP、CDなど、多様な期間構成や貸借契約をとった市場として発展する[114]。

　余剰取引残高が数週間から数カ月にわたって存続すると予測されるとき、CDあるいはCPが運用対象として選択される。前述したように準備預金不足に悩むNYC大手銀行は、60年代初頭にCDを発行し、負債管理の重要な手段として利用した。CDは発行主体の信用度が高いため投資対象として安全であり、当初はオープンマネーマーケットの重要な構成部分をなしていた。しかし、CDは、71年までレギュレーションqの規制下にあり、必要準備率規制も91年まで続いた。このため、発行主体である大手銀行にとっても必ずしも準備調節を柔軟にできる手段ではなかった。特に、70年代に、FF市場やレポ市場が拡大し、商業銀行の負債管理の主要手段として用いられるようになるにつれて、制約の多いCDの発行は減少した[115]。1980年代中葉以降、多くの銀行破綻の影響を受けて、CD発行銀行の信用度がばらつくようになり、CD転売が困難となるなかでCD流通市場は事実上消えたのである。その後、MMDAやSuper Nowの発行が認可されたため、商業銀行は、CD市場からの調達の必要性が低下し、準備調節に占めるCDの意義は減少した。

　CP市場は、銀行顧客がオープンマネーマーケットへの出し手にとどまらず、調達側ともなっている点で、オープンマネーマーケットの拡大や多様化にとって重要な意義をもっている[116]。CP市場は戦前からの歴史をもつにもかかわらず、市場としての拡大は、1960年代、大手企業が運転資本を調達するためにCP発行を拡大したことに始まる[117]。当初は、信用力を背景に銀行子会社や大企業によって直接に投資家向けに発行されるCP (directly placement CP) が大きなシェアを占めていた。しかし、CP市場においてもディーラーが重要な役割を果たしだすようになり[118]、ディーラーに仲介された事業会社発行のCP (dealer CP) が増加した[119]。ペンセントラルの破綻によるCP市場の混乱を契機に、CP市場は多層化した[120]。大手企業の金融子会社によってディーラーを介さずにCPが発行される一方、ディーラー仲介の事業会社CPの発行が増

大することになった。オープンマネーマーケットは、非銀行経済主体にとって、一時的な余剰取引残高の運用対象であるだけでなく、決済手段の調達市場としても拡大することになった。

オープンマネーマーケットのなかで、金融市場の構造に決定的な影響を及ぼしたのが、レポ市場である。レポ市場は、オーバーナイトから数週間にわたる期間の契約を行うことができ、ペイメントフロートの変化に柔軟に対応できる。そのためレポ取引は、企業、ミューチュアルファンド、年金基金などの多様な非金融企業にとって、キャッシュマネージメントの有力な手段となった[121]。近年では、州政府や地方自治体も大手の出し手になっている[122]。

政府証券ディーラーは、第二次大戦直後から顧客企業との間でレポ取引を行っていた。しかし、キャッシュマネージメントサービスが普及するにしたがって、レポ取引が活発化した。レポ市場が拡大するにつれて、大手証券ディーラーは同一契約期間で、レポ取引を行う一方で売り戻し条件つき取引（リバースレポ）を行うマッチドブック（Matched Book Operation）取引を中小証券ディーラー相手に行うようになった[123]。マッチドブック取引によって、大手ディーラーは、低金利の決済手段をレポで調達する一方、中小ディーラーにリバースレポで貸付、調達金利と貸付金利の鞘を獲得した[124]。1966年以降、リバースレポも公開市場操作の対象になりマッチドブック取引の市場規模が拡大した[125]。大手証券ディーラーによるマッチドブック取引は、中小証券ディーラーにも担保付銀行借入に代替する決済手段の調達を可能とした点で資本市場の取引拡大にとって重要な意味をもつことになった[126]。

オープンマネーマーケットが拡大し多様化するに際して重要な役割を果たしたのが、各種の短期金融債プール（STIP = Short-term Investment Pool）の成長であった[127]。特にMMMF（Money Market Mutual Fund）は、運用面において、TBに加えて成長途上にあったCPやレポなどのオープンマネーマーケット商品に投資し、1970年代末から80年代初めにかけて急成長した[128]。MMMFの最大の出資が個人部門からなされていることから、MMMFの成長を個人部門の金利選好態度の変化との関連で説明する見解が多く見られる[129]。しかし、

MMMFの成長を金利選好態度の変化だけから説明することはできない。第一に、MMMFをはじめとしたSTIPは当初、金利に非感応的な大手企業の年金部門や銀行信託部門からの購入が安定した資金供給源泉になった(130)。自己で短期金融債プール（STIP）を設立できない中小の機関投資家、中小銀行の信託部門、そして大手企業は、余剰取引残高をMMFで運用し、キャッシュマネージメントのために利用した。第二に、80年代初頭預金金利規制が解除され、銀行はMMMFに対抗する預金商品（MMDAやSuper-NOW account）を発行したのちにも、MMMFは拡大した。この事実は、金利選好態度の変化だけからMMFの成長を語ることはできないことを示している(131)。

　MMMFが急成長した主因は、機関投資家が伝統的に行ってきた長期債投資や低利回りの財務省証券での運用という投資手法とは一線を画して、CPなどのオープンマネーマーケットに大量に投資して短期運用を行うという投資手法をとってより高収益をあげることができた点にある。こうした運用方法の結果、MMFの運用利回りはほとんどの期間で、MMDAなどの銀行や保険会社が提供する金融資産の利回りを超えることになった(132)。短期運用による運用収益の上昇は、中小企業や個人投資家を引き付け、小口の余剰取引残高さえもMMMFを介してオープンマネーマーケットで運用することを可能とした。MMMFはまた、銀行と提携して、貯蓄金融機関のパスブックと同様に、制限付であるとはいえ小切手振出可能なキャッシュマネージメントアカウント（"pass through" accountsもしくは "pass by" accounts）を発行した。そのため、小口の取引残高も効率化し、MMMFに流入するようになった。キャッシュマネージメントサービスが、MMMFを介して、中小規模企業、そして個人にまで普及していった。MMMFは、オープンマネーマーケットの取引拡大を支えるとともに、中小企業や個人の決済残高を圧縮し資産選択運動への参入チャンネルを開くことになった。

　オープンマネーマーケットの拡大は、資金決済だけでなく、レポ取引に利用される政府証券などの各種証券決済も増加させた。こうした資金決済および証券決済の急増は、証券ディーラーにとどまらずクリアリングバンクやカストデ

ィアンバンクにとっても、大量な決済手段や証券の保有を必要とした。70年代以前の証券決済は、政府証券および株式を含めて、多くを人手に頼っていたといわれる[133]。そのため、バックオフィス業務は遅滞しコスト高になっただけでなく、窃盗事件や紛失事件が多発した[134]。特に、レポ取引の増大にしたがって政府証券取引が急増し、決済業務の欠陥が顕在化した。証券決済の効率化はまず、70年代中葉における政府証券のブック・エントリー・システムの構築から始まった[135]。

1965年に、財務省とニューヨーク連銀は、証券の現物引渡を減少させることを目的として Government Securities Clearing Arrangement（GSCA）を締結した。この協定によって、NYCにおける銀行および証券会社は、ニューヨーク連銀をカストディアンとしてだけでなく、クリアリングハウスとしても利用することが可能となった。GSCAは、NYC内取引において、現物引渡を完全に排除することはできなかったが、減少させることには成功した[136]。この成功を受けて、財務省とニューヨーク連銀は60年代末にすべての取引をブックエントリー方式に転換することを決定した。60年代末には政府証券決済のブックエントリー方式への転換が進展をみせ[137]、77年までには政府証券残高のほとんどが、ブックエントリー方式に転換された[138]。ブックエントリー方式が導入される以前は、NYC外に政府証券やCP、そしてCDなどの各種証券を現物移送するには安全対策も含めコストがかかりすぎ[139]、遠隔地の投資家にとって、NYC銀行か、NYC内に営業拠点のあるリージョナルバンクのいずれかにカストディアン業務やクリアリング業務を依託するほかなかった[140]。ブックエントリー方式の導入は、証券決済だけでなく、利払いや元本返済を地元銀行を用いて低コストで行うことを可能とした。こうした証券決済の変化が、オープンマネーマーケットの取引を全米的な規模で拡大させた条件をなしている。最も今日でも、レポ取引やCP取引の資金決済と証券引渡の多くは、フェッドワイアーを介してNYCマネーセンターバンクによって行われる[141]。

オープンマネーマーケットでの決済手段の運用と調達は、銀行顧客相互が要求払預金残高を相互に貸借しあっていることにほかならない。全体としては、

オープンマネーマーケットの取引高が増大する局面においては、決済性銀行預金の回転率が上昇し、一定期間における要求払預金の供給量を増大させる。したがって、オープンマネーマーケットの拡大と多様化は、取引が減少しない限り、企業間決済手段を増加させることになり、信用市場全体の決済手段貸出額を増加させる。オープンマネーマーケットで決済手段を調達することによって、事業会社や証券ディーラー、そしてファイナンスカンパニーなどのノンバンクの資金調達力はコストおよびアベイラビリティーの両面で高まった。本来、厳然として存在した商業銀行による決済手段の貸出面のコストおよびアベイラビリティーの優位性は、次第に掘り崩されていった。銀行間決済に加わっておらず信用創造ができないため、貸出原資を銀行から借り入れざるをえなかった非銀行経済主体にとっても、貸出市場において銀行と競争することが可能となった。こうした貸出市場の供給圧力を背景に、非金融企業の負債額は、80年代に急増する[142]。

貸出市場における競争圧力に直面して、銀行は、大企業ばかりでなく、中小企業にまで、キャッシュマネージメントを普及させた[143]。1994年には、個人向けのスウィープサービスも導入され急激に普及した[144]。第二次大戦直後には、非金融企業や銀行以外の金融機関、そして個人も、大量の要求払預金を保有していた。銀行やノンバンク金融機関との競争が激しくなるにつれて、キャッシュマネージメントサービスが普及し、企業や個人の資産構成は多様化していった。非金融企業における流動資産の構成は、現預金・政府証券の比率が低下する一方で、オープンマーケット商品の比率が上昇していった[145]。

銀行間決済の効率化は、貸出市場における金融機関の競争関係を介して、効率上昇を社会的に拡延させた。この結果、大手企業顧客やノンバンク金融機関、そして中小企業、個人にまで要求払預金残高の圧縮が進んだ。決済手段の管理がより精緻化し、保有残高の圧縮が進むほど、決済システムから一時的に排出される決済手段の余剰額や不足額は巨大なものになる。短期金融市場の拡大と多様化は、アメリカの決済システム全体の効率性向上の産物であるとともに、決済システムの効率化をさらに押進めるものであった。

第4節　資産選択運動と金融不安定性

　銀行間決済の効率性向上と短期金融市場の拡大は、決済プロセスの各レベルで決済手段の保有残高を圧縮するとともに、決済手段の一時的な余剰と不足を決済プロセスから絶えず生み出すことになった。日々大量に生じる余剰残高と不足額を前にして、経済主体はより有利な条件で運用と調達を求めて裁定活動を活発化させた。こうした裁定行動が、多様な期間構成をもつ各種短期金融市場を拡大させた。決済システムの効率化、短期金融市場の発展、そして資産選択活動の三者が相互作用し、決済システム全体の効率性を高め、金融市場を拡大し、資産選択行動を活発化するのである。銀行、ノンバンクを含む各種金融機関、そして事業会社が、日々の決済業務にともなう取引残高のマネージメント——決済と資金調達・運用——を介して経常的な取引関係を結ぶことになった[146]。こうした動きが、資金調達および運用の両面において地域的にも期間構成においても分断されていた金融市場を統合し、各種金融機関を分断してきた垣根を解体した[147]。NYC の短期金融市場は名実ともに全米マネーセンターとなり[148]、FF レートが金利体系の基準をなすことになった。アメリカ銀行が海外市場でユーロダラーおよびユーロ CD 取引を行う一方で、海外銀行の NYC 支店や子会社が FF 市場へ参加した結果、各国の銀行の準備調節行動を介して、内外の短期金融市場や貸出市場の連動性が高まることになった[149]。こうして契約期間、リスク予想、期待収益などについて異なったプロフィールをもつ内外の金融資産・負債間の代替性が著しく高まった。短期金融市場の統合と資産選択活動の高まりは、伝統的銀行業の中軸をなした貸出業務を衰退させる一方、長期性金融資産・負債の選択活動を活発化し、証券市場取引高を増大させた。

　資本市場に短期性の決済手段を供給し、資産を流動化させるのに重要な役割を担っているのが、証券ディーラーの在庫投資活動である。多くの証券取引所においては、株式売買をマッチングさせる可能性を高めるための取引集中義務

第10章　戦後アメリカにおける決済システムと資産選択運動　361

を課すだけでなく、しばしば同一方向に動く傾向にある投資家の期待変動によって価格付ができない事態に追い込まれるのを回避するため取引所メンバーにマーケットメイクを行わせる仕組みを備えている。しかし、証券取引の市場流動性を高める、このような仕組みだけでは、機関投資家が大量に保有するポートフォリオを短期に売買するには適したものではなかった。

　大量に証券を保有する機関投資家が保有するポートフォリオを短期に組み替えようとする場合、取引所での売買では、マーケットインパクトが発生する。特定の銘柄を特定価格で大量に売買注文を出したとしても、それに見合う注文を大幅な価格変動なしに短時間で取引所で見いだすことは困難であるからである。取引所を介する伝統的手法は、機関投資家がポートフォリオの価格実現や組み替えを短期的に行うことを制約してきた[150]。1960年代末ニューヨーク証券取引所は、大手証券ディーラーが機関投資家からでる大量の売買を取引所外でブロックトレーディングとして処理することを認めた。しかし証券ディーラーは、機関投資家の売買注文に応じるため巨額な在庫資金を必要とするだけでなく、買い受けた証券を即座に売却できないときには自己勘定で保有しなければならない[151]。それが証券ディーラーに、証券在庫を賄うため資金調達力の増強を要請した[152]。証券ディーラー、特に機関投資家の大量注文に高いレバレッジを使って応じた大手政府証券ディーラーにとって、資金調達方法の選択は経営上決定的ともいえる重要性をもつことになった[153]。

　証券ディーラーは伝統的に、証券在庫を賄うために NYC マネーセンターバンクからの有担保の銀行借入に依存していた。銀行借入は、コスト高であるだけでなく[154]、銀行の融資態度の変化によって借入額が大きく左右された[155]。1951年のアコード以降、相対的に引き締め気味の金融政策のもとで、NYC マネーセンターバンクからの証券担保借入は、しばしば困難に直面し、証券ディーラーの在庫形成を妨げ、証券取引の拡大を制約した[156]。しかし、レポ市場の拡大によって、証券ディーラーの資金調達行動は変容する。1970年代の初頭には、マネーセンターバンクからの借入シェアは低下し、証券ディーラーの資金調達額の3分の1にまで減退したといわれる[157]。有担保ローンは限界的

な資金調達手段となった(158)。こうした証券ディーラーの資金調達方法の変化はまた、ディーラー向け、特に大手証券ディーラー向けの短期融資金利を低下させ(159)、大手証券ディーラーの資金調達力を著しく増強した。

　1980年代入り後、機関投資家は、大量の数の証券取引を同時に行う投資手法を採用した(160)。こうした投資手法は、取引所外ブロックトレーディングを増加させ、証券ディーラーの証券在庫投資の増大を要請した。大手証券ディーラーは、CP、社債発行や株式公開など、より多様な手段によって資金調達力を増強した(161)。証券ディーラーの多くは、ブローカリングやディーリングにともなう収益ないしキャッシュフローの不安定に晒されてきた(162)。収益の不安定は、証券ディーラーに長期負債の発行や資本発行にともなうキャッシュフロー管理を難しくする。そのため、リテイル・ブローカリングを広範に展開するメリルリンチなどを除けば、大手証券ディーラーの多くは、非公開の小規模な株式会社ないしパートナーシップであった。しかし、レポ市場からの短期資金調達や低コストでの銀行借入は、長期債および資本発行にともなうキャッシュフロー管理を容易にし、資本規模を拡大することを可能とした(163)。1980年代以降、ディーラーの証券在庫は大幅な変動を示しつつも、平均在庫額は以前に比べて著しく増加した(164)。

　大手証券ディーラーはまた、大量に保有する金融資産の持ち高をヘッジするために、店頭取引、オプション取引などを活発化した(165)。国債、社債など主に、店頭証券の取引拡大においても、レポ取引およびリバースレポ取引によって資金調達力を増したディーラーの引受やマーケットメイク活動が決定的であった。大手証券ディーラーは、機関投資家や中小証券会社に対して資金調達の媒介、証券取引の実行仲介など各種の便宜を供与するだけでなく、中小の投資家や証券会社に対してリバースレポおよび担保付融資を行ってレポ市場を通じて調達した決済手段を貸し付けた(166)。中小ディーラーも資金調達力を増し、資本市場全般の短期的なポートフォリオ再構成を促進した。証券ディーラーの資金調達チャンネルの多様化および拡大は、資本市場への決済手段の供給を銀行貸出の変動から自律して増大することを可能にし、証券取引の持続的拡大を

支えた。

　銀行間決済の効率化は、証券ディーラーの資金調達力の増強を介して、短期的なポートフォリオ組み替えによるキャピタルゲイン獲得を目的とした投資行動を活発化させた。こうした投資行動の変化が、機関投資家のポートフォリオの運用益を増大し、銀行の有期性預金やローカルな運用にとどまっていた企業や個人の貯蓄性預金残高を吸収することを可能とした。株式売買に占める機関投資家の割合は上昇し、機関投資家主導の資本市場が形成されてくる[167]。個人も含めた各階層の決済プロセスから遊離した決済手段が、機関投資家を介して資産選択活動のなかに組み込まれ、資本市場取引を拡大した。近年における資本市場の変化の起点には、大手証券ディーラーの資金調達力の増大にあった[168]。

　多様な期間構成をもつ金融資産・負債取引が活発化するなかで、多くの銀行は70年代中葉以降、借入需要の停滞に直面し、いわゆる伝統的銀行業の衰退という現象がもたらされた。銀行間決済の頂点に位置するNYCマネーセンターバンクや大手リージョナルバンクは、銀行間決済の効率化や短期金融市場を利用した準備調節によって著しく貸出能力を高めた。しかし、貸出能力の増強は銀行間競争を激化し、キャッシュマネージメントサービスの普及とオープンマネーマーケットの拡大をもたらした。企業顧客や非銀行金融機関は取引残高を圧縮する一方、レポ市場やCP市場からの短期資金調達を増大させた[169]。さらに、CP市場からの資金調達によって競争力を増した大手企業の金融子会社などのファイナンスカンパニーは、中小企業や個人向けの貸出市場に参入する。こうした結果、戦後以来上昇を続けてきた非金融企業借入に占める銀行貸出シェアも、70年代中葉を境に低下した[170]。銀行間決済の効率化は銀行の貸出能力を増強する一方、新規融資低迷という矛盾した事態をもたらした。そうした事態は、貸出能力増強がより大きく、大企業を顧客とする大手銀行の収益により深刻な影響を与えた[171]。

　1970年代後半になると、大手銀行は、途上国融資、商業用不動産融資、企業買収関連融資などのキャッシュフローの安定した還流に欠け損失可能性の高い

事業分野へ融資を増大し、銀行貸出の減退を補おうとした(172)。しかし、こうした貸出分野への融資は、大手銀行の貸出債権を中小銀行に比べはるかに悪化させ80年代後半には多額の貸出損失を計上することになった。80年代中葉以降、NYCマネーセンターバンクの多くは、クリアリング業務、カストディアン業務など証券決済業務を拡大するとともに(173)、CP引受などの証券業務に進出し、収益基盤を回復しようとした(174)。こうした傾向は90年代入り後さらに強まり、短期金融市場からの調達力を武器に、貸出債権の証券化・売却、OTCデリバティブなどのオフバランス業務など拡大する証券取引に関連した分野に積極的に進出していくことになった(175)。

大手リージョナルバンクは、投資サービスなどより多角的サービスを中小銀行に提供し、コルレス関係の拡充を図った。コルレス関係の拡充によって、より広域的かつ効率的なキャッシュマネージメントサービスが提供できるようになり、大手リージョナルバンクの顧客基盤は広がりをみせた。80年代以降、大手リージョナルバンクは州内および隣接州に支店網を構築していった。特に、合併・買収によるインターステイトブランチの増大は急激であり、NYCマネーセンターバンクに匹敵する資産規模をもつスーパーリージョナルバンクも現れた(176)。大手リージョナルバンクは、小口分野を含む銀行貸出を広域的に展開し、伝統的貸出分野におけるシェアを高めた。これと対照的に、個人部門も含めた全米規模で資産選択運動が活発化するなかで、個人所得から生じる比較的長期の余剰決済手段を吸収して貸出原資にしていた貯蓄金融機関は、貸出および運用の両面で困難に直面する。1979～82年に金利が急騰すると、資産選択活動はいっそう活発になり、貯蓄金融機関の貸出原資調達は困難となった。預金吸収の原資を得ようとハイリスク分野への融資を拡大した貯蓄金融機関の多くが経営危機を招くことになった。全米的な資産選択運動の活発化を背景にS&Lクライシスが発生した(177)。

アメリカ金融システムに生じた急激な変貌は同時に、金融市場の変動性の著しい増大をともなったことで知られている(178)。

銀行間決済の効率性上昇と短期金融市場の拡大は、銀行間決済手段を著しく

圧縮した。MCR-80の成立は非加盟銀行や貯蓄金融機関にも必要準備率規制を課したため、準備預金は一時的に増加をみたものの、準備預金の伸びは銀行間決済額の増大に追いつかなかった(179)。準備預金残高圧縮の進展は、次第に日々の銀行の準備預金管理から柔軟性を奪い、大口銀行間決済の円滑な執行のために、日中オーバードラフトを不可欠とした。連銀が供与する日中オーバードラフトは著しく増加した(180)。連銀との間だけでなく、レポ取引やCP発行、株式売買にともなうクリアリング業務やカストディー業務といった銀行と証券会社、企業顧客との間においても、日中オーバードラフトなしには円滑な決済が行えない状況が生まれた(181)。大口決済における日中オーバードラフトの発生は、日々の決済に必要な準備預金の変動を吸収することが、銀行システム全体としても次第に難しくなったきたことを物語っていた(182)。

1970年代後半から、金利水準全般が高騰しただけでなく、それらの変動性も高まった。80年代入り後、しばしばFF金利は20％から30％にまで達することも例外ではなくなった(183)。圧縮した決済残高のもとで決済手段の調達を短期金融市場に依存するほど、予期しないショックに対する銀行間決済手段の調達額が大幅に変動するケースは多くなる。銀行間決済の効率化の進展が、FFレートの変動性を高めることになった(184)。FFレートの変動は、銀行の貸出行動ばかりでなく、裁定行動を介し他の短期金融市場需給に影響し、さらに証券ディーラーの資金調達行動を介して証券価格や長期金利にも波及することになる(185)。決済プロセス各レベルで決済手段保有高が圧縮され日々の決済に必要とされる決済手段調達を短期金融市場へ依存しているために、金利水準全般の変動性が高まることになったのである(186)。

日常的な決済手段の調達を大きく短期金融市場からの借入に依存しているという状況はまた、いったん短期金利が急騰した場合、決済手段の借入が困難化し深刻なクレジットクランチを発生させる可能性を高めた(187)。事実、82年のDrysdale Government Securitiesや84年のLion Capital Group、85年のE. S. M. Government Securitiesや Bevill, Bresler and Schulman などの中小ブローカー・ディーラーの破綻が相次いだ。また、フランクリン・ナショナルやコン

チネンタル・イリノイなど準備調節を短期金融市場に大きく依存した大手銀行の破綻も続いた[188]。87年の株式クラッシュや90年代初頭のクレジットクランチを戦後最も厳しいものにしたのは、以上のような背景があったからだった。こうした傾向は90年代入り後、いっそう深まりさえしている。民間クリアリング組織を介する決済額の増大に加えて、90年に非要求払預金の必要準備率規制が撤廃された。さらに、要求払預金の必要準備率も、継続的に引き下げられてきた。そのため、日々の決済に必要な準備預金のバッファーをなしていた必要準備は急減した。90年代入り後、大口に加え、個人向けのスウィープサービスが普及し、銀行の必要準備量はさらに急減した[189]。中小銀行のなかには、手許現金が必要準備を上回るケースが続出した[190]。必要準備が減少したにもかかわらず、決済用準備の増加がともなわず、預金金融機関が保有する総準備額は減少し、94年以降、総準備額は歴史的低水準にあるといわれている[191]。

　連邦準備制度理事会は、準備預金残高の圧縮、そのメダルの裏面としての巨額な日中オーバードラフトが銀行の準備調整の柔軟性を喪失させることを懸念して、日中オーバードラフトの抑制措置を逐次導入した[192]。しかし、そうした措置は逆に、多額のオーバードラフトの発生を避けられない大手銀行にとって連銀の決済サービスの利用コストを高めた。大手銀行は、フェッドワイヤーを通じて行っていた決済処理をCHIPS経由にしたり、CHIPS経由をコルレス銀行を通じて処理するなど、より大量の決済処理を民間クリアリング組織に委ねるようになった[193]。こうした事態は、決済総額に対する準備預金の割合を一段と圧縮し、FFレートの変動性を増幅した。FFレートの変動性増大に対して連邦準備制度理事会は、割引窓口の運用規則変更や必要準備率規制の制度的変更[194]、そして公開市場操作の実施回数を増やすなどの措置をとって対処した。こうした措置によって、金利の変動性はひとまず落ち着きをとり戻している[195]。しかし、決済手段需要の変動を短期金融市場で吸収することの難しさは解消しておらず、頻繁な公開市場操作が逆に短期金融市場の流動性を増し決済手段圧縮を強めてさえいる[196]。予期に反して決済手段需要が急増すれば、短期金利が高騰し、決済手段調達が困難となる可能性は潜在的には高まってい

る(197)。

　戦後アメリカにおける銀行間決済の効率化は、決済プロセス各レベルにおける決済手段残高の圧縮をもたらしたが、それは同時により高収益をあげるために保有資産の構成を組み替えたり、資金調達手段を変更したりする資産選択活動を活発化させた。こうした事態はしかし、「決済用の資源のより効率的な利用」と言ってすますには(198)、あまりにも重大なインプリケーションをもっている。各種ショックに対して金融システムの安定回復のためのバッファーとなっていた決済手段残高が著しく圧縮されているため、日々の決済業務においてさえも決済手段需要が急増し金融市場が急変するケースが多々生じている(199)。金利や証券価格の変動が直ちに金融システムの不安定性を意味するわけではない。しかし、金融市場で決まる資産価格や利回りが投資選択の基準をなしている世界において、変動性を増した金融市場は、実物資本財への投資支出や消費支出に深刻な影響を与え、生産力基盤を長期的に侵食する可能性を多分にもっている。

　第二次大戦後の相対的に安定した金融環境は、FF市場の拡大をもたらすと同時に銀行間決済の効率化をもたらした。銀行間決済の効率化は、大手銀行を中心に貸出能力を高め、貸出能力の増強圧力は銀行間競争を激化した。銀行間競争が激化するなかで、キャッシュマネージメントサービスが広範な普及をみせ、銀行間決済に生じた効率性上昇を社会的に拡延させた。決済システム全体が効率性を増すとともに、各種短期金融市場が多様化し拡大する。決済手段の残高管理がより精緻化し保有残高圧縮が進むほど、決済手段の一時的な余剰や不足額は増大する。決済プロセス各レベルから一時的に解放される決済手段は短期金融市場の源泉となり、決済手段の一時的不足は需要を構成した。各経済主体は有利な条件で運用や調達を行おうとし、資産選択活動を活発化した。資産選択活動の活発化は、分断されてきた資本資産間の裁定行動を可能とし、各資本資産の価格評価を統一的に行うことを現実のものとした。

日本における第二次大戦後の銀行間決済とその銀行行動への影響は、戦後経済成長に対応する貸出能力増強を決済メカニズムの全米的再構築によって図ろうとしたアメリカと対照的なものであった。

　戦後日本における銀行間決済の特徴は、都市銀行が全国的支店網を展開しえたのに対し、地方銀行や第2地方銀行が高度成長期に全国的な支店展開を行いえなかったという点にある。都市銀行は、全国的支店展開を基礎に顧客基盤の拡大と自行内決済の比率を高め、地方所在銀行に比べて圧倒的な貸出能力を備えることになった。こうした貸出能力の違いを背景に、地方所在銀行がコール市場の出し手であり、全国的な支店網をもつ都市銀行がコール市場からの恒常的な借り手となるといった、いわゆる戦後資金配分の構造が形成されたのである。金融当局による、いわゆる護送船団方式は、勃興する地方経済および地方所在企業を背景として有力地方所在銀行が支店網を広域に展開することを規制した。そのことによって都市銀行の銀行間決済における地位を保護したのである。その意味で、戦後金融行政を護送船団方式と名付けることは、誤解を招くものである。それは、船団最後尾に歩調を合せることを目的にしたものではなく、船団の後方集団が先頭に追いつくことを阻止するための行政だったからである。その結果日本では、銀行間決済の効率化は、顧客レベルにまで全面的に波及せず、大手都市銀行の貸出能力を増強するにとどまった。70年代以降の大手企業の借入需要の減少は、貸出能力を増強した都市銀行にとって、貸出分野の深刻な減退をもたらすことになった。都市銀行の貸出能力増強に比べての借入需要の減少が、都市銀行間に競争圧力を高め、1980年代後半における不動産融資や株式関連融資を膨張させた主要因となったのである[200]。

　資本市場の活況に主導される経済の長期的持続性については、歴史的検証に委ねられなければならない。しかし、日本経済の再活性化のための当面の選択枝が資本市場や不動産市場、総じて資産市場の取引拡大であるならば、求められるものは、証券ディーラーや不動産業者の資金調達力を増強し、資産市場における在庫投資を拡大できる条件を整備することであろう。それには、銀行融資に代わる低コストで利用可能性が高い資金調達市場を拡充することが必要と

される。しかし、「金融ビックバン」という名で進行している金融再編は、銀行間決済や短期金融市場における都市銀行の"支配的地位"を温存したうえ、大型銀行合併や資本市場を含む各金融業務分野への参入をも許容しようとするものである。その問題点は、伝統的貸出市場における寡占化を強めるだけでなく、各種資産市場における中小ディーラーの活動を抑圧し資産市場の再生を阻害する点にある。わが国の貸出市場と資産市場の自律的発展をもたらすためには、都市銀行分割や地銀の広域的再編を含むより水平的な銀行間決済メカニズムの形成を目指した各種措置を行い銀行間競争を促進することが求められよう(201)。

注
(1) Marcia Stigum, *After Trade: Dealer and Clearing Bank Operators in Money Market and Government Securities,* Dow Jones-Irwin, 1988, p. 86-87.
(2) 「1960年代末まで、政府証券の決済は、低速度のテレタイプを基盤にしていた」(Richard A. Debs, "The Program for the Automation of the Government Securities Market", *Monthly Review,* July 1972, p. 168)。
(3) John Matthews, *Struggle and Survival on Wall Street: The Economica of Competition among Securities Firms,* Oxford University Press, 1994, p. 35およびDavid P. Brown, "Why Do We Need Stock Brokers?" *Financial Analysts Journal,* March-April 1996.
(4) Cornell Bradford, "Liquidity and the Pricing of Low-Grade Bonds", *Financial Analysts Journal,* January-February 1992, pp. 63-74.
(5) Ann-Marie Meulendyke, *U. S. Monetary Policy & Financial Markets,* Federal Reserve Bank of New York (FRBNY), 1998, p. 101.
(6) 決済システムについて必ずしも十分な分析が行われてこなかったといわれる(William Roberds, "Changes in Payments Technology and the Welfare Cost of Inflation", Federal Reserve Bank of Atlanta (FRBA), *Economic Review,* May-June 1994, p. 1)。決済システムの取扱の不十分さは、金融理論の多くが、金融概念を、貯蓄主体から投資主体への「資金」の移転ないし貸借として捉えることに起因している。こうした視角からすれば、金融契約や金融機関の存在根拠は、「資金」貸借にともなう各種の障害——情報保有の非対称性、リスク分担能力やリスク・ヘッジ能力おける違い、モラルハザード防止のためのモニタリング能力の違いな

ど——を克服ないし緩和する点に求められることになる。しかし、貯蓄者から投資主体に貸し出される「資金」は、多様な存在形態をもった各種の決済手段からなっている。それらの決済手段は、必ずしも同一の信用力や利用可能性をもつわけでなく、完全に代替的でもない。異なった性格をもつ決済手段すべてを、「資金」という概念で一括して取り扱うことは、金融システムが経済全体に及ぼす影響につて誤った認識をもたらす。たとえば、金融システムの不安定性や銀行の不良債権問題についても、銀行間決済との関連はふれられることなく、モラルハザード問題やモニタリング問題、さらにはコーポレートガバナンス問題に解消されてしまうことになる（堀内昭義『金融システムの未来：不良債権問題とビッグバン』岩波書店、1998年）。これと対照的に靎見は、銀行間決済を軸に金融制度の形成を捉えようとした（靎見誠良『日本信用機構の確立』有斐閣、1991年）。しかし、靎見の「伝統と革新」視角からの分析は、銀行間決済メカニズムの形成における銀行間の協同性を重視したため、決済システムにおける階層性の意義が過小評価される傾向にある。銀行間決済の階層性を明示的に位置づけることは、決済システムの理解にとって決定的な意義を持っている。

(7) アメリカにおける小切手の決済手段としての普及については、川合研「19世紀末のアメリカにおける小切手決済制度の発展——地方小切手の普及——」『金融経済研究』第15号、1998年をみよ。連銀成立以前および以後の変化については、Walter E. Spahr, *The Clearing and Collection of Checks,* The Bankers Publishing Co., 1926, chapters IV, VI, VII および Leonard L. Watkins, Bankers' Balances, A. W. Shaw Company, 1929, chapter VI, Eugene N. White, *The Regulation and Reform of the American Banking System, 1900-1929,* Princeton University Press, 1983, Chapter 2をみよ。

(8) 連銀小切手クリアリングサービスへの手数料賦課とともに、連邦準備制度の成立と銀行間小切手決済との関連が改めて関心を集めている（R. Alton Gilbert, "Did the Fed's Founding Improve the Efficiency of the U. S. Payments System?", Federal Reserve Bank of ST. Louis (FRBSL), *Review,* May-June 1998）。連銀小切手クリアリングサービスが全国的小切手決済網を構築しノンパーチェッキングを廃止させたといった単純化や過大評価に対して従来から批判が絶えなかった（William F. Baxter, "Bank Interchange of Transactional Paper: Legal and Economic Perspectives", *Journal of Law and Economics,* October 1983）。連銀による小切手クリアリングサービスは、すぐれて銀行間の利害対立のなかから生まれてきた。世紀末の企業合同運動によって顧客企業が全国展開するにつれ、マネーセンターバンクに地方所在銀行の小切手が大量に流入してきた。マネーセンターバンクにと

って小切手決済の遅滞は、経営上重大な制約になる一方、地方所在銀行にとって小切手交換手数料は重要な収益源であった。銀行間小切手決済メカニズム改革への欲求は、主に大都市の銀行の間に醸成された（Bruce J. Summers and R. Alton Gilbert, "Clearing and Settlement of U. S. Dollar Payments: Back to the Future?", FRBSL, *Review,* September-October 1996, p. 4）。連銀クリアリングサービスの目的は、全国的な銀行間決済網の構築だけにあったのではなく、マネーセンターバンクに有利な形で銀行間決済網を再編することにあった。連銀の大手銀行優遇策は、連銀のクレジットカードと ACH の対応の違いにも現れている。60年代半ば、連銀はクレジットカード銀行間決済を要請されたが拒否し、大手銀行にとって有力な収益源となる分野に進出しなかった（Andrew F. Brimmer, "Bank Credit Cards and Check-Credit Plans: Development and Implications", Remarks presented to a Joint Luncheon of Commercial Bankers and the Board of Directors of the Federal Reserve Bank of San Francisco, August 3 1967）。他方、連銀は積極的に ACH の設立と運営に手を貸し、大手銀行にとってメリットとなる小口決済の効率化および迅速化を促進しようとした。

(9) こうした要因に加えて、連銀クリアリングサービスを利用する際の小切手ソーティングなどの事前処理が過重な負担となったことも、中小銀行がコルレス銀行を通じた小切手クリアリングを選好する理由となった。また、多くのコルレス銀行は取立途中にある小切手（transit item）もコルレス預金に組み入れたため、コルレス預金を必要準備とできる連銀非加盟の州法銀行にとっては必要準備保有コストを軽減するのに役立った（Robert E. Knight, "The Impact of Changing Check Clearing Arrangements On the Correspondent Banking System", Federal Reserve Bank of Kansas City (FRBKC), *Monthly Review,* December 1972, pp. 23-24）。

(10) カンサスシティー連銀による1969年のサーベイによれば、回答した第10連銀地区銀行の90％、同じく連銀加盟銀行の87％が遠地間小切手クリアリングを、連銀ではなくコルレス銀行に委ねた。1億ドル以上の預金額をもつ銀行だけが経常的に小切手を直接に連銀に送っていた（*ibid.,* p. 14）。

(11) 1996年に連銀が処理した小切手の46％は、大手100銀行持株会社の子会社によって預け入れられた小切手であった。逆に大手銀行持株会社に提示された小切手は、全処理小切手の3分の1を下回っている。大手銀行は、本支店振替（約30％）やコルレス勘定を通じて小切手支払を行っている（Committee on the Federal Reserve in the Payments Mechanism, *The Federal Reserve in the Payments Mechanism,* Federal Reserve System, January 1998, p. 13）。

(12) 発券銀行制度と異なり預金銀行制度は小切手の相互受入を前提条件とする。手

形交換所などの銀行間決済組織の発展につれ銀行間に信頼関係や共同的利害関係が醸成され、銀行間決済手段の一時的過不足を相互貸借によってカバーすることが銀行制度の安定のために不可欠となる。インターバンク市場は銀行間決済の仕組に規定され、逆にまた銀行間決済の仕組みを規定する。

(13) Parker B. Willis, *The Federal Funds Marker—Its Origin and Development, Fourth Edition,* Federal Reserve Bank of Boston (FRBB), 1970, p. 1. 1820年代までには、NYC 銀行は、大量のインターバンク預金を市外銀行から受け入れていた (Margaret Myers, *The New York Money Market: Origin and Development,* Columbia University Press, 1931, p. 128)。19世紀中葉になると NYC 銀行は、証券業者コールローンを貸出利子付でインターバンク預金を集めることが可能となった (Sylla, "U. S. Securities Markets and the Banking System, 1790-1840," Federal Reserve Bank of St. Louis, *Review,* May-June 1998, p. 97)。FF 市場が未発達の段階では、こうした NYC 銀行におかれたインターバンク預金が準備調節の主要な役割を担った (Parker B. Willis, *The Federal Funds Marker—Its Origin and Development, Third Edition,* FRBB, 1968, p. 10)。

(14) Willis, 1970, *op. cit.,* p. 1.

(15) 連銀成立前において、インターバンク預金の少数の NYC 銀行への集中が銀行恐慌との関連で注目を集めた (O. M. Sprague, *History of Crises under the National Banking System,* U. S. National Monetary Commission, Senate Document No. 538, 61 Cong. 2 Sess., Government Printing Office, 1910)。

(16) Marvin Goodfriend and Monica Hargraves, "A Historical Assessment of the Rationales and Functions of Reserve Requirements," *Economic Review,* Federal Reserve Bank of Richmond (FRBR), March-April 1983, p. 4. また NYC 銀行からのコルレス残高の引出しについては、Sprague, *op. cit.* をみよ。季節変動について詳しくは、Jeffrey A. Miron, "Financial Panics, the Seasonality of the Nominal Interest Rate, and the Founding of the Fed", *American Economic Review,* 76, No. 1, March 1986をみよ。

(17) Summers and Gilbert, *op. cit.,* p. 5.

(18) Kathlin Finney, *Interbank Deposits: The Purpose and Effects of Domestic Balances, 1934-54,* Columbia University Press, 1958.

(19) Willis, 1968, *op. cit.,* p. 16.

(20) Arnold Dill, "Liability Management Banking: Its Growth and Impact", FRBA, *Monthly Review,* February 1971 および Marvin Goodfriend, James Parthemos, and Bruce Summers, "Recent Financial Innovations: Causes, Consequences for the

第10章 戦後アメリカにおける決済システムと資産選択運動　373

　　　Payments System, and Implications for Monetary Control", FRBR, *Economic Review*, March-April 1980, p. 19. 大手銀行の準備逼迫は、資金調達の多くを依存していた大手証券ディーラーにとってより厳しいものになった。こうした事態を緩和するために1951年、連銀によるレポ取引が再開された（Meulendyke, *op. cit.*, p. 37）。
(21)　Finney, *op. cit.*
(22)　Debs, *op. cit.* および；Ralph C. Kimball, "Wire Transfer and the Demand for Money", *New England Economic Review,* March-April 1980, pp. 5-22.
(23)　Committee on the Federal Reserve, *op. cit.,* p. 10.
(24)　この点については、Kenneth T. Jablon, "Trends and Projections in Bank Automation", *Banking,* January 1967および James A. O'Brien, "The Computer's Impact on Bank Costs", *The Bankers Magazine,* Winter 1968をみよ。
(25)　Willis, 1970, *op. cit.,* p. 80.
(26)　60年代から70年代にかけて、小切手数量は年率7から8％の伸びを示し（Linda M. Fenner and Robert H. Long, *The Check Collection System: A Quantitative Description,* Bank Administration Institute, 1970）、特に、遠地間小切手の利用が増加したが、決済の効率化は進展をみせなかった（Knight, *op. cit.,* p. 17）。
(27)　州内外の銀行支店設置は当行決済の割合を高め、銀行間決済手段を節約する。第二次大戦後、銀行支店設置は増加し当行決済の割合は漸次高まった。しかし、1970年代以前、当行決済増大による銀行間決済の効率化を過大評価できない。1970年代以前、ユニットバンキング州以外の州においても大手銀行の支店設置は制限され（home office protection）、本店所在地以外に大規模支店の設置は認められなかった。大都市であっても他行本店所在地であれば支店設置が禁じられたり、別会社方式の進出しかできなかった。制限が緩和され、州内支店設置の拡大が進むのは70年代以降である。1980年代以降各州は、隣接州銀行の相互乗り入れを許可するようになり、1993年までにハワイ州を例外として他州銀行による州内銀行の合併・買収が認められることになった。1980年から1989年にかけて銀行数は12％減少したが、オフィス数は38,350から51,300に増加した（Charles W. Calomiris and Jason Karceski, *Is the Bank Merger Wave of the 1990s Efficient? Lessons from Nine Case Studies,* The AEI Press, 1998, p. 10）。
(28)　1990年代以降のACHの取扱高の増大は、1994年のRiegle-Neal Interstate Banking and Branching Efficiency Act (1994) による銀行集中の進展と関係している（Summers and Gilbert, *op. cit.,* pp. 15-16）。
(29)　J. A. Cacy, "The Tenth district Banks in the Federal Funds Market", FRBKC, *Monthly Review,* November 1969, p. 19. FF市場とは、銀行間決済手段を銀行間で

貸借する市場である。そのため、銀行間決済手段として主に利用可能なものは準備預金であるが、FF は必ずしも準備預金である必要はない。FF 取引においては、即時の準備預金の移転を可能とする各種の銀行間決済手段が FF 取引に用いられる。そのため、FF には、準備預金に加えて、コルレス残高、非連銀加盟銀行の加盟銀行コルレス残高などが含まれる。さらに、メンバーバンクの預金口座宛の小切手、財務省発行小切手、非加盟クリアリングバンク発行小切手、そして連銀勘定宛に振り出された外国公的銀行発行小切手なども FF 取引の対象とされる (Willis, 1968, *op. cit.,* p. 90)。

(30)　Federal Reserve Bank of New York (FRBNY), "Federal Funds and Repurchase Agreements", FRBNY, *Quarterly Review,* Summer 1977, p. 39. 1920年代の FF 取引はマネーブローカーを介せず、銀行間で相対で交渉され契約される取引であった (W. Randolph Burgess, *op. cit.,* p. 152)。インターバンク預金と FF 貸借は共に銀行間決済手段の貸借であるが、前者が準備預金の即時移転が可能でないのに対して後者は可能な点に違いがある。なお、連銀は、1928年および1930年の決定によって、ワイヤートランスファー等によって行われる銀行間貸借を預金ではなく、必要準備規制外の貸借であるとした (Marvin Goodfriend and William Whelpley, "FEDERAL FUNDS" in Timothy Q. Cook and Robert K. LaRoche eds. *Instruments of the Money Market, Seventh Edition,* FRBR, 1993, p. 16)。

(31)　Willis, 1970, *op. cit.,* p. 9. 1920年代において、西海岸を別にすれば、活発な FF 取引は NY 連銀地区の都市部の銀行間に限られていた。1920年代末になると、フェッドワイヤーを利用して都市間だけではなく、連銀地区間取引も一部行われるようになった (FRBNY, 1977, *op. cit.,* p. 37)。しかし、1930年代になると、FF 取引は衰微し地区間取引も行われなくなった。

(32)　Meulendyke, *op. cit.,* p. 38.

(33)　*Ibid.,* p. 38.

(34)　FRBKC, "Reserve Adjustments of City Banks", FRBKC, *Monthly Review,* February 1958, p. 5.

(35)　第3連銀地区においては1960年以前、カントリーバンク100行のうち5行しか FF 取引の経験がなかった (Jack C. Rothwell, "Federal Funds and the Profit Squeeze—A New Awareness at Country Banks", Federal Reserve Bank of Philadelphia (FRBP), *Business Review,* March 1965, p. 5)。

(36)　1964年に初めて FF レートが公定歩合を上回ったとき、驚きをもって迎えられたといわれる (Meulendyke, *op. cit.,* p. 38)。

(37)　*Ibid.,* p. 38. 政策指標としての自由準備については、"The Significance and Limi-

第10章　戦後アメリカにおける決済システムと資産選択運動　375

tations of Free Reserves", FRBNY, *Monthly Review,* November 1958および "Free Reserves and Bank Reserve Management", FRBKC, *Monthly Review,* November 1961をみよ。

(38)　Dorothy M. Nichols, "Reserve Management at Fifth District Member Banks", FRBR, *Monthly Review,* September 1966, p. 8および Willis, 1970, p. 54. 1960年代における FF 取引の拡大については、Mark H. Willes, "Federal Funds during Tight Money", FRBP, *Business Review,* November 1967, pp. 3-11および "Federal Funds and Country Bank Reserve Management", FRBP, *Business Review,* September 1968, pp. 3-8をみよ。

(39)　J. S. G. Wilson, *Money Markets: The International Perspective,* Routledge, 1993, p. 121および Harry Brandt and Paul A. Crowe, "Trading in Federal Funds by Banks in the Southeast", Southern Journal of Bank, April 1968, p. 203.

(40)　Brandt and Crowe, *op. cit.,* p. 203.

(41)　*Ibid.,* p. 203. 今日でも2,500万ドル超の大口取引は、ブローカーを介して行われる（Meulendyke, *op. cit.,* p. 85）。しかし、新規参入した中小銀行の多くは、大量の余剰残高を生じることがなく、コルレス関係の継続を望んだため、コルレス銀行に直接貸し付けられるか、コルレス銀行を仲介者（acomodate bank）にして FF 取引を行った（Willis, 1970, *op. cit.,* pp. 50, 54および Meulendyke, *op. cit.,* p. 85）。

(42)　Wilson, *op. cit.,* p. 120. Philadelphia, Pittsburg および Denver といった地方都市の FF 市場も発展した。

(43)　Nevins D. Baxter, "Country Banks and Federal Funds Market", FRBP, *Business Review,* April 1966, p. 7. 連銀理事会は1964年、非コルレス銀行が連銀勘定を介することなしにコルレス残高を FF として付替えするよう要求できるという決定を下した（Board of Governors of the Federal Reserve System, Federal Reserve Bulletin, vol. 50, August 1964, pp. 1000-1001）。

(44)　ABA の Correspondent Banking Devision による1982年サーベイによれば、回答したコルレス銀行のすべてが顧客銀行に FF サービスを提供していたのに対して、小切手取立サービスは全体の98％にとどまっている（Peter Merrill and John H. Neely, "Special Report: Correspondent Banking, A Shaking out is Shaping up for Correspondents", *ABA Banking Journal,* March 1983, Table 2）。

(45)　Knight, *op. cit.,* p. 24. コルレス銀行が提供するサービスとしては、電子的資金移転、ポートフォリオ分析、クレジットカードクリアリング、国際金融業務などがある（Robert E. Knight, "Correspondent Banking Part III: Account Analysis", Federal Reserve Bank of Kansas City, *Monthly Review,* December 1971, p. 3）。

(46) *Ibid.,* pp. 3-4.
(47) Harry V. Odle. "How Smalter Banks Rate Correspondent Services", *Burroughs Clearing House,* August 1971, p. 74.
(48) Brandt and Crowe, *op. cit.,* p. 209.
(49) *Ibid.,* p. 209.
(50) 第6連銀地区の1967年サーベイによれば、1959〜62年の集計データでは他地区FF借入が全借入額の3％、他地区貸出は6％にすぎなかったのに対して、1965年には、他地区借入は12％、他地区貸出は23％に上昇している。特に農業地域銀行の他地区取引の割合は高く、他地区貸出は全FF貸出額の70％を占めるようになった (*ibid.,* p. 209)。なお、各連銀地区を超えたFF取引増大は、まず西海岸の諸行によって行われた (Willis, 1970, *op. cit.,* p. 16)。
(51) Brandt and Crowe, *op. cit.,* p. 211.
(52) *Ibid.,* p. 211.
(53) 12連銀地区のなかで、ニューヨーク、シカゴ、およびサンフランシスコ連銀地区の各行がFF取引額で大きなシェアを占めている (Cacy, *op. cit.,* p. 12, Table 1)。しかし、NY地区の貸出額を超える借入額は、他の2地区よりもはるかに大きく、NY地区銀行が、他2地区銀行に比べ他地区からより多額のFFを借り入れていることを示している。
(54) FRBNY, 1977, *op. cit.,* p. 40およびBrandt and Crowe, *op. cit.,* p. 203. コルレス銀行間競争の激化は、コルレスサービスの代価としてのコルレス預金の妥当残高の是非についての論議を生み、コルレス銀行は当初、価格競争回避のため手数料賦課を避けてきたが、60年代末から70年代にかけて新規コルレスサービスには手数料賦課に転換した (Knight, 1971, *op. cit.*)。
(55) Willis, 1968, *op. cit.,* pp. 6-8.
(56) FRBNY, 1977, *op. cit.,* p. 40およびDorothy M. Nichols, *Trading in Federal Funds (Findings of a Three—Year Survey),* Board of Governors of the Federal Reserve System, September 1965, pp. 4n and 28.
(57) FRBNY, 1977, *op. cit.,* p. 40. こうした措置について詳しくは、*Federal Reserve Bulletin,* August 1964, pp. 1000-1001をみよ。なお、連銀理事会は1970年、レギュレーションDを改正し非加盟商業銀行に加え、非商業銀行（連邦政府機関、貯蓄貸付組合、貯蓄貸付相互銀行）および外銀支店からのFF借入についても必要準備率規制を免除した。
(58) FRBNY, 1977, *op. cit.,* p. 39.
(59) *Ibid.,* p. 42.

(60) Brandt and Crowe, *op. cit.*, p. 203.
(61) Jack C. Rothwell, "Federal Funds and the Profit Squeeze—A New Awareness at Country Banks", FRBP, *Business Review,* March 1965, p. 7.
(62) FRBNY, *FEDWIRE: THE FEDERAL RESERVE WIRE TRANSFER SERVICE,* March 1995, Table 10.
(63) Kimball, *op. cit.*, p. 9.
(64) FRBNY, 1995, *op. cit.*, p. 5. フェッドワイアーは、1918年にモールス信号による自前の通信ネットワークを連銀が持ったことに始まる（FRBNY, 1995, *op. cit.*, p. 3）。当初、ニューヨーク連邦準備銀行で毎日100件以下の決済情報しか処理できなかった。戦後連銀はフェッドワイヤーの改善を進めが、1951年に通信ネットワークの再構築へ向けた研究が完了し、テレタイプシステムから自動化処理システムへの転換を図った（Willis, 1970, *op. cit.*, p. 80）。Culpeper-based network は、1970年から稼働し、現在の銀行—連銀間の決済を支えることになった（*ibid.*, p. 5）。
(65) *Ibid.*, p. 37. 1982年6月28日から、フェッドワイヤーは、Federal Reserve Communications System for the Eighties (FRCS-80) と呼ばれるデーター伝送の分散処理およびパケット化が可能になった新システムによって運営されるようになった。
(66) RCPC は、同一地域の銀行間決済において被仕向銀行へ同日決済を提供し、小切手取立スピードを高めた。こうした小切手クリアリング迅速化は、中小コルレス銀行の必要性を減じ再編を強制しただけでなく、RCPC と競争できなくなった地方の手形交換所の多くを閉鎖に追い込んだ（Joanna H. Frodin, "Fed Pricing and the Check Collection Business: The Private Sector Response", FRBP, *Business Review,* January-February 1984）。現在、手形交換所は全米で約150カ所にとどまる（GAO, *Payments, Clearance, and Settlement: A Guide to the Systems, Risk, and Issues,* GAO/GGD-97-73, June 1997, p. 95）。他方、大手コルレス銀行の台頭を反映して CCH (Chicago Clearing House Association) や CBCH (California Bankers Clearing House) の小切手取扱高は増加し、連銀の小切手決済シェアの低下をもたらした（*ibid.*, p. 161）。
(67) Raymond E. Lombra and Herbert M. Kaufman, "Commercial Banks and The Federal Funds Market: Recent Development and Implications", *Economic Inquiry,* Vol. XVI, October 1978 および FRBNY, 1977, *op. cit.*, p. 39。1980年の DEPOSITORY INSTITUTIONS DEREGULATION AND MONETARY CONTROL ACT OF 1980 (MCR-80) は、連銀小切手クリアリングサービスの手数料算定基準として資産規模で最大50行の財務データを基にしており、中小コルレス銀行の淘汰と大手

コルレス銀行へのコルレス業務の集中を促進した。

(68) Willis によれば、大手コルレス銀行を中心に5行から数百行にわたるコルレスネットワークが形成され、これらのネットワークは相互に排他的となった (Willis, 1968, *op. cit.*, p. 95)。

(69) Meulendyke, *op. cit.*, p. 38.

(70) 第3連銀地区では、1966年5月25日、同年9月28日、1967年5月24日に終わる準備積み期間における準備需要と FF 借入との相関をとったところ、準備需要変動のほぼ57％が FF 借入と相関していた（Willes, 1968, *op. cit.*, p. 6）。連銀借入は元来継続的な準備不足に対応するものではなく、業務拡張などによる準備不足には FF 市場からの借入によらざるをえなかった（Meulendyke, *op. cit.*, p. 67）。

(71) Cacy, *op. cit.*, p. 19. カントリーバンクも FF 市場への一方的出し手にとどまっていたわけではない。FF 借入を準備調節手段として利用し決済業務の効率化を図った（Baxter, *op. cit.*）。

(72) Willes, 1968, *op. cit.*, pp. 6-7.

(73) John S. Clark, "New Study Shows Where Correspondent Banking Stands, Where It's Headed", *Banking,* November 1976, pp. 42f および Bruce J. Summers, "Correspondent Services, Federal Reserve Services, and Bank Cash Management Policy", FRBR, *Economic Review,* November-December 1978, p. 38.

(74) Wilson, *op. cit.*, p. 149.

(75) Kimball, *op. cit.*, p. 11.

(76) 第5連銀地区の1965年のサーベイによれば、大手銀行が中小銀行よりも FF 市場で活発な活動を繰り返していた。さらに、FF 市場からの借入と銀行規模との間に明確な相関がみられるだけでなく、FF 市場からの借入は、大手銀行に集中していた（Nichols, 1966, *op. cit.*, pp. 10-11）。

(77) Cacy, *op. cit.*, p. 19 および Dill, *op. cit.*, p. 23.

(78) Warren E. Moskowitz, "Global Asset and Liability Management at Commercial Banks", FRBNY, *Quarterly Review,* Spring 1979, p. 43.

(79) Willis, 1970, *op. cit.*, p. 85.

(80) Wayne B. Lewin and David Van L. Taylor, "CHIPS: An Evolving Electronic Funds Transfer System", *The Magazine of Bank Administration,* November 1979, p. 37.

(81) 連銀がネッティングサービスを提供している全国的クリアリング組織としては、CHIPS のほかに、モーゲッジ・バックド・セキュリティーのクリアリングをする Participants Trust Company (PTC)、クレジットカードのクリアリング処理を行

第10章　戦後アメリカにおける決済システムと資産選択運動　379

　　　う Visa ACH、そして ACH の全国組織である National Clearing House Association などがある。全国的クリアリング組織の現状については、Federal Reserve Banks, *83rd Annual Report,* 1996, pp. 258-260をみよ。

(82)　Gerald E. Corrigan, "Perspectives on Payments System Risk Reduction." In David B. Humphrey ed., *The U. S. Payments System: Efficiency, Risk, and the Role of the Federal Reserve, Proceedings of a Symposium on the U. S. Payments System sponsored by the Federal Reserve Bank of Richmond,* Kluwer Academic Publishers, 1990.

(83)　Summers and Gilbert, *op. cit.,* p. 16および Roberta Eisenbeis, "International Settlements: A New Source of Systemic Risk?", FRBA, *Economic Review,* Second Quarter 1997, p. 44.

(84)　Summers and Gilbert, *op. cit.,* p. 11., Table-3. 1980年から1994年にかけて、フェッドワイアーと CHIPS を介する大口銀行間決済における連銀シェアは、取引件数で66.2%から61.3%に、金額ベースで56.4%から41.7%に低下した。フェッドワイアーを通じた政府証券決済についても、80年代に入って日中オーバードラフト抑制を目的とした規制措置が決済コストを高め、民間クリアリング組織のシェアを上昇させた。1985年から1994年にかけて、フェッドワイアーを通じた政府証券決済も100%から66.0%へ減退し、連銀シェアも100%から85.1%に低下した。

(85)　*Ibid,* p. 16. MCR-80は、民間クリアリング組織のシェア増加による金融政策遂行上の懸念への対応を目的として成立した。同法は、全預金取扱金融機関に必要準備率規制を義務づけると同時に、全預金金融機関に決済サービスへのアクセスを認めた。しかし、同時に、連銀決済サービスへの手数料賦課が義務づけられたために、連銀決済シェアはさらに低下した。銀行間決済の民間クリアリング組織への移転が急速に進んだため、Expedited Funds Availability Act が1987年に成立し、連銀に民間決済組織を監督する権限を与えた（Committee on the Federal Reserve, *op. cit.,* p. 8）。1994年には、Regulation CC により same-day-settlement rule が実施され、連銀の小切手決済シェアはさらに低下した（*ibid.,* p. 12）。MCR-80以降の諸法は、民間クリアリング組織の発展を追認し、民間クリアリング組織への銀行間決済の集中を促進した。

(86)　1985年第2四半期と88年第2四半期を比べると、フェッドワイアーにおいては決済額の41%の増加に対して決済用準備額（reserves + overdrafts）は、36%の増加、準備の回転率はわずか4%しか上昇しなかったのに対して、CHIPS では120%の決済額増加に対して決済用準備（reserves + overdrafts）は1%の減少、準備の回転率は120%の上昇を示した（David Humphrey, "Market Responses to Pricing Fedwire Daylight Overdraft," Federal Reserve Bank of Atlanta, *Economic*

Review, May June 1989, Table 1)。なお、各種民間クリアリング組織の概要については、Congressional Account Office (GAO), *Payments, Clearance, and Settlement: A Guide to the Systems, Risks, and Issues,* Chapter Report, 06/17/97, GAO/GGD-97-73, Government Printing Office, 1997をみよ。

(87)　大手銀行によるコルレス関係強化の動きは、連銀加盟銀行の脱退を増加させ、リザーブシティーバンクからも連銀脱退が相継いだ (Thomas O. Waage, "The Need for Uniform Reserve Requirement", FRBNY, *Monthly Review,* December 1973, p. 305)。連銀に代わって大手コルレス銀行が低コストでコルレス・サービスを提供したため加盟銀行の大量脱退が可能となった。

(88)　準備預金調節の操作性の高まりは、準備預金をさらに圧縮し準備調達チャンネルとしてのFF市場への依存を高めることになった (Cheryl L. Edwards, "Open Market Operations in the 1990s", *Federal Reserve Bulletin,* November 1997, p. 859)。

(89)　銀行の証券投資も、短期金融市場を利用した準備調節が主になるにつれ、大きく変化した。銀行の証券投資は、第二線準備としてTBなどの低収益証券を保有する必要性は減退し、銀行貸出と並ぶ収益分野として位置づけられていった。連邦政府保証のモーゲッジ証券や政府関連債、そして州および地方債など収益率の高い証券が投資対象になった。加えて、社債などの民間債券もかなりの割合を占めるようになってきた (William R. Keeton, "Causes of the Recent Increase In Bank Security Holdings", FRBKC, *Economic Review,* Second Quarter 1994)。

(90)　Meulendyke, *op. cit.,* p. 72.

(91)　他の短期金融市場はFF市場と完全な代替関係になく、準備調節手段として限界を持っていた。たとえば、TBを使用する場合には、TBの価格変動にさらされるばかりでなく、取引コストが発生する ("Reserve Adjustments of City Banks", *Monthly Review,* FRBKC City, February 1958, p. 5)。さらに、TBを売却する際にもディーラーにマージンを支払わねばならず、それはしばしばFFレートを上回った。また、連銀はレギュレーションDの修正により政府証券および政府関連機関債のレポ取引でしか必要準備率が免除されなくなったため、レポ取引を準備調節手段として用いる場合の柔軟性が奪われた。ユーロダラーの準備調節手段としての制約については、Fred H. Klopstock, "Euro-Dollars in the Liquidity and Reserve Management of United States Banks", FRBNY, *Monthly Review,* July 1968をみよ。

(92)　FRBNY, *THE CLEARING HOUSE INTERBANK PAYMENTS SYSTEM,* January 1991, p. 19. 東部時間午後6時30分にフェッドワイヤーは閉じられるがFF市場は他地区市場が閉じられるまで利用可能であるため、FF市場は最後の準備調節の

(93) Willis, 1970, *op. cit.*, p. 89.
(94) 例外的に、カンサスシティー連銀地区では1969年時点でも FF 市場への参加行はわずかにとどまり、参加行も主に FF の出し手であった。そのため、政府証券が第二線準備として重要な役割を果たしていた（Thomas E. Davis, "Bank Holdings of U. S. Government Securities", FRBKC, *Monthly Review,* July-August 1971, p. 18; "Tenth District Banks in the Federal Funds Market", FRBKC, *Monthly Review,* November 1969）。
(95) 80年代以降、コルレス関係が大手コルレス銀行に連銀地区を越えて集中化するにつれて、各連銀地区内部の安定した銀行関係、すなわち地域独占が、解体されていくことになった（Michael C. Keeley, "Deposit Insurance, Risk, and Market Power in Banking", *American Economic Review,* 80, December, 1990および Allen N. Berger and David B. Humphrey "Megamergers in Banking and the Use of Cost Efficiency as an Antitrust Device", *Antitrust Bulletin,* Fall 1992）。特に、セントラルリザーブシティーバンクとして数多くの被コルレス先を抱えていたシカゴの銀行の多くは、地域独占を侵食されると同時に他地区銀行の買収対象となった。
(96) Goodfriend and Hargraves, *op. cit.*, p. 16.
(97) Willis によれば、FF 市場の拡大が、銀行により積極的な貸出態度をとらせた（Willis, 1968, *op. cit.*, p. 78）。
(98) Meulendyke, *op. cit.*, p. 72.
(99) Davis, 1971, *op. cit.*
(100) しばしば、インフレ昂進による機会費用の上昇（実質金利の低下）に直面し、企業や個人が保有する「貯蓄」が高収益のオープンマネーマーケット商品へ投資されたと論じられてきた（Franklin R. Edwards and Frederic S. Mishkin, "The Decline of Traditional Banking: Implications for Financial Stability and Regulatory Policy", FRBNY, *Economic Policy Review,* July 1995, p. 31）。しかし、「貯蓄」が決済プロセスから長期に遊離された決済手段を指すのであれば、オープンマネーマーケットへではなく、収益性のより高い長期の資本資産の市場で運用されることになろう。
(101) John M. Veale and Robert W. Price, "Payment System Float and Float Management", in Bruce J. Summers ed., *The Payment System: Design, Management, and Supervision,* International Monetary Fund, 1994, p. 157.
(102) Wayne J. Smith, "Repurchase Agreement and Federal Fund", *Federal Reserve Bulletin,* May 1978, p. 356.

(103) Kimball, *op. cit.*, p. 12.
(104) Goodfriend, Parthemos, and Summers, *op. cit.*, p. 17.
(105) FRBNY, 1977, *op. cit.*, p. 45.
(106) 1960年代には、事前に顧客と契約を交わし支払小切手 (depository transfer check) を集中銀行 (concentration bank) の私書箱 (lockbox) に送付し、決済残高を集中することがキャッシュマネージメントサービスの中心的な手段として利用された (Meckler, *op. cit.*, p. 27)。
(107) Michael Datsey, "An Investigation of Cash Management Practices and Their Effects on The Demand for Money", FRBR, *Economic Review*, September-October 1984, p. 5.
(108) FRBNY, 1977, *op. cit.*, p. 44 および Veale and Price, *op. cit.*, p. 158, Meckler, *op. cit.*, p. 27.
(109) Datsey, *op. cit.*, p. 5.
(110) FRBNY, 1977, *op. cit.*, p. 45.
(111) Veale and Price, *op. cit.*, p. 157.
(112) *Ibid.*, p. 157.
(113) Dill, *op. cit.*, p. 25.
(114) 他の短期の決済手段調達手段 (Bankers Acceptance など) については詳しくは、Wilson, *op. cit.* をみよ。
(115) FRBNY, 1977-8, p. 42?
(116) Meulendyke, *op. cit.*, p. 112.
(117) *Ibid.*, p. 59.
(118) Stigum, *op. cit.*, pp. 49-51.
(119) CP 発行件数のほぼ半分がディーラー CP だといわれている (*ibid.*, p. 229)。
(120) M. Wolfson, *Financial Crises*. 野下保利・原田善教・浅田統一郎訳『金融恐慌——戦後アメリカの経験』日本経済評論社、1995年、第5章。
(121) Norman N. Bowsher, "Repurchase Agreements", FRBSL, *Monthly Review*, September 1979, p. 19.
(122) FRBNY, 1977, *op. cit.*, p. 44. ここでのレポ取引は、ディーラー相互間ないしディーラー・投資家間のレポ、すなわち Dealer-initiated RP である。公開市場操作における連銀との間で行われるレポ取引は、日常的に行われず、また連銀側によって取引額が決められているため、証券ディーラーにとって証券在庫を賄うために資金調達手段とはならなかった (Stigum, *op. cit.*, p. 173)。
(123) レポ取引の契約期間をリバースレポよりも短くし契約期間を一致させない tail

第10章　戦後アメリカにおける決済システムと資産選択運動　383

と呼ばれる取引も行われている（FRBNY, 1977, *op. cit.*, p. 45）。また、ディーラーは、レポ取引の決済手段の受け取り側が、担保代わりに提供する債券の種別を問わない点を利用して、特定銘柄の証券を借りるスペシャルと呼ばれる取引も拡大している。価格が低下すると予想される債券を空売り、スペシャル取引を行った後に決済し、のちにリバースレポの決済時に買い戻すという取引を行うのである（Christopher J. McCurdy, "The Dealer Market For United States Government Securities", FRBNY, *Quarterly Review*, Winter 1977-78, p. 46）。また、空売りされており供給が逼迫すると思われる債券をタームレポで調達し、供給が逼迫したとき現物を求めるトレーダーとリバースレポを通常のレポレートよりも低い金利で行い、それによって調達した決済手段によってレポ取引を行ない利鞘を抜く取引も行われている（Stigum, *op. cit.*, p. 204）。こうして、レポ取引は、ディーラーと投資家の間だけでなく、ディーラー相互の間でも活発に行われ、レポ市場を拡大している（Charles Lucas, Marcos Jones, and Thom Thurston, "Federal Funds and Repurchase Agreements", FRBNY, *Quarterly Review*, Summer 1977およびThomas D. Simpson, "The Market for Federal Funds and Repurchase Agreements", Staff Studies 106, Board of Governor of the Federal Reserve System, July 1959）。

(124)　FRBNY, 1977, *op. cit.*, p. 45.
(125)　Meulendyke, *op. cit.*, p. 37.
(126)　1996年において、大手ディーラーはリバースレポで18億ドル、MSPによって34億ドル、合わせて52億ドルを他のディーラーに供給した（McCurdy, *op. cit.*, p. 46）。
(127)　STIPには、(1) money market mutual funds, (2) short-term investment funds, and (3) local government investment poolsの三つの形態がある（Timothy Q. Cook and Jeremy G. Duffield, "Money Market Mutual Funds and Other Short-Term Investment Pools" in Cook and LaRoche, eds., *op. cit.*, 1993, p. 156.
(128)　1977年末から1982年11月にかけて、MMMFの資産額（非課税MMMFは除く）は、40億ドルから2,350億ドルに急拡大した（Cook and Duffield, *op. cit.*, p. 157およびFigure 1）。
(129)　たとえば、Edwards and Mishkin, *op. cit.*, p. 31.
(130)　Constance Dunham, "The Growth of Money Market Funds", FRBB, *New England Economic Review,* September-October 1980, p. 24.
(131)　Timothy Q. Cook and Jeremy G. Duffield "Money Market Mutual Funds: A Reaction to Government Regulations or a Lasting Financial Innovation?", FRBR, *Economic Review,* July-August 1979, p. 22およびCook and Duffield, 1993, *op. cit.*, p. 172.

(132) Cook and Duffield, 1993, *op. cit.*, Figure 2をみよ。

(133) 1970年代以前、取引所の株式決済業務は労働集約的な作業であった。1968年4月、取引額増大を処理することが困難になり、取引所は強制的に取引時間を短縮せざるをえないという事態さえ生じた（U. S. Securities and Exchange Commission (SEC), *Report to the Congress: The Impact of Recent Technological Advances on the Securities Markets*, GPO, 1997, IV, Secondary Securities Markets）。

(134) 窃盗事件や紛失事件の続出により政府証券取引にともなう保険サービスの提供が停止され、発行や取引ができなくなる懸念が生じた（Richard A. Debs, "The Problem of Securities Thefts", FRBNY *Monthly Review,* August, 1971）。

(135) McCurdy, *op. cit.*, p. 39. 政府証券のブックエントリー方式の導入は、1921年に財務省が証券の電信取引を許可したことに始まる（FRBNY, *Fedwire: The Federal Reserve Wire Transfer Service,* March 1995, p. 5）。この方式は、取引ごとにCommissioner of the Public Debtの承認を要したため、CPD transfersと呼ばれた。しかし、CPD transfersは、売買指示の電送と各地区連銀によるカストディー業務によって、遠隔地間の政府証券取引を可能にしたが、各連銀地区内、特にNYC内の政府証券や連銀発行保有証書の現物引渡を排除できなかった。

(136) Stigum, *op. cit.*, p. 84.

(137) Committee on the Federal Reserve in the Payments Mechanism, *op. cit.*, p. 10.

(138) FRBNY, 1995, *op. cit.*, p. 6. 財務省は、1978年にTBの発行をすべてブックエントリー方式にし、1986年には、すべての政府証券の発行をブックエントリー方式に転換した（*ibid.*, p. 6）。

(139) Stigum, *op. cit.*, p. 94.

(140) *Ibid.,* p. 94.

(141) Frederick C. Schadrack and Frederick S. Breimyer, "Recent Developments in the Commercial Paper Market", FRBNY, *Monthly Review,* December 1970, p. 281およびMcCurdy, *op. cit.*, p. 39. 1990年から、Depository Trust Companyがブックエントリー方式によるCP取引を提供したため、CPもブックエントリー方式で発行されるようになった。株式等の証券決済においてもDTC-NSCCを通じて、複数銘柄および複数顧客取引についてネッティングを行う多角的なネッティング決済が行われている（Stigum, *op. cit.*, chap. 16）。

(142) Meulendyke, *op. cit.*, p. 114, Chart 3.

(143) Kimball, *op. cit.*, p. 3.

(144) 大口スウィープ勘定が早くから導入されていたのに対して、個人向けスウィープ勘定は、1994年に導入された（Edwards, *op. cit.*, p. 870）。

(145) Schadrack and Breimyer, *op. cit.,* table IV.
(146) Lombra and Kaufman, *op. cit.,*
(147) George C. White, "Developments in United States Payment Systems", *Journal of Bank Research,* Vol. 11, Winter, 1981.
(148) Wilson, *op. cit.,* p. 149.
(149) FRBNY, 1977, *op. cit.,* p. 46.
(150) U. S. Congress, Office of Technology Assessment, *Electronic Bulls & Bears: U. S. Securities Markets & Information Technology,* OTA-CIT-469, U. S. Government Printing Office, September 1990, p. 50.
(151) *Ibid.,* p. 50.
(152) McCurdy, *op. cit.,* p. 40.
(153) *Ibid.,* p. 40およびMeulendyke, *op. cit.,* p. 99.
(154) マネーセンターバンクは通例、FF金利に8分の1から4分の1の金利を付加して証券ディーラー向けに融資していた（Stigum, *op. cit.,* p. 22)。さらに、有担保融資が証券ディーラーの活動を制約したのは、有担保融資金利が担保証券の種類ごとに違っていた点も関連していた。政府証券と民間証券の金利差は、金利水準が上昇するにつれて拡大したばかりでなく、優良民間証券にも高金利が要求され、証券ディーラーに著しいコスト負担となった（*ibid.,* p. 176)。
(155) Meulendyke, *op. cit.,* p. 38. 銀行融資が抑制されたのは、銀行行動やコスト面の要因に加え、Banking Act of 1933 (Regulation T, Regulation U, Regulation G) およびSecurities Exchange Act of 1934によって、ブローカーズ預金や証券市場向け融資が規制され、委託証拠金規制も導入されたことが関係している。1950年代における証券ディーラーの資金調達の困難については、*Treasury—Federal Reserve Study of the Government Securities Marker,* Vol. II, 1959, pp. 120-121をみよ。
(156) Smith, *op. cit.,* p. 355. なお、1960年代における証券ディーラーの資金調達問題については、Joint Economic Committee, *A Study of the Dealer Market for Federal Government Securities,* 1960, pp. 87-89およびFRBNY, *Monthly Review,* June 1964, pp. 110-115をみよ。
(157) McCurdy, *op. cit.,* p. 45. 政府証券や他の短期金融資産を取り扱うディーラーは、持ち高の90％以上をレポ取引で調達している（Stigum, *op. cit.,* p. 173)。
(158) McCurdy, *op. cit.,* p. 45, Table V. しかし、この事実は、ディーラー向け銀行融資の重要性がなくなったことを意味しない。証券ディーラーは、レポ取引をするには小額の取引や逆にあまりに巨額な取引を賄うために銀行融資に頼らざるをえない。特に、予想外の決済手段需要が生じた際には、クリアリングバンクからの

融資の可否が決定的であった (*ibid.*, p. 188)。また、信用力のない中小ディーラーにとって、クリアリングバンクからの借入は、大手ディーラーとのリバースレポ取引とならび重要な資金調達チャンネルとなっている (*ibid.*, p. 188)。

(159) Stigum, *op. cit.*, p. 175.

(160) SEC, Policy Statement: Automated Systems of Self-Regulatory Organizations, Release No. 34-27445; File No. S7-29-89, 1989, note 4.

(161) John R. Dacey and Jackie Bazel-Horowitz, "Liability Management", in FRBNY, *Funding and Liquidity: Recent Change in Liquidity Management Practices at Commercial Banks and Securities Firms, A Staff Study,* July 1990, p. 78.

(162) Meulendyke, *op. cit.*, p. 100.

(163) Morgan Stanley の自己資本は、1970年には800万ドルでしかなく、J. P. Morgan も自己資本は7億5,100万ドルでしかなかった。1986年に最初の公募によってMorgan Stanley の自己資本は3億1,400万ドルに増加し、98年時点では136億ドルに達している。

(164) NYBNY, 1977, *op. cit.*, p. 43; McCurdy, 1977-8, *op. cit.*, p. 40. なお、短期金融市場の拡大はまた、短期金利の急騰を少なくし買持ち長期債の逆イールド発生の可能性を低下させ、大量の証券在庫形成を容易にした。

(165) SEC, S7-29-89, *op. cit.*, note 3.

(166) 資本市場におけるレポ取引の功罪両面の役割については、LTCM の破綻に垣間見ることができる。LTCM は、大手証券会社とレポ取引を繰り返し、自己資本を遥かに超える資産を作りあげた。LTCM の破綻は、担保となる国債価格の暴落を招き、リバースレポによってレバレッジに荷担していた大手証券会社の損失を報告額を超えて拡大させる可能性があったといわれる (GREG IP, Shift to Capital Markets From Banks Brings Tumult, *The Wall Street Journal Interactive Edition,* October 7, 1998)。

(167) 機関投資家保有株式は1960年に総残高の14.2%でしかなかったが、1996年第3四半期には、52.3%を占めるまでになった (SEC, Regulation of Exchanges, 17 CFR Part 240, Release No. 34-38672; International Series Release No. IS-1085; File No. S7-16-97, 1997, p. 31)。

(168) 機関投資家のブロックトレーディングの拡大は、取引所取引と店頭取引の分散を生み、1975年に National Market System の概念が the Securities Act Amendments of 1975によって追認されることになる (Report to the Congress: The Impact of Recent Technological Advances on the Securities Markets, U. S. Securities and Exchange Commission, 1997. IV, Secondary Securities Markets)。取引所外取

引は巨額な持ち高の処分先やリスク管理を必要とするため、大手証券ディーラーは、リテール部門へ進出したり、地方取引所での売買を活発化した。

(169) 要求払預金の伸びは抑制され、銀行資産に対する要求払預金の割合も長期的に低迷した（Bruce J. Summers, "Demand Deposits: A Comparison of the Behavior of Houshold and Business Balances", FRBR, *Economic Review,* July-August, 1979, pp. 3, 9-11）。

(170) Edwards and Mishkin, *op. cit.,* Chart 1, p. 28. 特に、商工業向け銀行貸出のシェアは、1983年から1991年に30％から16％に低下した。ファイナンスカンパニーの貸出シェアは、1983年から1993年の10年間にわたって10～12％のシェアを維持した。市場性証券のシェアは、1983～1985年の40～41％から1991～1993年には49～52％に上昇した（Charles W. Calomiris and Jason Karceski, *Is the Bank Merger Wave of the 1990s Efficient? Lessons from Nine Case Studies,* The AEI Press, Publisher for the American Enterprise Institute, 1998, p. 9）。

(171) John Boyd and Mark Gertler "Are Banks Dead? Or Are the Reports Greatly Exaggerated?", *Quarterly Review,* Federal Reserve Bank of Minneapolis, Summer 1994.

(172) Edwards and Mishkin, *op. cit.,* pp. 33-34.

(173) NYC外部への持出が困難である現物取引に加えて（Stigum, *op. cit.,* p. 143）、FRBNYの決済サービスによってNYC銀行は地方所在銀行に比べ迅速な決済が可能であるため、機関投資家の多くはNYC銀行をクリアリングバンクおよびカストディアンとしている。大手リージョナルバンクの多くは、CDを発行する際にNYC銀行をエージェントバンクとするだけでなく（*ibid.,* pp. 143, 240）、カントリーバンク向けカストディアン業務を行うために、NYCに子会社を設立したり、NYC銀行をエージェントバンクとしている（*ibid.,* pp. 143, 220）。NYC銀行はまた、保険会社などに対して、クリアリング業務やカストディー業務のほかに、金利収益や配当などの入出業務を行うエージェントバンク業務を提供している（*ibid.,* p. 218）。

(174) 1987年、連銀はBankers Trust, Citicorp, J. P. Morgan & Co., そしてChase Manhattanに子会社を介しCPなどの証券引受を認可した（Stigum, *op. cit.,* p. 239）。1988年最高裁は、連銀が銀行子会社によるCP、地方自治体債、モーゲッジ・バックド・セキュリティー、コンシューマー・デット・バックド・セキュリティーの引受を認可することを認めた。さらに、1989年6月からは、連銀は、銀行持株会社のいくつかが子会社を通じ社債を引き受けることを認めた（R. Glenn Hubbard, *Money, the Financial System, and the Economy,* Addison-Wesley, 1995）。

(175) Meulendyke, *op. cit.,* p. 62. 連邦準備制度理事会は1992年、銀行がアドバイスを

しているミューチュアルファンドを店頭で販売することを許可した (Phillip R. Mack, "Recent Trends in the Mutual Fund Industry", *Federal Reserve Bulletin*, 79, No. 11, November 1993)。

(176) 大手リージョナルバンクが支店網拡大を行うにあたって、コルレス関係にある州内銀行や他州銀行を買収し支店とするケースが多いといわれる。

(177) Federal Deposit Insurance Corporation, *An Examination of the Banking Crises of the 1980s and Early 1990s,* Federal Deposit Insurance Corporation, 1977.

(178) Board of Governors of the Federal Reserve System, "Senior Financial Officer Survey", May, 1996. なお、各市場の変動性については、Sean Becketti and Gordon H. Sellon, Jr., "Has Financial Market Volatility Increased?", in *Financial Market Volatility and the Economy,* FRBKC, 1990をみよ。こうした短期金利の変動性の高まりは、アメリカだけでなく、イギリス、ドイツ、フランスおよびスペインでも確認できる (J. Ayuso, A. G. Haldane, and F. Restoy, "Volatility Transmission Along the Money Market Yield Curve", Bank of Spain, Working Paper 9403, 1994)。

(179) Meulendyke, *op. cit.,* p. 54.

(180) *Ibid.,* p. 76.

(181) Stigum, *op. cit.,* pp. 233, 260. レポやFF取引においては、借り手は午前に前日の借入の支払を行い午後に新規の借入を行うため、その間、借り手の取引残高が不足し連銀やクリアリングバンクにオーバードラフトが発生する。政府証券取引においても、証券ディーラーは、大口取引を行うために午前に売却用証券を購入し、その後売却して支払いを受けるため、クリアリングバンクにオーバードラフトが発生する (*Federal Reserve Bulletin,* November 1987, p. 840)。

(182) Edwards, *op. cit.,* p. 871および Meulendyke, *op. cit.,* pp. 54, 73.

(183) 1978年、ボルカーの議長就任とともに、連銀は金融引締め政策に転換する。しかし、この政策転換は、銀行間決済手段残高が著しく圧縮されていたため連銀も予期しない金利の急騰と、その後の乱高下をもたらした (*ibid.,* p. 48)。

(184) Bennett, and Spence, *op. cit.,* p. 4および James A. Clouse and Douglas W. Elmendorf, "Declining Required Reserves and the Volatility of the Federal Funds Rate", Finance and Economics Discussion Series Paper 1997-30, Board of Governors of the Federal Reserve System, Divisions of Research and Statistics and Monetary Affairs, June 1997)。

(185) GREG IP, Shift to Capital Markets From Banks Brings Tumult, *The Wall Street Journal Interactive Edition,* October 7 1998.

(186) Robert Clow and Riva Atlas, "What went wrong?", *Institutional Investor,* 1, 1999.

第10章　戦後アメリカにおける決済システムと資産選択運動　389

(187) Meulendyke, *op. cit.,* pp. 53-54.
(188) コンチネンタルイリノイの破綻や、オハイオS&Lクライシスに際しては、広域的なコルレス関係の崩壊がシステミックリスクをもたらすことが懸念された（GAO, *Financial Crisis Management: Four Financial Crises in the 1980s,* Staff Study, GAO/GGD-97-96, Government Printing Office, 1997, pp. 37, 53）。
(189) Bennett and Hilton, *op. cit.,* p. 3. 必要準備率の引き下げが大幅であったため、必要準備よりも決済関連の準備需要が上回るようになった（Edwards, *op. cit.,* p. 870）。
(190) Edwards, *op. cit.,* p. 870. 1996年12月において、手許現金およびクリアリングバランスを上回る拘束（bound）必要準備をもつのは、総数23,500行の預金金融機関のうちたった約2,500行でしかない（Meulendyke, *op. cit.,* Chapter 6, note 16, p. 236）。
(191) Edwards, *op. cit.,* p. 871. 1996年において、フェッドワイヤーの日中取扱額が平均で、1兆ドル、BSEを介する政府証券決済が7,000億ドルであるのに対して、連銀に保有される準備預金額は平均約260億ドルにすぎないといわれる（Meulendyke, *op. cit.,* p. 77）。
(192) 連銀理事会は、1986年3月のリスク削減策以来、日中オーバードラフトを抑制するため各種のリスク対策を導入した。まず上限規制（cap）を導入したのを皮切りに（*Federal Reserve Bulletin,* November 1987, pp. 845-849, 850-852）、フェッドワイヤーおよびCHIPSなどの民間ネッティング組織における日中オーバードラフトをカバーするための準備勘定を設立した（FRBNY, Circular, No. 10301, 20/6/89, 1989, pp. 3-5）。1994年には、日中オーバードラフトに対する課金（Edwards, *op. cit.,* p. 868）が実施されるにいたった。日中オーバードラフトへの課金とそれに対する連銀の対策についての詳細は、Heidi Willam Richards, "Daylight Overdraft Fees and the Federal Reserve's Payment System Risk Policy", *Federal Reserve Bulletin,* December 1995をみよ。
(193) Richards, *op. cit.,* pp. 1065-1077. 日中オーバードラフトの抑制策は、80年代はじめに、政府証券決済の効率化を求める声を高め、多角的ネッティング処理を行うGOVERNMENT SECURITIES CLEARING CORPORATIONがNSCCの子会社として設立された（Stigum, *op. cit.,* p. 258）。その結果、GSCCにクリアリング処理を委ねるケースが増え、ブックエントリー証券決済においても、連銀が仲介するシェアは、減少傾向にある。Stigumは、決済の円滑化のために日中オーバードラフトは不可欠であるとし、連銀の上限規制が決済の効率性低下をもたらすと批判した（*ibid.,* p. 194）。しかし、問題の本質は、金融機関の決済手段の圧縮を促進

しながら日中オーバードラフトを抑制せざるをえないという連銀の矛盾した政策にあった。

(194)　1992年に連銀は準備預金調節をスムーズにするために、必要準備率の積み期間におけるキャリーオーバー規定を改定し、準備過不足部分のより多くを次期に持ち越すことを許容するとともに、手許現金の算定方法も改定した (Gordon H. Sellon, Jr. and Stuart E. Weiner, "Monetary Policy Without Reserve Requirements: Analytical Issues", FRBKC, *Economic Review*, Fourth Quarter 1996, p. 20)。

(195)　90年前後にみられた FF レートの変動性の増大は、96年以降落ちつきを取り戻している (Paul Bennett and Spence Hilton, "Falling Reserve Balances and the Federal Funds Rate", FRBNY, *Current Issues in Economics and Finance*, vol. 3, April 1997 および James A. Clouse and Douglas W. Elmendorf, "Declining Required Reserves and the Volatility of the Federal Funds Rate", Finance and Economics Discussion Series Paper 1997-30, Board of Governors of the Federal Reserve System, Divisions of Research and Statistics and Monetary Affairs, June 1997)。銀行間決済に必要な準備預金の圧縮と必要準備率の低減は、各国で進行した。短期金融市場の変動性の増大を緩和するための各国中央銀行の対策については、Sellon and Weiner, *op. cit.* をみよ。

(196)　*Ibid.*, p. 14.

(197)　民間クリアリング組織の発展の決済リスクへの影響については、Lamfalussy Report をはじめ通貨当局の間で懸念が高まっている。しかし、通貨当局における決済リスクへの対処方法は、主に銀行やクリアリング組織によるボランタリーなリスク管理に委ねるというものである (Edward W. Kelley, Jr., "Remarks about Private-sector clearing arrangements", At the 1996 Payments System Risk Conference, Washington, D. C. December 3, 1996)。

(198)　Summers and Gilbert, *op. cit.*, p. 17.

(199)　Sellon and Weiner, *op. cit.*, p. 17. FF レートの変動性の高まりが長期金利への波及については、Kasman, *op. cit.* をみよ。イギリスの事例について、Mervyn King, "Monetary Policy Instruments: The UK Experience", Bank of England, *Quarterly Bulletin*, August, 1994 をみよ。

(200)　日本の金融構造の特徴は、銀行間決済の階層構造との関連で位置づける必要がある。資金フローアプローチの視角から寺西は、戦前期金融構造の不安定性は安定した五大銀行群の一方で、コールから貸出原資を調達する中小銀行の投機的活動に主因を持つと捉える (寺西重郎『工業化と金融システム』東洋経済新報社、1991年)。しかし、戦前期金融構造の問題点は、五大銀行が銀行間決済の中核に

位置し高い貸出能力を持つにもかかわらず産業金融に消極的であったという構造のなかにある。それゆえ、準備調節を効率化できない中小銀行は産業金融への融資を支えるためにコール市場に頼らざるをえなかったのである。

(201) 資本市場主導型経済にともなう不安定性の増大を望まないならば、資産市場主導型の成長経路ではなく、資本市場や資本移動の影響に左右されない、国民の合意によって適正な経済成長率を決定する真の意味の「安定成長」の道を探るしかない。そうした安定成長のもとでは、他国に比して成長率が低下する可能性が高い。したがって安定成長路線を持続するためには、他国に比べて一時的な成長率の低下に耐えることができる政治的仕組が不可欠となる。経済成長率の決定が、国民全体の民主的な合意によって行われているならば、安定成長経路に必要な政治的耐久力の形成がより容易となろう。この意味で、資産市場主導の経済成長に代えて安定成長経路を追求するためには、徹底した民主化を必要とする。この点について興味深いのは、Eichengreenがアジア通貨危機などの国際金融市場の不安定化の原因を戦後における民主化の進展に求めている点である。民主化の結果、強権的な為替防衛政策を採用することが困難となり、為替変動に晒されることになったと主張する。しかし、こうした議論は、一面的である。アジア諸国においては、国内の非民主的な政治的システムが生み出す政治的な緊張を高度経済成長によって緩和しようとしたため、多額の資本輸入や借入に依存せざるをえなかったのである。アジア通貨危機は、民主的な政治決定がいまだ不徹底であるがゆえに、生じたといえよう。

第11章 1990年代の金融システム危機
——国際比較からの論点提示——

伊藤　正直

　1990年代に中小金融機関の連続的破綻から顕在化したわが国の金融システム危機は、1997年11月の北海道拓殖銀行破綻、山一證券破綻、翌98年秋の日本債券信用銀行、日本長期信用銀行の事実上の破綻によって、その中核部分にまで達していることが明らかとなった。これら金融機関が破綻した直接の原因は、いうまでもなく、バブル期に急膨張した業務の多くがバブル崩壊後に不良化し、その処理に失敗したことにある。もちろん、この間、不良債権処理がまったく進められなかったわけではない。1995年の住専向け債権処理、1997年の早期是正措置による自己査定償却・引当制度導入、1998年の集中検査・考査実施、金融監督庁「金融検査マニュアル」作成など、不良債権処理のスキームはこの間漸次整備・強化され、このスキームに沿って、バブル崩壊後の1991年度から1998年度までの8年間に、累計56.6兆円に上る不良債権処理が行われてきた。

　にもかかわらず、1999年7月に公表された全国銀行の不良債権（分類債権のⅡ～Ⅳ分類）は、なお64.3兆円を残している[1]。しかも、この数値は、北海道拓殖銀行、日本長期信用銀行、日本債券信用銀行、破綻第二地銀各行など、1997年以降破綻した金融機関の不良債権額を除外した数値であって、これらを加えれば不良債権額は75兆円弱にはね上がる[2]。さらに付け加えれば、これだけの不良債権処理を進めたにもかかわらず、この間不良債権残高は逆に増大している。1999年の時点においても、わが国の金融システムは、なお危機を脱出していないといわざるをえない。

　なぜこのような事態に陥ったのかについては、すでにさまざまな視点から検

討が加えられている。なかでも多くの論者に共有されているのは、危機は日本型金融システムが限界に突き当たったために勃発したという認識である。すなわち、日本型金融システムは、メインバンク、相対取引、規制（長短・業務分野・内外）、護送船団型・裁量型金融行政などの非市場的枠組みによって特徴づけられており、こうした金融システムのあり方こそが危機の根本原因であり、危機深化の要因であったというのである。したがって、危機を克服し、問題の根源を除去する方策は、市場機能を働かせる方向へのシステム改革以外にはないということになる。

たとえば、一連の金融・証券不祥事の直後に出された金融制度調査会の一報告（1992年1月）は、「(1980年代後半に) 金融機関は、経営効率化の旗印の下に内部管理部門の人員を抑制し、機械化を急速に推進したが、その反面、審査の充実、リスク管理の徹底、職員の教育・指導面の対応等は遅れがちであった。このように、適切な内部管理を怠ったままに、金融機関が安易な業容拡大と収益の追求に走り、ノルマ主義等の下で職員を預金・融資拡大競争に駆り立て、投機的な土地、株式等の取引のための融資を拡大していったこと等が今回の金融不祥事の原因等となった」とし、「これらの問題が生じることになった根本的な原因として、適正な競争が欠如していたことがある」、「金融機関が限られた分野で歪んだ競争を行なわざるを得なくなるにつれて、現行の業務分野規制に対する必要性にも疑問が抱かれ、その結果、規制・監視の目をかいくぐって業務を行なうようになるなど、金融機関のルール尊重に対する意識が希薄になったことがあるのではないか」として、適正な競争の促進と、そのための制度改革の必要性を強調した[3]。

また、堀内昭義は、従来の日本の金融システムを、政府・金融機関がともに市場機能を排除する「規律づけのメカニズム」を欠如したアンシャン・レジームの体制であったと端的に特徴づけ、このレジームは現在機能不全に陥っており、そこからの回復は、「市場による規律づけ」を実現する以外にはないと主張した[4]。

1996年11月にわが国金融システムの全般的な改革の方針として提示された

「金融ビッグバン」構想は、大枠では以上と共通の認識にもとづくものであった。構想は、金融分野全般にわたる規制緩和の推進を柱とし、「Free（市場原理が働く自由な市場）、Fair（透明性が高く信頼できる市場）、Global（国際的に調和した制度をもつ市場）」な方向への金融市場の改革を、「Global Standard」への適合という形で実現することを表明し、翌97年6月には、2001年までに一連の金融・証券制度改革を完了するというタイムスケジュールを明示した。

そして、このスケジュールに沿って、銀行・証券・保険各分野の業務範囲見直し、金融持株会社制度導入、手数料・内外取引自由化、自己責任原則の徹底、市場運営の規範化、法制度・会計制度の国際標準化、グローバルな監督体制の確立などが、順次進められていくことになった。

1997年7月以降、連鎖的に発生したアジア金融危機も、こうした市場主義的見方を強める役割を果たした。IMFは、タイ、インドネシア、韓国への緊急支援と引き換えに、それら諸国の「構造改革」を強要したが、その際の主要な論理は、80年代の中南米危機、94、95年のテキーラ危機、96年以降のロシア・東欧危機の際と同様であった。すなわち、アジア諸国の一連の為替・通貨・金融危機は、欧米諸国とは異なった腐敗・癒着、政争、利益圧力、権力の私物化、官僚主義、脆弱な金融システムなどに特徴づけられるCrony Capitalism（身内資本主義）という内部構造こそが産み出したものであるというのが、IMFの認識であった。それゆえ、緊縮財政、金利引上げ、銀行・企業のリストラ、賃金抑制、情報開示、市場開放という「構造改革」を遂行する以外には、危機を克服して透明で健全な経済を実現する道はないとして、この「構造改革」こそが最優先の政策課題とされたのである[5]。

しかし、こうした見解に対しては、すでに強い批判が存在する。たとえば、伊東光晴は、「規制緩和論者は、規制が、既得の利益を守っており、消費者のために廃止しなければならないと主張している。だが政策が政策であるためには、既得の不当の利益を廃止する政策が、同時に分配の公正を保持させるものでなければならない。現実は逆に不平等を拡大させ、アメリカの航空機事業に

見られたと同じく、金融、自動車等の産業分野での国際的大型合併を生み、市場での独占度を高め、それがわが国では金融部門でのかつてない不況を通じて、将来に対する不安を生みだし、投資意欲を下げ、不況を進行させている」[6]と述べ、分配の公正に配慮しない規制緩和の進行に懸念を表明した。また、金子勝は、「金融自由化をはじめとする市場主義リベラリズムの徹底は、本源的生産要素市場に組み込まれてきたセーフティネットを破壊してゆくために、競争上不利な地位にある弱い部分から順に市場から脱落してゆく。そうなると、制度やルールに対する信認が崩れ、市場全体が麻痺する危険性が高まってくる」[7]と、市場主義への無限定な傾斜に対して強い批判を展開している。

アジア金融危機についても、上述のようなファンダメンタルズを問題にする見解に対して、国際短資移動とくに先進国の投機的資金の急激な流入・流出こそが危機の原因であるという対照的な見解が存在する。のちに改めて検討するが、1980年代に危機に陥った中南米諸国とは異なって、アジア諸国は、低いインフレ率、均衡財政、高投資・高貯蓄、安定的為替レートなど、マクロ経済指標は健全であって、国際的投資家の「非合理的熱狂と自己実現的悲観主義」こそが危機を引き起こしたのであり、国際的な金融市場の不安定性こそが危機の原因である、というのがその主張である[8]。

以上のように1990年代の金融危機に関しては、議論はこれまでもっぱらその政策対応の可否——市場主義的改革、規制緩和、自由化、構造調整——を軸に進められてきた。問題は、このような危機克服のための政策対応の当否からさかのぼる形で、危機の原因分析が行われていることである。つまり、「市場規律への信認」、「市場化プログラム」の正当性、あるいは逆にその問題性を論証するために、危機の原因さがしが行われているのである。「市場の失敗か政府の失敗か」「効率と公正はトレードオフか」「どのような制度設計が望ましいか」といった議論はすべてそうである。「まず改革ありき」であって、セイフティ・ネットの拡充をめぐる論議はその典型といえる[9]。ここでは、論理は明らかに逆転している。

だが、国際的・歴史的に視野を広げれば、1990年代にわが国を襲った金融危

機と類似の現象は、これまで繰り返し登場していることを知ることができる。1980年代に遡っただけでも、金融の不安定性、金融危機は、80年代の中南米のみならず、「市場による規律付け」の存在したはずのアメリカ、ヨーロッパ諸国でこそ、大きな問題となっていたのである。それゆえ、まずもってなされるべき課題は、これまで顕在化してきた金融危機が、どのような展開過程をたどってきたのかを明らかにすることであろう。現在なお継続している、金融危機をめぐる内因説（その内部構造に問題があった、あるいは国内経済構造と金融システムの連関のあり方に問題があった）と外因説（金融システムそれ自体の問題というよりは国際金融市場の不安定性の側にこそ問題があった）の対立を解消するためにも、それは必要最小限の作業といえよう。

第1節　1980年代のアメリカ

1　1980年代の金融システム危機

　1980年代にアメリカは数次にわたる金融危機に見舞われたが、その際、しばしば強調されてきたのはS&L（貯蓄貸付組合）危機であった。1970年代後半からの「金融革命」の進展による規制緩和により、80年時点で4,613社を数えたS&Lは、一方で、他金融機関との激しい競争にさらされるとともに、他方で、いっせいに急激な業務拡張に走り、その結果、1980年から82年にかけての第1次危機、86年から89年の第2次危機に見舞われた。2次にわたって勃発したS&L危機は、毎年数百レベルでのS&L破綻を引き起こし[10]、とりわけ第2次危機ではS&L全体の業界損益が赤字に転落しただけでなく、86年にはFSLIC（連邦貯蓄貸付保険公社）の破綻に帰結、89年にはいわゆるS&L救済法（FIRREA）の制定にまで至った。S&L危機は、80年代アメリカ金融危機を象徴するかのようにみえたのである。

　しかし、1980年代アメリカの金融不安定の根源には3L問題がある、と評されていたように、80年代のアメリカ金融危機は、途上国向け融資不良化問題

(＝LDC)、レバレッジド・バイ・アウト、ジャンクボンド問題(LBO)、不動産向け・不動産担保貸出問題(LAND)の複合物であった。82年夏のメキシコ・デフォルトを契機として中南米途上国不良債権を大量に抱え込んだマネーセンター・バンク、住宅貸付、商業用不動産貸付の不良債権化によって連続的破綻に直面したS&L、過当競争の下でLBO等のハイ・リスク業務に傾斜し破綻に陥った商業銀行。80年代アメリカの金融危機は、危機の主体を変化させながら継起的に発生し続けたのである。これらの危機は、それぞれどのような特徴をもち、どのように連関していたのか。

2 マネーセンター・バンク危機

1970年代後半から80年代はじめにかけて、アメリカ9大銀行を筆頭とする多国籍銀行は、非産油途上国向け融資を大幅に伸ばした。1973年には1,000億ドルに満たなかった民間商業銀行の途上国向け融資は、82年には3,475億ドルに達した。

途上国向け金融の「民営化」と呼ばれる現象がこれであり、オイル・マネーの還流による資金余剰、シンジケート・ローン方式の定着、変動相場・変動金利によるリスクの回避、そして何よりも途上国向け融資の高利回りが、民間多国籍銀行による途上国向け融資を増大させた要因であった。この時期、途上国向け民間商業銀行融資は中南米諸国に集中しており、メキシコ569億ドル、ブラジル527億ドル、ベネズエラ262億ドル、アルゼンチン248億ドル(1981年末)と、この4カ国で融資合計額の半ば近くに達していた[11]。そして、この中南米向け融資の先頭に立ったのが、シティコープ、モルガン、バンカメリカ、チェイスなど、アメリカのマネーセンター・バンクであった。

1982年8月のメキシコ・デフォルトに始まる途上国債務支払不能の連鎖は、これらのマネーセンター・バンクに大きな打撃を与えた。79年以降とくに81年のレーガン政権登場後のアメリカ高金利は債務国を直撃し、支払不能の連鎖を引き起こしたが、この主要な債権者が米マネーセンター・バンクだったためである。非産油途上国の変動金利債務の比率は、78年の23％から82年には41％に

上昇し、この変動金利債務の75.5％は、メキシコ、ブラジル、アルゼンチンの3カ国に集中していた。しかも、これらの債務は急速に短期化し、ロールオーバーを繰り返していた[12]。実際、途上国融資の基準となるLIBORは、77年の6.5％から81年には16.6％（6カ月ものドル建）へと急上昇し、上乗せされるスプレッドも拡大していた。

危機の勃発とともに、アメリカ政府は関係機関を総動員し、IMFコンディショナリティを中軸とする危機対策を提示した。その内容は、財政緊縮・インフレ抑制・賃金圧縮・国際収支改善などの「構造改革」を柱とするIMFコンディショナリティ[13]を債務国が受け入れることと引換に、IMFは他の国際機関とともに債務国に緊急救済融資を行い、民間銀行は融資のリスケジュールを受け入れるというもので、この方式は、以後、97年のアジア危機に至るまで、途上国危機に際しての債権国側の対応基準となった。こうして83年12月までに実行されたリスケジュールは、中南米16カ国、アジア3カ国、東欧2カ国、中近東2カ国、アフリカ6カ国の計30カ国、金額で766億ドルに達した。

この結果、米マネーセンター・バンクは、新規融資は激減させたものの、リスケジュールによって巨額の不良債権を抱え込むことになった。1983年末時点での、米主要マネーセンター・バンクの中南米主要4カ国（メキシコ、ブラジル、ベネズエラ、アルゼンチン）への融資残高は、シティコープ101.9億ドル、バンカメリカ71.4億ドル、マニュファクチャーズ・ハノーバー・トラスト64.5億ドル、チェイス61.2億ドル、J.P.モルガン44.8億ドル、ケミカル38.4億ドルにも達していたのである[14]。

こうして1982年の中南米危機以後、マネーセンター・バンクの業績は一様に悪化し、収益率の大幅な低下に見舞われた[15]。84年には、全米第8位の預金量を誇るコンチネンタル・イリノイ銀行が破綻した（後述）。同行の破綻は、他のマネーセンター・バンクにも波及し、バンカメリカ他の株式、銀行債の暴落を招いた。この事態に対応するため、マネーセンター・バンクは、リスク管理体制の強化、国際金融協会（IIF）の設立、債務の証券化による途上国不良債権売買市場の形成などを推進した。

しかし、事態は改善しないまま、1982、83年にリスケジュールされた債務の返済期限である86、87年を迎えることとなってしまった。シティコープは、87年5月、途上国融資に対する貸倒れ引当金を5億ドルから30億ドル積み増して35億ドルとすること、この額は同行の中南米不確実債務の25％にあたることを発表し、同時に大規模なリストラに乗り出した。他のマネーセンター・バンクもこれに追随し、同年の米15大銀行の貸倒れ引当額は80億ドルにも達した。また、バンカメリカは、85年に3億3,700万ドルの赤字を計上して以来3年連続で損失を出し、87年の赤字額は9億5,500万ドルにも達した。同行は経営規模の縮小、人員削減を余儀なくされ、82年に136存在した海外支店は90年には51にまで縮小、92年には国内外220店舗を売却し、同時に、91年6,000人、92年には9,200人の雇用削減を行った。

1982年のメキシコ・デフォルトに始まる10年間は、債務国と「運命共同体」を形成した米マネーセンター・バンクにとっても「危機の10年」だったのである。

3 商業銀行の連続的倒産

この間、中規模銀行、中小金融機関においても危機は顕在化していた。連邦預金保険公社（FDIC[16]）の年報によれば、1980年代初頭には10行前後に過ぎなかった破綻銀行数は、82年から漸増、85年には120行と3桁に登り、88年、89年には221行、207行と、200行を越した。その後、90年代に入るとともに漸減、93年には41行、94年には12行と、80年代初頭の水準まで回復した。1980年代後半は、アメリカ商業銀行にとっても倒産の時代であった。同じ FDIC の議会報告によれば、80年代前半の数値であるが、倒産原因の77％が不良貸付、8％が拙劣な資金管理、15％が詐欺・横領となっており、1万5,000近い商業銀行のうち、800行以上が問題銀行にリストアップされている[17]。

では、この不良貸付の内容は、どのようなものであったのか。1984年に破綻したコンチネンタル・イリノイ銀行の事例から、この点をみることにしよう。同行は、78年にダンズ・レビュー誌によって全米優良企業5社の一つに選ばれ、

80年代はじめまでは全米8位の預金量を誇る「銀行界の寵児」であった。同行は、81年までにアメリカにおける3大貸し手の一つになろうと決意し、事業貸付の増大、途上国融資の増大に着手した。そして、この急拡大に対処するために、資金源泉としてFFやCDのような市場性資金、インターバンク借入れに大きく依存することになった。この調達資金の変動性の高さが、同行を最終的に破滅に追い込んだ(18)。

コンチネンタル・イリノイの経営に暗雲が立ったのは82年のことであった(19)。82年6月、オクラホマ州の小銀行ペン・スクエアが破綻し、8月メキシコ・デフォルトが勃発したことがきっかけとなった。同行は、ペン・スクエア銀行から、巨額の石油・天然ガス関連の貸付債権を買い取っており（1980年12月2億5,000万ドル→1982年6月10億5,600万ドル）、ペン・スクエアの破綻によってこの貸付債権の多くが損失となった。また、同行の中南米向け融資は20億ドルを越しており、8月のメキシコ・デフォルト以降、その多くが不良債権化した。82年6月に25ドルだったコンチネンタルの株価は、8月半ばには16ドルへと暴落、同行の信用格付けは引き下げられ、FF市場、CD市場からの資金調達が困難となった。このため、同行は資金調達の場をより高利のユーロ市場へとシフトさせた。

1984年5月同行破綻のルーマーをきっかけに、コンチネンタルの預金に対する国際的で大規模な取付けが始まった。もしコンチネンタルが破綻すれば、同行に預金を預けている2,300の銀行がリスクにさらされ、200近い銀行が倒産の危機に見舞われること、そればかりか、金融システム不信により、マネーセンター・バンク2行が破綻に追い込まれることは確実とされた。このため、モルガン・ギャランティを中心とする大手16行による45億ドルの信用供与、ついで通貨監督局（OCC）、連邦預金保険公社（FDIC）、連邦準備制度理事会（FRB）共同の緊急支援計画が公表されたが、預金取付けは止まず、内外の大手銀行による合併の道が探られることになった。しかし、6月中旬にはこの道も閉じられ、7月6日コンチネンタルの株価は4.125ドルの底値となった。結局、7月26日、①FDICによる35億ドルでの不良債権の買取（45億ドル分）、

②同じく10億ドルの劣後優先株の購入、③経営陣の交代、を柱とする支援計画が実施され、同行の「実質的国有化」によって事態は落着した。

1980年代における米民間商業銀行の連続的破綻は、不適切な貸付、ジャンクボンドやLBO等への過剰な進出、無理な資金調達、不動産・不動産担保融資へののめり込み、リスキーな途上国融資などのいずれかを原因とするものであったが、コンチネンタル・イリノイの破綻は、このすべてを含んでいたのである。

4　S&L危機

1960年代後半から1970年代の後半までS&Lは、高い資産増加率と純資産利益率を保持し続け、最盛期の1977年末に全国貯蓄金融機関（S&Lと貯蓄銀行）の資産合計額は、全銀行資産合計の59.9%まで達した。S&Lの資産の圧倒的部分は融資先に対する長期貸付で、30年期限の固定利率住宅融資（モーゲージ）が、その主要部分を占めていた。他方、負債の側は、短期の小口預金で、勤労者住宅取得促進という観点から金利規制の枠から外れた預金を有利に確保することができた。これが、S&Lの急成長の根因であった[20]。

しかし、1970年代末から進展した「金融革命」は、S&Lのこうした優位性を失わせることになった。MMFをはじめとする新金融商品が次々に生み出され、S&Lからの預金流出は急速かつ大規模なものとなった。預金を確保するためには、より高金利を付与せざるをえず、他方、資金運用は長期固定金利の住宅用不動産抵当資産に固定されているため、資金調達コストと運用収益はしばしば逆鞘となった。流動性リスクと金利リスクが顕在化した。これがS&L第1次危機の引き金となった。

こうした危機に対処するため、まず、1980年の金融制度改革法、82年の預金取扱金融機関法などによりS&Lの業務制限が緩和され、S&Lは、クレジット・カードの発行、消費者ローンの供与、CP・社債への投資、一般商業貸付、オープン投信など新分野への事業進出が可能となった。また、金利リスクを低減するために変動金利住宅ローン（ARM）を導入したり、モーゲージ・パス

スルー証券などモーゲージの証券化を促進し、住宅貸付の流動化を図ったりした。S&Lにおける「規制緩和」の推進である。

S&Lは再び業務を拡張させた。しかし、こうした対応は、S&Lのリスク問題の中心を、金利のミスマッチから資産選択の誤りへと移行させた。大規模なS&Lは、「ブローカー経由預金」を取り漁って、一般商業銀行と同質の業務への重点移行を図り、小規模なS&Lは変動金利付き抵当（ARM）を活用する抵当銀行的業務を主力とするようになった。

だが、CP・社債への投資に関しては、S&Lはこのいずれについても十分な知識やノウハウの蓄積を持っていなかった。CP・社債への投資認可は、適切なALMを欠いたままでのジャンクボンド投資を生み出した。不動産抵当証券化の推進は、S&Lと抵当銀行やその他の機関投資家との間に新たな競争を生み出した。証券化された不動産抵当の額は、86年には1,108億ドルに上ったが、不動産抵当貸付残高に占めるS&Lの割合は、75年の53％から86年には40％以下に減少、代って年金基金がその多くを所有するようになった。年金基金が利回り基準を引き下げ、抵当銀行が利鞘を削り、さらに金利全般が下がるに連れて、S&Lの経営は再び赤信号が灯ってきたのである[21]。同時に、この規制緩和は、S&Lの「放漫経営の抑制を目的とする政府当局の能力に大幅な制約を加えるようにもなった」[22]。

こうしてS&Lの破綻数は再び増大し、1986年には、ついに連邦貯蓄貸付保険公社（FSLIC）が破綻した。83年から85年の3年間に、「FSLICは、25のS&Lを清算し、160の合併を援助し、25の機関を新しい経営者の下に移し、256件の合併を監督し、さらに542件の自発的な合併を許可した」[23]。この結果、FSLICの損失は85年の11億ドルから、86年には109億ドルに達し、63億ドルもの資産不足額が生じたのである。結局、89年の金融機関改革・再建・規制実施法いわゆるS&L救済法（FIRREA）の制定によって、FSLICはFDICに吸収、FSLICの基金部分は貯蓄金融機関保険基金に移行し、両者ともFDICのもとに置かれるという形で事態が収拾されたのであった。

第2節　1990年代初頭のヨーロッパ

1　ヨーロッパにおけるバブルとバブル崩壊

　ヨーロッパ諸国においても1980年代後半から90年代初頭にかけて、経済のバブル化とバブル崩壊により、相次いで金融危機が勃発した。1973年の第一次石油危機後一様に下落した先進工業国の株価は、1983年以降上昇に転じ、80年代後半にはいっせいに高騰した。87年10月のブラックマンデーも、フランス、ドイツ、北欧諸国、そして日本にはほとんど影響を与えなかった。株価上昇率が最も大きかった国は、スウェーデン、フィンランド、日本で、株価の実質水準は、80年代後半の数年間で3倍以上、それには及ばなかったとはいえ、フランス、ドイツでも、同様に2倍以上となった。不動産価格も同じ期間に高騰したが、その価格上昇は、フィンランド、日本、イギリスでとくに強く、これら諸国では、80年代後半数年間の実質上昇率は、それぞれ全国平均で50％以上に達した[24]。
　こうした株式、不動産など資産価格の上昇を示した諸国では、1980年代に共通して、金融の自由化、金融市場における規制緩和、税制改革などが実施された。1985年のプラザ合意、87年のルーブル合意による国際的な低金利を背景に、マネーサプライの増大と信用膨張が進行し、これが証券市場、不動産市場に流入して、スパイラルな資産価格上昇へと帰結した。
　イギリスでは、1970年代初頭に「競争と信用調節」と呼ばれる金融自由化政策がスタートしたが、サッチャリズムのもとでこの自由化政策は一挙に加速し、ビッグバンが本格的に始動しはじめた1986年頃から不動産投機ブームが発生し、地価騰貴が進行した。このような地価騰貴に対処するため、1988年6月、イングランド銀行は金融引締め政策を発動、1989～92年にかけて地価は75％もの急落を遂げた。この結果、担保不動産価格の暴落に直面した中小金融機関は、次々に経営危機に陥った。

すなわち、まず、1990年には British and Commonwealth Merchant Bank の経営破綻が表面化した。続いて1991年には、1972年に「第3世界のための初の国際銀行」を謳い文句に設立されていた多国籍銀行 BCCI（Bank of Credit and Commerce International Bank）が、国際的な金融犯罪と結びついたマネーロンダリング、粉飾決算、情実融資などのため、営業停止処分を受け、破綻に追い込まれた。これをきっかけに、機関投資家や地方公共団体は、金融機関の選別を強めるようになり、中堅の住宅金融専門会社 NHL ほか、多くの中小金融機関が、資金調達難・預金引出しによる流動性危機に陥り、1970年代に続いて2度目のセカンダリーバンク危機[25]が発生した。さらに、1995年には、300年以上の歴史をもつマーチャントバンクであるベアリングズ社が、シンガポール現法のデリバティブの失敗により、推定8億6,000万ポンドの損失を出し倒産した。

ドイツでは、1967年の金利調整令撤廃を起点に、他の欧米諸国よりもかなり早期に金融自由化が実施され、80年代後半には、資本市場の規制緩和策が推進された。このため80年代後半には証券ブームが発生、証券価格が高騰した。このような証券ブームの中で、1991年6月以降、3大ユニバーサル銀行であるドイツ銀行、コメルツ銀行、ドレスナー銀行のすべてで、証券部門関係者・職員による、証券不正取引・インサイダー取引が相次いで発覚した。また、ドイツ協同組合銀行（DGB）も、債券取引による不祥事から経営が悪化し、傘下信用組合から14億マルクに上る金融支援を受けた。イタリアでも、1991年イタリア農業組合連合会が、傘下農協の放漫経営等への過度の支援に耐え切れず、経営破綻に陥った[26]。

2 北欧金融危機の経過

しかし、危機が最も深刻だったのは北欧諸国であった。ノルウェー、スウェーデン、フィンランド、デンマークで、1980年代末から90年代前半にかけて、相次いで金融危機が発生したのである。これら諸国の金融危機は、「3つのb」が原因となって起こったとされている[27]。すなわち、①原油価格の下落、

ソ連・東欧との貿易の崩壊などの国際的リセッション（bad luck）、②拡張的財政金融政策、規制緩和政策や税制改革の失敗（bad policies）、③金融自由化の進展の下での貸出・投資の過剰な拡張による乱脈経営（bad banking）が、金融危機を引き起こしたというのである。

危機は最初にノルウェーで表面化した。ノルウェーでは、1980年代中葉に、景気過熱の下、規制緩和も加わって銀行貸出が急増した。銀行の過剰な貸出は、当初は外資の流入に依存し、後には中央銀行からの借入金によりファイナンスされた。1987年から景気は後退に転じ、1991年には、デンノルスケ銀行（Den norske Bank）、クリスティアーニア銀行（Chiristiania Bank）、フォクス銀行（Fokus Bank）という最大手上位3行すべてが経営危機に陥った。1991年から93年にかけて、ノルウェーの銀行の総損失と貸倒引当金の合計額は、総貸出額の8.4％に達し、このため政府は、「政府銀行保証基金」「政府銀行投資基金」を設立して、市中銀行の資金とあわせて危機に瀕した銀行への支援を行った。投入された公的資金は1993年までにGDPの3％以上におよび、この結果上記3銀行の最大株主は政府となった。政府保有株式比率は、デンノルスケ銀行72％、クリスティアーニア銀行69％、フォクス銀行98％で、こうして3行はいずれも一時的に国有化された。

ノルウェーでは、スウェーデンやフィンランドのように銀行債務に対する政府保証は行われず、不良資産の引継・処理機構も設立されなかった。基本的には政府の経営権取得＝国有化による再建が図られ、早いピッチでリストラが進行した。こうして業況が改善した1995年には、フォクス銀行株式の民間売却が行われ、同行は再度民営化された。また、デンノルスケ銀行、クリスティアーニア銀行については、1999年を目途に政府出資比率を33.3％まで引き下げることが、1997年10月決定された。

スウェーデンでは、リセッションはノルウェーよりやや遅れ、1990年から始まった[28]。1985年からの貸出金利規制の撤廃に始まる金利規制の廃止等、金融自由化の進展にともない、スウェーデンの金融市場は急速に膨張し、株式、不動産等の資産価格が急騰した。こうした分野に投資をするために、銀行規制

を回避するノンバンクが続出し、銀行は、不動産会社株式担保や不動産担保でこれらのノンバンクに積極的に投融資を行った。実際、ストックホルムのオフィス・ビル価格は、1989年には、対80年比で4.52倍まで高騰しており、資産価格上昇→担保評価額上昇→銀行借入増大→不動産・株式投資拡大→資産価格のいっそうの上昇という、日本とまったく同様のサイクル、いわゆる需要の自己増殖的拡大が典型的に見られたのであった。

このサイクルは、大手ノンバンクの Nyckeln が、不動産担保貸付の巨額の損失によって支払停止に追い込まれた1990年に反転した。1989年には4.52倍にまで高騰していたオフィス・ビル価格は、1993年には1.44倍にまで落ち込み、銀行は、ノンバンクに対する融資の損失、ローンの固定化に苦しむようになった。1991年から93年にかけて、スウェーデンの銀行の総損失と貸倒引当金の合計額は、総貸出額の18％にも達し、政府は、同期間に、融資や出資などの形で、大手銀行の多くに公的資金を投入した。また、1992年には、すべての銀行の債務保証を行う旨を表明するとともに、ノード銀行（Nordbanken）、ゴータ銀行（Gota Bank）を国有化して、両行の不良債権を処理するために二つの資産運用会社（bad banks）を設立した。両行は、1994年に合併、新ノード銀行を設立、1995年10月に第１回の株式売却を行って、再度民営化された。また、不良資産の処理機関である bad bank も、94年以降、不動産管理の効率化を図り、97年７月に業務を終了した。

事態が最も深刻だったのはフィンランドであった。株式、不動産など資産価格の高騰と反落の振幅が最も大きかっただけでなく、反落期にソ連崩壊が重なったためである。1980年代前半にフィンランド総輸出の25％を占めていた対ソ輸出は、91年には５％、93年にはわずか３％まで低下した。フィンランド・マルクは下落し、失業率は1993年には18％まで急上昇した。1980年代前半に自由化と規制緩和のなかで貸出を急増させたフィンランドの銀行は、一様に巨額の不良債権を抱え、困難に直面した。政府は、1992年４月金融システム危機に対応するため「政府保証基金」（GGF）を設立し、中小金融機関40行あまりを合併させてフィンランド貯蓄銀行（SBF）を新設、数次にわたる資本注入を行っ

た。また、それに先立つ1991年9月には、フィンランド中央銀行が、これら貯蓄銀行の系統金融機関であるスコプ銀行（Skopbank）を管理下に置き、経営権を掌握して自ら同行のリストラに乗り出した。さらに、1993年には、フィンランド議会はフィンランドの銀行すべてに債務保証を行うことを宣言した。巨額の公的資金が銀行に注入され、その注入額は1994年には756億FIM、GDP比率で17％にも達した。

デンマークでも、1980年代の前半、金融自由化と規制緩和政策の展開のなかで急速な信用膨張が起き、1980年代後半に景気の後退とともに金融危機が勃発した。銀行の総貸出額に占める総損失と貸倒引当金の比率（1982～93年比率）は、北欧4カ国のなかで最も高く、この点からはデンマークの銀行危機が一番深刻であったかのようにみえた。しかし実際には、デンマークの銀行は、政府による公的資金の注入をほとんど受けることなく、早期に立ち直りを見せた。金融市場改革、固定相場制導入、税制改正などの政策的対応が適切であったこと、時価主義会計を採用していたこと、預金保険制度を唯一導入していたこと、などが早期健全化の理由とされている。

以上のような北欧諸国の金融危機の過程から、さしあたり以下の点が明らかになったと考えられる。一つは、金融危機は、金融の自由化、規制緩和、金融市場改革などの進行の過程でこそ醸成されていたことである。自由化・規制緩和の進展は、銀行の貸出機会のみならず貸出能力を高めた。よりリスキーな領域への融資の拡大（その典型的分野としての不動産市場）、規制を回避するノンバンクなど新しい金融機関の簇生などがみられ、金融自由化にともなう競争的圧力の増大がこれを加速した。

このような北欧諸国における金融市場の自由化、規制緩和は、基本的には、金融市場のグローバル化の急激な進展、国際金融市場それ自体の拡張と流動性過剰という外圧に規定されて進行したといえるが、他方で、金融機関とりわけ各国の主要銀行自身の圧力によって実現された面を看過することはできない。1980年代前半に、北欧諸国の主要銀行は、共通に資産収益率（ROA）の傾向的低下による収益性問題に直面しており、この限界の突破のために主要銀行自

身が、自由化と規制緩和を要求したのである。

いま一つは、危機への政策的対応についての評価である。政府の介入、公的資金の投入については、スウェーデン、ノルウェーで大きく、いずれも株式保有＝国有化という形態が採られたのに対し、デンマークでは流動性危機への対応を除いて、公的資金の投入はきわめて限定されていた。預金保険機構はデンマークにのみ成立しており、他の諸国では政府ないし議会によって預金保証が行われた。経営危機に直面した銀行の処理、すなわち合併、買収、整理などの方式も、ブリッジバンク的な機関を設立したり、整理回収機構を設立するなど国によって異なっていた。危機からの脱却の期間も、ほとんど危機が深刻化しなかったデンマーク、比較的早期に危機から脱出したスウェーデン、ノルウェー、長期に低迷したフィンランドなどさまざまであった。政策的対応の適否については、一律な回答はない。国際環境の変化、不適切な政策対応、銀行経営におけるガバナンスの欠如という「3つのb」に、危機の原因を求めるのは皮相である。

第3節　1997年のアジア

1　通貨・金融危機の経過

ヨーロッパでの金融危機に続いて、1994、95年にはメキシコ通貨危機（テキーラ危機）が、1997年夏以降はアジア通貨・金融危機が勃発した。とくに後者の通貨・金融危機は、東アジアの広範な地域を覆っただけでなく、ロシアやラテン・アメリカにも波及した国際的な危機としての性格をもつものであった[29]。この過程を、ごく簡単にトレースしておくと以下の通りであった[30]。

1997年7月2日、タイ政府は、バーツを従来の実質的米ドルペッグ制から管理フロート制に変更した。年初以来、繰り返し切下げ圧力にさらされていたタイ・バーツは、これを受け同日直ちに15％の暴落を示した。これがアジア通貨・金融危機の始まりであった。バーツの暴落は、東南アジア諸国に次々に

「伝染」(contagion) し、7月半ば以降、フィリピン・ペソ、マレーシア・リンギ、インドネシア・ルピアが減価を開始、10月はじめまでに25～35％下落した。こうした通貨危機は、これら諸国における金融危機に直結した。

　タイでは、すでに通貨危機勃発以前の1997年3月、20のファイナンス・カンパニーと三つの銀行を公的管理下に置き、金融システム危機への対処を開始していたが、通貨危機の勃発により問題は一挙に深刻化し、タイ政府は10月14日、包括的金融システム再建策を発表、ファイナンス・カンパニー58社の処理スキームを明示するとともに、「金融再建庁」(FRA) を設立せざるをえなくなった。インドネシアでも、11月金融パニックが発生し、民間商業銀行から国営銀行、外国銀行への大口預金の大規模シフトが進行、多額の不良債権を抱える16行が営業許可取消しとなり閉鎖に追い込まれた。

　アセアン4カ国の通貨危機は、10月中旬以降、台湾、香港、韓国に波及した。10月中旬、台湾中央銀行の通貨安容認への転換を契機に台湾ドルが急落、これを引金として大規模な香港ドルの売り投機が発生した。これへの対抗措置として香港当局の取った懲罰的高金利政策により、ハンセン指数は香港株式史上最大の下げ幅を記録、これが東京・ニューヨーク・韓国に波及して10月下旬には「世界同時株安」となった。このため韓国ウォンは、株価の暴落と平行して大幅に減価し、年初以来の連続的な財閥系企業の破綻によって不安定化していた金融システムへの信認が急激に低下、朝興銀行、第一銀行など都市銀行5行は外貨決済不能に陥った。

　こうした事態のなかで、タイ（7月29日）、インドネシア（10月8日）、韓国（11月21日）各国政府は、IMFへの緊急支援を要請、IMFは既述のような「構造改革」を要求する厳しいコンディショナリティを付して、タイ40億ドル（その他、世銀、アジア開銀などを含め総額172億ドル）、インドネシア100億ドル（同上、総額342億ドル）、韓国210億ドル（同上、総額580億ドル）の緊急金融支援を実施した。

　しかし、こうしたIMFの緊急支援策の決定にもかかわらず事態は好転せず、1998年1月には、インドネシア・ルピアが再度暴落、5月にはジャカルタ暴動

を経て、スハルト大統領の退陣という政治的危機へと転化した。さらに、同年8月、アジアの通貨・金融危機はロシアに波及、9月にはブラジルなどラテン・アメリカにも波及し、さらには、ロシア金融危機の影響によってヘッジ・ファンド、LTCMの実質破綻、アメリカ政府による救済を引き起こした。

　こうした状況は、IMF型の「構造改革」路線への批判を次第に強めることになった。1998年8月以降、東アジア諸国は、マレーシアの資本移動規制と固定相場復帰（9月）、香港の株式市場への規制措置（8月）、カレンシー・ボード・システムの強化（9月）、台湾のヘッジ・ファンドへの規制（8月）、中国の外貨借入期日前返済禁止（8月）など、通貨安定のための資本取引規制を相次いで導入した。市場原理主義的な「ワシントン・コンセンサス」への疑念は、アメリカ内部からも登場し、たとえば、クルーグマンは、小国が投機にさらされ、資本市場との信認ゲームを戦うことが永久に求められるのならば、国際貿易を阻害しない限りにおいて、短期資本に対して何らかの規制が必要という考えは容認できる、と短資規制の必要性を容認した[31]。また、IMFの内部にさえ、性急な資本自由化は大きなリスクをともなう、という見解が登場し、99年6月のケルン・サミット（G7）では、「資本流出規制は、長期的により大きなコストをもたらす。……しかし、一定の例外的状況では必要となりうる」との認識が改めて示され、資本自由化論争を引き起こした[32]。

　以上のような通貨・金融危機の過程を、いくつかの数値的指標からみると以下のようになる。まず、為替下落幅（対ドルレート）に関しては、1997年6月末と97年7月以降98年6月末までの再安値との変化率をとると、下落幅が8割を超えたのはインドネシア（85.4％）、次いで下落幅が5割前後となったのがタイ（55.5％）、韓国（54.9％）、マレーシア（46.4％）、フィリピン（41.5％）、同2割前後がシンガポール（20.1％）、台湾（20.2％）、中国、香港はほとんど変化がなかった。また、97年7月までは、対ドルレートは、韓国を除いてすべて安定的に推移していた[33]。

　次に株価であるが、同様の指標をとると、台湾（21.5％）を除いて、為替の安定していた香港、中国を含めすべての国・地域で5〜6割の大幅な下落を記

録した。全面的な株価の崩落現象が起こったのである。しかし、1996年年初以来の推移をみると、為替レートとは異なって、タイ、韓国、シンガポールでは、すでに96年年初から下落基調にあり、とりわけ前2者の下落は顕著であった。逆にその他の5カ国では、96年中は株価はむしろ上昇傾向にあり、明確な反転・下落を示したのは危機発現以降のことであった(34)。

もう一点、資金の対外流出に関しては、「危機の5カ国」(インドネシア、タイ、韓国、マレーシア、フィリピン)の民間資金純流出入額をみると、1996年の930億ドルの純流入から97年の121億ドルの純流出、差引1,051億ドルの減少となった。この動きはさらに翌98年前半も続いた。97年から98年にかけて、巨額の資金流出がみられたのであった。この減少を、エクイティ投資と海外民間銀行・ノンバンクなどの信用供与とに区分してみると、前者の減少分が236億ドル、22.5％、後者の減少分が816億ドル、77.5％で、海外民間銀行・ノンバンクの融資引揚げが決定的であったことがわかる(35)。

さらに、こうした為替レートの急落、株価の崩落、資金の対外流出により、「危機の5カ国」では、1998年第2四半期まで金利は高騰し、「5カ国」の企業は、為替差損の発生、対外債務負担の激増、利払いの増加、需要の急減という四重苦に陥った。この結果、「5カ国」では、同期間の63％の企業が流動性不足となり、30％の企業が債務超過に陥ったとされ、とりわけ事態が深刻であったインドネシアでは、77％の企業が流動性不足、65％が債務超過と推計される危機的事態に陥った(36)。そして、この結果として、金融機関の不良債権がふくれあがり、タイでは1998年末時点で、地場商業銀行の貸出総額の49％、2.3兆バーツが、インドネシアでは総与信の80％が不良債権化したと試算されている(37)。こうして「5カ国」の実体経済は為替崩落が底打ちしたとされる98年にもさらに悪化し、同年度の実質GDPは、インドネシア－13.7％、タイ－9.0％、マレーシア－6.7％、韓国－5.8％を記録したのであった。

2 危機把握の対立

以上のような推移から明らかとなるアジア通貨・金融危機の特徴は以下の通

りである。第1は、高成長、高貯蓄・高投資、低い経常赤字率、安定的為替レート、安定した物価水準、相対的健全財政といった良好なマクロ経済指標をおおむね維持していたにもかかわらず危機が発生したこと、第2は、いずれの地域においても、危機の発生以前に金融の自由化、市場化、規制緩和といった金融グローバリゼーションに対応する措置がとられたこと、第3は、「双子の赤字」「複合危機」と呼ばれるように、通貨危機と金融危機が複合して、あるいはあい前後して発生したこと、第4は、危機発生後の大規模な支援にもかかわらず危機が「伝染」(contagion) していったこと、である。

このような特徴をもったアジア危機の発生原因に関しては、本稿冒頭で述べたように、アジア諸国の経済構造の問題や実体経済の悪化に危機の原因を求める内因説（ファンダメンタルズ論）と、資金の対外流出・銀行の流動性危機・銀行取付などの金融パニックに原因を求める外因説（パニック論）との鋭い対立が存在する。前者を代表するのが IMF で[38]、アメリカ財務省の見解もこれに近く、後者の見解は、当初は少数意見であったが最近では支持を徐々に広げつつある。

その対立点については、すでにかなりの場所で紹介されているので、ここでは繰り返さない。上述の経過を見る限り、アジア危機の直接の原因が、資金の急激な対外流出にあったことは明らかだからである。国際的な投資資金・投機資金による通貨と信用の一挙流入とその反転である一挙流出＝海外逃避が、通貨危機・金融危機の引き金となったのであり、困難に陥った金融機関を閉鎖し、緊縮を要求する IMF 方式の政策は、投資家の信認に打撃を与え、金融危機をさらに悪化させたのであった。

興味深いことに、最近ではこうした危機認識は、スティグリッツ (J. Stigliz)、バグワティ (J. Bhagwati)、サックス (J. Sachs) のような新古典派経済学の主流部分にすら共有されるようになっている。たとえば、スティグリッツは、マクロ経済政策を重視し市場経済化や自由化を万能視するいわゆる「ワシントン・コンセンサス」に強い疑問を提示し、アジア諸国が健全な金融システムと適切な政策を保持していたにしても危機は発生しえたと主張した[39]。ま

た、最も著名な自由貿易論者であるバグワティでさえ、現在ウォール街・財務省複合体（Wall Street-Treasury Complex）が国際金融秩序を支配している以上、開発途上国は資本勘定の自由化に慎重でなくてはならないと警告した[40]。

もちろん、急いで付け加えておけば、IMFが反論しているように、マクロ経済指標の良好さが、ただちに「構造問題」の非存在を意味する訳ではない。金融システムやガバナンスが脆弱であっても、マクロ指標の外見的良好性はそれらと並存しうるからである。

とするならば、問題は、スティグリッツが言うように、金融システムの脆弱性やガバナンスの欠如と金融危機は直接の関連がないのか、言いかえれば国際的投資資金・投機資金の一挙的流出入こそが金融危機の根本的原因であるのか、それとも、金融危機と国内の実体経済問題との間にはマクロ諸指標の良好性というレベルでは捉えられない関係が存在していたのか、ということになる。国際投資家がパニックを起こし、「自己実現的悲観主義」に陥ったことが危機の引き金となったとしても、ではなぜ、国際投資家は、アジアに資金を注ぎ込んだのか、金融危機に陥ったアジア諸国の金融市場や金融機関が、なぜ国際的な投機ゲームの場となったのかが問われなくてはならない。

3 危機の根本原因

このように問題をたて直すと、問題の解明のためには1985年のプラザ合意までさかのぼる必要が出てくる。プラザ合意を契機として、円、次いで、ウォン、台湾元、シンガポール・ドルといったアジア主要通貨の通貨高が急激に進展し、経済のグローバル化と産業再配置の波がこの地域を覆い、経済のグローバル化と金融自由化が始まったからである。このプロセスでの主要な受益者は、産業化の波に乗ったアセアンであった。

プラザ合意以後、まず円高によって日本企業がアセアン諸国への投資集中を試みた。1989年には、日本製造業の海外生産地域構成の49.8％がアジア地域となり、電気機械、輸送機械、一般機械、精密機械の機械4種で60.4％を占めた。また、同じ時期、日本の対米輸出シェアの相対的減少を補完したNIESとアメ

リカとの間で貿易摩擦が拡大し、アメリカは NIES に対し、輸出規制品目の拡大、為替切上げ（87年）、一般特恵供与の停止（89年）等を要求するようになった。こうして通貨切上げと賃金上昇におしだされて、日本に続いて NIES もアセアン投資を増大させるようになり、これがアセアン諸国の供給力を増大させた。

　そして、これに対応するため、市場開放が進み、1980年代末には大部分の東アジア諸国が IMF 8条国に移行した。金融の自由化も進展し、たとえば、タイでは90年に「第１次金融改革３カ年計画」が策定され、金利自由化、為替規制の緩和が着手され、92年にはノンバンクへの規制緩和、外国銀行の参入規制撤廃が行われた。インドネシアでも、86年の貿易部門規制緩和に続いて88年に金融部門の規制緩和が実現された。マレーシアでも、国営企業の民営化が進み、これら機関への民間資金の導入条件が整備された。韓国でも、88年には外国銀行の支店設置規制が解除された。巨大な過剰流動性に特徴づけられる国際金融市場の拡張という国際的環境は、アメリカとマネー・センターバンクによる対外金融自由化の強い圧力となったし、アセアン諸国側も、安価な海外貯蓄を使用しうる条件の整備という意味から金融自由化に乗り出したのであった。

　以上のように、アセアンの産業化は当初から、成長を支える外資に強く依存していた。ここで注目すべきは、こうした外資の流入が、資本市場をベースにするのではなく銀行をベースとして進行したことである[41]。大量の外資が、日本・ヨーロッパ系銀行の商業貸付、アメリカ多国籍銀行やヘッジ・ファンドによる証券資産選択という形で流入した。アセアン諸国の投資ブームに必要とされる資金は、短期の銀行融資の借換えによるつなぎか、変動金利での借入れ、ノンバンクからの融資によって供給される場合がほとんどであった。アセアン諸国の各種銀行は、こぞって外貨建短期債務を借り入れ、これをロールオーバーする形で国内の設備投資貸付に回していた。企業側の財務バランスも巨額の借入依存となっており、たとえば、1996年の債務／株式資本比率は、韓国350％、タイ230％、インドネシア200％と著しく高かった[42]。

　こうした事態は、金融危機勃発後は、金融部門の脆弱性や企業ガバナンス欠

如を反映するものと批判されてきた。しかし、ここで示された特徴は、高度成長期日本の金融システムの特質、すなわち、間接金融の優位、オーバー・ローン、オーバー・ボロウイングと同質といえないことはない。間接金融による融資集中の体制は、相対的に小額の資本を効率的かつ効果的に設備投資資金として運用する合理的方法と位置づけられてきたのではなかったか。

とするならば、問題は、外資流入それ自体にあったのではなく、流入の仕方や流入する資金の性格、そして流入をもたらす枠組みの方にあったことになる。第1は、流入資金の短期化である。BIS資料によって「危機の5カ国」の先進国銀行からの借入期間別構成をみると、1986年から96年にかけて期間1年未満の短期借入の比率は、インドネシア40.2%→61.7%、マレーシア21.2%→50.3%、タイ36.9%→65.2%、フィリピン39.3%→58.2%、韓国45.6%→67.5%と、20～30%ポイントも上昇している[43]。

第2は、これら諸国における金融市場の規制緩和、市場開放、自由化である。この動きは、アセアン各国でオフショア市場の創設、非居住者預金の膨張を生み、従来、香港とシンガポールを媒介に流入していたホットマネーを、直接アセアン諸国に流入させる役割を果たした。アセアン諸国では、実質ドルペッグ制をとっていたため、為替変動リスクが回避される。それゆえ、ホットマネーは、内外金利差のみにきわめて敏感に反応して動いたのである。一般に取付けが銀行破綻に帰結するのは、流動性危機（短期負債が短期資産を上回り、他の民間銀行による立替え支払が不能で、最後の貸し手が存在しない）による。上述のような外資流入の方式や性格の変化は、流動性危機発現の可能性を大きく高め、投資ブームによる過剰投資とハイリスク分野への融資は支払不能危機への潜在圧力を作り出して行った。こうして、パニックストーリーの道筋がつけられ、通貨危機、金融不安定、経済危機が登場したのであった。

以上、1980年代のアメリカ、90年代初頭のヨーロッパ・北欧、97年のアジアにおける金融危機のプロセスをみてきた。ここから導き出されるさしあたりの

結論は、非常に単純なものである。第1に、金融危機は、いずれの場合も、金融システムにおける自由化、市場化、規制緩和の、直後ないししばらく後に勃発していることである。危機の結果として市場化や自由化、規制緩和が推進されているのではなく、その逆である。第2に、危機発生の直接の契機として、国際的な資金移動とくに短期資金のあり方が規定的役割を果たしていることである。第3に、危機の深度や期間は、それぞれの国内金融構造や資金循環構造と関連していることである。とするならば、国際的資金移動とくに短期資金やホットマネーのあり方と、各国の金融構造がどのようなリンケージをもち、具体的な危機の発現に作用したかを明らかにすることが、次の課題となる[44]。

注
（1） 金融監督庁『金融監督庁の1年』1999年8月、日本銀行「全国銀行の平成10年度決算」（『日本銀行調査月報』1999年8月）。
（2） ちなみに、北海道拓殖銀行の不良資産残高は1兆2,722億円、総資産の18.7%（1998年6月末）、日本長期信用銀行4兆2,974億円、16.4%（1998年3月末）、日本債券信用銀行3兆7,464億円、29.6%（1998年3月末）、徳陽銀行1,756億円、30.6%（1998年6月末）、国民銀行1,982億円、32.0%（1998年9月末）、幸福銀行5,275億円、27.7%（1998年9月末）であった。金融監督庁検査部『金融検査・この1年（平成10年度版）』1999年6月22日。
（3） 金融制度調査会制度問題特別委員会『金融システムの安定性・信頼性の確保について』1992年1月。
（4） 堀内昭義『日本経済と金融危機』岩波書店、1999年。
（5） Lane, Timothy and others, IMF-Support Programs in Indonesia, Korea and Thailand: A Preliminary Assessment, *IMF Occasional Paper*, 178, June 1999.
（6） 伊東光晴『「経済政策」はこれでよいか』岩波書店、1999年、144頁。
（7） 金子勝『反経済学』新書館、1999年、102頁。
（8） これらの対立する諸見解についての概括的な整理は、Lo, Dic, The East Asian Phenomenon: The Consensus, The Dissent, and the Significance of the Present Crisis, *"CAPITAL AND CLASS"* 67, Russell Press, London, Spring 1999, を参照。
（9） 「危機の波及を防ぐためにはセーフティ・ネットを充実することが必要である」という主張と、「セーフティ・ネットの拡張はモラル・ハザードを引き起こす」という主張の対立。

(10) 1980年代に支払不能に陥った貯蓄金融機関数の推移は以下の通りである。80年43、81年112、82年415、83年515、84年695、85年705、86年672、87年672、88年508、89年517。Wolfoson, Martin, *Financial Crises: Understanding the Postwar U. S. Experience,* 1994（邦訳、M. H. ウォルフソン『金融恐慌――戦後アメリカの経験――』日本経済評論社、野下保利他訳、1995年、196頁）。

(11) Morgan Guaranty Trust Co. of New York, *World Financial Markets,* Aug. 1982, Feb. 1983.

(12) *Ibid.*

(13) 1980年代における IMF コンディショナリティの役割については、毛利良一『国際債務危機の経済学』東洋経済新報社、1988年、第5章を参照。

(14) *Business Week,* June 18, 1984, p. 24.

(15) 以下、Sprague, Irvine, *BAILOUT-An Insider's Account of Bank Failure and Rescue,* 1986（邦訳、アービン・H. スプレーグ『銀行　破綻から緊急救済へ』東洋経済新報社、高木仁他訳、1988年）、Hector, Gary, *BREAKING THE BANK: The Decline of BankAmerica,* 1988（邦訳、ゲーリー・ヘクター『巨大銀行の崩壊』共同通信社、植山周一郎訳、1989年）、松井和夫編著『シリーズ世界の企業　金融』日本経済新聞社、1988年、などによる。

(16) FDIC は、1934年に財務省と連銀12行の出資によりスタートしたが（根拠法は、1933年のグラス・スティーガル法）、戦後1950年に連邦預金保険法が制定され、これを根拠法として現在に至っている。

(17) 田辺敏憲『アメリカの金融機関経営』東洋経済新報社、1985年、140頁。

(18) 前掲ウォルフソン、邦訳141-143頁。

(19) 以下、前掲スプレーグ、第4部コンチネンタル銀行事件、による。

(20) Eichler, Ned, *The Thrift Debacle,* The University of California Press, 1989（邦訳、ネド・アイヒラー『アメリカの貯蓄貸付組合（S&L）』御茶の水書房、柿崎映次他訳、1994年）。

(21) 同上邦訳93-98頁。

(22) Federal Home Loan Bank Board, *Agenda for Reform,* 1983, ただし、引用は、同上邦訳85頁による。

(23) 同上邦訳103-104頁。

(24) OECD, *Economic Outlook,* 1994, BIS, *Annual Report,* 1994.

(25) イギリスにおけるセカンダリーバンクとは、マーチャントバンク、商業銀行、ディスカウントハウスなどの周辺に位置する中小金融機関で、わが国のノンバンクに相当する。これらの金融機関は、バブル期およびそれ以前の日本と同様に、

バランスシート等の銀行規制の対象外におかれていたため、1970年代前半、無担保短期資金を調達して商業用不動産貸付に融資するという業務により急速に業容を拡大していた。1973年のイングランド銀行金融引締めを契機に、これらの金融機関は資金調達コストの上昇から経営危機に陥り、26もの金融機関が救済融資を受け、うち8行が清算、残りも大手金融機関に吸収された。これが、セカンダリーバンク危機と呼ばれた。春井久志「金融の自由化・国際化と金融システムの安定性――イギリスのセカンダリー・バンク危機を中心に――」日本大学『経済学論及』49巻4号、1996年。

(26) 『金融財政事情』1991年12月2日号、35-39頁。

(27) Koskenkylä, Heikki, THE NORDIC BANKING CRISES, *Bank of Finland Bulletin,* August 1994, p. 15.

(28) Macey, Jonathan, The Future Regulation and Development of the Swedish Banking Industry, *SNS Occasional Paper,* No. 56, May 1994.

(29) FRBのS.カミンは、今回のアジア通貨・金融危機を、82年危機、94、95年危機と比較しつつ、以下のような新しい性格の危機であったと位置づけている。「1980年代の債務危機や94、95年のメキシコ危機と比較するならば、今回の危機はいくつかの点でより広い検討を必要とする。第一に、アジア、ロシア、南アフリカ、中南米を覆ったことから明らかなように、それは初めての真の世界的金融危機であったようにみえる。第二に、それは、前2回の危機に比べ、商品価格や金融市場や先進工業国も含めた経済活動により大きなインパクトを与えたようにみえる。そして、最後に、その通貨危機は、とくにアジアにおいて顕著であったが、80年代の債務危機や94、95年のメキシコ危機が公的部門の金融問題に特徴づけられていたのに対して、民間部門の金融不均衡により深く規定されていたようにみえる。」Kamin, Steven B., THE CURRENCY INTERNATIONAL CRISIS: HOW MUCH IS NEW?, *Journal of International Money and Finance,* 18, June 1999.

(30) 以下、アジア通貨・金融危機のプロセスについては、荒巻健二『アジア通貨危機とIMF』日本経済評論社、1999年、近藤健彦他『アジア通貨危機の経済学』東洋経済新報社、1998年、日下部元雄他『アジアの金融危機は終わったか』日本評論社、1999年、Timothy Lane and others, *op. cit.;* Fischer, Stanley, *The Asian Crisis: The Return of Growth,* IMF, June 17 1999; Sugisaki, Shigemitsu, Economic Crisis and Recovery in Asia and its implications for the International Financial System, March 5 1999, などを参照。

(31) Krugman, Paul, The Confidence Game, *The New Republic,* Oct. 5, 1998.

(32) S.フィッシャー他（岩本武和監訳）『IMF資本自由化論争』岩波書店、1999年。

(33) 前掲『アジア通貨危機とIMF』、41-61頁。
(34) 同上。
(35) Griffith-Jones, Stephany, STABLIZING CAPITAL FLOWS TO DEVELOPING COUNTRIES, Institute of Development Studies, International Conference held at 13/14 July 1998, p. 2.
(36) 前掲『アジアの金融危機は終わったか』、95-99頁。
(37) 平田潤他『21世紀型金融危機とIMF』東洋経済新報社、1999年、167頁。
(38) IMFの見解については、Timothy Lane and others, *op. cit.* を参照。
(39) Stiglitz, Joseph, More Instruments and Border Goals: Moving toward the Post-Washington Consensus, WIDER annual lectures 2, Helsinki: UNU/WIDER, 1998.
(40) Bhagwati, Jagdish, The Capital Myth: the difference between trade and dollars, *Foreign Affairs*, 77(3), 1998.
(41) ウェイドはこれを bank-based high debt model と特徴づけている。Wade, Robert, FROM MIRACLE TO MELTDOWN: VULNERABILITES, MORAL HAZARD, PANIC AND DEPT DEFLATION IN THE ASIAN CRISIS, Institute of Development Studies, International Conference held at 13/14 July 1998, p. 8.
(42) 前掲『アジアの金融危機は終わったか』、75-76頁。
(43) BIS, *The Maturity, Sectoral and Nationality Distribution of International Bank Lending*, 1997.
(44) 1990年代日本の金融システム危機については、伊藤正直「1990年代日本の金融システム危機」(靎見誠良・法政大学比較経済研究所編『アジアの金融危機とシステム改革』法政大学出版局、2000年、所収)を参照されたい。

【執筆者略歴】（執筆順）

粕谷　誠（かすや・まこと）（第1章担当）
1961年生まれ。東京大学大学院経済学研究科第2種博士課程修了。
現在、東京大学大学院経済学研究科助教授。
主な業績　「中上川入行前後の三井銀行」『経営史学』第22巻第3号、1987年、ほか。

神山恒雄（かみやま・つねお）（第2章担当）
1961年生まれ。東京大学大学院人文科学研究科博士課程修了。
現在、佐賀大学経済学部助教授。博士（文学）（東京大学）。
主な業績　『明治経済政策史の研究』塙書房、1995年、ほか。

永廣　顯（えひろ・あきら）（第4章担当）
1963年生まれ。東京大学大学院経済学研究科博士課程修了。
現在、甲南大学経済学部助教授。
主な業績　「統制的国債管理政策の展開過程」『甲南経済学論集』第36巻第2号、1995年、ほか。

佐藤政則（さとう・まさのり）（第6章担当）
1954年生まれ。東京大学大学院経済学研究科第2種博士課程修了。
現在、麗澤大学国際経済学部教授。経済学博士（東京大学）。
主な業績　「合同政策と三和系地方銀行」（伊牟田敏充編著『戦時体制下の金融構造』日本評論社、1991年所収）ほか。

吉田正広（よしだ・まさひろ）（第7章担当）
1956年生まれ。東京都立大学大学院人文科学研究科博士課程修了。
現在、愛媛大学法文学部助教授。
主な業績　「1930年代のイギリスの景気対策と帝国諸地域」（遅塚忠躬ほか編著『フランス革命とヨーロッパ近代』同文舘、1996年所収）ほか。

矢後和彦（やご・かずひこ）（第8章担当）
1962年生まれ。東京大学大学院経済学研究科博士課程修了。
現在、東京都立大学経済学部助教授。歴史学博士（パリ第10大学）
主な業績　『フランスにおける公的金融と大衆貯蓄』東京大学出版会、1999年、ほか。

杉浦勢之（すぎうら・せいし）（第9章担当）
1954年生まれ。名古屋大学大学院経済学研究科博士課程修了。
現在、青山学院大学経済学部教授。
主な業績　「戦後復興期の銀行・証券——「メインバンク制」の形成をめぐって」橋本寿朗編『日本企業システムの戦後史』東京大学出版会、1996年。

野下保利（のした・やすとし）（第10章担当）
1953年生まれ。九州大学大学院経済学研究科博士課程修了。
現在、国士舘大学政経学部教授。
主な業績　「金融不安定性——ポスト・ケインズ派貨幣的経済分析の可能性」『経済理論学会年報』大月書店、1998年、ほか。

【編著者略歴】

伊藤正直（いとう・まさなお）（第11章担当）
1948年生まれ。東京大学大学院経済学研究科博士課程修了。
現在、東京大学大学院経済学研究科教授、経済学博士（東京大学）
主な業績　『日本の対外金融と金融政策——1914〜1936』名古屋大学出版会、1989年、ほか。

靎見誠良（つるみ・まさよし）（第3章担当）
1944年生まれ。大阪市立大学大学院経済学研究科博士課程修了。
現在、法政大学経済学部教授、経済学博士（東京大学）
主な業績　『日本信用機構の確立——日本銀行と金融市場』有斐閣、1991年、ほか。

浅井良夫（あさい・よしお）（第5章担当）
1949年生まれ。一橋大学大学院経済学研究科博士課程修了。
現在、成城大学経済学部教授。
主な業績　『昭和財政史——昭和27〜48年度』第11巻、第12巻、東洋経済新報社、1992、1999年（共著）ほか。

金融危機と革新——歴史から現代へ——

2000年7月6日　第1刷発行　　　　定価（本体4200円＋税）

編著者　　伊藤正直
　　　　　靎見誠良
　　　　　浅井良夫

発行者　　栗原哲也

発行所　株式会社　日本経済評論社
〒101-0051　東京都千代田区神田神保町3-2
電話03-3230-1661　FAX 03-3265-2993
E-mail: nikkeihyo@ma4.justnet.ne.jp
URL: http://www.nikkeihyo.co.jp/

文昇堂印刷・山本製本所
装幀＊渡辺美知子

乱丁落丁はお取替えいたします。　　　　Printed in Japan
ⓒ Itoh Masanao etc. 2000
ISBN4-8188-1261-7

Ⓡ〈日本複写権センター委託出版物〉
本書の全部または一部を無断で複写複製（コピー）することは，著作権法上での例外を除き，禁じられています．本書からの複写を希望される場合は，日本複写権センター（03-3401-2382）にご連絡ください．

荒巻健二著
アジア経済危機とIMF
A5判 二八〇〇円

アジア危機の原因は各国の構造問題にあったのか、それともグローバル化した金融市場の不安定性の現れだったのか。IMF、米国と日本の対応の違いを検証する。

進藤栄一著
アジア経済危機を読み解く
——雁は飛んでいるか——
A5判 二八〇〇円

九七年タイ・バーツ下落に始まるアジア通貨危機と日本経済の長期低迷の深刻化について、日本とアジアの知的世界が依拠しつづけてきたアジア型発展モデルに焦点を当て再検討する。

OECD編　山本哲三訳
成長か衰退か
——日本の規制改革——
A5判 二八〇〇円

日本の規制システムの現状と規制改革の経緯を踏まえたラジカルなOECDの勧告にどう応えていくのか。それを決定するのは政府、官僚というより、われわれ国民である。

L・マンデル著／根本忠明・荒川隆訳
アメリカクレジット産業の歴史
四六判 二八〇〇円

クレジットカードはいつ、どこで、どのような理由で生まれたか。ダイナースクラブをはじめとするアメリカのクレジット産業が、さまざまな問題と立ち向かいながら今日にまで至った歴史を描く。

柴田善雅著
占領地通貨金融政策の展開
A5判 八五〇〇円

満州事変から太平洋戦争全期間にわたる日本の占領地（東アジア・東南アジア全域）における通貨帝国の構築と解体の実証的研究。占領地通貨体制はいかに破綻したか。

（価格は税抜）　日本経済評論社